"一带一路"

建设与跨境次区域经济合作

The Belt and Road Initiative and the Transnational
Sub-regional Economic Cooperation

秦玉才　编著

ZHEJIANG UNIVERSITY PRESS

浙江大学出版社

图书在版编目(CIP)数据

"一带一路"建设与跨境次区域经济合作 / 秦玉才
编著. 一杭州:浙江大学出版社,2020.8
ISBN 978-7-308-19995-7

Ⅰ.①一… Ⅱ.①秦… Ⅲ.①"一带一路"—区域经
济合作—研究 Ⅳ.①F125

中国版本图书馆 CIP 数据核字(2020)第 020883 号

"一带一路"建设与跨境次区域经济合作

秦玉才　编著

策划编辑	包灵灵	
责任编辑	陆雅娟	
责任校对	杨利军　牟杨茜	
封面设计	中大图文	
出版发行	浙江大学出版社	
	(杭州市天目山路 148 号　邮政编码 310007)	
	(网址:http://www.zjupress.com)	
排　　版	浙江时代出版服务有限公司	
印　　刷	杭州高腾印务有限公司	
开　　本	710mm×1000mm　1/16	
印　　张	20.75	
字　　数	395 千	
版 印 次	2020 年 8 月第 1 版　2020 年 8 月第 1 次印刷	
书　　号	ISBN 978-7-308-19995-7	
定　　价	68.00 元	

前　言

为推进沿边地区的开发开放，党中央、国务院先后出台了《中共中央　国务院关于构建开放型经济新体制的若干意见》(中发〔2015〕13号)、《国务院关于加快沿边地区开发开放的若干意见》(国发〔2013〕50号)、《沿边地区开放开发规划(2014—2020)》(国发〔2014〕24号)和《国务院关于支持沿边重点地区开发开放若干政策措施的意见》(国发〔2015〕72号)等关于沿边地区开发开放的重要意见。这些文件从沿边地区体制机制创新、双边经贸合作、跨境次区域经济合作等方面对我国与周边国家的务实合作做出了具体指导，提升了我国与周边国家的经贸合作水平。沿边地区是我国对外开放的重要门户，是国家重要的战略资源储备基地和安全屏障，也是我国少数民族聚居地，在我国经济社会发展中具有重要战略地位。为全面落实党中央、国务院关于沿边地区开发开放部署，2018年，推进"一带一路"建设工作领导小组办公室委托国家发展和改革委员会国际合作中心"一带一路"研究院承担"推进跨境次区域合作，助推'一带一路'建设"重点课题，研究在新形势下，如何在充分发挥沿边地区地缘优势的基础上，积极融入"一带一路"建设，助推沿边地区由我国对外开放的末梢转向前沿，成为对外开放的新高地，成为连接国内外市场和东西双向开放的节点和枢纽。

"一带一路"倡议的提出，为扩大沿边地区开发开放，加强次区域经济合作提供了历史机遇。第一，扩大沿边开放具备诸多有利条件。从1992年至今，国务院先后批准丹东等14个城市为沿边开放城市，设立了黑河等17个边境经济合作区，批准设立8个重点开发开放试验区，沿边国家级口岸72个，开放120多个口岸和临时过货点，铁路、公路、航空、水运、光纤电缆以及管道运输等基础设施互联互通的立体开放格局正在加快形成。第二，西部大开发、振兴东北等老工业基地、兴边富民行动规划等涉及沿边地区扩大开放的一系列重大发展战略深入实施，有效带动了沿边地区的经济社会发展，沿边地区综合经济实力显著增强，基础设施不断完善，对外经贸合作规模持续扩大，教育、文化、社会事业快速发展，为加快沿边地区开放奠定了较好的基础。第三，沿边地区发展潜力巨大。我国陆路边境线总长居世界第二位，陆地毗邻国最多，辐射区域大，开放空间广阔。广西是东盟合作高地，云南、西藏是向西南开放的重要桥头堡，新疆、甘肃是向西开放基地，东北三省和内

1

蒙古是东北亚开放重要枢纽。周边国家有的能源资源富集,有的市场潜力巨大,大都处于经济社会较快发展的上升期,同我国合作发展的愿望十分强烈。我国坚持与邻为善、以邻为伴,坚持互利共赢,同周边国家共同搭建的合作平台和机制日益完善。我国沿边地区同周边国家地缘相近、经济互补,深化互利务实合作具备先天条件。第四,我国支撑沿边扩大开放的能力显著提升。我国的综合国力和国际地位不断上升,为扩大沿边开放提供了强大支撑。沿海地区对外开放的成功实践,为沿边地区扩大开放提供了宝贵经验。"一带一路"建设将为沿边开放提供巨大的资源、市场、政策和环境机遇,在提升向东开放水平的同时加快向西开放步伐,补齐沿边开放的短板,形成沿边开放、向西开放与沿海开放、向东开放遥相呼应的全方位开放格局。

扩大沿边开放,加强次区域经济合作,对于优化开放空间布局、促进区域协调发展、构建和谐周边环境具有重要战略意义。扩大沿边开放有利于优化开放空间布局,增强沿边地区自我发展能力,把区位优势转化为开放的优势和发展的优势,缩小同沿海和内陆地区发展的差距,促进区域协调发展;扩大沿边开放有利于我国同周边国家拉紧利益纽带,构建和谐周边环境,增强战略互信,实现互利共赢,也有利于促进民族团结、稳边兴边;扩大沿边开放有利于加快建设周边国际大通道,拓展能源资源战略保障渠道,合作开发周边国家的能源资源,有利于缓解日益严峻的国内资源紧缺,降低我国对远洋资源来源地和运输通道的依赖风险,实现我国能源资源战略通道的多元化,保障国家经济安全。

本书研究采取实地调研、定性分析与定量分析相结合的方式,研究分析了我国沿边开发开放的发展历程、发展基础、显著特征、基本经验和机遇与挑战,阐述了加强沿边地区开发开放和次区域经济合作的必要性,从总体思路、重点领域、政策措施等方面提出了建议,为制定新一轮西部大开发政策和"十四五"规划文件提供参考,是一项开创性工作。

本书研究得到了罗嘉羽、马嫄、郭建卿等同志的大力支持,他们还积极参与了课题材料收集与研究工作,在此表示衷心感谢!

目　录

导　语

　　20 世纪 90 年代以来,特别是"一带一路"建设提出以来,我国国际次区域经济合作呈现出蓬勃发展的趋势,初步形成了以中亚区域经济合作机制(Central Asia Regional Economic Cooperation,CAREC)、大湄公河次区域经济合作机制(Great Mekong Subregional Cooperation,GMS)、中国—东盟自由贸易区以及图们江流域经济合作同"一带一路"倡议的对接合作,初步构成了我国陆路周边的国际次区域合作开放格局。习近平总书记指出:"周边是我国安身立命之所,发展繁荣之基。我国周边充满生机活力,有明显发展优势和潜力,周边环境总体上是稳定的,睦邻友好、互利合作是周边国家对华关系的主流。"[①]在深入推进"一带一路"建设及经济全球化、区域一体化日益加快的形势下,广泛参与区域经济合作,加强同周边邻国的经济联系,利用沿边地区区位优势进一步加大开发开放力度,开展跨境次区域经济合作,既是我国沿边地区外向型经济发展的迫切需要,也是实现区域经济同国际大市场接轨的必然选择。充分利用沿边地区区域的独特性,挖掘边境地区的发展潜力,推动跨境次区域经济合作,将沿边地区由一个国家内的"边缘区"转化为具有发展潜力的"核心区"、由"沿边"转化为"枢纽",实现双边或多边合作共赢的目标。跨越边境的次区域合作是"一带一路"建设的题中应有之义。随着"一带一路"倡议的实施,我国正在加快推进国际区域次区域经济合作,总结改革开放以来国际次区域经济合作的经验,探讨研究沿边省区在跨境次区域经济合作中的路径和抓手,对深入推进"一带一路"建设具有重要意义。

---

　　① 中共中央宣传部. 习近平总书记系列重要讲话读本[M]. 北京:学习出版社,人民出版社,2016:269.

第一章 跨境次区域经济合作的内涵

一、跨境次区域经济合作的定义

目前国际理论界和国际组织中,对跨境次区域经济合作的内涵与特点的认识并不一致。综合国内外学者的认识,本研究对"跨境次区域经济合作"的内容概述为:"跨境次区域"指邻近国家或地区间的边境和沿边地区或国家组成的跨边界区域。边境或边境地区在政治学和地理学上指邻近边界、国界的区域范围,一般来说具有特殊的重要性;沿边是指靠近边境一带的一定区域,在此区域内开展的经济合作即为跨境次区域经济合作。跨境次区域经济合作是在不同国家地理相邻的区域,精心界定、跨边界的一定区域内的经济合作。跨境次区域经济合作既是邻近国家或地区间的边境地区或国家的生产要素的跨境流动的不断强化过程,也是各方政府在该区域通过贸易投资促进等措施,推进区域一体化的进程。其具有如下特点:

1. 跨境次区域经济合作是建立在两国国家边境地区或沿边地区的区域合作,是在两国边境附近划定特定区域,比区域经济合作以及次区域经济合作层次低的合作形式,合作难度较低,合作内容广泛。比如跨境经济合作区,通过制定该区域特殊的财政税收、投资贸易以及配套的产业政策,并对区内部分地区进行跨境海关特殊监管的方式,吸引人流、物流、资金流、技术流、信息流等各种生产要素在此聚集,实现该区域的快速发展,进而通过辐射效应带动周边地区发展。跨境经济合作可根据边境地区对外开放的基础、特点和优势,在边境贸易和边境经济合作区发展的基础上,通过边境两边地区的特殊政策对接、生产要素在"次区域"地缘范围内的自由流动,实现生产资源的有效配置和生产效率的相应提高,促进边境地区充分互动和优势互补,进而带动边境地区经济的发展。次区域经济合作根据边境地区条件的不同,在发展步骤和功能分区上可以有不同的模式。

2. 跨境次区域经济合作具有国家主权让渡的敏感性和经济互补性。边境省份既是维护国家安全的缓冲地区,也是国家安全中的薄弱地区和敏感地区,受到地缘政治的影响强烈。同时由于合作区域的相邻,一国的边境安全变化很容易波及邻国。这就使得次区域合作与边境安全无法割裂开来,一般来说,国家对边境都有十分严格的管辖和控制。跨境经济合作区的建设是接壤国家边境地区,在突破边境对生产要素流动障碍基础上进行的经济合作,涉及人流、物流的管理,涉及海关监管和检验检疫管理,必然会需要国家间主权的相互让渡。而国家主权的让渡十分敏感和困难,需要以国家间友好的政治关系和高度的相互信任为保障,这就增加了跨境经济合作区建设的难度。但是在经济全球化时代,各国间的经济依赖不断加深,更高程度的区域经济合作必然会涉及主权的让渡和共享。这将是不可避免的历史进程,任何国家都需要为此做好准备。

3.跨境次区域经济合作的开放性和复杂性。开展次区域合作的地区相对来说都是经济发展水平比较落后的地区,次区域经济合作的最大不足在于缺乏投资资金,这就使得这种次区域经济合作对区域外部资金产生了严重依赖,这种依赖又决定了次区域经济合作必须坚持多边主义的开放原则,以吸引发达国家资金的流入,而大国的参与,使得这一地区的合作和发展具有不稳定性和非经济的目的性。由于跨境次区域经济合作区域都是边界地区,经济发展相对滞后,政治制度不尽相同,在目标选择、合作领域确定、协调机制建立等方面均存在诸多困难。跨境经济合作运作涉及多方面的复杂问题,在海关有效监管、产业规划、标准一致化、行政司法管理等方面没有先例可以遵循,尤其需要两国间达成一致,需要在摸索中逐渐解决问题。改革开放40多年来,我国积累了各类特殊经济园区运作的丰富经验。跨境经济合作是在我国已有特殊经济园区的基础上,根据对外开放的新形势和边境地区的特点而做出的新举措,有效吸取了以往经济园区运作模式的经验。同时,国际众多自由贸易区(自贸区)的建设和运作也为跨境经济合作区建设提供了有益借鉴。

4.跨境次区域经济合作目标的多样性和非一致性。次区域合作主要包括经济合作与非经济合作。这与区域合作主要以经济合作为主存在很大的区别,而产生这种现状的主要原因就是"次区域"的地域范围和边界的多重属性。次区域涉及边界两侧的两个主权国家,在经济合作的同时不得不考虑边界地区在维护国家安全等方面的作用;同时根据引致需求理论、外部性理论和地缘政治理论等的要求,也需要邻国之间切实加强非经济方面的合作,以应对边境安全问题。在次区域经济合作中,双边和多边经济目标与非经济目标掺杂在一起。一般来说,次区域经济合作不应该仅仅是为了实现经济目标,更多的应该是维护国家安全的策略,考虑得最多的应该是非经济利益,其最终目的是通过经济方面的合作和经济利益的让渡,促进非经济方面的合作。我国与周边国家开展的区域经济合作的初始目标,主要包括区域基础设施建设、商贸投资、文化旅游和消除贫困、经济增长等。而随着合作的进一步深入,合作将逐步扩展到包括打击贩毒、走私,防灾减灾,生态环保,人力资源等多个合作领域。我国次区域经济合作在实践上奉行共商、共建、共享的原则，即共商项目投资、共建基础设施、共享合作成果，内容包括政策沟通、道路联通、贸易畅通、货币流通、人文相通等"五通"。

5.跨境次区域经济合作政府的参与性和主导性。跨境次区域经济合作是由毗邻的两国或多国共同推动的。地方政府在跨境次区域经济合作中地位显著，是直接参与者或主导者。区域经济合作中的国家、地方政府、国际机构发挥着不同作用。在次区域合作中，国家的作用是隐性的和间接的，但是次区域经济合作的前提是国家政治的稳定，国家在边境的通关制度方面涉及海关、税务等行政权力向地方政府的让渡等，国家的作用绝不可忽视。从合作的过程来看，次区域合作主要发生在边境地区或沿边地区，此地区的地方政府是合作的主体。地方政府政策、制度安排对跨境次区域经济合作起主导作用。国际机构的作用亦非常重要。我国周边的次区域经济合作得到了国际组织或国际金融机构不同程度的参与和支持，其参与范围涉及资金、政策、开发方向等方面，其在某些合作中还承担了发起人或推动者的重要角色。同时，国际组织也可以作为第三方的仲裁者和监管者。例如，亚洲开发银行已成为澜沧江—湄公河地区(简称澜湄地区)合作开发的主要召集人，联合国开发计划署(UNDP)在图们江次区域经济合作过程中充当了发起人的重要角色。

6.跨境次区域合作机制的多样性与不完善性。跨境次区域合作区别于其他区域合作组织的一个重要标志是其合作机制的多样性与不完善性。如大湄公河次区域合作，围绕澜沧江—湄公河流域开发建设先后形成了一系列的合作机制：由亚洲开发银行主导的"大湄公河次区域经济合作机制"(GMS)，由东盟主导的"东盟—湄公河流域开发合作机制"(AMBDC)，由新湄公河委员会主导的"湄公河流域持续发展合作机制"(MRC)以及以澜沧江—湄公河流域为主轴的中、老、缅、泰四国毗邻地区的"黄金四角经济合作"等合作机制。这些合作机制都发挥了一定程度的作用，但是，这些合作机制欠缺执行协调机制。多国之间的合作，没有执行协调机制的设计及安排，必将导致合作协定的实施与执行困难重重。目前，次区域合作机制处于政府间政治运行的层面，尚未完全建立法律层面的合作协定的执行机制，协定执行的约束力和规范性缺失。所以，次区域合作现有的机制尚不能支撑次区域合作的正常运行，不能完全满足实现合作战略目标的需要。

二、跨境次区域经济合作的分类

根据跨境次区域经济合作的内容分类，可以把跨境次区域合作划分为次区域经济合作与次区域非经济合作。

　　次区域经济合作是边界由屏蔽效应向中介效应转化过程中，毗邻国家借助"地缘优势"在其边界地区开展区域经济合作的现象。次区域经济合作使生产要素在"次区域"这个地域范围内趋向自由化，从而带来生产资源的有效配置和生产效率的相应提高。经济合作主要包括贸易、投资、能源、交通、旅游、技术、农业、水资源开发等方面的合作。

　　次区域非经济合作是相对于次区域经济合作而言的，指次区域范围内开展的非经济方面的合作。次区域非经济合作主要指为维护边境安全而展开的合作。边境安全又分为传统边境安全与非传统边境安全，从而使得次区域非经济合作的内容也相当广泛，主要有传统边境安全方面的军事合作与政治同盟和非传统边境安全方面的生态环境保护、区域水资源保护、禁毒、文化、教育等合作。

　　次区域经济合作与非经济合作相互作用、相互影响，形成了一个不可分割的整体。次区域经济合作与次区域非经济合作存在如下的相互作用关系：次区域经济合作的加强将通过影响沿边境地区的社会、经济、生态、信息、文化等安全因素进而影响到次区域非经济合作；次区域非经济合作的加强反过来将为次区域经济合作提供一个稳定的社会环境，非经济合作中的文化、教育合作将极大降低贸易中的交易成本并有助于奠定民意基础。由于国别的差异，每个国家关注的经济领域与非经济领域合作的重点是不一样的，我们不能简单地把次区域经济与非经济合作看成是一种良性的循环因果关系，非经济合作也会成为影响次区域合作发展的障碍。

三、跨境次区域经济合作发展潜力

　　跨境次区域经济合作是通过各种生产要素的流动而实施的较长时期的经济协作活动，具有天然的优势。

　　1.地缘区位优势。区位优势即区位的综合资源优势，其构成因素主要包括：自然资源，地理位置，以及社会、经济、科技、管理、政治、文化、教育、旅游等方面。同时区位优势也是一个发展的概念，随着有关条件的变化而变化。从地缘的视角来看，边境往往是一个整体概念，具有地理上的延伸性，还具有同类自然地理环境的特点，以上特点使其通常属于相近的自然地理单元，具有经济合作的便利条件。中国陆地边境西起广西北部湾，东至辽宁鸭绿江口，长达2.3万千米，分布于辽宁、吉林、黑龙江、内蒙古、甘肃、新疆、西藏、云南、广西9个省（自治区）的136个边境县（旗、市）和新疆生产建设兵团的58个边境团场，与14个国家接壤，面积约212万平方千米，人口约2354万人。在陆地边境线上与中国毗邻的国家自东北向西南依次为朝鲜、俄罗斯、蒙古、哈萨克斯坦、吉尔吉斯斯坦、塔吉克斯坦、阿富汗、巴基斯坦、印度、尼泊尔、不丹、缅甸、老挝、越南。彼此联系十分方便，具有发展区域经济合作的地缘优势。

2. 交通基础设施优势。西部大开发的深入实施以及兴边富民、扶贫开发等一系列重大举措的深入推进,有效促进了沿边地区经济社会的发展。沿边地区综合经济实力显著增强,对外经贸合作规模持续扩大,教育文化等社会事业快速发展,形成了开放活边、改革兴边、发展富边的良好态势,呈现出经济发展、生态改善、民族团结、社会和谐、人民生活水平明显提高的良好局面,为加快沿边地区开发开放奠定了良好基础。西部地区基础设施建设成效显著,为进一步扩大向西开放提供了有力的支撑。新亚欧大陆桥的贯通,泛亚铁路、公路和国际输油管道的建设,为东南亚、亚欧国际联运提供了一条较为便捷的国际通道。截至 2019 年 7 月,中欧班列累计开行已突破 1.7 万列,通达了境外 15 个国家、49 个城市。目前西部公路、铁路均可实现与周边国家的联运,边境主要城市可起降大型客货运输机,明显提高了西部地区的区位优势度。

3. 能源资源优势。我国沿边地区能源资源十分丰富,种类多、储量大。沿边 9 省(自治区)中,内蒙古、新疆等省(自治区)均为我国矿产资源较为丰富的地区。内蒙古煤炭资源储量极其丰富,仅鄂尔多斯煤田已探明的储量就占全国总储量的十分之一,铬、铁、铜、铅、锌、锰、金、银等有色金属和贵金属的储量也都在全国占有重要地位。新疆也是我国矿产资源较为丰富的地区之一,目前发现的矿产有 122 种,其中 6 种储量居全国首位,26 种居全国前 5 位。东北三省矿产资源支撑我国东北乃至华北的经济发展,储量最为丰富的矿产资源包括石油、煤炭、天然气、黑色金属、有色金属以及多种非金属类矿产资源。云南的金属矿以有色金属矿为主,个旧锡矿、东川铜矿以及钛矿储量在全国名列前茅,故有"有色金属王国"之称。广西是我国 10 个重点有色金属产区之一,其中已探明储量的有色金属矿产达到 97 种。西藏已发现 70 多种矿产资源,探明矿产资源储量的有 26 种,铬、铜、刚玉、高岭土、菱镁矿、硼、云母等 11 种矿产储量居全国前 5 位。甘肃已发现各类矿产 119 种,占全国已知矿种的 95%,已探明储量的矿产达到 77 种,其中 38 种矿产的保有储量居全国前 5 位,镍、钴、铂族金属等矿种储量居全国第一。

4. 产业发展优势。我国毗邻的国家和地区能源资源富集,人口众多,市场潜力大,与我国产业互补性强,与我国深化合作的愿望强烈,是最具发展活力的区域之一。从经济结构看,周边国家的产业结构比较单一,经济发展不平衡,部分工业品和消费品仍需进口。我国与周边国家存在产业结构、市场结构的差异性和经济技术的互补性,具有深入合作的潜力。随着"一带一路"建设深入推进和国内产业结构的调整,生产要素加快流动,为次区域经济合作提供了良好机遇。区域经济合作发展加快,其投资市场、消费市场都在拓宽,这也为经贸合作提供了巨大空间。同时,我国需要的石油、天然气等矿产资源,电力资源以及其他资源性原材料,正是这些周边国家的优势所在。这种较强的经济互补性将会使双方互惠互利,实现双赢。目前,我国沿边地区特色优势发展加快,以重点口岸城市为节点,轻工、纺织服装、五金建材、装备制造、机电产品、电子信息、能源和原材料等一批产业正在发展壮大,产业支撑良好,带动作用明显。一批内外贸一体化的特色商贸市场、商品交易市场、国际商贸物流产业、边境地区电子商务的发展使该地区逐步具有一定竞争力。

5.社会人文优势。沿边地区聚集了我国50多个少数民族,与邻近国家民族族缘关系紧密,人文交流底蕴深厚,官方民间交往互动密切,人文合作领域宽广。沿边地区许多少数民族都是跨境而居,邻近国家的许多居民与我国的少数民族居民属于同一民族,族缘关系历史悠久,语言文字相通,风俗习惯相近,宗教信仰相同,相互之间有民族互通性、认同感。自古以来沿边地区邻国双方就保持着密切的经济文化往来,民间交往频繁,为双方加强贸易合作奠定了坚实的人文基础。地缘和人文的同源性和相似性是构建次区域经济合作的一个重要条件,相同的地缘、人文背景为双方或多方的交流合作创造了便利条件。中国周边的次区域经济合作在地理上都相互接壤,有着相同或类似的文化传统,政治、经济和文化交往在历史上就已相当频繁。比如:图们江地区的珲春在19世纪中期就已经成为一个知名度很高的商品集散地;早在2000多年前,澜沧江一带就是中国与东南亚、南亚经济贸易交往的主要通道,存在着"四国五景"的传统友好往来关系;中亚五国从苏联时期起就与中国新疆地区开展过许多合作与交流。

6.政策环境优势。40余年来,我们沿海开放、向东开放取得了巨大成就,现在要进一步拓展沿边开放、向西开放。西部地区沿边开放经过多年的发展已经有了一定基础,随着我国综合国力和国际地位不断上升,在加快沿边地区开发开放、深化与周边国家的睦邻友好合作、促进沿边地区繁荣稳定的战略部署下,国家制定了一系列优惠政策,先后出台了支持沿边重点地区开发开放的若干政策措施。而且外部条件也发生了根本性变化,尤其是随着"一带一路"建设的推进,周边国家和地区迫切需要开放和交流,极力渴望并寻求对外经济援助与合作,搭上中国快速发展的列车,双方的开放政策和开放战略将为经济贸易合作提供良好的环境。我国同西部周边国家的关系正处在历史上最好的时期,向西开放前景广阔。在中国—东盟自由贸易区、上海合作组织(SCO,简称上合组织)等现有区域合作的基础上,我国同各国之间的经济技术合作领域与共同利益不断扩大,与周边国家在双边和多边组织建立的会晤机制已日趋完善。在平等互利原则基础上,我国同一些国家签署的友好合作条约,进一步奠定了发展关系的法律基础。这标志着我国与周边国家之间的互信达到新的境界,为区域经济合作创造了更为有利的条件,为沿边地区发挥后发优势、实现跨越式发展提供了新的契机。

位于广西凭祥口岸的 837 号界碑

第二章 跨境次区域经济合作的理论比较

"一带一路"建设发展迅速,学术界的研究还跟不上其前进的步伐,尚未形成成熟的理论来支撑新鲜的理念和实践。学术界早期讨论较多的是"一带一路"的内涵、意义、影响,目前则深入到合作机制的顶层设计和政策体系的构建等方面。加强"一带一路"建设理论研究,构建"一带一路"理论体系,既是促进凝聚国际共识、营造良好氛围的迫切要求,也是有效推进"一带一路"建设的基础工程,具有重要的理论意义和实践价值。

一、跨境次区域经济合作的国外理论研究

1.增长极理论。增长极理论由法国经济学家佩鲁(Perroux)在1950年首次提出,该理论被认为是西方区域经济学中经济区域观念的基石,是不平衡发展论的依据之一。增长极理论认为:一个国家要实现平衡发展只是一种理想,在现实中是不可能的,经济增长通常是从一个或数个"增长中心"逐渐向其他部门或地区传导。因此,应选择特定的地理空间作为增长极,以带动经济发展。增长极理论是从物理学的"磁极"概念引申而来,该概念认为受力场的经济空间中存在着若干个中心或极,产生类似"磁极"作用的各种离心力和向心力,每一个中心的吸引力和排斥力都产生相互交汇的一定范围的"场"。这个增长极可以是部门的,也可以是区域的。该理论的主要观点是,区域经济发展主要依靠条件较好的少数地区和少数产业带动,应把少数区位条件好的地区和少数条件好的产业培育成经济增长极。增长极理论的基本点包括:其地理空间表现为一定规模的城市,必须存在推进性的主导工业部门和不断扩大的工业综合体,具有扩散和回流效应。增长极体系有三个层面:先导产业增长,产业综合体增长,增长极的增长与国民经济的增长。在此理论框架下,经济增长被认为是一个由点到面、由局部到整体依次递进、有机联系的系统。其物质载体或表现形式包括各类城镇、产业、部门、新工业园区、经济协作区等。

2.区位理论。区位理论是研究人类经济行为的空间区位选择及空间内经济活动优化组合的理论。具体地讲,这一理论最早是研究人类经济行为的空间区位选择及空间区内经济活动优化组合的理论,之后范围扩大到各种事物的位置问题。

区位理论可分为古典区位理论、新古典区位理论和现代区位理论,包括农业区位论、工业区位论、中心地理论、市场区位论等。古典区位理论包括杜能的农业区位论、韦伯(A. Weber)的工业区位论、克里斯泰勒(W. Christaller)的中心地理论。新古典区位理论(也可称为新古典经济学区位理论)是指以新古典经济学家马歇尔(A. Marshall)及韦伯为代表的传统区位理论体系。由于马歇尔在1890年出版了《经济学原理》一书,以及韦伯在1929年写出了《工业区位论》一书,在1920年代及1930年代初形成了新古典区位理论的第一波学术繁荣期。区位是指人类行为活动的空间,具体而言,区位除了可解释为地球上某一事物的空间几何位置,还可以强调自然界的各种地理要素和人类经济社会活动之间的相互联系和相互作用在空间位置上的反映。区位就是自然地理区位、经济地理区位和交通地理区位在空间地域上有机结合的具体表现[①]。现代区位理论的代表人物是克鲁格曼(P. Krugman)和波特(M. E. Porter)。现代区位理论重点描述产业集聚现象,指出“规模经济”是其最大的竞争力来源。由于数量可观的企业集聚在一起形成了产业链条,造成了很大的规模经济,这种规模经济能最大限度地降低成本、提高效率,并形成相关产业的核心竞争优势。

3. 新经济地理理论。新经济地理理论(简称 NEG 理论)是20世纪90年代由克鲁格曼等人开创的。新经济地理理论将运输成本纳入到理论分析框架之中,因为运输成本的减少会引发聚集经济、外部性、规模经济等问题,把这些要素融入到企业区位选择、区域经济增长及其收敛与发散性问题中,就会得出不同于传统区域经济理论的观点。所以,克鲁格曼提出,新经济地理理论是继“新产业组织理论”“新贸易理论”“新增长理论”之后最新的经济理论前沿。1991年,克鲁格曼在《政治经济学杂志》上发表了论文《收益递增与经济地理》,对新经济地理理论进行了初步探讨,并在随后的一系列论著中对其思想进行了深入的阐述。传统的区域经济理论主要建立在新古典经济学的基础之上,通过无差异空间、无运输成本等严格假定,提出相应的区位理论、区域增长理论等。克鲁格曼认为,以往的主流经济学,正是由于缺乏分析“规模经济”和“不完全竞争”的工具,才导致空间问题长期被排斥在主流经济学之外。现在,由于“规模经济”“不完全竞争”等分析工具的发展,有望将空间问题纳入到主流经济学的范畴。

4. 区域经济理论。区域经济理论兴起于第二次世界大战后的欧洲大陆,它的形成可以追溯到早期的区位理论,如韦伯的工业区位论、杜能的农业区位论,以及克里斯泰勒和廖什(A. Losch)的中心地理论等。但由于传统的区位理论是从经济人的角度去分析经济活动的空间分布,因而具有静态与均衡的特征,与动态非均

---

① 参见郑春,《区位理论:回顾与前瞻》,见《经济论坛》2008年第15期。

衡的区域发展问题缺乏必然的联系。区域经济理论是研究生产资源在一定空间（区域）优化配置和组合，以获得最大产出的学说。生产资源是有限的，但有限的资源在区域内进行优化组合，可以获得尽可能多的产出。正是由于不同的学者对于区域内资源配置重点和布局的主张不同，以及对资源配置方式的选择不同，形成了不同的理论派别。区域经济学是由经济地理学逐步演化而来的，从区域经济学的未来发展趋势看，区域经济学以空间资源配置的合理性为基础，形成了日益规范的空间分析经济学。一般认为，系统的区域发展理论开始于第二次世界大战以后。由于战后各国致力于重建国民经济，区域发展理论才得到较大的发展。不过，由于区域发展问题较为复杂，涉及经济学、地理学、社会学、规划学等众多学科，加上战后经济发展思潮的不断演化，区域发展理论也形成了众多不同的流派。比较有影响的有：以西方国家区域发展历史经验为基础所形成的历史经验学派，以强调工业化与城市化为核心的现代化学派，以强调乡村地区发展与空间均衡为核心的乡村学派，等等。自20世纪80年代以来，众多主流经济学家开始涉足区域经济研究领域，形成了独特的主流经济学派区域发展理论。这种理论认为区域经济发展是不平衡的，就好像是处于不同的阶梯上，高收入地区处于高梯度，低收入地区处于低梯度，而在高收入地区和低收入地区之间，还有几个中间梯度。有梯度就必然有空间上的转移，高梯度地区首先应用新技术，先发展起来，而后随时间推移，逐步有序地从高梯度地区向处于二级、三级的低梯度地区推移。随着经济不断发展，梯度推移加快，区域间差距可以逐步缩小，最终实现经济分布的相对均衡。

5.区域合作理论。区域合作的理论基础源于新古典贸易理论和一体化理论。新古典贸易理论的代表人物是瑞典经济学家赫克歇尔（E. Heckscher）、俄林（B. Ohlin）。新古典贸易理论对国际贸易的解释是假定市场是完全竞争的，贸易结构是由生产要素、资本占有、自然资源的相对供给决定的；一体化是指通过相同的产品市场、生产要素市场，获得生产要素价格的均等。该理论认为具有不同资源特点的国家相互进行合作，可降低国家之间的关卡对贸易的阻碍作用，是促进各国经济社会发展的关键。区域合作有利于贸易参与国各自发挥其比较优势，获得经济福利与市场收益。经济一体化理论从促进不同国家生产要素流动的视角，主张各国参与区域合作有利于生产要素的跨国自由流动，可以提升有限资源配置效率和降低成本。

6.跨境次区域经济合作理论。跨境次区域经济合作的研究始于20世纪八九十年代，其理论的直接来源是地缘区位理论。美国区域经济学家胡佛（E. M. Hoover）在《区域经济学导论》中指出，区位的特殊性在于生产要素流通的不完全性、经济活动的不完全可分性、距离成本的重要性，使每一个区位表现出其不同于其他区位的特殊性。边境区由于紧靠边界，其最突出的特征就是强烈地受到边界的影响,使之表现出独有的区位特性,因此带来其独特的区域空间系统和经济结构。以克鲁格曼为代表的新经济地理学的新地缘区位理论指出,贸易成本的降低和生产要素的互动,尤其是资本、人力的国际移动能够改变区域资源要素禀赋状况,使经济活动的区位条件得到重新建构。克鲁格曼、李维斯(E. Livas)和福吉塔(M. Fujita)认为国家内部区位需要重新调整。在以往保守的行为体中,经济活动区位导向是内向的,但在开放的行为体中,经济活动的区位导向是外向的。在这种形势下,边境区的经济功能地位提升,原有的国内核心城市区位对企业和人口的吸引作用相对下降,引发外资、人力、企业从原来的国内核心城市区位转移到边境区位,使整体区位的经济活力对比格局发生变化,跨境次区域经济合作得以实现。汉森(N. Hansen)提出了"中心边境区"(Central Border Region)的理念,即通过有效的地方支持与企业的活跃作用,边界两侧市场展开协作,跨境次区域的市场潜力被激活,各国间跨边界贸易额增长,吸引众多的企业和人力到临近国外市场的边境区集聚,"边境区"发展为"中心区"。维纳布尔斯(A. J. Venables)通过对产业间互动的空间均衡的研究指出,垂直联系的跨国公司向边境区位转移的可能性更大,其中,大型跨国公司可能成为跨境次区域经济合作的主要力量,与跨边境的互动联络有关的经济活动有在空间集合的动力,边境区成为集聚合力的作用地区之一。

随着全球经济一体化发展,20世纪80年代以来东亚经济高速增长,并呈现出通过扩大内需来促进自身经济发展的显著特征。同时,冷战结束后东亚各国加快了对外开放,特别是在东亚内部开放合作的步伐。在这种背景下,次区域经济合作作为一种新的经济合作方式在东亚地区开始出现。国外学者较早关注了此种现象,并提出了一些关于国际次区域经济合作的最初认识。早在20世纪60年代,在经济全球化和地区经济一体化兴起的背景下,国际贸易和投资理论研究就进入了这一领域,研究重点是国际贸易增加以及资本的流动和发展,总结边界对贸易流量和资本流动的作用及其发展经验研究。到20世纪80年代以后,空间问题开始受到重视,行为经济学等学科的发展为经济地理学的研究提供了理论储备,使国际次区域合作研究向系统化和综合化发展成为可能。

7.增长三角理论。在1989年的亚洲开发银行会议上,时任新加坡第一副总理吴作栋首次对"增长三角"做出明确定义,他提出在新加坡、马来西亚柔佛州、印度尼西亚的廖内群岛建立经济开发区,该区域刚好呈三角形,因此将该区域称为"增长三角"。他认为,"增长三角"是由三个及以上不同国家(地区)相邻区域组成的经济地带,所在国家(地区)可以政治形态不同、经济发展阶段相异,通过制度安排,增进生产要素及市场的互补关系,促进贸易和投资的增加,进而实现地区的政治安定和经济发展。此后,斯卡拉皮诺(A. Scalapino)提出"自然的经济领土"概念。麦克吉(T. G. McGee)从"核心—边缘"的视角来解释次区域经济合作,他与麦克劳德(S. Macleod)提出了"扩展的城市地区"。1993年,在对以上定义进行归总合并的基础上,亚洲开发银行的经济学家们弱化了"增长三角"概念对地理条件的限制,提出了"次区域经济合作"概念:次区域经济合作是经过精心界定的、包括三个或三个以上的国家的、地理毗邻的跨国经济区,利用成员国之间生产要素禀赋差异促进外向型贸易和投资。将以上定义进行比较可以看出,吴作栋提出的"增长三角"是强调政府主导、由上而下进行政策以及制度安排的产物。"自然的经济领土"和"扩展的城市地区"的观点,主要是从市场出发,强调次区域经济合作的自发性。

对于次区域经济合作,有着广义和狭义两种理解。广义的理解认为,次区域经济合作是几个国家(或地区)相邻的区域合作以在更大范围内优化配置生产要素及市场,以推动区域内产业、贸易和投资发展的活动。狭义的理解认为,次区域合作只限于由政府间的正式制度安排的合作。余炳雕等在分析亚洲"增长三角"等次区域合作时,认为次区域合作是两个或两个以上的国家为促进经济发展而划出一定的地理范围,通过某种政府间协调机制所形成的经济高度协调的有机体。朱显平等持有相似观点,认为政府间的制度安排是次区域合作的主要形式,强调次区域合作是国家间为了促进特定边界区域经济合作而专门进行的制度安排。

通过对相关理论的阐述可知,地缘区位理论将边境区位作为研究重点,关注跨境次区域经济合作。新地缘区位理论特别强调边境区位的比较优势,认为边境区可能成为次区域合作的中心区。新地缘区位理论学者也分析了跨边境的次区域合作对原本城市中心区的积极作用,如:克里斯泰勒认为,稳定的边境区能够为中心区商品服务范围扩大到邻国提供条件;廖什通过研究边境区发现,边境区位将在跨边界投资中使政府和企业双赢。

二、跨境次区域合作的国内理论研究

中国国内对跨境次区域经济合作的研究起步较晚,真正意义上的研究工作开始于20世纪90年代。历经近30年的发展,国内学者对跨境次区域经济合作理论层面和具体概念的理解仍没有较为一致的看法。

国内研究者柳思思认为"一带一路"实质上是次区域合作。根据其定义,跨境经济走廊是运用边境地区的独特性,发挥其比较优势,把边境对经济发展与合作的屏蔽作用,通过政府支持、设施联通、企业集聚等转化为中介作用,发挥边境的区位优势,并以此来带动跨境经济合作,将边境区由一个国家内部的"边缘"地带转化为具有发展潜力的"核心区",通过增进其辐射力和可达性,实现双方互利共赢的目标,进而为一国经济发展提供新的动力机制,促进各地区间协调发展。马博对跨境经济合作区进行了概念界定,阐述了其意义和特点,最后提出跨境经济合作区的建设步骤。袁晓慧分析了跨境区域合作的特征、跨境区域合作形成的原因并对跨境区域合作进行了分类。徐霄天认为合作区在跨境经济合作中扮演着很重要的角色,另外他还指出合作区在跨国经济合作中具有四种作用:一是合作区的优惠政策对邻国生产要素的吸引力最强;二是合作区的良好投资环境能使三资企业发展最快;三是吸引国内资金参与跨国经济合作的实力最雄厚;四是合作区的合资合作企业的市场最广阔。他最后强调跨国经济合作是中国边疆地区经济振兴的发展源。汤建中等对边界及边界效应进行了分类并指出各种边界类型的特征。学者们已经指出国际经济合作的边界类型可以分成封闭型、半封闭型和开放型。董锐将次区域经济合作作为区域经济合作的相对概念提出,在它的演进过程中出现了国际次区域经济合作概念,以与国内次区域经济合作相区分。杨小兵、曹忠祥将次区域经济合作方式归纳为:内陆沿边、依托通道、资源为重、局部区域、合作多样、开放共赢等合作方式。

我国幅员辽阔,陆路边境线长。我国经济学家和地理学家结合区域次区域合作案例,在诸多方面和领域对跨境次区域合作做了有益的研究与探索。

1. 东南亚方面。李光辉对建立中越跨境合作区的背景,跨境经济合作区的界定、战略意义、可行性进行了分析,阐述了中越跨境次区域经济合作区的内涵及功能定位,以及建立中越跨境经济合作区的步骤。王娟首先阐述了跨境经济合作的特点,之后介绍了其功能合作原则以及管理模式,她通过研究认为构建东兴—芒街跨国边境合作区对中越两国经济的发展都具有很重要的意义,最后在论文研究的基础之上,她提出了构建东兴—芒街跨国边境合作区的相关建议。张鑫分析了中国—东盟跨境次区域商贸流通一体化的理论依据和现实基础,指出了中国—东盟跨境次区域商贸流通一体化存在的障碍,从推动跨境次区域商贸流通运输一体化、促进跨境次区域商贸流通市场一体化、健全跨境次区域商贸流通市场体系和建立跨境次区域商贸流通协调合作机制等方面,提出中国—东盟跨境次区域商贸流通一体化的实现路径。黄燕对区域与次区域、区域经济合作与次区域经济合作的概念进行了界定,提出使用区域分工理论、布局理论和合作理论来阐述泛北部湾次区域经济合作。

2. 东北亚方面。徐小梅对图们江次区域经济合作现状、问题及对策进行了研究。于文生提出了东北亚次区域经济合作的现状及发展模式。胡欣对图们江次区域经济合作新形势进行了探析,对次区域经济合作理论进行了阐述,说明了区域经济一体化、次区域经济合作和区域经济合作的含义。赵畅对长吉图地区的经贸发展及其次区域经济合作现状,以及长吉图地区独具的内部、外部优势进行了综合分析,阐述了国家将长吉图开发开放先导区建设上升为国家战略的重要性。李铁立在分析概括边界的本质和边界效应对跨境次区域经济合作的影响基础上,从企业集聚的角度重点论述了在边界效应转化过程中,边境区位的特征及其影响因素,从区域和企业两个层面讨论了跨境次区域经济合作的动因机制、制度安排和组织结构的演化过程及其特征等等。

3.中亚、中蒙俄方面。包明奇的中蒙次区域经济合作发展现状及其影响因素研究及中国与蒙古国次区域经济合作研究,对次区域经济合作理论与相关理论进行综述,论述了中蒙次区域经济合作路径。于倩在对中国西北五省(自治区)与中亚五国次区域经济合作的边界效应,对次区域经济合作及其边界效应的文献进行综述分析的基础上,以西北五省(自治区)和中亚五国为主体,探讨次区域经济合作的边界效应问题。西仁塔娜指出中蒙俄经济走廊属于次区域经济合作范畴,目前处在区域一体化合作的初期阶段。从次区域合作理论的视角看,中蒙俄跨境次区域经济合作将会是一个制度化和集中化水平低、合作议题广而灵活性较强的“弱机制化”合作。在尚缺乏次区域性公共产品的情况下,中蒙俄经济走廊应率先推进基础设施的互联互通。同时,在经济走廊建设进程中应充分发挥边境省份的主要推进作用和企业的功能性一体化作用,促成企业的聚集,使得边境地区成为新的经济增长带。肖洋从当代国家级新区的开发规律来探讨丝绸之路经济带的跨国合作路径、国家间信任以及国际合作的助力效果。任清雨的中巴经济走廊的经济效应和潜力研究,通过对比较优势理论、次区域经济合作理论、区位优势理论等进行综述,为中巴经济走廊建设寻求理论支持。李靖宇、赵伟从上海合作组织成员国经济发展的共同需要及其之间具有的明显的互补性和地域上的市场联动效应出发,指出组织的政治协作功能开始让位于经贸合作功能,区域合作呈上升态势。赵波探讨了西部大开发加大开放力度的形式、目标以及合作内容等。

4.东盟、南亚方面。吴世韶指出我国与东盟国家间形成了一系列次区域经济合作机制,构成了一个复杂的网络。由于不同合作间存在项目重叠甚至相互竞争,建立相应的协调机制就极为必要。吴琼、金铃针对中国东盟区域合作面临的制约因素,提出了稳步推进次区域开发合作对策,使之成为中国与东盟经贸合作发展的新要求。赵亚婷对中国参与大湄公河次区域经济合作进行了研究,分析了中国参与大湄公河次区域经济合作的背景、内容、合作成果及遇到的困难,提出促进次区域经济合作的措施。张建伦的大湄公河次区域农业合作研究综述,阐述了农业合作的兴起、发展过程,分析了农产品比较优势、贸易结构以及农业合作的前景。曹大明对云南省与湄公河次区域五国经济技术合作项目的现状进行了分析,对合作项目类型进行了归纳,对项目特点做了分析。刘冬的孟中印缅经济走廊贸易便利化研究,对区域内贸易便利化进行了综述式回顾和测算分析,并提出了相关建议。李柏文的国际区域旅游一体化理论与实践探析,以澜沧江—湄公河次区域为例,着重阐述了区域旅游一体化的特征和标志,旅游一体化的内容、路径、平台搭建等。

各方学者对国际次区域经济合作概念和性质的理解也存在差异。"国际次区域经济合作"涉及三个概念，即国际、次区域和经济合作。从目前掌握的文献来看，对于"国际"概念，国内学者的观点基本统一，即跨境或跨国界，而对于后两者的观点则不完全统一，主要集中于对次区域的空间范围、经济合作的内容及形式的理解方面。对于次区域的空间范围，根据空间地理范围大小可以分为"宽、窄、中"三种界定。"宽"是指将次区域的空间范围理解为相邻的国家，次区域合作是相邻国家之间的合作。如魏燕慎等对亚太地区次区域经济合作进行分析时认为，在亚太地区较大范围内邻近国家地区之间的合作，如东盟自由贸易区属于国际次区域合作。"窄"是指将次区域的空间范围理解为一国的部分地区，而国际次区域经济合作是不同国家地理相邻的部分地区间的经济合作。如丁斗将次区域定义为一国的一部分地区，而非国家的全部。"中"是介于上述两种之间的界定，更加灵活和务实，主要是亚行在对其主导的大湄公河次区域（GMS）合作进行定义时采用的。亚行认为这一次区域是指柬埔寨、老挝、缅甸、泰国、越南和中国的云南这部分地区。胡志丁等认为次区域合作是邻近国家、地区间或这些国家的边境省份间，跨边界较小范围区域内开展的经济和非经济等方面的合作。吴世韶认为所谓次区域经济合作是指在具有自然地理联系的三个或三个以上国家的相邻地域间，由政府推动的经济合作行为；而次区域合作是指地理相邻的三个或三个以上国家的相邻地域之间经由政府协议所推动的合作，涉及政治、安全、环境、卫生等诸多领域。

在对于跨境经济合作区存在的问题和加快跨境经济合作区建设的研究中，全毅、尹竹认为次区域经济合作面临的主要问题是：理论层面研究不够，缺乏理论指导；制度化建设不够，有效性不足；机制叠床架屋，协调性不够；政治互信欠缺，发展动力不足；等等。刘建文和雷小华认为跨境经济合作区是一个全新的国际经济合作模式，他们深入分析了广西"中越跨境经济合作区"的前景、存在的问题，并提出加快建设的对策建议。代焱森则分别选取黑龙江省的黑河市、绥芬河市和东宁县，吉林省的珲春市为研究对象，重点分析四个地区与俄罗斯边境地区跨境经济合作的现状及存在的主要问题，论证了促进中俄跨境经济合作的对策与建议。袁晓慧和徐紫光提出了跨境经济合作区的三个选择原则：一是跨境两国政治关系良好，跨境双方国家地区合作愿望强烈。二是要选择拥有长期跨境往来的历史积淀并且目前已经在边贸等领域进行各种跨境经济活动的地区。三是要选择能够为跨境经济合作区的发展提供坚实的腹地支撑的地区，即口岸所在地区经济相对发达。柳建文认为，随着"一带一路"倡议的实施，我国正在加快推进国际次区域经济合作。一方面，由于边疆地区城市数量不足、规模偏小，大型企业匮乏，缺乏开展国际次区域合作的支撑点；另一方面，地方政府在国际次区域合作中缺乏相互之间的协调与合作，存在恶性竞争现象，同时国际次区域合作的权力主要集中在中央部委，对地方开展跨国合作形成消极影响。为推进国际次区域合作,首先需要加强边疆地区的城镇化战略与"一带一路"建设的衔接,完善城市体系,形成以区域中心城市为核心的城市群。其次需要加强国内地方政府间的合作,通过国内区域合作支持国际次区域合作,同时设置专门机构统筹指导国际次区域合作。最后,边疆地区需要扶持和培育大型跨国企业和生产型企业,以适应国际次区域合作的需求。

　　总的看来,学术界、国际组织等对于次区域经济合作内涵的理解各有不同。对于次区域地理范围的界定,尽管亚行的界定从学术上看缺乏严谨性,但是符合国际次区域合作的实践要求,具有务实性。实际上,次区域地理范围的大小与参与次区域合作的国家疆界大小相关,在两个以上疆域范围较大的国家,次区域可以定义为一个国家内部的特定地区。对于经济合作的理解,广义和狭义并无本质区别,但广义的理解更符合经济合作的本质,不宜将次区域合作理解为仅限于通过政府之间制度安排来进行的合作。不过,政府的制度安排对于推动次区域市场的形成和深化合作有着难以替代的重要作用,尤其是在市场发育程度较低的国家中,政府之间的制度安排对于促进次区域各种形式的经济合作可能更有必要。

三、跨境次区域经济合作的性质和特征

　　跨境次区域经济合作属于国际区域经济合作范畴,具有国际区域经济合作的一般特征,如合作的领域、合作的分类等。但作为区域经济合作的一种特殊形式,跨境次区域经济合作有着自己的独特之处。多数学者都从区域经济一体化的角度去理解跨境次区域经济合作的性质问题。赵永利、鲁晓东提出跨境次区域合作在低层次上存在较强的经济互补性、地方政府主导性、国际机构参与性、市场制度缺失性、行动的软约束性、合作范围的广泛性、开放性和非歧视性及个体差异性等八大特点。陈才等学者认为,从经济范畴来看,跨境次区域经济合作是区域经济一体化范畴中的,相对于区域经济合作是若干国家或地区作为自然人或法人参与,跨境次区域经济合作是若干国家或地区接壤部分之间的跨界(国界或其他行政界)合作。余炳雕等认为,某种形式的"增长三角"的形成,需要具有一些前提条件,如地理邻近、经济互补、政府间相互协调存在可能等。王胜今认为,在经济一体化发展阶段中还存在着更低级的形式和阶段,这样的形式和阶段没有纳入以发达国家为研究对象的区域经济一体化理论框架中,"增长三角"就是其一。施本值认为,跨境次区域经济合作是区域经济一体化进程中的一个阶段。贺圣达认为,跨境次区域经济合作的经济学本质促进生产要素在"次区域"这个地缘范围内自由化地流动。可以看出,在经济范畴上,跨境次区域经济合作从属于经济一体化范畴,经济资源的互补性以及地理位置的相邻性是次区域经济合作的前提和必要条件。显然,从

一般意义上的区域经济合作角度去考量,跨境次区域经济合作是在跨境的一定地域范围内生产要素趋向自由流动和实现更高效率配置的过程,直接表现为特定区域范围内贸易和投资的自由化,在某种意义上是区域经济一体化的一种特殊形式。但是,与区域经济合作不同的是,跨境次区域经济合作更强调地理上的临近性、资源和市场的互补性、边界效应对要素流动的影响。

对跨境次区域经济合作的特征研究方面,在学术研究中,不同学者从参与主体范围、各种组织的力量、合作制度等角度对跨境次区域经济合作进行了概括。李铁立等认为跨境次区域经济合作的特征主要体现在边界效应的影响、地理范围的模糊、主权成本低、开放性、地方的推动力量、企业为主导这六个方面。赵永利等从开展跨境次区域经济合作成因的角度对跨境次区域经济合作的特征进行了分析,认为跨境次区域经济合作层次较低、政府作用强、国际机构重要、合作内容广泛、合作开放。胡志丁等认为跨境次区域经济合作有内容广泛、合作开放、目标多样、机制松散多样四个特征。从上述观点可以看出,这些学者在对跨境次区域经济合作的特征认识上有差异,也有着不少相近之处。张晔等从跨境次区域经济合作与国家间经济合作相比具有的优势角度提出了跨境跨境次区域经济合作的特征,即合作灵活、见效快、制度水平低。吴世韶从跨境次区域合作的产生提出三个特征,即多边性、政府引导性和溢出效应。

从以上研究可以看出,不同学者从不同角度出发对跨境次区域经济合作的特征进行了研究,研究的核心在于跨境次区域经济合作与普通的区域经济合作的不同之处。归纳起来主要有以下几点:

1.跨境次区域经济合作最重要的特征在于它是"次区域"的经济合作,也就是从地理范围上看,它在空间范围上局限于边境或边界相邻的国家(或地区)之间的合作。

2.地方政府在跨境次区域经济合作中地位显著,是次区域合作的主体,是很多合作行为的直接参与者甚至主导者。

3.国际组织在跨境次区域经济合作中发挥了重要作用。

4.跨境次区域合作通常只涉及成员国领土的一部分,具有较大的灵活性,一个国家可以同时参加几个次区域经济合作组织。

5.具有不同于贸易集团的开放性,其产品市场和投资资本都主要或首要依赖于本次区域以外的地区,不歧视非成员国。

6.有别于出口加工区,合作范围十分广泛,通常包括贸易、投资、旅游、基础设施、人力资源、环境保护等。

由于跨境次区域合作的参与区域很多都是边界地区,难以受到发展中心的直接辐射,发展都相对滞后。特别是经济发展程度不同、经济和政治制度不同的国家或地区之间开展合作时,在目标选择、问题协调等方面都有着较大困难,国际组织则可以起到特殊的作用。正是由于地理范围有限、合作内容广泛灵活、国际组织推动,在特定条件下,跨境次区域经济合作比一般意义上的区域合作更容易取得进展和成效。

四、跨境次区域经济合作的影响因素和动力机制

现实中许多因素都会影响到跨境次区域经济合作,如政治经济、资源环境、民族宗教、文化传统、价值观念、对外政策等。20 世纪 80—90 年代,跨境次区域经济合作主要集中于经济要素的研究。随着跨境次区域经济合作的发展变化和学者研究视角的不断拓宽,进入 21 世纪以来,对流域治理和环境保护,非传统安全合作,参与各方政治、社会、文化关系与经济合作关系等的研究逐渐增多,拓宽了跨境次区域经济合作研究的领域。

在对东北亚的研究中,梁明和李光辉认为影响东北亚地区经济合作的主要因素包括地缘政治因素、历史文化因素、经济因素,以及合作机制因素等,并进一步认为地缘政治因素是影响区域经济合作的基础因素,政治关系可能是东北亚地区各国经济合作的根本影响因素。陈宁认为,国家之间的政治矛盾和社会不稳定是导致次区域经济合作进展缓慢的重要原因。赵春明等和马燕冰等研究认为,大国既为次区域合作创造了条件,又对次区域合作产生较大的影响。黎尔平认为目前影响次区域经济合作最大的障碍是非传统安全因素,因此推进合作各方在政治上的互信并且对环境保护高度重视对于合作至关重要。冯彦等以大湄公河次区域水电开发为例,建议尽早制定流域综合开发规划和分配方案,维护区域合作的顺利进行。赵永利等研究认为地缘和人缘的相似性和同源性是构建次区域经济合作的基础条件,相同的地缘人缘便于双方或多方进行交流合作。何胜和李霞认为,尽管大湄公河次区域经济合作已经取得许多重要进展,但外界因素更容易对开展合作产生较强烈的影响。次区域经济合作是区域经济合作的一种形式,它由促进边境地区发展、追求边境地区安全、减少经济活动外部性等经济和非经济因素共同引致,最终目的是实现生产要素的最优配置。不过,实现这一目标取决于多种因素。既有来自内部因素的影响,也有来自外部力量的影响;既有经济因素的影响,也有非经济因素的影响;既有自然资源禀赋的影响,也有社会文化因素的影响。在不同的区域由于其历史沿革、民族文化、经济发展水平、政治制度、意识形态、资源环境禀赋、宗教信仰等不同影响因素及其作用的权重是不一样的,对于不同因素的影响方式,许多文献都做出了相应分析,但对于特定的次区域而言,影响因素的作用方式和效果更需要有针对性的分析。胡志丁等运用经济学理论,从引致需求理论和外

部性理论角度分析了次区域经济合作的产生及迅速发展的原因。梁文恬和朱洪兴研究认为,次区域经济合作是跨国境的经济合作,是不同国家地理相邻的一部分地区间的经济合作,边界效应是更为重要的影响因素。苏长和对中国地方政府参与国际合作进行了研究,认为改革开放以来中国对外关系领域的分权提供了中国地方政府参与国际合作的动力,制度性分权和政策性分权是地方政府积极参与国际合作的保障,国际组织、中央政府和地方政府在国际合作中发挥着不同的作用。曹宏苓认为亚太地区次区域合作的蓬勃发展,与世界多边贸易体制的矛盾与分歧、APEC经济合作中的困难与挫折、制度化可能带来的超额利益的增加、亚太各国努力谋求国家利益最大化有密切关系。万新鲲认为生产要素的互补性、边境地区需要经济中心带动发展、企业追求利益最大化是次区域经济合作产生的动因。赵洪认为推动东亚次区域经济合作主要有三个因素:一是希望发展边境落后地区,二是政治和国家安全,三是希望通过经济合作促进本国经济结构调整和放松市场管制。如果把次区域经济合作看作一个地域经济系统,推进系统不断优化的动力主要来自两个方面,即系统内部的增长需要和系统外部的推力。内生增长需要源于国家和区域政府对国家战略安全和地区经济发展的考虑以及企业追求最大化利益的禀性;外部推力主要来源于区域间产业结构、经济发展水平、社会整体进步程度、资源禀赋的梯度差异等。

五、跨境次区域经济合作理论研究分析方法

学者们采用定性分析与定量分析相结合的方法对跨境经济合作区的效益进行了实证研究,其主要运用方法有SWOT矩阵分析、实证分析、可行性分析以及合作博弈分析。多数学者主要运用可行性研究,采取定性概述分析,实用性和有效性欠缺。

李红等人通过SWOT矩阵,分析了中越边境区位优势、劣势、机会和挑战,得出以下三点结论:重新认识、评判、再造中越边境的整体区位优势;对优势的反面即劣势也要客观评价其逆转的条件,并采取设立两国政府、当地政府领导人定期会谈等机制;开展更紧密的边境区域、次区域合作的试点,借鉴较为成功的跨境经济合作的经验及管理模式,深化政府、企业间合作,合办跨境工业园,更广泛地开放边民自由行,实施两地车牌管理模式,等等。李莹莹系统梳理了跨境经济合作理论以及当前中国国内外的相关研究成果,在此基础上运用合作博弈研究方法对中国红河—越南老街跨境经济合作区的构建进行多角度的探究。作者强调在构建中国红河—越南老街跨境经济合作区的必要性和充分条件都具备的情况下,其投资扩大效应、贸易创造效应、规模经济效应、辐射效应以及刺激竞争效应都将显现出来,成

为经济社会发展的引擎,发挥示范性作用。冉凌旭先从理论层面以"新经济地理学"为理论依据对跨境次区域经济合作进行了理论阐释。然后在上述理论的大框架下,对"中越河口—老街跨境经济合作区"的建设进行了实证研究,探讨该合作区建设是否具有可行性。

第三章 "一带一路"建设与周边国家合作

我国与 14 个国家接壤,是世界上邻国最多、边境线最长及周边情况最复杂的国家之一。具有以下特点:

陆地面积较大。与我国接壤的 14 个国家国土总面积约 2770.7 万平方千米,约占地球陆地面积的 18.7%,除去俄罗斯欧洲部分,占亚洲总面积的 53.2%。其中,俄罗斯国土面积为 1709.8 万平方千米,是 14 个国家中国土面积最大的国家,约占总面积的 61.7%。不丹面积最小,约 3.8 万平方千米,仅占 14 个国家国土总面积的 0.1% 左右。蒙古东、西、南三面与我国接壤,是周边国家中与我国边境线最长的国家,达 4710 千米。

人口众多。截至 2019 年,与我国接壤的 14 个国家人口总数约为 21 亿人。其中,印度为人口最多的国家,人口总数约为 13.24 亿人,占 14 个国家人口总数的 63.0%。人口最少的国家依然是国土面积最小的不丹,人口约为 73.5 万人。14 个国家中人口密度最低的国家是蒙古,人口密度约为 1.8 人/千米^2;人口密度最高的国家是尼泊尔,为 204.3 人/千米^2。

自然资源丰富。周边 14 个国家自然资源不仅十分丰富,而且储量巨大,多种自然资源储量位列世界前列(见表 3-1)。

表 3-1 中国周边 14 国资源情况

国家	森林	矿产	天然气	石油	水资源
朝鲜	630 多万公顷,覆盖率为 52%	已探明 300 多种,其中有用矿 200 多种			
俄罗斯	森林资源覆盖面积 1126 万平方千米,覆盖率为 65.8%	铁矿石储量为 650 亿吨,位列世界第一;磷灰石占世界探明储量的 65%;镍和锡均占世界探明储量的 30%;铝 4 亿吨,位列世界第二;煤 1570 亿吨;铜 83502 万吨	储量为 48 万亿立方米,世界第一,占全世界探明储量的 25%	石油储量为 252 亿吨	水力资源 4270 千米^3/年,居世界第二位

续表

国家	森林	矿产	天然气	石油	水资源
蒙古	森林面积为1530万公顷,其中森林覆盖区为1400万公顷,约占国土面积的10%	已探明的矿产有80多种,3000多个矿点		石油储量为15亿桶	面积大约为0.1平方千米的湖泊有4000多个,泉水7000多处,湖泊水资源达1800亿立方米,地下水资源量为120亿立方米
印度	森林覆盖率为20.6%	铝土储量和煤产量均占世界第五位,云母出口量占世界出口量的60%	天然气储量为1.1万亿立方米	石油储量约为9亿吨	水资源可利用量为11220亿立方米,地下水资源量为4320亿立方米
哈萨克斯坦	森林和营造林面积为21.7万平方千米	已探明90多种矿藏及1200多种矿物原料	储量为3.5万亿立方米	已探明石油储量为48亿吨	地表水资源达530亿立方米
塔吉克斯坦	森林总面积为4080平方千米	铀储量居独联体首位,铅、锌矿占中亚第一位	深度7000米以内天然气储量为2703亿立方米;7000米以下深度的天然气储量达5350亿立方米	可开采埋藏深度7000米以内的石油储量为6820万吨	水力资源丰富,截至2014年居世界第8位
吉尔吉斯斯坦		发现各类矿产地2000多处,拥有化学元素周期表上大多数元素			潜在的水力发电能力为1450亿千瓦时,仅开发利用了10%左右
巴基斯坦	森林覆盖率为4.8%	煤1850亿吨,铁4.3亿吨,铝土7400万吨	天然气储量为4920亿立方米	石油储量为1.8亿桶	极度缺乏,60%的民众难以获得清洁水源

续表

国家	森林	矿产	天然气	石油	水资源
尼泊尔	森林面积为 4.8 平方千米	已发现的金属矿藏有铁、铜、锌、铅、镍、钴、钼、金、钨、钛和银等,非金属矿藏有菱镁矿、石灰石、白云石、大理石、石榴石、云母、石墨、石英、陶土、磷矿、花岗石、硅岩、宝石等			水能蕴藏量达 8300 万千瓦,约占世界水电蕴藏量的 2.3%。其中 2700 万千瓦可发展水力发电
不丹	森林覆盖率约占国土面积的 70.5%	矿产资源主要有白云石、石灰石、大理石、石墨、石膏、煤、铅、铜、锌等			水电资源丰富,蕴藏量约为 3 万兆瓦
阿富汗		据估测,阿富汗的能矿资源价值超过 3 万亿美元。至 2014 年已发现 1400 多处矿藏,包括铁、铬铁、铜、铅、锌、镍、锂、铍、金、银、白金、钯、滑石、大理石、重晶石、宝石和半宝石、盐、煤、铀等	北部地区蕴藏有约 1 万亿立方米的天然气	北部地区蕴藏有约 36 亿桶原油	
老挝	2018 年森林面积约 17 平方千米,全国森林覆盖率约为 50%	有锡、铅、钾、盐、铜、铁、金、石膏、煤等矿藏			水电资源理论蕴藏总量约为 3000 万千瓦
缅甸	森林总面积为 34.4 万平方千米,约占国土总面积的 51%,森林覆盖率约为 45%	有钨、锡、银、锌、锑、金、铁、锰、玉石等矿藏	天然气储量为 2294 亿立方米	石油储量为 22.7 亿桶	多年平均径流量为 4550 亿立方米
越南	森林面积约 10 万平方千米	煤、铁、铝、锰、铬、锡、钛、磷等,煤、铁、铝储量较大	天然气储量为 6800 亿立方米	已探明石油总储量为 44 亿桶	

经济发展较快。截至 2017 年,周边 14 个国家 GDP(国民生产总值)总值约为 4.5 万亿美元。其中,俄罗斯 GDP 约为 1.6 万亿美元,世界排名第 11 位,占 14 个国家 GDP 总值的 35.5%。不丹 GDP 最低,仅为 27.5 亿美元,占 14 国家 GDP 的 0.06%。在周边国家中,俄罗斯是唯一一个高收入国家,人均 GDP 为 1.1 万美元;哈萨克斯坦为中高等收入国家;越南、印度、蒙古、不丹等 7 个国家为中低等收入国家;尼泊尔、缅甸、阿富汗等 5 个国家为低收入国家。

中俄边境——黑河

一、朝鲜民主主义人民共和国基本情况

朝鲜民主主义人民共和国,简称朝鲜。朝鲜是位于东亚朝鲜半岛北部的社会主义国家,南部与韩国以朝韩非军事区(三八线)分隔,北部与中国和俄罗斯接壤,西临渤海,与山东半岛隔海相望,东临日本海。领土面积 12.3 万平方千米,人口约 2500 万(2019 年数据)。朝鲜平均海拔高度为 440 米,山地约占国土面积的 80%。半岛海岸线全长约 17300 千米。已探明矿产 300 多种,其中有用矿 200 多种。石墨、菱镁矿储量居世界前列。铁矿及铝、锌、铜、银等有色金属和煤炭、石灰石、云母、石棉等非金属矿物储量丰富。水力和森林资源也较丰富。属温带季风气候,年平均气温 8~12℃,年平均降水量 1000~1200 毫米。

1. 总体经济状况

朝鲜实行计划经济。据 2019 年 4 月朝鲜官方公布数据,2018 年国家预算收入计划超额完成 1.4%,较 2017 年增长 4.6%。2018 年国家预算支出计划执行 99.9%。国家预算支出中,国防支出占 15.8%,经济建设支出占 47.6%,文化建设支出 36.4%。2019 年国家预算较 2018 年增加 3.7%,预算支出总额预计比 2018 年增长 5.3%,其中经济建设支出占总额的 47.8%,国防支出占总额的 15.8%。

根据中国华北地区朝鲜办事处官网所载:2006 年以来,朝鲜国内消费和投资需求持续低迷,经济在出口拉动下保持一定增长。GDP 增长率达到 5%。由于物价持续攀升,企业和家庭负债持续增长,就业形势恶化,导致居民实际购买能力增长缓慢。在对外贸易领域,据朝鲜产业资源部统计,2006 年朝鲜对外贸易总额达 6352 亿美元,其中出口额 3259 亿美元,同比增长 14.6%,进口额 3093 亿美元,同比增长 18.4%。贸易顺差 166.5 亿美元,同比减少 28.1%。出口高速增长对朝鲜经济增长拉动作用明显,2006 年朝鲜对外贸易依存度为 71.5%。在国内投资领域,2006 年,朝鲜国内投资中设备投资是经济增长主要推动力之一,年增长率为 7.4%。

朝鲜风情

2. 与中国的关系

中朝两国于 1949 年 10 月 6 日建交,朝鲜是最早同新中国建交的国家之一。2018 年 3 月 25 日至 28 日,习近平主席在会见金正恩时指出,中朝传统友谊是两党两国老一辈领导人亲自缔造和精心培育的,是双方共同的宝贵财富。回想当年,老一辈领导人怀着共同的理想信念和深厚的革命友谊,彼此信赖,相互支持,书写了国际关系史上的一段佳话。中朝几代领导人一直保持着密切交往,像走亲戚一样常来常往。在长期的实践中,中朝两党两国相互支持、相互配合,为社会主义事业发展做出了重要贡献。双方多次表示,要把中朝传统友谊不断传承下去,发展得更好。这是双方基于历史和现实,立足于国际地区格局和中朝关系大局,做出的战略选择,也是唯一正确选择,不应也不会因一时一事而变化。①

---

① 引自新华社北京,2018 年 3 月 28 日电。http://www.gov.cn/xinwen/2018-03/28/content_5277946.htm.

习近平强调,中国党和政府高度重视中朝友好合作关系,维护好、巩固好、发展好中朝关系始终是中国党和政府坚定不移的方针。习近平表示,我们愿同朝鲜同志一道,不忘初心,携手前进,推动中朝关系长期健康稳定发展,造福两国和两国人民,为地区和平稳定发展做出新的贡献。一是继续发挥高层交往的引领作用。高层交往在中朝关系发展中历来发挥着最重要的引领和推动作用。新形势下,我愿同委员长同志通过互访、互派特使、互致信函等多种形式保持经常联系。二是充分用好战略沟通的传统法宝。经常就重大问题深入交换意见,是中朝两党的光荣传统。要充分发挥党际交往的重要作用,促进两国各领域的交流合作,加强沟通与互信。三是积极促进和平发展。当前,中国特色社会主义已经进入新时代,朝鲜社会主义建设也进入了新的历史时期。我们愿同朝方共同努力,顺应时代潮流,高举和平、发展、合作、共赢旗帜,不断增进两国人民福祉,为本地区和平、稳定、发展做出积极贡献。四是夯实中朝友好的民意基础。双方应该通过各种形式,加强两国人民交流往来,巩固两国友好关系民意基础,特别是加强两国青年一代交流,继承和发扬中朝友好的优良传统。[①]

朝鲜风光

2. 朝鲜与"一带一路"建设

"一带一路"建设,可与朝鲜"全面建设经济强国方针"战略相衔接。朝鲜自2013年后进入了"全面建设经济强国"的历史新阶段,主张以"经济管理改善办法",促进经济的高速增长。"一带一路"建设符合中国和朝鲜的国家利益和战略需

---

① 引自新华社北京,2018 年 3 月 28 日电。http://www.gov.cn/xinwen/2018-03/28/content_5277946.htm.

朝鲜风光

求。朝鲜开放战略为"四点两线",即南线的金刚山旅游区和开城工业园区两个重点,北线的罗先经济特区和黄金坪、威化岛经济特区两个重点。朝鲜这一开放战略布局可与"一带一路"建设对接,推动朝鲜融入东北亚区域合作。2017年,朝鲜派对外经济相金英才率团参加在北京举行的第一届"一带一路"国际合作高峰论坛。2018年,朝鲜《劳动新闻》在中国国庆日当天罕见地发表长篇通讯,细述中国东北城市哈尔滨、大庆和呼和浩特的经济发展情况,并大赞中国的"一带一路"倡议为推进国际合作、实现共同繁荣与发展做出了重要贡献。

二、蒙古国基本情况

　　蒙古国,简称蒙古,位于中国和俄罗斯之间,北与俄罗斯接壤,东、西、南与中国交界,是世界上第二大内陆国家,仅次于哈萨克斯坦。蒙古的国土面积有 156.65 万平方千米,但仅有 320 余万人口,因此是世界上人口密度最低的国家。中蒙边境线长 4710 千米,与我国沿边阿尔山、海拉尔、二连浩特、满都拉、老爷庙、乌拉斯台、红山嘴等 10 余个开放口岸通商。蒙古的交通运输以铁路、公路运输为主,均可通达重要的俄方、中方口岸城市。中蒙边境地区多为草原戈壁地形,地势平坦开阔,有起伏较大的低矮丘陵,丘陵间为浅盆地,在宽广平坦的谷地内是辽阔的草原,间有内陆湖泊。

蒙古国风光

1. 总体经济状况

蒙古国内的主要经济部门是农牧业和采矿业。畜牧业是国民经济的基础,牧场占国土面积的 79%,以饲养羊、马、牛、骆驼为主,马的数量居世界第一位,羊的数量居世界第二位,仅次于新西兰。蒙古矿产资源丰富,矿产业是蒙古经济的支柱产业,矿业成为蒙古经济腾飞的重要支点和最具潜力的领域。蒙古国内已探明铜、钼、金、银、铀、铅、铁和煤等 80 多种矿产、3000 多处矿藏地,蒙古许多资源分布在中蒙边界地区。蒙古铜矿、金矿、煤矿、铀矿和石油等主要分布在与中国接壤的西部、南部和东部各省,其中与中国接壤的蒙古南戈壁省、东戈壁省有着储量巨大的铜矿带。外国对蒙古投资的 85% 都投入蒙古矿业领域。为了吸引外资,蒙古分别于 1994 年、1997 年、2006 年修订了该国的《矿业法》,并拟定了重点引资项目清单,被列入政府《重点鼓励外商投资项目目录》的项目,均根据所投资行业的不同享受 3 年至 10 年所得税减免的优惠;外商投资的绝大部分项目进口的机械设备免征关税和增值税;外资企业所得利润可自由汇出;外资外贸局为外商办理注册登记手续提供"一站式"服务。自 1999 年起,中国取代俄罗斯成为蒙古最大的贸易伙伴。2004 年至 2013 年,中蒙两国的贸易总额累计增长了 9 倍。中蒙经济关系呈现出以下三个特点。

贸易商品类型较为单一。蒙古受到自身资源禀赋影响,对外贸易过程中主要以原材料和初级产品出口为主。据蒙古统计局的数据,2017 年蒙古和中国进出口贸易总额为 66.8 亿美元,其中铜矿精粉、原煤、铁矿石等能源矿产品占总贸易额的 78%。

中资企业对蒙古投资主要集中于地质矿山领域。在 1000 多家中资企业中，445 家在蒙古从事矿产领域投资经营。其他企业则分布在餐饮、贸易、建筑建材、食品与农牧产品加工等行业。蒙古国内实行的"矿产兴国"战略是中资企业对蒙投资行业集中的重要原因。中资企业在资本、技术、设施等领域的比较优势明显，加上中蒙地缘相邻，语言文化相对接近的内蒙古企业更是占到对蒙投资企业的一半以上。

中国对蒙经济合作项目以基础设施建设为主。中蒙之间的大型工程项目主要包括，山东电力基本建设总公司承建的蒙古南戈壁 5×150MW 输电线项目，中铁十二局集团有限公司中标的蒙古国乌兰巴托市政工程 EPL 项目，江苏江都建设集团有限公司承建的奥尤陶勒盖（OT 矿）K320SWP002 - 005 项目，中国水利水电建设有限公司承建的 OT 矿风电融资项目。神华集团与蒙古能源资源（Energy Resources LLC）公司、日本住友商事株式会社组成的联合体获得同蒙古政府开展塔温陶勒盖煤矿（TT 矿）开发综合项目。

2. 投资机会与风险

从政治风险、经济风险、商业环境风险和法律风险四个维度综合来看，蒙古政治基本保持稳定，但政局有所变化，宏观经济发展仍保持高速增长。未来，蒙古国家风险主要在于政府政策与法律制度能否保持连贯性与稳定性，能否顺利吸引外资流入以及能否将国家发展与外国投资相结合，以解决基础设施落后、交通运输困难、矿产开发停滞等问题。

政治风险。当前蒙古的政治风险主要来源于三个方面：蒙古国内政治的连续性和稳定性较差，蒙古实行一院制，每逢政府换届，都要对上届政府未实施的议案进行重新审议，这给包括中国在内的外国投资者带来了较大的政策风险。在目前的蒙古大呼拉尔中，民主党、正义联盟与绿色希望党组成了执政联盟，这个联盟的稳定性值得观察。蒙古未来的政局走向仍然存在一定的不确定性。蒙古国内仍然存在一定的排华思潮，国内安全形势也存在着一定隐患，由于历史原因，部分蒙古人对于中国存在着敌视和仇视心理。蒙古国内针对华人的治安案件也时有发生，蒙古民族主义膨胀、对中俄等民族地区稳定和对外经济合作带来消极影响。中蒙关系面临美、俄、日等国家与国际组织的竞争与挑战。蒙古的邻国只有中俄两国，相对于中俄而言，蒙古是绝对意义上的小国，冷战结束以后，蒙古结合自身地缘局势提出了"第三邻国"的理念。2010 年，蒙古国大呼拉尔通过的新国家安全构想中，在强调平衡与中、俄两大邻国关系的同时，将强化"第三邻国"作为一个外交政策。蒙古的"第三邻国"含义广泛，从最初的美国演变到西方国家，再到后来的援蒙国家，如日韩等国家。近年来，第三邻国的范围又有着向国际组织发展的趋势，如蒙古宣布加入欧安组织等。"第三邻国"的理念使得中国在发展同蒙古关系上面临更大的挑战。俄罗斯是蒙古第一大进口国,提供蒙古95％以上的成品油和大量电力。蒙古的矿产资源,特别是稀土资源吸引了包括日韩在内的多个国家。近年来蒙古同日本的关系逐步密切,中日在蒙古的竞争未来将更趋明显。更值得注意的是,随着环境问题在蒙古政治中的日益重要,西方国家正在通过NGO、绿党等渠道对中蒙经贸联系施加越来越大的压力。[①]

经济风险。蒙古经济以畜牧业和采矿业为主,采矿业是该国支柱产业,约占GDP总量的20％、预算收入的40％、投资的85％、出口总额的90％。劳动力市场结构性矛盾突出,失业问题仍很严重。通货膨胀是威胁蒙古宏观经济稳定的固有问题。为刺激经济发展,蒙古的货币政策普遍偏向于宽松。蒙古财政收入主要来自矿业税收,所占比重高达80％以上,矿业税收持续高增长使蒙古得以多年推行扩张性财政政策。但是随着财政支出规模的不断扩大,蒙古财政赤字规模不断攀升,人们对中长期蒙古财政稳定性存在一定隐忧。蒙币图格里克趋于稳定,从中期来看,蒙古经常账户下的商品出口前景乐观,但是,因经济结构单一和过度依赖矿业出口导致的结构性风险仍然明显,国际储备水平偏低。2014年三大信用评级机构对蒙古主权信用评级情况进行调整,其中标普和穆迪均下调了2014年的蒙古长期主权信用评级,惠誉维持了评级,但长期展望为负面。这反映了评级机构关注蒙古扩张性宏观经济政策的负面影响,认为会威胁经济和金融稳定,增加债务负担,主权信用风险较高。蒙古外债主要由国家外债组成,分别是政府、央行、银行和其他行业负债,蒙古的短期偿付能力面临较大压力,需要外部资金支持,长期偿付能力亦面临巨大压力。总体来看,蒙古高度依赖矿产出口和投资,国民经济易受世界经济环境影响,未来经济增长存在一定的脆弱性。

商业环境风险。蒙古长期致力于打造外资友好型法律环境,为外国资本流入提供便利条件。商业环境日趋好转,但仍存在较大不稳定因素。蒙古税收制度健全,税费较多。蒙古的税收分为国家税收与地方税收,国家税收的主要税种包括企业所得税、关税、增值税、特别税、汽油和柴油燃料税、矿产资源使用费,地方税收的主要税种包括个人所得税、不动产税、印花税、汽车运输及其他交通工具税、矿产之外其他自然资源使用许可费、土地使用费等。蒙古货币兑换和进出自由。蒙古对外汇出入境未做严格限制;对企业、个人持有外汇没有限制;所有的商业银行经批准均可在境内经营外汇买卖,美元、欧元、人民币等外币在蒙古均可自由兑换。2013年10月新修订的《外国投资法》规定,投资人在蒙古境内履行纳税义务后有权将经营所得利润、分红向境外转移,并有权选择兑换成国际市场上自由流通的货

---

① 参见《一带一路投资政治风险研究之蒙古》,人民日报海外版官网,2015年3月12日。http://m.haiwainet.cn/middle/232591/2015/0312/content_28511905_1.html。

币。回调外资政策,改善投资环境。蒙古将吸引外国长期直接投资视为摆脱经济困境的必要举措。2013 年 10 月,议会通过新投资法,放宽外企在蒙古的投资条件,以求消除 2012 年《战略领域限制外国投资协调法》带来的消极影响。2013 年 11 月,蒙古政府决定成立投资局。2014 年 2 月,蒙古政府与多边投资担保机构签署《有关已担保境外投资法法律保护协议》,为境外投资提供法律保障。2014 年 4 月,蒙古启动《矿产法》的修订,其主要内容包括:恢复发放勘探特别许可证,解决当前矿证转让活动混乱的现象;建立健全长期、稳定的矿产领域投资开发法律环境。这将有助于增加蒙古内外在矿产勘探、开采及加工环节的投资,有利于蒙古引进先进技术,提升蒙古矿产业竞争力和创造力。短期看,蒙古吸引外资政策有望保持稳定,投资环境或将得到进一步改善。

基础设施落后。蒙古没有出海口,交通运输分为铁路运输、公路运输、航空运输,以铁路和公路运输为主。截至 2015 年,蒙古全国公路总里程 5 万多千米,其中国家级公路 11218 千米,其中仅 2395 千米为柏油路面。截至 2015 年,蒙古铁路线总长约 1811 千米,年运送能力为 2200 万吨,铁路主要存在设备和技术老化、口岸换装能力不足等问题。2014 年,中蒙联合成立"嘎顺苏海图"铁路公司,联合建设连接蒙方口岸嘎顺苏海图—中方口岸甘其毛都中式标轨铁路项目。蒙古电力供应发展缓慢。蒙古电力供应主要由中部、西部、东部电力系统组成,截至 2018 年仍有 2 个省、40 多个县未接入中央电力系统。蒙古虽然煤炭资源储备丰富,但国内电力基础设施和配套较为落后,目前仍不能满足电力自给自足,部分需从俄罗斯、中国进口。

行政效率。以世界银行 2015 年营商环境指数中的开办企业为例来考察蒙古政府的办公效率,蒙古的排名从第 38 位下滑到第 42 位。这一指标反映了企业家要开办并正式运营一个工业或商业企业时,办理官方正式要求或通常要求的所有手续,仍然要花费较长时间和代价。

法律风险。法律体系仍有很大的不稳定性。由于矿产资源开发对蒙古经济和社会发展意义重大,近年议会中资源民族主义势力上升,法律体系深受政治因素影响,有关矿产开发的法律法规变动频繁。从法律完备性、执法成本和退出成本三个方面来看,蒙古法律制度整体呈改善趋势,但政策连贯性较差,且民族主义势力强大,法律环境能否持续向好改善有待观察。

3. 蒙古与"一带一路"建设

蒙古是中国北部的重要邻国,地处中俄两国之间,地理位置独特。多年来,中国政府坚定不移地对蒙古奉行睦邻友好政策,中方尊重蒙古的独立与主权,尊重蒙古人民选择的发展道路,尊重蒙古的无核区地位。中蒙两国有着漫长的历史渊源。2014 年 8 月 21 日至 22 日中国国家主席习近平对蒙古成功进行国事访问,双方共

蒙古国风光

同把中蒙关系由"战略伙伴关系"提升到"全面战略伙伴关系"的新高度。目前中蒙在政治、经济、军事等方面都呈现出前所未有的良好关系。

两国实现战略对接,加强实施全新战略。"一带一路"的提出是借用了古代"丝绸之路"的历史符号,而蒙古"草原之路"的提出也是源于"丝绸之路"这个概念。"一带一路"和"草原之路"是中蒙两国扩大开放,加强多边、双边合作的全新战略。丝绸之路经济带将实现基础设施建设的互联互通作为核心内容,这与蒙古国"草原之路"的连接中俄的高速公路、电气线路,扩展跨蒙古国铁路、天然气管道和石油管道等项目实施形成契合点。

两国高层领导人互访频繁,政治互信逐年增强。中国和蒙古两国元首频繁会晤,互访逐渐增多,政治互信逐年增强。2015 年 9 月 3 日,蒙古总统出席了中国人民抗日战争暨世界反法西斯战争胜利七十周年阅兵,并派出 75 名蒙古军人参加了阅兵仪式。随着《建设中蒙俄经济走廊规划纲要》等合作文件的签署及实施,中蒙两国签署了《中国"一带一路"倡议与蒙古国发展之路计划对接谅解备忘录》,中国目前在蒙古的无偿援助项目、优买贷款项目取得积极进展,均为共同打造政治互信、经济融合、文化包容的利益共同体、命运共同体和责任共同体奠定了良好基础。

双方合作成果显著,加深了全面战略伙伴关系。"一带一路"倡议实施以来,在两国政府支持下,中国企业在蒙参与实施了一大批基础设施项目,丰富了两国全面战略伙伴关系内涵。修建蒙古第一条高速公路,修建多条省际公路,结束了蒙古西部省份无公路交通的历史,累计新建或改建公路里程近 1000 千米;正在探讨实施的多个电力项目,总装机容量超过百万千瓦,建成后将彻底改善蒙古缺电及电力进口现状;在蒙古投资新建大型油田,使蒙古年原油出口量一举突破 100 万吨;建设覆盖蒙古的通信骨干网络及教育、医疗网络,极大提升蒙古信息通信水平;提供援助或优惠资金,实施一大批惠及民生如住房、医疗、教育等项目,其中直接建设棚户区改造住房近 5000 套,总面积超过 30 万平方米。

双方合作逐步深入,贸易额逐年增长。两国 2013 年的贸易额达到了 60 亿美元,占蒙古外贸总额的 50% 以上。2014 年,习近平主席访问蒙古,双方领导人在《中蒙经贸合作中期发展纲要》中,提出了至 2020 年将两国的贸易额提升到 100 亿美元的目标。2018 年蒙古经济增长率为 6.9%,GDP 总量为 27.2 万亿图格里特,折合美元约 119 亿(按 2017 年平均汇率折算)。依据蒙古统计局的数据,2018 年蒙古对外贸易总额 129 亿美元,同比增长 23%。对中国贸易总额为 85.4 亿美元,同比增长 28%,同时占其对外贸易总额的 66%。蒙古对中国出口额为 65.4 亿美元,同比增长 24%;进口额为 19.9 亿美元,同比增长 41%,实现贸易顺差 45.5 亿美元。

人文领域活动丰富,打好民意基础。文化是"一带一路"建设的重要力量。近几年来,中蒙人文交流活跃,形式多样、内容丰富。2014 年,由我国外交部所颁布的《中蒙友好交流年纪念活动方案》中,人文领域活动有 22 项。2015 年,我国内蒙古师范大学与蒙古国国立教育大学联合创办的"2+2"教学模式得到内蒙古自治区教育厅的批复,参与项目的中蒙学生将在两国各学习两年。据统计,2018 年在中国留学的蒙古国学生有 1 万多人。"欢乐春节""中国文化节""感知中国"等活动,已成为蒙古国民众了解中国的重要窗口。在"一带一路"倡议框架下,中蒙两国人文领域的交流也成为一大亮点。

蒙古国风光

三、越南社会主义共和国基本情况

越南社会主义共和国,简称越南,位于中南半岛东部,北与中国广西、云南接壤,中越陆地边界线长 1347 千米;西与老挝、柬埔寨交界;东面和南面临海。越南属热带季风气候,高温多雨。主要河流包括北部的红河和南部的湄公河。越南地形狭长,地势西高东低,境内四分之三为山地和高原。北部和西北部为高山和高原,中部为长山山脉,长 1000 多千米,纵贯南北,有一些低平的山口。东部沿海为平原,地势低平,河网密布,一般海拔在 3 米左右。

越南风光

1. 总体经济状况

越南矿产资源丰富,种类多样。主要有煤、铁、钛、锰、铬、铝、锡、磷等。其中煤、铁、铝储量较大,分别为 38 亿吨、13 亿吨和 3.9 亿吨。有 6845 种海洋生物,其中鱼类 2000 种,蟹 300 种,贝类 300 种,虾类 75 种。森林面积约 10 万平方千米,农业用地 7 万多平方千米。

越南经济和资源状况。越南投资环境优势主要体现在政局稳定、经济发展前景好、市场潜力大、市场化程度不断提高、工资成本低于东盟成员国、政策透明度不断提高等方面。越南自 1986 年实行革新开放以来,经济保持较快增长速度。2017年越南经济增长率约达 6.8%,超过国会所提出的目标。其中,农林水产领域呈恢复趋势,增长率为 2.9%,对 GDP 的贡献率为 0.4 个百分点。工业和服务领域的

越南自然风光

增长率分别为 8% 和 7.4%。在 2017 年的经济结构中:农林水产领域占 15.3%;工业、建设领域和服务领域分别占 33.3% 和 41.3%。2017 年越南进出口金额达4248.7 亿美元,首次突破 4000 亿美元大关,创造了进出口贸易额的新纪录。其中出口额达 2137.7 亿美元,增长 21.1%,进口额为 2111 亿美元,增长 20.8%,贸易顺差约为 27 亿美元。2017 年共有 115 个国家和地区在越南有投资项目,其中日本在总投资资金方面居首位,韩国以微弱差距位居次席,第三是新加坡。

越南风光

2. 越南投资环境

2000 年 5 月越南《外国投资法》修正案施行,细则于 2000 年 7 月 31 日公布,其中外国投资法施行细则第四十五条及第四十六条规定,外国人在越南投资之企业所得税一般税率为 25%,鼓励投资案之企业所得税依投资案性质共分下列三种优惠税率:20%、15%、10%。三种税率适用于不同标准。2000 年年初,越南政府修改和补充了《外国投资法》。修改和补充的条款主要有:企业的利润汇出境外税率由原来的 5%、7%、10% 相应减少到 3%、5%、7%;对于特别鼓励投资的项目或在特别困难地区投资的项目,其生产原料和零部件自投产之日始 5 年内免进口税;外资企业可依照越南外汇管理规定,向商品银行购买外汇,实现外汇平衡;在越南国家银行同意的情况下,外资企业可在国外的银行开设账户;外资企业可用土地和土地使用权作为抵押,向银行申请贷款;进一步简化审批手续,审批机关最迟在 45 天内将结果通知外商,30 天内办理登记并核发投资许可证,若外资项目设在工业区或出口加工区,审批机关则在 10 天内完成全部手续;外资企业在经营过程中,可将任何财政年度的亏损转移至以后各年,并用以后各年的利润弥补该项亏损,但期限不得超过 5 年;等等。总体来说,外资政策较前优惠,投资环境趋于宽松。2017 年在越南投资的 115 个国家和地区中,亚洲国家和地区占了主要部分(70%),其次是欧洲(30%)。累计对越投资居前 3 名的国家和地区分别是日本、韩国和新加坡,均来自于东亚地区。从外资投向的部门结构来看,工业和建筑业是主要投资部门,占外国对越投资项目的 25%,占投资额的 35%。

越南投资环境存在的主要问题是吸引外资政策不够透明。越南有《外国投资法》及其实施细则,各地又相继出台了一些吸引外资的优惠政策。但缺乏具体行业政策法规,或者说这些政策规定不够具体、不够透明。投资申请手续烦琐,窗口多,外商到越南投资考察,往往要到许多部门咨询情况。进口关税政策多变,越南的进口关税政策经常会随着其产业政策的调整而变动,影响企业的正常生产和经营。收费较高,企业在申请投资和生产经营过程中,除按规定应交付的各种费用外(这方面收费不高),其他额外收费现象普遍存在。

在越南适合中国企业投资的领域主要包括:家电生产,近年来越南人民生活水平有了明显提高,改善生活质量的要求日益迫切,家电需求不断扩大;摩托车发电机生产,摩托车是越南主要的短途交通工具,越南政府将摩托车列为工业发展的重点;农机生产,越南是农业国,农业耕作以人力和畜力为主,机械化率较低;中成药生产,越南人民深受中医药传统文化的影响,提倡使用中成药,但生产技术落后,产品单一,不能满足市场需求;矿产开采,越南矿产资源丰富,种类较多,有煤炭、金属、非金属等 50 多种地下矿藏,其中铝矾土 120 亿吨、无烟煤 36 亿吨、磷矿 13 亿吨、铁矿 13 亿吨、稀土 2200 万吨、锰矿 140 万吨、锡矿 8.6 万吨;烟草加工,越南全国有8家主要的烟草公司,卷烟生产已初具规模,对烟叶需求量较大,由于国内原料供给不足,越南每年需要从国外进口大量的烟叶。此外,中国和越南在工程承包领域的合资发展迅速。

越南风光

3. 越南与"一带一路"建设

中越两国山水相连、唇齿相依,陆地边界长达1347千米,有许多条来往的天然通道,这些通道成为两国人民之间联系的交通纽带。越南毗邻中国广西、云南,面向太平洋,东临中国南海,拥有漫长的海岸线和优良的港口,扼南海航道要冲,战略地位极其重要。中越两国老一辈革命家在20世纪五六十年代培育了双方"同志加兄弟"的友谊。作为一衣带水的近邻,两国在各自的民族独立和建设事业中曾相互支持和帮助,结下了深厚的友谊。2013年6月19日,国家主席习近平同越南国家主席张晋创举行会谈时指出,中越互为重要邻邦和合作伙伴。中越关系正处于承前启后、继往开来的关键阶段。面对国际政治经济格局深刻复杂变化,中越双方要共同把握好两党两国关系发展的正确方向,从双方根本利益和两党两国前途命运出发,坚定不移巩固和推进中越友好,不断增进战略互信,妥善处理分歧,不使中越关系这艘大船偏离正确的航道。[①] 2015年11月,时值中越建交65周年之际,中共中央总书记、国家主席习近平对越南进行了国事访问。2017年11月13日,中共中央总书记、国家主席习近平在河内主席府同越南国家主席陈大光举行会谈。习近平指出,作为社会主义邻邦和重要合作伙伴,相同的政治制度和共同的发展目标,将中越两党、两国和两国人民的命运紧紧联系在一起。中国党和政府高度重视

---

① 摘自中央政府网,新华社北京,2013年6月19日电。http://www.gov.cn/ldhd/2013—06/19/content_2429743.htm.

中越关系,将坚持奉行对越友好的基本方针,致力于加强两国全面战略合作,切实造福两国人民。① 中越两国的频繁高访表明了两国领导人对双边关系的高度重视以及中越关系在各自外交中的重要性。在上述两次领导人会晤中,双方一致同意秉持"长期稳定、面向未来、睦邻友好、全面合作"方针,推动中越全面战略合作伙伴关系持续健康稳定发展。双方也表示要开展"一带一路"和越南"两廊一圈"的战略对接,推进大项目合作,提高两国互联互通水平,鼓励和促进两国投资和经贸合作。

高访引领,战略对接。中越两国高层交往频繁,从推动宏观战略方面对接,展示出中越党政高层对于共建"一带一路"的决心。2013 年 10 月 13—15 日,中国国务院总理李克强访问越南,双方同意成立海上、陆上、金融三个联合工作组并于年内启动工作。2015 年 7 月 16—18 日,中国国务院副总理张高丽访问越南,提出推动"一带一路"同"两廊一圈"战略的有效对接,加强产能合作、地方合作、人文交流,管控好海上分歧。同年 11 月 5—6 日,中国国家主席习近平访越并与越方达成加紧磋商"一带一路"和"两廊一圈"框架内合作,协调推进两国多领域产能合作,集中精力做好大项目建设,大力推进两国边境和金融合作,推动双边贸易均衡可持续发展的共识。2016 年 9 月 10—15 日,越南政府总理阮春福访华表示,加紧推进"一带一路"和"两廊一圈"发展战略对接,打造产能合作新平台,加紧推进基础设施重点合作项目和跨境经济合作区建设。2017 年 1 月 12—15 日,越南共产党中央委员会总书记阮富仲访华,同意积极推进"一带一路"倡议和"两廊一圈"构想的对接,加强两国产能合作沟通,有效开展落实《中越关于产能合作项目清单的谅解备忘录》,尽早签署《中越跨境经济合作区建设共同总体方案》。2017 年 5 月 11—15 日,越南国家主席陈大光访华并出席"一带一路"国际合作高峰论坛,双方提出将加快商签对接"一带一路"倡议和"两廊一圈"框架合作备忘录。

互联互通,初见成效。近年来,我国企业积极参与越方铁路、公路、电站、港口、桥梁等基础设施建设,并取得了诸多务实成果。主要有"三高两铁三桥"[南宁—凭祥(友谊关)—谅山—河内高速公路、南宁—东兴—芒街—下龙—河内高速公路、百色—龙邦—高平—河内高速公路;南宁—凭祥(友谊关)—同登—河内铁路、防城港—东兴—海防—河内铁路;中越北仑河二桥、水口—驮隆二桥、峒中—横模大桥]、河内轻轨二号线(吉灵—河东)项目和老街—河内—海防标准轨铁路项目。

优化结构、贸易畅通。随着"一带一路"建设推进,中越双方不断优化贸易结构,培育贸易新增长点。越南统计总局发布的数据显示,2017 全年中越双边贸易额达 938 亿美元。其中越南对华出口 353 亿美元,同比增长 60.6%,位居美国、欧

---

① 摘自中央政府网,新华社河内,2017 年 11 月 13 日电。http://www.gov.cn/xinwen/2017—11/13/content_5239328.htm.

盟之后;自华进口 585 亿美元,同比增长 16.9%,进口额稳居进口来源地首位。中国连续 13 年成为越南最大进口来源地,越南已跻身中国十大出口市场之一,越南在中国对外贸易中的地位稳步上升,贸易逆差进一步缩小,对华贸易不平衡状况得到进一步改善。越南对华出口产品中,农产品、计算机、电子产品及零部件增幅较大,对缩小对华贸易逆差功不可没。根据国家统计局统计,2018 年前 6 个月中越双边贸易额达到 660.4 亿美元,同比增长 28.8%,每月双边贸易额均达到 100 亿美元以上。

创新贸易方式,发展投资贸易。近年来,中国在越南投资项目的注册资金和数量都在高速增长,投资结构也在发生变化,高科技、高附加值、环境友好型的企业开始逐步走进越南。2015 年,中国对越南累计投资金额近 100 亿美元,排名第 9 位,2016 年则达到 118 亿美元,上升到第 8 位。[①] 2017 年中国对越投资协议金额达 21.7 亿美元,创历史最高水平。据越方统计,截至 2018 年 6 月份,中国在越投资项目达到 1995 个,项目总金额达到 125 亿美元。中越双方经济推进产业合作园区建设,越南北江省云中工业园区的新能源产能合作区、永兴燃煤电站一期、天虹纺织,南部的龙江工业园和北部的深圳—海防经贸合作区取得明显进展。中越东兴—芒街、凭祥—同登、河口—老街、龙邦—茶岭四个跨境经济合作区开发建设稳步推进。

深化金融合作,拓宽合作领域。在"一带一路"框架下,中越资金融通取得了积极进展,中国贷款为越南工业化进程和经济社会发展做出了重要贡献。2015 年 6 月 29 日,越南作为亚洲基础设施投资银行(亚投行)的创始国在北京签署了《亚洲基础设施投资银行协定》。2017 年 3 月 7 日,亚投行行长金立群访越时表示,亚投行将向越南提供优惠信贷推动越南基础设施发展,并且承诺向越南私营企业提供各项信贷项,而不需要政府担保。截至 2016 年年底,中国进出口银行对越南批准 21 个"两优"贷款项目,涉及能源、电力、制造业、基础设施等领域,贷款金额超过 20 亿美元。2017 年 5 月 11 日,中国进出口银行签署越南河内轻轨二号线项目追加援外优惠贷款协议。

密切人文交流,奠定民意基础。近年来,中越在文化、教育、旅游、医疗、出版等领域加强合作,取得了多项成果。2013 年中越签订了《中越两国政府关于互设文化中心的谅解备忘录》和《关于合作设立河内大学孔子学院的协议》。2016 年,中越两国教育部部长签署了《中华人民共和国教育部与越南社会主义共和国教育培训部 2016—2020 年教育交流协议》,进一步推动两国教育合作发展。有效推动了两国人文教育领域的交流合作。2015 年,中越两国签订了《合作保护和开发德天

---

① 本书中,对中国经济数据的统计未包括港、澳、台地区。

瀑布旅游资源协定》,将德天–板约瀑布建成中越跨境旅游合作区。2016 年中国赴越旅游人数达到 270 万,中国已连续 16 年成为越南最大外国游客来源国。2017年,中越两国签署了《中国国家旅游局和越南文化体育旅游部 2017—2019 年旅游合作计划》。2017 年 1 月,中越双方签订了《中国商务部与越南计划投资部关于合作开展越南公共医疗卫生领域专项援助谅解备忘录》《中国红十字会与越南红十字会合作备忘录》《中国国际广播电台与越南之声电台合作协议》《中国人民出版社与越南真理国家政治出版社 2017—2021 年合作协议》《中国中央电视台与越南电视台关于合拍电视专题片的谅解备忘录》《中国人民对外友好协会与越南友好组织联合会 2017 年至 2021 年合作备忘录》等合作文件,为进一步加强民心相通奠定了基础。现在在中国的越南留学生,常年保持在 1 万人左右。2014 年,广西师范大学与河内大学合作共建了越南第一所孔子学院,成为推动中越两国教育文化交流的重要基地。

越南风光

四、老挝人民民主共和国基本情况

老挝人民民主共和国,简称老挝,是位于中南半岛北部的内陆国家,北邻中国,南接柬埔寨,东接越南,西北达缅甸,西南毗连泰国,面积 23.7 万平方千米。湄公河在老挝境内干流长度为 777.4 千米,流经首都万象。老挝属热带、亚热带季风气候。老挝拥有锡、铅、钾盐、铜、铁、金、石膏、煤、稀土等矿藏,迄今得到开采的有金、铜、煤、钾盐等。水力资源丰富。2018 年森林面积约 17 万平方千米,全国森林覆盖率约 50%,盛产柚木、花梨等名贵木材。

老挝风光

1. 总体经济状况

老挝以农业为主,工业基础薄弱。1986 年起推行革新开放,调整经济结构,即:农林业、工业和服务业相结合,优先发展农林业;取消高度集中的经济管理体制,转入经营核算制,实行多种所有制形式并存的经济政策,逐步完善市场经济机制,努力把自然和半自然经济转为商品经济;对外实行开放,颁布外资法,改善投资环境;扩大对外经济关系,争取引进更多的资金、先进技术和管理方式。1991 年至 1996 年,国民经济年均增长 7%。1997 年后,老挝经济受亚洲金融危机严重冲击。老挝政府采取加强宏观调控、整顿金融秩序、扩大农业生产等措施,基本保持了社会安定和经济稳定。2016—2017 财年经济增长 6.8%,GDP 约 168.1 亿美元,人均 GDP 约 2472 美元。据老挝《万象时报》报道,2017 年老挝经济增长率为 6.9%。

2. 与中国的关系

近几年来,中老两党两国领导人互访不断。2015 年 11 月,李克强总理在马来西亚出席东亚合作领导人系列会议期间会见老挝总理通邢,老挝国家副主席本扬来华出席老挝一号通信卫星发射仪式,老挝副总理兼外长通伦来华出席澜沧江—湄公河合作首次外长会。12 月,中共中央政治局常委、全国人大常委会委员长张德江对老挝进行正式友好访问并出席老挝建国 40 周年庆典活动。2016 年,双方继续保持高层互访势头。3 月,老挝总理通邢来华出席澜沧江—湄公河合作首次领导人会议及博鳌亚洲论坛 2016 年年会。4 月,王毅外长对老挝进行正式访问。5 月,老挝党中央总书记、国家主席本扬对我国进行正式友好访问。6 月,老挝副总理宋赛来华出席第四届中国—南亚博览会。7 月,李克强总理在蒙古出席亚欧首

老挝民族风情

脑会议期间会见老挝总理通伦,老挝国防部长占沙蒙访华。8月,老挝外长沙伦赛访华。9月,李克强总理赴老挝出席东亚合作领导人系列会议并对老挝进行正式访问,本扬来华出席二十国集团(G20)领导人杭州峰会,宋赛来华出席中国—东盟博览会。11月28日至12月1日,通伦正式访华。2017年11月13日至14日,中共中央总书记、国家主席习近平对老挝人民民主共和国进行国事访问,通过此次访问,双方将共同规划新时期两党、两国关系发展的宏伟蓝图,确定双方未来重点合作方向,进一步充实和发展高度互信、互助、互惠的中老全面战略合作伙伴关系,携手打造牢不可破的社会主义命运共同体。双方一致同意,建设高度互信互助互惠的中老全面战略合作伙伴关系。

3. 老挝与"一带一路"建设

"一带一路"倡议与老挝的变"陆锁国"为"陆联国"战略高度契合,中国的"十三五"规划与老挝的"八五"规划正进行有效对接,这为两国扩大经贸合作提供了广阔空间。2017年5月,"一带一路"国际合作高峰论坛期间,习近平主席与本扬主席就共同推进"一带一路"建设等达成新的重要共识,两国政府签署了共建"一带一路"政府间双边合作规划、《"一带一路"融资指导原则》等文件。互联互通方面,中老铁路已于2016年12月25日全线开工建设,工程正在有序推进。中老铁路是两国发展战略对接的标志性项目,将成为连接中老经贸合作的大动脉,提升两国的人流和物流水平,带动铁路沿线的产业开发,中老铁路建成通车将为打造中老经济走廊创造有利条件。中国亚太移动通信卫星有限责任公司于2015年11月21日成功发射老挝一号卫星,为增进中老以及中国东盟双边文化和人文交流开创了一条

老挝风光

"天路"。同时,中老双方也正在公路、桥梁等领域开展合作。产能合作方面,当前老挝工业体系尚不完整,大量产品需要进口,迫切希望提高工业化水平。而中国在铁路、电力、通信、工程机械等行业拥有优质产能,双方合作有很大的空间和潜力,具有很大的互补性。老挝拥有丰富的水电资源,中国企业获得南欧江整个流域开发权,南欧江流域梯级开发项目总投资 27.3 亿美元,总装机 1272 兆瓦,年均发电量约 50 亿千瓦时。中老双方还投资兴建了一批水泥厂,为老挝经济、社会发展和基础设施建设做出了积极贡献。2017 年 1—7 月,双边贸易额 16.7 亿美元,同比增长 26.1%,其中,我国出口 7.8 亿美元,增长 43.9%,进口 8.9 亿美元,增长 13.8%。目前,我国是老挝第二大贸易伙伴。截至 2016 年年底,中方对老挝直接投资 54 亿美元,中国已经成为老挝第一大外资来源国。同时,中方提供经济援助,帮助老方实施了昆曼公路跨湄公河大桥、老挝国家会议中心、老挝人民革命党中央办公大楼等一系列重要项目。产业园区合作方面,万象赛色塔综合开发区是中老两国政府共同确定的国家级合作项目,是被列入中国"一带一路"规划中的早期收获项目。老挝万象赛色塔综合开发区主要涉及能源化工、机械制造、农产品加工、仓储物流等行业,占地 11.5 平方千米,位于老挝首都万象市主城区东北方 17 千米处,是万象新城区的核心区域。开发区总体定位为"一城四区",即:万象产业生态新城、国际产能合作承载区、中老合作开发的示范区、万象新城的核心区、和谐人居环境的宜居区等。目前,开发区已累计投入近 3 亿美元,完成一期 4 平方千米的基础设施建设,已签约入驻企业 81 家,企业计划投资总额超 10 亿美元。磨憨—磨丁跨境经济合作区是中老两国创新合作模式、加快开放步伐的重要举措。该合作区占地面积共计 21 平方千米。目前,双方已签署《中国老挝磨憨—磨丁经济合作区建设共同总体方案》和《中国老挝磨憨—磨丁经济合作区共同发展总体规划(纲要)》。该合作区的建设将推动中老两国沿边地区开发开放,发挥地缘上的辐射带动示范作用,促进中老战略合作关系的巩固和深化。人文交流方面,两国在文化、教育、卫生等领域交流与合作发展迅速。中老双方先后签订了文化、新闻合作协定及教育、卫生和广播影视合作备忘录。两国文艺团体、作家和新闻记者往来不断。2016 年我国向老挝派遣第八批中国(上海)青年志愿者赴老挝服务队。同时,两国边境地区人民民俗相似,文化相通,交流顺畅。我们相信,"一带一路"倡议必将在老挝落地生根,助力老挝发展经济,造福于中老两国人民。

中铁国际集团承建的磨万铁路项目

五、缅甸联邦共和国基本情况

缅甸联邦共和国,简称缅甸,别称"稻米之国、佛塔之国",地处亚洲东南部,中南半岛西部,南北狭长,东西突兀。缅甸北部和东北部与我国西藏、云南接壤,其中云南段长 2015.5 千米,西藏段长 194.8 千米,约占其陆上边界总长的五分之二。西部和西北部以若开山脉为屏障,与孟加拉国、印度为邻;东部与老挝相接;东南部、南部与泰国毗邻。缅甸境内的河流大多发源于我国西藏高原和缅甸北部山地,由于地势北高南低,山脉多呈南北走向,因而大的江河都南流注入印度洋。缅甸的主要水系有伊洛瓦底江和萨尔温江,其余还有锡唐河、丹那沙林河等。缅甸的海岸线很长,从西部缅甸与孟加拉国的交接点到东南端的维多利亚角,约有 3200 千米。缅甸国土面积达 67 万平方千米,自然禀赋条件优异,境内矿产资源主要有锡、钨、锌、铝、锑、锰、金、银等,宝石和玉石享有盛名。石油和天然气在内陆及沿海均有较大蕴藏量。据缅甸能源部统计,该国共有 49 个陆上石油区块和 26 个近海石油区块,原油储量 32 亿桶,天然气储量 2294 亿立方米。缅甸水力资源丰富,伊洛瓦底江、钦敦江、萨尔温江水系纵贯南北,潜在水能资源超过 1 亿千瓦,开发率却只有2.5%。缅甸生态环境优越,森林覆盖率为 45%,拥有林地 5 亿多亩,是世界第一大柚木出口国。

作者在缅甸密松水电站坝址

1. 缅甸政治状况

缅甸自 1948 年摆脱英国殖民统治获得独立后,几十个少数民族各自组织武装,反抗中央政府,内战至今未息。民族和解事关缅甸改革和稳定的大局,少数民族地方武装的存在以及族群冲突有可能阻碍甚至逆转缅甸的政治转型。但由于问题的复杂性,缅甸少数民族地方武装与中央政府的冲突短期内尚难以得到根本解决。少数民族武装占据的地区多与中国接壤或邻近,中国修建通往缅甸的联通设施通常要经过冲突频发地区,这些地区也是缅甸矿产、水力等天然资源大量蕴藏的地方。如果缅甸国内冲突问题不解决,将严重影响中国在缅甸投资大型项目的可行性和安全性。昂山素季民盟政府将民族和解作为重要任务,基本延续前政府框架推动停火谈判与和解进程。2016 年 8 月 31 日,缅甸举行了"21 世纪彬龙会议",缅甸各民族武装代表和各政党代表均出席了会议。以后每 6 个月举行一次"21 世纪彬龙会议",逐步解决问题,但缅甸实现国内和平依然任重而道远。此外,近年缅甸国内出现了针对穆斯林的民族宗教争端,缅族佛教徒与穆斯林之间的暴力冲突已经引起国际社会的强烈关注和批评,严重影响了缅甸的国际形象,未来也仍是影响缅甸社会稳定、国家发展的重要因素。

自缅甸进行民主改革后,美国、欧盟、日本、印度等纷纷向缅甸"伸出橄榄枝",从政治、经济、安全、文化等领域,从官方、民间各层面对缅甸施加影响,以推动缅甸的转型。在经济上,美欧等西方国家部分解除对缅甸制裁,日本、韩国等东亚国家也不断加强对缅甸的经济援助和投资。日本已成为缅甸的重要投资来源国,联合开发了缅甸迪洛瓦经济特区。随着西方国家投资逐渐进入缅甸市场,缅甸在投资合作伙伴上有了更多选择,中国将遇到更多市场竞争对手。为吸引更多西方投资和援助、减轻对中国的依赖,缅甸政府对中缅之间的合作也变得更加谨慎,把西方的态度和反应作为重要考量因素,中国原有的优势正日渐减弱。除了加大投资力度,美国、日本等国还通过各种方式加大对缅甸改革的影响,并改变缅甸民众对华认知,削弱中缅合作的基础,其手段包括帮助缅甸进行顶层设计,对公务员、媒体等开展各类培训,控制舆论导向,拉拢青年精英,通过官方和民间层面进行援助,等等。美国对缅援助中包括对公民社会、教育、医疗等领域的投入,以此与反对派和当地非政府组织建立联系。出于地缘政治战略的考量,美国、日本等国都在加大对缅甸的拉拢力度,希望把缅甸作为围堵中国的一枚棋子。尽管美方一再声称美国并不是有意要拉拢缅甸来遏制中国,美国与缅甸接触并非针对中国,美国关心的只是缅甸的民主化进程,但这显然是欲盖弥彰的托词。[①] 由于政治制度和国家利益的对立、意识形态及价值观的不同,"拉缅制华"、构筑所谓"C 形"包围圈制衡中国以及迫使缅甸从军人政权转向民主以影响中国的政治发展,一直是美国对缅政策的主要目标之一。因此,保持良好可持续的中缅关系,对于中国的周边战略和国内和平发展大局都十分重要。[②]

2. 缅甸与"一带一路"建设。

缅甸是"一带一路"的关键节点之一,作为中国的传统友好邻邦和全面战略合作伙伴,缅甸在中缅经济走廊、中国—中南半岛经济走廊和孟中印缅经济走廊中都将发挥独特的建设性作用。缅甸的仰光、皎漂等优良的港口为中国海外贸易西出印度洋直接进入波斯湾、红海提供了可能。而缅甸的最大河流伊洛瓦底江经过适当疏通后,可自缅甸北部的八莫形成 3000 吨级货船的水陆联运大通道直达印度洋。中缅公路和铁路也将成为连接东南亚、南亚地区的国际大动脉。中国国家主席习近平在会见缅甸领导人时多次表示,中方欢迎缅方参与 21 世纪海上丝绸之路建设,开展经济开发区、基础设施互联互通等合作。

---

① 参见《希拉里访缅甸称未将此行视为与中国竞争》,《环球时报》2011 年 12 月 3 日。https://world. huanqiu.com/article/9CaKrnJtm1v.

② 参见杜兰,《"一带一路"建设背景下中国缅甸的合作》,《东南亚纵横》2017 年第 1 期,第 25-35 页。

缅甸风光

缅甸风光

同时推进孟中印缅经济走廊建设。缅甸积极参与"一带一路"建设,期待从"一带一路"建设中受益,是首批加入中国发起成立的亚投行的国家之一。2015年6月,缅甸全国民主联盟主席昂山素季访问中国,体现出中缅关系朝着成熟理性的方向转变。2016年8月,昂山素季应邀对中国进行了为期5天的正式访问,其间分别会见了中国国家主席习近平、国务院总理李克强、全国人大常委会委员长张德江,展现了中缅发展友好关系的决心,增进了战略互信,并促进了务实合作,开启了中缅关系的新时期。中缅双方同意加强发展战略对接,更好地规划重点领域合作。对于中方对在缅重大项目的关切,昂山素季也回应表示缅甸已经组成审核委员会,将寻求对双方有利的密松大坝项目的解决办法。缅甸国内政治精英对新时期的中缅关系普遍达成共识,认为中国是缅甸无可选择的最大邻国,缅甸无法忽视中国的存在,必须与中国保持顺畅的关系,并继续借助中国的资金、技术优势来促进缅甸的现代化进程,也愿意与中国在"一带一路"框架下开展深度合作。近年来,中缅在经济、贸易、投资、人文等领域的合作都取得了积极进展。

共建中缅经济走廊。2017 年 11 月 19 日,中国外交部部长王毅在缅甸首都内比都与缅甸国务资政兼外交部部长昂山素季共同会见记者时表示,中方提议建设"人字型"中缅经济走廊,打造三端支撑、三足鼎立的大合作格局。2018 年 9 月 9 日,中缅两国政府签署了《中华人民共和国政府与缅甸联邦共和国政府关于共建中缅经济走廊的谅解备忘录》,建设"人字型"中缅经济走廊。中缅经济走廊是中国"一带一路"倡议中的关键通道,仰光是缅甸最大的城市和原首都,是缅甸经济最为发达的地区,而皎漂位于缅甸西南部的若开邦,是缅甸最落后的地区之一。若中缅"人字型"经济走廊建成,将把缅甸最贫穷的地区和最发达的地区连接起来,必将构建缅甸的经济发展新格局,推动缅甸的经济发展。2018 年 12 月 7 日,缅甸总统府发布通告,为了更好地落实"一带一路"倡议下共建中缅经济走廊的相关事务,宣布成立实施"一带一路"指导委员会,委员会由国务资政昂山素季任主席。委员会的主要职责包括指导参与共建"一带一路"过程中,缅甸联邦政府与省邦政府各级之间的协调工作及相关政策等。

经济贸易领域。"一带一路"建设提出以来,缅甸经济基本都实现了高速增长,保持在 7%~8%。在贸易领域,中国主要向缅甸出口成套设备和机电、纺织、化工、金属、车辆配件等领域的产品,缅甸主要向中国出口矿产、农产、木材、水产、珠宝等领域的产品,两国的贸易互补性极高。据缅甸商务部网站发布的统计数据,2017—2018 财年(2017 年 4 月 1 日至 2018 年 3 月 31 日),缅甸边贸总额达 84.6 亿美元。其中,中缅边贸额为 67.5 亿美元,占缅甸边贸总额的 79.8%,同比增长 7.2%。5 个中缅边贸口岸中,木姐口岸的贸易额为 58.3 亿美元,在中缅边贸中占比 86.4%,位居第一;清水河口岸的贸易额为 5.7 亿美元,在中缅边贸中占比 8.4%,位居第二;雷基口岸的贸易额为 2.3 亿美元,在中缅边贸中占比 3.4%,位居第三;甘拜地口岸的贸易额为 1.2 亿美元,在中缅边贸中占比 1.7%;景栋口岸的贸易额为 200 万美元,在中缅边贸中占比 0.03%。目前,双方正在积极推进跨境人民币结算,此举将会进一步推动中缅边境经济的发展。

投资合作领域。据缅甸投资与公司管理理事会(DICA)官方数据统计,截至 2016 年 1 月 31 日,中国对缅甸累计投资额达 227.8 亿美元,共有 126 个项目,占缅甸批准外国投资总额的 38.3％,在对缅投资国家中排名第一,是美国、日本等西方国家总和的 3.5 倍。中国企业在缅甸投资合作涵盖了科技产业、基础工业、基础设施、通信、卫生、交通、农业、物流、文化等多个领域。2018 年 5 月 8 日,中方与缅甸克钦邦政府签署了合作谅解备忘录,启动曼德勒缪达经贸合作区、密支那经济开发区等多个工业园建设项目。密支那经济开发区项目计划投资 40 亿元,已经获得缅甸投资委员会的投资许可证。目前,密支那经济开发区的各项工作也在紧锣密鼓地开展中。经贸合作区计划中包括双边贸易、投资、旅游等领域的合作,以及在经贸合作区中建设多个工业区。腾冲猴桥—缅甸甘拜地特色口岸小镇项目业已先期启动。

产能合作领域。中国在缅甸有几个大型战略投资项目,包括密松水电站、中缅油气管道、莱比塘铜矿、皎漂工业园等。在密松水电站等项目遭遇建设危机后,中国对缅甸投资一度下滑,尤其是大型项目几乎停滞。但在"一带一路"倡议提出后,中国对缅甸投资有所回升。2016 年 2 月,缅甸电力部证实,缅甸将再建设 18 个由中国企业获开发权的水力发电站项目。中资企业也将协助缅甸开发风力发电,已经有 5 个项目在筹划之中。2016 年 3 月底,缅甸投资委员会(MIC)批准了广东振戎能源有限公司在土瓦经济特区附近建设炼油厂,投资额约为 30 亿美元。这是缅甸民盟新政府批准的第一个大型合作项目。中国还有很多企业投资缅甸农业、林业、水产畜牧、基础设施建设、酒店与旅游业等,例如中国为缅甸企业提供农机装备和农业贷款、传授种植技术、培养技术人才等,以更好地惠及当地百姓。中兴、华为等中方企业在缅甸通信领域的市场份额不断提高,2014 年,华为已占有缅甸约 50％的市场份额。

互联互通领域。全长 700 多千米中缅油气管道建成运营,开辟了我国印度洋能源进口新通道。2018 年 7 月,中缅原油管道末端南坎原油计量站内,流量计算机见证了管道输量突破千万吨的历史时刻。自 2017 年 5 月 19 日至 2018 年 7 月,累计接卸油轮 47 艘,卸载原油 1098 万吨,向中国输送原油 1000 万吨。中缅天然气管道方面,截至 2018 年 9 月已累计运输 214.2 亿立方米,其中运往国内 187.2 亿立方米,分输缅甸 27.1 亿立方米。

3. 值得关注的问题

尽管在"一带一路"倡议下,中缅双方积极推进了一系列大项目,双方都有诸多合作机遇。但缅甸仍处于转型初级阶段,政治、经济和社会改革前景变数较大,社会矛盾增多,政府掌握局势的能力减弱,对中国的认识和对华政策也易受到西方势力等外界干扰和民众的影响,仍要关注一些不可忽视的问题。

政府层面。主要是缅甸政府对项目的利益分配以及缅甸的国家安全的问题。在项目的利益分配中,缅甸政府通常会采取拖延方式来逼迫中方逐步提高缅方所占股权,尽量最大化缅方利益。比如皎漂经济特区项目、中缅石油管道、皎漂深水港以及中缅经济特区等。即使已经签署相关合作协议项目,但在后续的具体落实过程中,缅甸政府仍保持谨慎立场,并采取项目谈判、拖延项目进度、分阶段推进项目等多种方式来与中企进行博弈,以最大化缅方利益。此外,在地方政府层面也存在中央政府与地方政府政策协调的差异。即便缅甸中央政府支持中资项目,地方政府也不一定支持,尤其在民盟未取得执政席位的邦更是如此。

民间层面。主要是缅甸社会部分人士的反华情绪、土地赔偿、居民就业安置及环保因素等。缅甸社会的反华情绪由来已久,并在"密松大坝事件"中得到体现。当地社区仍然对中国投资存在抵触情绪。这种对华情绪是由外部势力干扰和当地非政府组织的宣传,也是由当地民众不愿意改变目前安逸的生活方式所致。

土地赔偿方面。这是中国在缅大型项目受阻的最大原因。比如,在皎漂经济特区项目中,土地赔偿问题一直困扰着项目的推进。在边境经济合作区建设中,缅北农民也因为土地赔偿举行游行抗议。土地赔偿问题在缅甸很复杂,解决起来难度很大。主要原因是缅甸法治不健全,很多土地没有清晰的产权;缅甸基层贪污严重,村民并未全数拿到土地赔偿款;当地有势力的人借机圈地,哄抬地价,致使村民利益受损;少数村民由于生活习惯等各种因素拒不同意政府征收土地,致使土地征收环节进展缓慢;中企对村民要求提高土地赔偿款的诉求未予及时回复和妥善解决,从而引发村民不满。失去土地之后,缅甸当地村民通常会要求中企提供就业培训,并安排工作,以解决"失地"之后的生计等问题。

环保方面。缅甸国内存在很多关注环保的非政府组织,一旦外国投资在缅引起环境污染等问题就容易受到这些非政府组织的攻击。并且,这些非政府组织大多有自己的网站和社交媒体传播渠道,因而具有强大的舆论引导能力。借助舆论压力,这些非政府组织可以轻而易举地煽动村民闹事,引起国际舆论的关注,从而给缅甸政府和中企施加压力,阻碍项目的推进。

外部势力的介入。美国、印度和日本对中国在缅投资大项目一直给予高度关注。美国在缅甸境内设有诸多非政府组织,并且也扶持发展缅甸本地非政府组织,给中资项目制造舆论压力。此外,美国也支持一些缅甸政客以及一些私营媒体攻击中国。印度、日本也在搅局,积极拓展在缅影响力,并与中国竞争。①

---

① 参见《一带一路在缅甸实施的进展、问题和建议》,中国南海研究院 2018 年 7 月 18 日。http://www.nanhai.org.cn/review_c/291.html.

缅甸风光

六、尼泊尔联邦民主共和国基本情况

尼泊尔联邦民主共和国,简称尼泊尔,是世界上最年轻的共和国,是南亚风景优美的国度,充满了瑰丽的人文色彩和神奇的自然风光,也是我国的亲密友好邻邦。尼泊尔位于南亚次大陆北部,北边与我国西藏毗邻,东、西、南与印度接壤,大部分领土位于喜马拉雅山南麓。喜马拉雅山脉是中尼的天然国界,包括珠峰在内,世界十大高峰有8座在中尼边境。

从地理位置上讲尼泊尔处于中国和印度之间,与世界其他国家隔绝。尼泊尔地形北高南低,从地势的高低和构造上看可以划分为喜马拉雅高山区、山地河谷区、低山丘陵区和平原区四个自然区。世界上海拔8000米以上的十大高峰中有8座位于尼泊尔境内或尼泊尔与邻国的边界上。尼泊尔的地理特色是山水相连,河流、湖泊、泉水布满全国,由于尼泊尔的绝大部分河流均发源于喜马拉雅高山区和我国西藏高原,除了雨水以外,这些河流还拥有终年积雪融化后供应的永久性水源。这些河流由北向南最终缓缓流入印度洋。尼泊尔的气候主要受其地势和来自印度洋的季风影响,大致可分为高寒气候、寒冷气候、温带气候和亚热带气候。

1. 总体经济情况

尼泊尔是农业国,国内80%的人口从事农业生产,经济主要以农业和旅游业

尼泊尔萨加玛塔国家公园

为支柱,其次是制造业和服务业。尼泊尔的主要出口产品包括地毯、服装、皮革制品、黄麻制品和谷物。尼泊尔的主要进口产品包括黄金、机器及设备、石油产品和化肥。尼泊尔蕴藏着巨大的水力发电潜能,该国潜在的水力蕴藏量为 8300 万千瓦,其中 4200 万千瓦的装机容量被认为具有经济可行性。然而,尼泊尔目前仅开发利用了约 785 兆瓦。尼泊尔目前严重依赖化石燃料的进口,以满足其本国能源需求。

尼泊尔公路和铁路发展水平较低,相当多的县区还没有公路连接。比尔干吉—加德满都公路是连接内陆到南部最近陆港的主要公路,是目前所有商业运输的主要道路。由于尼泊尔大部分地区没有全季节公路,国内航空是该国的主要运输方式。2014 年尼泊尔政府通过了外国投资政策,旨在促进基础设施的开发和拓展。根据该国的外国投资政策,优先行业如下:水电(发电和输电);交通运输基础

尼泊尔风光

设施(快速道路、铁路、隧道、缆车、地铁、天桥和国际机场);旅游;采矿和制造。外商在尼泊尔境内的直接投资必须以在尼泊尔设立子公司的方式进行,可以是私人有限公司或公众有限公司。一旦外国投资者获得工业部或投资委员会的批准,外国投资者必须成立一家公司,以便在尼泊尔开展拟议投资事宜。

2. 尼泊尔与"一带一路"建设

中国"一带一路"倡议为尼泊尔带来了新的发展机遇,近年来随着援助规模和总量不断上升,对尼泊尔的技术援助、人才培养等也呈现多元化特点。中尼双边关系不断深入发展,稳步推进互联互通、灾后重建、基础设施、人文交流等各个领域的合作拓展与深化,喜马拉雅地区环境保护合作也取得了可喜成绩。2017年,尼泊尔GDP总值为263.9亿美元,经济增速达7.5%,在全球排名第101位,仍是世界上较贫穷的国家之一。但在民心安定、政局趋稳的情况下,尼泊尔经济有向好的趋势。尼泊尔对印度的经济依赖度目前达到65%以上。两国间年贸易总量约50亿美元,占尼泊尔外贸总量的三分之二。尼泊尔与第三国贸易进出口货物的约98%要经过印度。燃油等一些关键商品供应几乎百分之百依赖印度。同时,尼泊尔也是中印之间转口贸易的中心,加德满都位于中、尼、印三国的贸易通道上,尼商在此通道占据主导地位。加德满都河谷一带建造起了众多富丽堂皇的庙宇、神殿、寺院和纪念塔。2015年地震时,灾情非常严重,很多文物古迹被毁,中国政府第一时间派出国际救援队进行紧急救援,救援人员不顾个人安危,克服重重困难,抢救伤员、运输物资、安置灾民、发放药品,灾后尼泊尔副总统普恩当面向我国志愿者致谢。

随着中国提出"一带一路"倡议,尼泊尔和中国的合作也得以拓展和深化。尼泊尔前总理奥利2016年3月对中国进行正式访问前曾表示,作为中国的近邻,尼泊尔渴望从中国的巨大发展中获益。他表示,尼中之间最重要的事情便是友谊和

中国救援队在尼泊尔抗震救灾

合作,而友谊可以为合作提供无穷的源泉。历史上,尼泊尔的外贸是从与中国做生意开始的。加德满都与拉萨之间的商道历史悠久。中国倡导的"一带一路",必将为两国具有悠久历史的经济交往注入全新活力。2017 年 5 月,中国和尼泊尔签署了《关于在"一带一路"倡议下开展合作的谅解备忘录》,将有力促进中尼两国在经济、环境、科技和文化等方面进一步深化合作,促进两国互联互通,提升尼泊尔公路、铁路及基础设施发展水平,增进两国人民相互了解,进一步推动双方的友好合作。中尼在"一带一路"框架下不断深化各领域合作,达成多项共识。2016 年 5 月,中国首趟南亚公铁联运国际货运"兰州号"列车,从兰州铁路货运中心出发开往尼泊尔首都加德满都。中国同尼泊尔正不断探索加强务实合作,推进互联互通,促进跨境基础设施、过境运输和跨境经济合作区建设。规划建设中尼铁路,这是两国领导人共同提出的战略合作设想。中尼铁路项目包括中国段和尼泊尔段。中国段是从拉萨到吉隆县,由青藏铁路网延伸而成,全长 700 多千米,其中在中国的路段占五分之四以上,预计 2022 年可以建成。2020 年之后,中尼两国将再修建从中国吉隆县到尼泊尔首都加德满都的铁路。两国经贸合作各领域发展势头良好,双边货物贸易规模不断扩大,双边商品结构具有一定互补性,经贸发展前景光明。双方以尼泊尔地震灾后重建为契机开展产能合作,已在建材、水利、水电开发、有机农业等领域加强合作;探讨在石油产品贸易、油气勘探和炼化、可再生能源等领域拓展合作。根据尼泊尔央行统计数据,2017—2018 财年前 10 个月,尼泊尔商品对中国出口增长至 26.6 亿卢比(约合 1.8 亿人民币),较上年增长 87.3%,增长较快的商品有茶叶、面条、羊绒制品、羊毛地毯和手工艺品等。其中旅行服务贸易为中尼两国服务贸易额最大领域。双边启动自贸协定联合可行性研究,争取早日启动谈判。中国企业是尼泊尔承包工程市场的主要参与者。目前,在尼泊尔投资的中资企业超过 100 家,涉及水电、航空、餐饮、宾馆、矿产、中医诊所、食品加工等行业。

3. 存在的问题与挑战

由于尼泊尔投资环境存在诸多不稳定因素,中国对尼泊尔的投资尚处于起步阶段。中企在尼泊尔的投资经营同样也遭遇了一些困难及挑战。尼泊尔地处内陆,资源匮乏,基础设施不完善,缺乏必要的公路、仓库、电力、生产和用水等基础设施,油料和燃气供应不能保障,供需矛盾突出。此外,由于尼泊尔国内水泥生产量不足,无法满足当地需求,水泥等建筑材料需要大量从印度进口。

尼泊尔风光

七、不丹王国基本情况

不丹王国,简称不丹。不丹国名在当地语言中叫"竺域"(或作"朱玉",Druk Yul,藏文),意为雷、龙之地。不丹位于亚洲南部,南亚次大陆北部,坐落在喜马拉雅山脉东段南坡,是个小型的喜马拉雅山王国。不丹的东部、北部和西北部同我国西藏的山南和江孜地区接壤,西南部与印度的锡金邦为邻,南部同印度的西孟加拉邦和阿萨姆邦相连。中不边界全长约 500 千米,大部分沿喜马拉雅山分水岭而行,中不边界从未以条约或协定正式划定,但两国间存在着一条传统习惯线,边境地区基本上是稳定的。不丹北部山区气候寒冷,中部河谷气候较温和,南部丘陵平原属湿润的亚热带气候。国土面积约 3.8 万平方千米,人口约 73.5 万人。不丹具有壮观的自然美和原生态环境,绝妙的建筑和活生生的精神文化,还有它独特的不以国民生产总值而是以国民幸福总值来衡量国家的进步和发展的执政理念。

不丹从经济、政治到外交受印度影响很大,一定程度上可以说印度在"控制"着不丹。印度是其主要贸易对象,不丹对印度的进出口额分别占其进出口总额的

不丹风光

75％和90％。不丹的进出口,如石油等战略资源的进出口都要经过印度,海外港口贸易也要通过印度,印度随时可以借这些问题对不丹施压。1949年,印度就与不丹签订有《永久和平与友好条约》,规定不丹的外交接受印度的指导。2007年在不丹的要求下,印度同意修改条约,但是新条约仍然规定不丹的对外政策以不损害印度的国家利益为前提,在一定程度上减轻了印度的"控制",但并没有完全摆脱印度的影响。印度实际上把不丹当作自己的"附属国",使其成为中印之间的缓冲地带,并利用中国与不丹之间的边界争端牵制中国。① 中不两国虽然至今没有建立正式外交关系,但不丹是联合国、南亚区域合作联盟(简称南盟)等国际组织的成员,中国开展"一带一路"建设应当兼顾这个国家。

1. 总体经济情况

从不丹的经济社会发展情况来看,不丹属于中低等收入的国家。2017年不丹GDP总量仅25.12亿美元,人均GDP为3438美元,贫困人口占总人口比例的12％左右。经济建设严重依靠外援,其中印度是其最大的援助国和投资国,其他援助来源主要是联合国开发计划署、世界银行、亚洲开发银行等国际组织。全国人口中60％左右从事农业生产,农业是不丹的支柱产业。但近些年第二、三产业发展较快。由于水电资源丰富,目前水电及相关建筑业已成为拉动不丹经济增长的主要因素。

---

① 参见《"一带一路"投资政治风险研究之不丹》,中国发展门户网2016年2月22日。http://cn.chinagate.cn/opinions/2016-02/22/content_37841111.htm.

不丹自然资源丰富,物产多样,环境优美,被列为全球十大生物多样性保护区之一,不丹森林覆盖面积约占国土面积的 70.46%,是世界森林覆盖率较高的国家之一。不丹十分重视环境保护,早在 1995 年不丹就通过立法保证森林覆盖率不得低于 60%。在不丹国内有近四分之一的地区被辟为国家公园,不管是在公共土地上还是在私人土地上,未经政府批准不得砍伐树木,全国允许伐木的地区尚不足 5%。

不丹主要出口产品为电力、化学制品、木材、加工食品、矿产品等,主要进口产品为燃料、谷物、汽车、机械、金属、塑料等。印度是其最大的贸易国,在进出口贸易中均占总进出口额的 80% 以上。其他主要贸易伙伴有孟加拉国、中国、韩国、泰国等。中国是不丹第二大进口国。

2. 不丹的投资环境

从不丹的产业结构及可投资的领域来看,目前,不丹正由过去单一的农业结构向多元化的产业结构转变。近年来,不丹通过发展水电业、制造业、建筑业等工业部门拉动第二产业发展,以及开发旅游业促进第三产业兴起。不丹水力资源潜力巨大,但是水电开发受印度影响较大,特别是在电力出售方面,除了满足不丹国内基本用电需求外,其余电力尽数售予印度。不丹在电力开发上与印度签有多个合作协议,中国企业参与开发不丹水电业困难较大。不丹旅游业资源得天独厚,其特殊的地理位置、多样的气候类型、丰富的佛教人文景观等都是促进不丹旅游业发展的重要因素。

不丹自然风光

3. 独特的文化

不丹虽然是世界上最贫穷的国家之一,然而不丹独特的文化传统给了不丹鲜明的特性。不丹人珍惜所有、活在当下、淡泊宁静的生活态度,决定了不丹人即使贫穷仍要快乐的文化。所以他们提出了可持续的均衡的社会经济发展策略,用国民幸福总值(GNH)来替代国民生产总值(GDP)。国家政策制定依据应考虑在实现现代化的同时不要失去精神生活、平和的心态和国民的幸福。不丹人不拒绝发展,他们看重的是发展的方式和质量,他们注重社会发展的均衡性,让所有国民都享受到发展带来的好处,为大家提供机会,让大家都能获得同等机会实现各自的幸福。

八、印度共和国基本情况

印度共和国,简称印度,是南亚次大陆最大的国家。东北部同中国、尼泊尔、不丹接壤,孟加拉国夹在印度东北国土之间,东部与缅甸为邻,东南部与斯里兰卡隔海相望,西北部与巴基斯坦交界。东临孟加拉湾,西濒阿拉伯海,海岸线长 5560 千米。面积约 298 万平方千米(不包括中印边境印占区和克什米尔印度实际控制区等),居世界第 7 位。截至 2019 年 12 月,印度人口有 13.24 亿,居世界第二位。

印度风光

1. 总体经济状况

印度独立后经济有较大发展。农业由严重缺粮到基本自给,工业形成较为完整的体系,自给能力较强。20 世纪 90 年代以来,服务业发展迅速,占 GDP 比重逐年上升。印度已成为全球软件、金融等服务的重要出口国。根据印度财政部公布的 2016—2017 财年经济调查数据,2016—2017 财年主要经济数据如下(以现价计算):GDP 为 151.8 万亿卢比(约合 2.3 万亿美元),GDP 增长率为 7.1%。国民总收入为 149.9 万亿卢比(约合 2.3 万亿美元),人均国民收入为 103219 卢比(约合 1608 美元)。

印度资源丰富,有矿藏近 100 种。云母产量世界第一,煤和重晶石产量居世界第三。主要资源可采储量估计为:煤 2533 亿吨,铁矿石 134.6 亿吨,铝土 24.6 亿吨,铬铁矿 9700 万吨,锰矿石 1.7 亿吨,锌 970 万吨,铜 529.7 万吨,铅 238.1 万吨,石灰石 756.8 亿吨,磷酸盐 1.4 亿吨,黄金 68 吨,石油 7.6 亿吨,天然气 10750 亿立方米。此外,还有石膏、钻石及钛、钍、铀等。森林 67.8 万平方千米,覆盖率为 20.6%。

印度工业主要包括钢铁、机械、化工、制药、水泥、采矿、石油等,工业已形成完整体系。近几年,印度的纺织、食品、精密仪器、汽车、软件制造、航空和空间等工业发展迅速。2016—2017 财年印度工业生产指数同比增长 5%,其中电力行业增长 5.8%,制造业和采矿业分别同比增长 4.8% 和 5.4%。

印度拥有世界十分之一的可耕地,面积约 160 万平方千米,人均 1700 平方千米,是世界上最大的粮食生产国之一。主要粮食作物有稻米、小麦等,主要经济作物有油料、棉花、黄麻、甘蔗、咖啡、茶叶和橡胶等。2017 年粮食总产量为 2.7 亿吨,其中稻米 1.09 亿吨。农村人口占总人口的 72%。由于投资乏力、化肥使用不合理等因素,近年来农业发展缓慢。"十一五"期间,农业年均增长率为 3.3%。

印度风光

近年来,印服务业实现较快发展。2017—2018 财年增长 8.3%。2017—2018 财年服务业对国民总增加值的贡献率为 55.2%,成为印度创造就业、创汇和吸引外资的主要部门。旅游业是印度政府重点发展产业,也是重要就业部门。近年来,印度入境旅游人数逐年递增,旅游收入不断增加。主要旅游点有阿格拉、德里、斋浦尔、昌迪加尔、那烂陀、迈索尔、果阿、海德拉巴、特里凡特琅等。

印度铁路为最大国营部门,拥有世界第四大铁路网。公路运输发展较快,是世界第二大公路网。海运能力居世界第 16 位。铁路总里程为 66687 千米。公路运营里程 548 万千米,其中国家高速公路 114158 千米。水运:主要海港 12 个,包括孟买、加尔各答、金奈等,承担四分之三货运量。孟买为最大港口。空运:经营定期航班的航空公司共 14 家,包括印度航空公司、靛蓝航空、捷特航空等,有飞机 334 架。专营非定期航班的空运企业 65 家,飞机 201 架。航线通达各大洲主要城市。共有机场 345 个,其中国际机场 5 个,分别位于德里、孟买、加尔各答、金奈和特里凡特琅。

印度中央和地方财政分立,预算有联邦和邦两级。每年 4 月 1 日至次年 3 月 31 日为一个财政年度。印度多年来推行赤字预算以刺激经济发展,政府预算经常入不敷出,财政缺口主要靠发行公债弥补,除了存在通胀压力外,每年还要支付大量利息。2015—2016 财年印度财政预算为 764196.8 亿卢比,财政赤字为 35147 亿卢比,政府总支出为 383855.8 亿卢比。

2. 印度对外贸易及投资情况

据印度商业信息统计署与印度商务部统计,2017 年印度货物进出口额为 7434.9 亿美元,比上年(下同)增长 18.7%。其中,出口 2965.5 亿美元,增长 12.1%;进口 4469.4 亿美元,增长 12.1%。2017 年印度对中国出口增长 14.2%,占印度出口总额的 15.5%。同期,印度前三位的进口贸易伙伴为中国、美国和阿联酋,自三国进口总额分别增长 18.8%、9.3% 和 19.9%,占印度进口总额的 16.1%、5.5% 和 5.2%。从贸易结构看,2017 年印度主要出口商品有贵金属及制品、矿产品和纺织品及原料。印度主要进口商品为矿产品、机电产品和贵金属及制品。2017 年印度对中国出口的主要商品为矿产品、贱金属及制品和化工产品,出口额分别为 32.5 亿美元、21.2 亿美元和 21.6 亿美元,增长 36.7%、113.4% 和 71.7%,占印度对中国出口总额的 26%、17.4% 和 17.3%。

印度从 1991 年起积极引进外资。2015—2016 财年印度吸引外国直接投资 319 亿美元,2016—2017 财年吸引外国直接投资 432 亿美元。印度 2016—2017 财年外国直接投资前三位的来源国是毛里求斯、新加坡、日本,上述三国对印投资占印吸引外国直接投资的 36.2%、20%、10.8%。外国对印投资领域主要包括金融和非金融服务业、建筑业(含房地产开发)、电信、电脑软硬件、制药、化学品(化肥除外)、汽车、电力、酒店与旅游等行业等。

3. 印度与"一带一路"建设

2014 年 9 月,习近平主席访问印度,印度总理莫迪在自己的家乡古吉拉特邦隆重接待习主席。习近平主席访问印度前夕在印度主流媒体发表署名文章,提议中印"共同推动孟中印缅经济走廊建设,探讨丝绸之路经济带和 21 世纪海上丝绸之路倡议,引领亚洲经济可持续增长",此次成功访问得到印度媒体的广泛好评。2015 年习近平主席在自己的家乡陕西西安热情接待了印度总理莫迪,李克强总理也与莫迪进行了友好的会谈。2016 年 5 月,印度总统慕克吉成功访华。2016 年 9 月,莫迪来华参加在杭州举行的 G20 峰会,一个月之后,习近平主席参加在果阿举行的金砖峰会。在两国元首互访的推动下,印度对"一带一路"出现了明显改观。习近平主席访时,曾向莫迪提出,中印双方可就"一带一路"与"向东行动"实现对接。莫迪也表示,印方同样重视南亚地区互联互通建设,愿加强同中方在这一领域合作。习近平主席访印后一个月,印度作为亚洲基础设施投资银行首批意向创始成员国在北京签约,印度出资 80 多亿美元成为亚投行第二大股东,持股 8% 左右,仅次于中国。双方产能合作也发展迅速,万达、华为、中兴、特变电工在印度成功建设厂房、园区或研发基地。但是,2017 年 1 月,印度总理莫迪公开表示"一带一路"只有"尊重相关国家的主权,地区互联互通才能够实现目标,避免分歧和纷争",这标志着印度对待"一带一路"的态度出现重大转向。印度还公开表示"互联互通项目应建立在公认的国际准则、良治、法治、开放、透明及平等基础上",暗指中国提出的"一带一路"倡议在这些方面均有缺陷,是中国基于自身利益提出的战略,未与各国商议决定,不公开、不透明。此后,中印在洞朗地区发生军事对峙,两国关系跌入冰点,"一带一路"合作基本搁置。总体上看,印度对"一带一路"倡议仍然存在不少疑虑,印度国内也有一些反对的声音。这些负面反馈的原因是多元化的,有历史因素,也有现实的矛盾。但是在很多领域印度又希望与中国合作。例如,印度支持和参与金砖国家机制,推动其入常等愿望实现;响应和参与亚投行,迫切需要亚投行的投资;对中国提议的孟中印缅经济走廊建设表示支持,但态度不够积极;支持和参与上海合作组织,希望借助上海合作组织平台推动能源合作和提高对恐怖主义和极端主义的打击力度。在国际气候谈判上,在世贸组织谈判中,在二十国集团峰会提高发展中国家代表权问题的谈判上,印度也与中国具有共同利益,需要与中国协调立场、抱团取暖。所以,在这些领域,印度也愿意支持和配合中国。

　　总之。在"一带一路"建设中,要处理好"一带一路"框架下的中印关系,必须重视印度在"一带一路"中的战略地位。印度地处要冲,直接关系到中巴、孟中印缅、21 世纪海上丝绸之路三大经济走廊能否建成。"一带一路"建设绕不开印度,加强"一带一路"框架下中印合作要坚持务实原则,少向印度做空洞宣传,多做实际项目,避免印度舆论反弹;多与印度就其关切的问题开展沟通对话,不断弥合分歧,争取政治互信,推动两国重大发展战略对接,加强中印在多边机制和平台中的合作。同时积极与南亚各国开展"一带一路"建设合作,倒逼印度转变态度,密切关注印、日、美三国合作。重点建设好中巴经济走廊,推动中尼铁路建设,推进中国与斯里兰卡、马尔代夫开展全方位合作,推动孟中印缅经济走廊建设和中缅经济走廊建设。

印度风光

九、巴基斯坦伊斯兰共和国基本情况

巴基斯坦伊斯兰共和国,简称巴基斯坦,位于南亚次大陆西北部。东接印度,东北与中国毗邻,西北与阿富汗交界,西邻伊朗,南濒阿拉伯海。海岸线长 980 千米。领土面积约 79.6 万平方千米(不包括巴控克什米尔地区)。主要矿藏储备有:天然气 4920 亿立方米、石油 1.84 亿桶、煤 1850 亿吨、铁 4.3 亿吨、铝土 7400 万吨,还有大量的铬矿、大理石和宝石。森林覆盖率为 4.8%。

1.巴基斯坦经济状况

2016—2017 财年,巴基斯坦国内政局在动荡中保持总体稳定,安全形势在反复中总体可控,经济延续了前几个财年的向好趋势,巴国民生产总值 31.9 万亿卢比(约合 3044 亿美元),经济实际增长率为 5.3%,增速创 2006—2007 财年以来新高。农业恢复增长、主要农作物产量回升;制造业增长明显提速,大型制造业表现突出;第三产业延续良好发展势头,增速超预期。此外,国民投资、外国直接投资(FDI)流入、通胀控制等方面的表现也较为出色。2017—2018 财年,中巴经济走廊建设的稳步推进,以及大选给政府带来的"政绩"激励,是巴经济发展的主要利好因素,但经常账户和财政双赤字问题继续加重、经济痼疾未除、政局动荡、安全形势复杂、周边外交关系紧张等负面因素,给经济持续健康发展带来较大挑战。2017—2018 财年,巴经济还将面临大选风云再起、地缘政治紧张以及仍然复杂严峻的安全状况的考验,不确定性有所增强。

巴基斯坦卡拉奇风光

2. 巴基斯坦与"一带一路"建设

巴基斯坦是联结中国、亚欧大陆桥、南非和中东的重要汇集点,巴基斯坦也因此将自身定位为中国、中非、南亚和中东之间四条经济走廊中的关键一环。巴基斯坦拥有漫长的海岸线,使得瓜达尔港与卡拉奇港等港口成为海上丝绸之路的重要转运港。巴基斯坦也是少数几个连接丝绸之路经济带和 21 世纪海上丝绸之路的国家之一。2013 年 5 月 22 日,李克强总理访问巴基斯坦时提出共同建设中巴经济走廊的倡议。中巴经济走廊是"一带一路"建设的重要组成部分,也是"一带一路"建设的重要抓手。2015 年 4 月 19 日,在对巴基斯坦进行国事访问前夕,国家主席习近平在巴基斯坦《战斗报》和《每日新闻报》同时发表题为《中巴人民友谊万岁》的署名文章。习近平主席指出,中国人民正在努力实现中华民族伟大复兴的中国梦。中国梦是和平、发展、合作、共赢的梦,我们追求中国人民的福祉,也追求各国人民共同的福祉。中国愿同包括巴基斯坦在内的南亚各国和睦相处,愿为南亚发展添砖加瓦。中国提出丝绸之路经济带和 21 世纪海上丝绸之路倡议,就是要通过加强沿线国家互联互通,实现共同发展。2018 年 11 月,巴基斯坦新任总理伊姆兰·汗首次对中国进行正式访问。近年来,中巴经济走廊建设取得了显著成绩,有些方面甚至超出预期,并日益成为中巴共享发展机遇的重要载体。

高层互访不断,完善顶层设计。2013 年 5 月中巴发表《中华人民共和国和巴基斯坦伊斯兰共和国关于深化两国全面战略合作的联合声明》提出要共同研究制定中巴经济走廊远景规划后,两国各层面不断推进其建设。同年 7 月巴基斯坦总理谢里夫访华时表示将把中巴经济走廊置于优先地位,中巴双方还签署了《中巴经济走廊合作备忘录》，并成立联合合作委员会研究制定经济走廊规划。2014 年 2 月巴基斯坦总统侯赛因访问中国，中巴签署了一系列协议推进走廊建设。同年 11 月谢里夫总理访华，与中国签署了 19 项合作协议和备忘录。2015 年 4 月习近平主席访问巴基斯坦，将中巴关系提升为全天候战略合作伙伴关系，双方又签署了 50 多项合作文件，其中 30 多项涉及中巴经济走廊。2016 年 1 月，巴基斯坦政府成立了中巴经济走廊建设指导委员会，由总理谢里夫亲任主席，并在指导委员会下设立了办事机构，专门负责协调走廊建设中的各省工作，实现信息共享。

编制总体规划，加强宏观指导。中巴经济走廊是"一带一路"的旗舰项目，自 2013 年提出后，得到了巴基斯坦的广泛支持，两国成立了中巴经济走廊联合合作委员会、联合经济委员会、联合投资公司，开展了货币互换协议、金融和银行业等领域的合作。2013 年 8 月 27 日两国在伊斯兰堡召开了首次"中巴经济走廊远景规划联合合作委员会会议"（简称联委会），共同制定和实施中巴经济走廊建设远景规划和项目。2017 年 11 月，中巴双方完成了《中巴经济走廊远景规划（2017—2030）》并通过两国政府批准。自 2013 年至今，联委会共召开 9 次会议，达成诸多共识。目前，中巴经济走廊建设已确定了一批重点合作领域以及早期收获项目和中长期项目，以推动经济走廊持续快速开展。

加强基础设施建设，互联互通速度加快。2015 年 4 月 20 日中巴双方发表的《关于建立全天候战略合作伙伴关系的联合声明》中提出了一大批互联互通和基础设施项目。在公路建设方面，2014 年 12 月，由中国葛洲坝集团公司承建的与喀喇昆仑公路连接的巴基斯坦哈桑阿卜杜勒—赫韦利扬高速公路 E35 高速公路项目开工。2015 年 8 月巴基斯坦经济协调委员会决定，将喀喇昆仑公路二期工程塔科特—赫韦利扬段（120 千米）和白沙瓦—拉合尔—卡拉奇高速路木尔坦至苏库尔段（392 千米）由中方企业承担设计、施工和建设。2015 年 12 月中国铁建二十局集团有限公司与查希尔汗兄弟建筑工程公司（ZKB）组成的联合体中标巴基斯坦拉合尔—阿卜杜哈基姆段（为卡拉奇—拉合尔高速公路第Ⅲ标段）。2015 年 12 月，中国建筑股份有限公司与巴基斯坦国家公路局签署了迄今为止巴最大的公路建设项目——卡拉奇—拉合尔高速公路项目（苏克尔至木尔坦段）总承包合同，2016 年 5 月 6 日正式开工建设。同年 12 月，中国交通建设股份有限公司与巴国家公路局签订了喀喇昆仑公路升级改造二期（哈维连至塔科特段）总承包合同。2016 年 8 月 13 日，亚洲基础设施投资银行（亚投行）在巴基斯坦的首个投资项目——巴基斯坦 M4 高速公路（绍尔果德至哈内瓦尔段）举行开工仪式。在铁路建设方面，2015 年 4 月，中巴双方签署了《中巴关于开展 1 号铁路干线（ML1）升级和哈维连陆港建设联合可行性研究的框架协议》，该铁路干线全长 1726 千米，从卡拉奇经拉合尔、伊斯兰堡至白沙瓦；中国兵器工业集团公司与巴基斯坦旁遮普公交公司签署了拉合尔轨道交通橙线项目总承包合同。同年 12 月 21 日,中国进出口银行与巴经济事务部签署了拉合尔城市轨道交通橙线项目贷款协议。2016 年 3 月中铁一局中标巴基斯坦拉合尔地铁项目轨道工程项目。在航空方面,2015 年 10 月中国国际航空公司开通了北京—伊斯兰堡航线。在港口建设方面,2015 年 1 月巴基斯坦经济委员会通过了由中国交建承建的瓜达尔港国际机场建设计划。同年 11 月,巴基斯坦向中国海外港口控股有限公司移交了瓜达尔自贸区 3 平方千米的土地。在管道建设方面,中石油正与巴基斯坦协商建设从瓜达尔港到信德省白沙瓦的长约 700 千米的天然气管道,管线建造成本约 20 亿美元。萨西瓦尔、卡西姆等燃煤电站顺利投产,标志着走廊能源合作取得快速发展。

大力拓展产业投资,产能合作不断推进。在农业方面,中国在巴基斯坦信德省、俾路支省和旁遮普省推广的杂交水稻种植面积不断增加,一些企业还在巴设立了农机、化肥、食品加工及包装厂。在工业方面,2014 年 8 月中国水利电力对外公司与巴基斯坦国家输配电公司达成协议,建设位于克什米尔地区的科哈拉水电站。2014 年 10 月,中材节能公司与巴帝吉翰水泥股份有限公司签订了帝吉翰水泥厂 30MW 燃煤自备电站项目合同。2015 年 4 月 20 日,中国电建与巴基斯坦签署了承建卡西姆港燃煤电站项目的《实施协议》和《购电协议》。2015 年 7 月,中国华能集团山东如意公司承建的旁遮普省萨希瓦尔燃煤电站项目(2×66 万千瓦)开工。2015 年 12 月,由中国机械设备工程股份有限公司等承建的塔尔煤电一体化项目,包括塔尔煤矿二期 650 万吨煤矿开采及 4×33 万千瓦发电站已经签署融资协议。2016 年,中国三峡集团承建的卡洛特水电站以及中国电力国际有限公司和巴基斯坦胡布电力公司共同投资的卡拉奇胡布燃煤电站(2×66 万千瓦)开工建设。另外,中国水电顾问集团国际工程有限公司承建的大沃 5 万千瓦风电项目、中国特变电工新疆新能源承建的旁遮普省真纳太阳能园区 10 万千瓦太阳能光伏电站项目、东方联合能源集团承建的信德省吉姆普尔 10 万千瓦风电项目(一期)、中国电建承建的萨恰尔 5 万千瓦风电项目等也相继开工建设或建成,国家电网等企业也直接参与了巴输变电项目。双方成立了联合专家组,对中巴园区合作进行深入研究。瓜达尔港自由区起步区举行了开园仪式,瓜达尔港已恢复运营能力,瓜港自由经济区基本完成招商工作。

双方交流频繁,人文合作密切。中国红十字援外医疗队进驻瓜达尔港,由新疆克拉玛依市政府捐助的气象站也已建成使用。中巴经济走廊民心相通建设取得积极成效,2017 年,走廊联委会双方秘书处为巴政府公务员及一线职工举办了五期共计 200 多人的培训,不但提升了巴方官员和工人的业务能力,也增进了两国人民的深厚友谊。

巴基斯坦风光

3. 存在的问题与挑战

虽然中巴经济走廊建设取得了经济进展,但也要关注以下问题:一是中巴经济走廊作为当前两国推动的重大合作项目,需要得到中巴两国、两国人民及国际社会的理解和认同,才能更加有效地推进。目前,虽然巴政府部门、议会、军方,以及各智库机构普遍对中巴经济走廊给予积极支持,但在长期合作过程中难免会出现一些问题和不同意见。在此背景下,中巴双方要不断巩固传统友谊,加强舆论引导,排除干扰,深化务实合作,既坚定信心,使双方对走廊建设保持巨大热情,充分发挥中巴经济走廊的引领作用,又要看到建设的长期性和艰巨性,深入进行各层面沟通协调交流,推动两国关系不断迈上新台阶。二是经济走廊建设面临的最大挑战是安全问题。随着中巴经济走廊建设加快,其安全压力将增大。特别是俾路支省的分裂势力及塔利班,给走廊建设带来了巨大安全隐患。这需要中巴进一步加强安全反恐方面的合作,共同严厉打击"三股势力"(宗教极端势力、民族分裂势力、国际恐怖势力),防止其蔓延,以便为走廊建设提供更加安全稳定的社会环境。三是基础设施仍是制约发展的瓶颈。目前,巴基础设施落后,公路、铁路、航空、港口布局失衡,运输能力较差,每年基础设施瓶颈给巴带来的经济损失占 GDP 的 4%～6%。尽管中国已有许多企业参与了巴以交通为重点的基础设施项目,努力实现互联互通,但仍然有待进一步推进。四是建设中巴经济走廊,需要有足够的资金支持,资金筹措仍是大问题。为了更好地推进走廊建设,必须加强双方的金融合作,创新融资方式,多渠道筹集建设资金。同时鼓励有实力的中资银行到巴设立更多分支机构,为中巴经济走廊提供全方位的金融服务。

作者(左二)访问巴基斯坦瓜达尔港

十、阿富汗伊斯兰共和国基本情况

阿富汗伊斯兰共和国,简称阿富汗,是亚洲中西部的内陆国家。国土面积64.75万平方千米。人口约3717万(2020年)。北邻土库曼斯坦、乌兹别克斯坦、塔吉克斯坦,西接伊朗,南部和东部连巴基斯坦,东北部凸出的狭长地带与中国接壤。阿富汗矿藏资源较为丰富,但未得到充分开发。目前已探明的资源主要有天然气、煤、盐、铬、铁、铜、云母及绿宝石等。位于首都喀布尔南部的埃纳克铜矿已探明矿石总储量约7亿吨,铜金属总量达1133万吨。据估计可能是世界第三大铜矿带。阿还可能拥有全球第五大铁矿脉。阿富汗是最不发达国家。历经30多年战乱,交通、通信、工业、教育和农业基础设施遭到严重破坏,曾有600多万人沦为难民。国际社会积极支持阿和平重建与发展,向阿提供了近千亿美元的援助。

1.政治经济总体情况

近年来,阿富汗政治与经济重建虽取得积极进展,但安全局势持续不靖,塔利班依旧活跃,腐败、毒品泛滥等问题也威胁阿富汗的稳定和发展。2010年10月,阿富汗成立由前总统拉巴尼任主席、众多前圣战领导人参加的高级和平委员会,负责推动阿富汗政府与塔利班等反政府武装和谈。2011年9月拉巴尼遇刺身亡,阿富汗和解进程严重受挫。2012年1月,阿富汗塔利班(简称阿塔)宣布在卡塔尔设立和谈办公室,用以与美国等接触和谈。后因发生驻阿美军焚烧《古兰经》和枪杀阿富汗平民等事件,塔利班宣布中止与美国接触。2013年6月,阿塔以“阿富汗伊斯兰酋长国”名义宣布在卡塔尔首都多哈成立塔利班办事处,引起阿政府强烈不

阿富汗风光

满。在各方压力下,阿塔被迫取消有关称谓,但该办事处实际仍在运转。2015 年 7 月,阿富汗塔利班同阿政府在巴基斯坦举行首轮公开和谈,后因阿塔领导人奥马尔死讯曝光,和谈中止,迄未取得实质性进展。2016 年阿富汗问题布鲁塞尔国际会议期间,国际社会承诺将在 4 年内向阿提供 152 亿美元的援助资金。2018—2019 财年主要经济数据如下:GDP 2220 亿美元。人均 GDP 564 美元。GDP 增长率为 2.9%。由于多年战乱,工业基础十分薄弱。以轻工业和手工业为主,主要有纺织、化肥、水泥、皮革、地毯、制糖和农产品加工等。农牧业是阿富汗国民经济的主要支柱。农牧业人口占全国总人口的 80%。耕地不到全国土地总面积的 10%。主要农作物包括小麦、棉花、甜菜及各种水果。主要畜牧产品是肥尾羊、牛、山羊等。阿富汗是世界第一大毒源地"金新月"的中心。2018 年鸦片产量预计约 6400 吨,严重影响阿和平重建进程,也对地区和平与安全带来威胁和挑战。

2. 阿富汗与"一带一路"建设

阿富汗与中国山水相连,是彼此利益攸关的命运共同体。阿富汗对中国"一带一路"建设充满期待,但阿富汗的国内情况对"一带一路"推进过程的潜在威胁亦不可忽视。

积极参与"一带一路"建设。阿富汗既是古丝绸之路沿线重要国家之一,也是首批积极回应"一带一路"倡议的国家(地区)之一。阿富汗政府及民间均对"一带一路"给予高度评价和热情期待。阿富汗出台的《十年转型发展报告(2015—2024)》中,政府确定安全、基础设施建设、发展私营经济、农业和农村发展、实行良政以及人力资源建设为六大优先发展领域,并希望在未来 5 至 10 年内,全力推动区域通道网络建设,使其成为连接东亚和西亚、中亚和南亚,构建欧亚大陆经济带的重要枢纽。同时,阿民众也普遍认为,阿富汗应积极参与丝绸之路经济带建设,搭上中国全面深化改革开放的"顺风车",分享中国经济发展红利,助推本国经济可持续发展。

积极拓宽贸易领域。阿富汗积极参加区域经济合作组织,包括南亚区域合作

阿富汗村庄

联盟(SAARC)、中亚区域经济合作计划组织(CAREC)、中亚和南亚运输和贸易论坛(CSATTF)、上海合作组织(SCO)等,希望借此发挥其特殊地缘优势,拓展与成员国的经贸合作,特别是通过资源开发和互联互通等领域的合作,促进阿富汗尽快融入区域经济发展。中国是阿富汗重要贸易伙伴,对阿出口产品主要为机电、五金、纺织、日用品、轻工类等,自阿进口商品主要是牛羊皮等。2011 年 11 月,中方宣布将对包括阿富汗在内的 33 个最不发达国家 97% 的税目产品给予零关税待遇。2017 年,中阿双边贸易额为 5.4 亿美元,同比增长 24.9%,其中中国出口额为4.3 亿美元。但随着阿政局动荡、安全形势趋紧,中阿贸易亦陷入低迷。中阿"贸易相通"主要是着眼于未来。若阿富汗局势好转,其过境运输贸易将迅速繁荣,向东亚、南亚、中亚、中东、欧洲等市场的辐射能力亦将得到充分展现,势必成为丝绸之路经济带上的重要贸易枢纽。

推进基础设施互联互通。地缘优势是阿富汗未来经济实现自主发展的最大潜力。尽管阿富汗一直遭受武装袭击,但阿富汗政府坚持积极推进公路建设,以实现其成为连接东亚、南亚、西亚和中亚的交通枢纽的目标。中国"一带一路"倡议与阿富汗战略目标相契合,谋求交通基础设施互联互通。虽然阿富汗铁路建设刚刚起步,境内仅有 75 千米自马扎里沙里夫至海拉顿的铁路,但正在大力推动建设中国—吉尔吉斯斯坦—塔吉克斯坦—阿富汗—伊朗的"五国铁路"和塔吉克斯坦—阿富汗—土库曼斯坦的"三国铁路"。阿富汗当前海运主要依赖巴基斯坦卡拉奇港和伊朗阿巴斯港。瓜达尔港建成使用后,将成为距阿富汗最近的出海港口。

加强工农业合作。阿富汗工农产业水平低且发展不平衡,农业生产停滞不前,工业发展落后。农业耕种技术和水平与中国 20 世纪 60—70 年代状况相似,缺少现代化、高科技农业设施。受自然地理条件限制,阿富汗几乎没有大型农场。阿富汗藏红花、青金石比较有名,这些特产较受中国欢迎。我国有丰富的农业生产经验可供阿富汗学习借鉴,并可帮助抑制阿境内毒品种植。"一带一路"建设可为阿富汗振兴经济提供发展机遇,中国的优质产能可向阿富汗转移,并为中企"走出去"开拓空间与市场。

3. 面临的困难与挑战

阿富汗也受到政局动荡阻碍,各派别相互角力,前景尚不明朗。在建项目恐受政府更迭和政治内斗拖累,大型投资面临的风险加大。另外,阿政府执政能力低下,腐败盛行,法律法规不健全,金融银行配套服务落后等,均使在阿推进项目建设障碍重重。同时,阿政权存续、经济正常运转及安全部队开支均依靠美国及其西方盟友的大量援助维持,美国仍将是阿富汗最大的"金主"。而美国对阿富汗的援助尤其是民事援助往往附加诸多制约条件,以干预阿的内政外交事务。阿富汗自身决策能力备受掣肘,许多重大优先项目,包括阿富汗将参与丝绸之路经济带的建设项目难以落地实施,将受到美国等的牵制和干扰。由于安全形势堪忧,水电气路等基础设施不健全,缺乏具有吸引力的优惠政策,外商对阿富汗投资积极性较低。2014—2015 财年阿富汗投资出现较大幅度下降。根据阿富汗投资促进局统计,2014—2015 财年阿富汗投资总额约 7.6 亿美元,比 2013—2014 财年的 14.68 亿美元下降近一半。阿富汗国内税务、海关等经济行政部门效率低下,总体投资环境较差。据世界银行《2016 年营商环境报告》,阿富汗在全球 189 个经济体中营商环境排名第 177 位。

阿富汗风光

十一、哈萨克斯坦共和国基本情况

哈萨克斯坦共和国,简称哈萨克斯坦,地处中亚内陆,东南与我国新疆接壤,北邻俄罗斯,南面是吉尔吉斯斯坦、乌兹别克斯坦、土库曼斯坦三国,西南隔里海与阿塞拜疆和伊朗相望。哈萨克斯坦是世界上最大的内陆国,国土面积272.5万平方千米,排名世界第9位,作为亚洲欧洲分界线的乌拉尔河从其境内西部流过。哈萨克斯坦还是横跨亚欧大陆的国家,东部矗立着阿尔泰山,东南部的天山是全境地势最高点,长年被积雪和冰川所覆盖。中部是哈萨克丘陵,平原主要分布在北部、西部和西南部,主要河流有额尔齐斯河、锡尔河、乌拉尔河、恩巴河和伊犁河,较大的湖泊有里海、咸海、巴尔喀什湖和斋桑泊等。

哈萨克斯坦首都努尔苏丹风光

1.哈萨克斯坦资源和经济状况

哈萨克斯坦拥有丰富的自然资源和较为雄厚的工业基础,是世界主要粮食出口国之一,也是全球发展最快的国家之一。世界经济危机暴发前,哈萨克斯坦连续10年保持了10%的经济增长率。哈萨克斯坦通过制定《2030年国家发展纲要》和一系列涉及银行、投资等领域法规,成为中亚地区最早走出经济危机阴影的国家之一,实现了经济的持续增长。哈萨克斯坦2017年GDP为1581.42亿美元,较上年增长4%,2018年增速略高,社会经济呈稳定高速增长。人均GDP达8769美元,达到中等发达国家水平。

哈萨克斯坦的自然资源非常丰富,已探明的矿藏有90多种。煤、铁、铜、铅、锌产量丰富,用于核燃料和制造核武器的铀的产量居世界第二。哈萨克斯坦陆上石油探明储量为48亿吨,天然气3.5万亿立方米,其中里海地区石油探明储备量为

作者(右三)访问哈萨克斯坦齐姆肯特市

80亿吨,最大的卡沙干油田石油可采储量就达10亿吨,天然气可采储量超过1万亿立方米。不少矿藏量占全球储量的比例很高,如钨占50％,铀25％,铬矿23％,铅19％,锌13％,铜和铁10％,许多品种按储量排名在全世界名列前茅。钨储量占世界第一位,铬和磷矿石占第二位,铜、铅、锌、钼和磷的储量占亚洲第一位。铁和煤的储量也比较丰富。煤炭探明储量为336亿吨,居全球第八位。铁矿石储量为91亿吨,居世界第六位。锰矿石的储量为超过6亿吨,居世界第四。铬铁矿是中亚地区最具有优势的矿产之一。探明商品级矿石储量超过1.8亿吨,居世界第一位。哈萨克斯坦耕地大部分种植以春小麦为主的粮食作物,还产棉花、甜菜、烟草等。

2.哈萨克斯坦投资环境

哈萨克斯坦政治经济的稳定、投资法律的完善、自然资源的丰富和人才队伍的日臻完善等因素为吸引外部投资创立了良好的投资环境。第一,哈萨克斯坦投资的优先领域及其优惠政策。哈萨克斯坦政府于2010年3月19日颁发第958号令《2010—2014年加速工业创新发展国家纲要》(以下简称《纲要》),作为哈2010—2014年经济发展的指导性纲领,其给予外资的各项优惠具体为:对向国家优先发展领域的投资,政府会视情况与投资者签订投资特惠款;为外国专家提供免费入境的签证特别办理程序;对于在经济特区的投资项目,采用国际通行的税收程序;可适时启动劳务引进的特别机制;对于大型跨国或国际知名公司参与的优先大型投资项目,可实行区别对待的策略,单独与之签订附带提供国家支持条款的投资协

哈萨克斯坦风光

议,包括保证国家采购条款和其他金融和非金融鼓励措施。为将国外直接投资引入非资源领域的轨道,哈与外国潜在的大投资者单独商谈投资项目,负责协助其在哈办理投资兴业的开办手续,组织与哈国家政府和主流企业的会晤,在投资项目立项和实施阶段提供咨询服务等工作。《纲要》规定这些政策目的是通过实现经济多元化和提高竞争力,重视吸引外国直接投资,促进发展非资源领域出口引导高技术产业发展。从《纲要》规划内容看,哈将工业发展的重点放在非资源领域(除矿产开采外的其他领域),各项政策和财政预算已经开始向非资源领域倾斜。目前,哈萨克斯坦的优先投资领域主要包括机械制造、食品加工、建材、旅游、纺织和冶金等行业。投资优先投资领域可以享受的优惠政策主要包括免除财产税和土地税、提供企业所得税优惠(公司所得税税率从2008年的30%下调至2009年的20%,2011年下调至15%)、免除设备及其零部件进口关税及国家实物赠予等。在投资者权益保障方面,规定:投资商可以自行支配税后收入,在哈银行开立本外币账户;在实行国有化和收归国有时,国家赔偿投资商的损失;第三方投资后,可以进行投资商权利转移。此外,为保持投资鼓励政策延续性方面的有关规定解除了现有外资企业的后顾之忧。

哈萨克斯坦对外国投资的限制主要体现在服务贸易、矿产、本国含量、土地劳务许可和签证几个方面。在服务贸易领域的限制主要在通信业、银行业、保险业和大众传媒业方面。在通信业方面,哈2004年颁布的《通信法》规定,2008年前,外国投资者持有经营城际和国际电讯干网的合资企业的股份不得超过49%。在处理外国投资者的许可申请时,可以"国家安全"为由予以拒绝。在银行业方面,哈要求外资参股银行的资本份额不得超过国内所有银行总资本的25%,外国合资银行的监事会中必须有一名具有3年以上银行工作经验的本国公民,并且70%以上的员工必须为本国公民。在保险业方面,规定所有合资非人寿保险公司的总资本不得超过哈萨克斯坦国内非人寿保险市场总资本的25%,合资人寿保险公司的总资本份额不得超过人寿保险市场总资本的50％。在大众传媒业方面,规定大众传媒企业的外资持股比重不能高于20％。此外,外资在建筑合资企业中的持股比重不得超过49％。哈萨克斯坦对外资的一系列限制极大地阻碍了国外资本的进入。在矿产领域的限制。规定外国投资者在哈境内开发海上石油时,在项目投资回收期前,哈国家所占的利润份额最低为10％,投资回收期后,哈国家所占的利润份额最低为40％。在超额利润税协议下,外国投资者必须缴纳15％～60％不等的超额利润税。2009年新《税法》取消了石油合同税收稳定条款,石油公司综合税赋由49％增至62％(国际油价按每桶60美元测算)。2005年修改的《海上石油业务产品分成协议法》规定,在海上石油项目中,哈国家石油天然气公司所占的比重不能少于50％。2005年哈修改的有关地下资源利用法规规定:政府在所有地下资源项目股份向第三方出售中享有优先购买权,目的是限制外国公司将资产出售给第三方。2007年8月,哈出台的《关于保障经济领域国家利益问题的民法补充和修正案》中还增加了"战略标的物"的概念,规定在战略标的物交易中哈政府具有优先购买权。同年11月,哈新修订的《矿产和矿产资源使用法》引入了"战略资源区块"的概念,规定若在具有战略意义区块上的油气合作活动影响到哈萨克斯坦经济利益并威胁到国家安全时,哈政府单方面拒绝执行、修改或终止合同。此外,2004年,哈提出"哈萨克斯坦含量"的概念,即严格规定"执行合同过程中雇佣哈萨克斯坦不同等级的员工与外国员工的比例",且外国员工的数量"随着培训和提高哈员工专业水平强制计划的实施应逐年减少"。2007年开始实行的针对石油开采企业的开采办法要求在采办招标过程中价格相差不超过20％时,应优先选用当地供应商和承包商。外资企业在原料、设备采购和基础设施使用等方面常受到地方政府的种种限制,致使投资项目无法落实。由于哈萨克斯坦有关投资法规存在着很多变数,因此执法中表现出很大的随意性。这些都会使投资者不敢轻易做出投资决定。近年来,有关"哈萨克斯坦含量"的内容从温和宽松的规则演化为强制性的政策。

　　哈萨克斯坦是中亚地区经济发展较快、政治局势比较稳定、社会秩序相对良好的国家,生态状况优良,地理位置优越,人文条件也好于其他中亚国家,法律体系健全。世界银行《2016年营商环境报告》显示,哈萨克斯坦在189个经济体中排名第41位,较2015年大幅提升。但哈萨克斯坦仍处在经济转型期,在哈投资面临的风险包括:有关投资的法律法规和政策修改频繁,政策多变,连续性和稳定性较差;执法随意性大,由于哈体制和管理不善,执法中表现出很大的随意性,致使法律上的投资优惠在执行中因有法不依而大打折扣,加大了投资的风险系数;政府腐败比较严重,由于贪污腐败盛行,政府职能部门和国家司法机关法律意识淡薄,并不能依法办事。哈萨克斯坦海关清关手续不规范、灰色清关盛行,查税、调整关税随意性较大,频繁关闭、提高清关费用等情况造成中哈贸易摩擦不断。

3. 哈萨克斯坦与"一带一路"建设

哈萨克斯坦地理位置重要,不仅是古丝绸之路沿线上的重要国家,而且也是当今丝绸之路经济带上的一颗明珠。2013 年 9 月 7 日,中国国家主席习近平在访问哈萨克斯坦期间发表重要演讲,提出共建丝绸之路经济带倡议。2018 年 9 月 7 日,为纪念共建"一带一路"倡议提出 5 周年,中哈商务论坛在哈萨克斯坦首都阿斯塔纳举行,习近平主席向论坛开幕式发去祝贺视频。自 2011 年 6 月宣布建立全面战略伙伴关系以来,中哈两国的全方位合作步入新阶段,中哈两国关系处于历史发展最好时期,中哈两国关系得到突飞猛进的发展。近年来,中国和哈萨克斯坦在共建"一带一路"道路上始终旗帜鲜明、特点突出、先试先行,取得了瞩目成果。

哈萨克斯坦纳扎尔巴耶夫大学

政治互信增强。习近平主席和纳扎尔巴耶夫总统多次互访,始终为两国发展战略对接掌舵领航。总理定期会晤、中哈副总理级合作委员会及其下设各分委会及时统筹协调合作事宜,从机制上为合作提供保障。随着哈"光明之路"新经济政策与"一带一路"倡议深入对接,双方合作进一步加强和深化,双方签署了《"丝绸之路经济带"建设与"光明之路"新经济政策对接合作规划》,加强双方在经贸、产能、能源、科技等领域合作,中国技术和装备加速助力哈萨克斯坦工业化进程。

互联互通建设。双方发挥毗邻优势,打造立体化互联互通网络。中哈原油管道、天然气管道、中欧班列、"双西"公路、新亚欧大陆桥铁路、中哈连云港国际物流中心、中哈霍尔果斯国际边境合作中心、哈萨克斯坦—土库曼斯坦—伊朗铁路连接中国和欧洲、中亚、波斯湾之间的资源能源流通,物流运输更加便捷,哈萨克斯坦也拥有了通向太平洋的出海口。2018 年,中国过境哈萨克斯坦的中欧货运班列其中近 50%经哈萨克斯坦过境到达欧洲 15 个国家 43 个城市。

产能合作方面。2016 年双方签署了丝路沿线国家第一个政府间的产能合作协议,已签署的 51 个产能合作项目,项目总金额近 280 亿美元。产能和重大项目合作成绩瞩目,中国中信集团和哈萨克斯坦国家石油天然气公司共同投资里海沥青厂投产。同时双方成立了 20 亿美元的中哈产能合作基金,设立了一期 150 亿美元的中哈产能合作专项贷款。

创新合作领域。双方创新驱动合作,不断培育合作新亮点。哈萨克斯坦绿色农产品实现输华,优质小麦、牛羊肉、蜂蜜丰富了"舌尖上的中国"。跨境电商和数字经济已成为两国经贸部门和企业关注的重点领域。上海证券交易所和丝路基金入股阿斯塔纳国际交易所,人民币结算中心将在阿斯塔纳运行,金融和投资合作方兴未艾。

促进人文交流。2013 年来,双方文化交流明显加速。2013 年 9 月,习近平主席在纳扎尔巴耶夫大学向青年学子发出留学邀请。2014 年 6 月,习近平主席还会见了来华参加夏令营活动的纳扎尔巴耶夫大学师生。习近平主席向哈萨克斯坦师生谈及兼容并蓄的中华文明、古丝绸之路的悠久历史,亲力亲为播撒象征中哈友谊的美好未来的种子。2018 年以来,纳扎尔巴耶夫大学正努力推进与中国多所大学和智库开展学生交流和教师联合研究。2018 年夏天,该校召开了"一带一路"学术研讨会,邀请中亚各国和中国学者分享"一带一路"研究成果。2016 年,哈萨克斯坦在华留学生共 1.4 万人。截至 2018 年,哈萨克斯坦已开设 5 所孔子学院和 7 家孔子课堂,4 所哈萨克斯坦中心落户中国高校。近年来,双方还举办了旅游年、文化年,巩固了人文交流。

作者(右二)访问哈萨克斯坦

十二、吉尔吉斯共和国基本情况

吉尔吉斯共和国,简称吉尔吉斯斯坦,位于中亚地区的东北部,北邻哈萨克斯坦,南邻塔吉克斯坦,西南邻乌兹别克斯坦,东南面和东面与我国新疆维吾尔自治区接壤。中吉边境全长约 1096 千米,北起汗腾格里峰,南至扎阿拉依斯基山,吐尔尕特口岸是吉尔吉斯斯坦与我国新疆相通的重要口岸。吉尔吉斯斯坦是"一带一路"建设重要的节点,是中国通往中亚的门户,具有战略通道的作用,不仅是连接欧亚大陆和中东的要冲,也是大国博弈的重点地区。吉尔吉斯斯坦山地占国土总面积 90%,终年可见雪山,素有"中亚瑞士"之称。吉尔吉斯斯坦主要河流有纳伦河、恰特卡尔河、楚河等,水资源极其丰富。其中的伊塞克湖为世界第二大高山湖,平均深度 278 米,是世界第四大深水湖。现为中亚旅游胜地,常年吸引来自哈萨克斯坦、俄罗斯等国的大批游客。吉尔吉斯斯坦属温带大陆性气候,年降水量 200～800 毫米,境内矿产资源较丰富,优势矿产有金、钨、锡、汞、锑等。

吉尔吉斯斯坦风光

1. 总体经济状况

吉尔吉斯斯坦国民经济以多种所有制为基础,以农牧业为主,工业基础薄弱,主要生产原材料。独立初期,经济一度出现大幅下滑。21 世纪初,吉调整经济改革方针,向市场经济转轨,推行以私有化和非国有化改造为中心的经济体制改革,经济保持了低增长态势,工业生产恢复性增长,物价相对稳定,通膨水平也降至独立以来较低水平。2019 年,吉尔吉斯斯坦 GDP 为 84.5 亿美元,同比增长 4.5%。主要工业有采矿、电力、燃料、化工、有色金属、机器制造、木材加工、建材、轻工、食品等。农业以种植棉花、甜菜、烟草等经济作物为主,也种植少量谷物及土豆。其农业人口占64.8%。畜牧业以饲养牛、羊、猪、家禽为主。吉尔吉斯斯坦出口产品主要为贵金属、化学物品和农产品等,主要进口石油产品、二手汽车、服装、化工产品、天然气等,主要贸易伙伴是俄罗斯、中国、哈萨克斯坦、阿联酋、美国、瑞士、乌兹别克斯坦、土耳其、白俄罗斯。

世界第二大高山湖——伊塞克湖

2. 吉尔吉斯斯坦投资环境

吉尔吉斯斯坦的经济自由度较高,市场准入较为宽松,过境运输优势明显,具有很大的发展潜力。从经济结构上看,吉尔吉斯斯坦的工业发展潜力较大。吉尔吉斯斯坦国家经济结构单一,以农牧业为主,工业基础落后,农产品加工、工业消费品生产能力极弱。水利和电力工业,黄金开采,锑矿、汞矿开采业具有一定优势。水电资源优势突出,适合能源产业的发展。从市场角度上看,市场开放程度较高,对外依赖性强,外国商品在市场上占多数。吉尔吉斯斯坦自1998年加入世界贸易组织以来,贸易制度高度自由化,平均进口关税为5%,46.6%进口商品为零关税。吉居民总体消费水平较低,各项生产成本较低,水电气价格低廉,劳动力供给丰富,土地建筑成本也具有一定优势。从金融市场看,吉中央银行与各种经济成分并存的商业银行有20多家,非银行金融机构有近1000家,在稳定经济上起到很大作用,同时本国货币索姆的流动性较大,尽管波动较大,但对于外汇方面的自由化,为企业的经济发展创造了融资条件。从投资优惠政策看,吉尔吉斯斯坦的经济自由度较高,市场准入较宽松,贸易、投资条件便利。中国在吉投资和经济合作项目包括公路建设、矿产资源勘探开发、通信设备供应、商品分销、餐饮等。吉尔吉斯斯坦政府在引进外资上,施行一系列优惠政策。对外国投资者实行国民待遇,对投资性进口产品免征进口关税,鼓励外资对特定领域进行投资,还给予了一些本国投资者所不具备的优惠。吉国鼓励外资在特殊行业、特殊地区投资,并给予一系列的优惠政策。

3. 吉尔吉斯斯坦与"一带一路"建设

中吉自1992年1月5日建交以来,双方彻底解决历史遗留的边界问题,两国关系积极、健康、稳步向前发展。2013年习近平主席访吉并出席上海合作组织峰会,双方建立了战略伙伴关系。2014年5月,吉总统阿塔姆巴耶夫对华进行国事访问并出席上海亚信峰会。5月,吉议长热恩别科夫对华进行工作访问。9月,吉总理奥托尔巴耶夫赴乌鲁木齐出席第四届中国—亚欧博览会。2015年9月,吉总统阿塔姆巴耶夫来华出席中国人民抗日战争暨世界反法西斯战争胜利七十周年纪念活动。12月,吉总理萨里耶夫对华进行工作访问并出席上海合作组织总理会议。2016年6月,吉总理热恩别科夫来华出席在天津举行的夏季达沃斯论坛。11月,李克强总理对吉进行正式访问并出席上海合作组织成员国政府首脑(总理)会议。2017年1月,吉总统阿塔姆巴耶夫访华。5月,阿塔姆巴耶夫总统来华出席"一带一路"国际合作高峰论坛。

吉尔吉斯斯坦首都风光

近年来,两国经贸合作发展顺利,合作水平不断提高。中吉两国的商品贸易多年来保持高速增长。根据吉国家统计委员会发布的数据,2017年双边贸易额为54.5亿美元,与1992年建交时的3548万美元相比,增长超过150倍,中吉贸易额占到吉整体外贸总额的33%左右,中国为吉第一大贸易伙伴和第一大进口来源国,从中国进口额甚至超过第二、第三大进口来源国俄罗斯与哈萨克斯坦之和。而且这一态势在继续加强。投资合作积极开展。根据中方的统计,截至2017年年底,中国对吉尔吉斯斯坦累计直接投资达到 38.6 亿美元。中国成为吉第一大投资来源国,主要投往农业、基础设施、交通、能源、矿山开采等领域。中方在吉实施的经援项目涉及领域广、地区多,为当地民众带来了切实的利益。比什凯克热电站项目、中吉乌公路、北南公路、灌溉系统改造、奥什医院等项目顺利实施,进一步加深了两国人民的友好情意。两国教育、文化领域合作良好。双方多次互办"文化日"活动。截至 2018 年,我国在吉尔吉斯斯坦建立了 4 所孔子学院,已建立 17 对友好省州和城市。

十三、塔吉克斯坦共和国基本情况

塔吉克斯坦共和国简称塔吉克斯坦,位于中亚东南部内陆,国土面积为 14.3 万平方千米,北邻吉尔吉斯斯坦,西邻乌兹别克斯坦,南与阿富汗接壤,东接中国新疆。其境内多山,山地和高原占国土面积的 93%,所以被称为"高山国"。境内北部山脉属天山山系,东南部为冰雪覆盖的帕米尔高原,北部是费尔干纳盆地的西缘,西南部是谷地。境内河流大部分属咸海水系,主要有锡尔河、阿姆河、泽拉夫尚河。湖泊多分布在帕米尔高原,喀拉湖最大。塔吉克斯坦水力资源丰富,水力资源蕴藏量居世界第 8 位,人均蕴藏量居世界首位,占整个中亚的一半左右,可惜开发量不足 10%。塔吉克斯坦矿产资源丰富,种类全、储量大。已探明 400 多种矿产,其中 100 多种有工业开采价值,主要有铅、锌、铋、钼、钨、锑、锶和金、银、锡、铜等贵重金属,油气和石盐、硼、煤、萤石、石灰石、彩石、宝石等。油气资源储量为石油 1.2 亿吨,天然气超过 8000 亿立方米,但无法得到有效开发。

塔吉克斯坦风光

1.总体经济情况

　　塔吉克斯坦是中亚地区东部的山地国家,塔吉克斯坦经济基础薄弱,结构单一,曾是苏联时期最困难的加盟共和国之一。苏联解体后的政治经济危机以及多年内战,使原本脆弱的经济雪上加霜。1995年塔开始实施经济改革和加快向市场关系过渡,确立了以市场经济为导向的国家经济政策,并推行私有化改革。1997年塔国民经济开始步出低谷,呈现出恢复性增长。1999年当时83%的塔吉克斯坦民众生活在贫困线以下。为走出经济困境,塔吉克斯坦制定了"实现能源独立、摆脱交通困境、保障粮食安全"的三大国家发展战略。2000年成功发行国家新货币索莫尼,初步建立国家财政与金融系统,开始逐步完善税收、海关政策。在经济结构中工业占有很大比重,但其总体水平与独立前相比相差甚远。2003年,塔政府制定国家工业发展政策,有效利用国家资源优势,加大生产技术革新力度,逐步提高产品加工水平和产品竞争力。农牧业占GDP的20%左右,集中了全国73%以上的人口和65%的劳动力资源。农业以种植优质细纤维棉花闻名于世。对外贸易方面,塔主要出口商品为普通金属、贵金属、矿石和纺织原料。进口则以交通工具、机械设备、木材及其制品为主。主要贸易伙伴是俄罗斯、中国、土耳其、哈萨克斯坦、伊朗和乌克兰。2005年新一届议会选举之后,塔经济继续保持着平稳的发展态势,连续多年的通货紧缩局面得到改善,人均收入开始有所增加,各项经济指标均有所回升。2010年以来,塔经济摆脱了金融危机影响所造成的低迷状态,并维持了稳定增长的势头。近年来,塔吉克斯坦经济总体保持平稳发展,居民平均月薪有所增长,人民生活得到改善,贫困人口比重大幅下降,从传统的依赖进口转型为对外出口国,积极实现经济转型,在各个方面都取得明显成就,但由于外债逼近红线、货币持续贬值、人均GDP不断下降等问题,经济状况也面临潜在风险。塔吉克斯坦继2016年经济稳定增长之后,2017年宏观经济开始普遍走弱,经济增长放缓。

塔吉克斯坦农业特产

2. 塔吉克斯坦投资环境

目前塔吸引外资的重点领域是水电站建设、公路修复及隧道建设、通信网改造、矿产资源开采和加工等,基础设施建设成为推动塔吉克斯坦经济增长的强劲动力,国家希望通过实施这些项目恢复共和国能源体系,建立必要的电力出口基础设施。根据塔吉克斯坦颁布的《投资法》规定,投资是指物权形式,包括投资者依法所拥有、为获取利润(收入)和(或)取得其他重要成果对项目投入的资金、债券、工艺设备和知识产权。同时对于投资的优先、禁止和限制领域均做了明确的规定。2011 年商务部关于塔吉克斯坦的资料显示,塔吉克斯坦对于投资行业的规定如表 3-2 所示。

表 3-2 塔吉克斯坦投资行业规定

分类	具体行业	准入条件
禁止行业	博彩业	明确禁止进入市场
限制行业	1.军工;2.金融;3.矿藏勘探;4.法律服务;5.航空	必须获得政府主管部门所签发的许可证
鼓励行业	1.能源领域:主要是水电领域,利用水力资源修建水利工程、修建输变电线路;加快煤炭、石油、天然气的勘探和开发。2.农业、隧道、桥梁的修复和建设工程。3.农业等领域仍是重点投资领域;4.铝锭、农产品的深加工	鼓励进入市场

从表 3-2 显示的内容看,塔吉克斯坦将工业发展的重点放在资源领域、农业发展、基础设施建设等方面,各项政策和财政预算都在鼓励这些行业的发展,而除矿产开采外的其他领域,尤其是涉及军工、金融等领域的行业则采取限制措施。塔吉克斯坦独立后,取消了原有的垄断性外贸管理体制,并且于 1997 年 2 月 19 日颁布塔政府第 111 号《关于实行对外经济活动的措施》,其决议规定,为保障塔国家经济安全,对一些商品实物进出口实行限制措施。这些商品的进出口需经塔政府同意后方可进行,否则海关不予放行。

3. 塔吉克斯坦与"一带一路"建设

自 1992 年 1 月 4 日建交以来,中塔两国关系积极、健康、稳步向前发展。两国彻底解决历史遗留的边界问题,签署了《中塔睦邻友好合作条约》。2013 年 5 月建立战略伙伴关系。2014 年 9 月,习近平主席对塔进行首次国事访问。2014 年 5 月和 11 月,拉赫蒙总统分别来华出席亚信峰会和 APEC 东道主伙伴对话会。2015 年 9 月,拉赫蒙总统来华出席中国人民抗日战争暨世界反法西斯战争胜利七十周

塔吉克斯坦杜尚别风光

年纪念活动。同年 12 月,塔总理拉苏尔佐达来华出席上海合作组织总理会议及世界互联网大会。2016 年 9 月,塔总理拉苏尔佐达来华出席第五届中国—亚欧博览会。2017 年 1 月,中塔迎来建交 25 周年,两国元首、总理就此互致贺电。2017 年 8 月 30 日至 9 月 5 日,拉赫蒙总统来华进行国事访问并出席新兴市场国家与发展中国家对话会,两国元首共同签署并发表了《中塔关于建立全面战略伙伴关系的联合声明》。2018 年 6 月 9 日,习近平主席在上海合作组织青岛峰会期间会见塔吉克斯坦总统拉赫蒙。2018 年 10 月 11 日至 14 日,李克强总理赴塔吉克斯坦出席上海合作组织成员国政府首脑(总理)理事会第十七次会议并正式访问塔吉克斯坦。李克强总理此访恰逢习近平主席在中亚首倡"一带一路"的 5 周年之际。5 年间沧海桑田,塔吉克斯坦发生的巨大变化,无疑成为"一带一路"倡议在中亚地区落地生根的伟大见证。塔吉克斯坦正在积极推动将本国至 2030 年前国家发展战略与"一带一路"倡议对接,取得了丰硕成果。

基础设施领域。"一带一路"倡议提出以来,中国公司承建的"瓦赫达特—亚湾"铁路项目、援建的杜尚别 2 号热电厂已于 2016 年完工,"瓦赫达特—亚湾"铁路将塔吉克斯坦的中部铁路与南部铁路相连,具有重要的战略意义。杜尚别发电厂总装机容量 400 万兆瓦,年发电量达 22 亿千瓦时,可满足杜尚别周边 70 多万居民冬季供电和取暖所需。中国—中亚天然气管道 D 线塔境内段(约 410 千米)已经顺利开工,中国将投资 30 亿美元,可为塔创造 3000 多个就业岗位。

产能合作领域。矿业开采、电力、农业生产等一大批重大项目在塔吉克斯坦落地,这与塔吉克斯坦"实现能源独立、摆脱交通困境和保障粮食安全"的国家战略高度契合。中塔合资公司——泽拉夫尚黄金公司年产黄金超过 3 吨,占塔黄金年产量的三分之二。中国新疆公司在塔哈特隆州建设的"中泰新丝路塔吉克斯坦农业纺织产业园"项目进展顺利,一期项目已经竣工投产,产品远销埃及、土耳其等国,整个项目建成后将年产棉纱 2.5 万吨、棉布 5000 万米,可解决当地 3000 余人的就业问题。中国公司在塔建成了水泥厂,水泥年产量达到 400 万吨,不但满足了本国水泥需求,还向乌兹别克斯坦、吉尔吉斯斯坦、阿富汗等邻国出口创汇。

投资贸易领域。多年来,中塔贸易规模增长迅速,大型工程项目稳步实施,合作领域不断拓宽。中塔贸易额从自 1992 年建交初的 275 万美元跃升至 2017 年的 13.7 亿美元。中国是塔第一大投资来源国和第三大贸易伙伴。2018 年 1 月至 8 月,双边贸易额为 9.2 亿美元,同比增长 13.2%,其中中方出口额 8.7 亿美元,同比增长 11.2%,中方进口额 0.5 亿美元,同比增长 58.8%。

人文合作领域。两国教育、文化领域合作良好,目前我国在塔吉克斯坦设立了 2 所孔子学院。中塔已建立 7 对友好城市。中塔旅游合作也开始起步,已有中国公司准备开发塔吉克斯坦境内帕米尔高原的旅游资源,将包括高山滑雪、探险、狩猎、温泉等项目。

塔吉克斯坦风光

4. 存在的风险

2017 年以来,虽然塔吉克斯坦安全局势总体可控,加入极端组织人数大幅减少,边境管控水平有所提高,防回流措施较有成效。但是塔阿边境风险仍然存在,毒品走私严重仍然是塔吉克斯坦安全形势的潜在威胁。随着"一带一路"倡议在塔吉克斯坦的深入推进,中塔两国合作前景更加广阔。中塔两国将在全面战略伙伴关系的基础上,继续深化和发展两国关系,这符合两国人民的共同利益,为推动地区和平与稳定做出贡献。

十四、俄罗斯联邦基本情况

俄罗斯联邦简称俄联邦或俄罗斯,领土面积约 1709.8 万平方千米,是世界上领土面积最大的国家。位于欧洲东部和亚洲北部。濒临大西洋、北冰洋、太平洋等,西接波罗的海芬兰湾,横跨欧亚大陆。陆地邻国西北面有挪威、芬兰,西面有爱沙尼亚、拉脱维亚、立陶宛、波兰、白俄罗斯,西南面是乌克兰,南面有格鲁吉亚、阿塞拜疆、哈萨克斯坦,东南面有中国、蒙古和朝鲜。东面与日本和美国隔海相望。俄罗斯自然资源十分丰富,森林覆盖面积为 1126 万平方千米,占国土面积的65.8%,居世界第一位。已探明天然气蕴藏量占世界探明储量的 25%,居世界第一位;石油探明储量占世界探明储量的 9%;煤蕴藏量居世界第五位;铁蕴藏量居世界第一位,约占 40%;铝蕴藏量居世界第二位;铀蕴藏量占世界探明储量的14%;磷灰石占世界探明储量的 65%;镍、锡各占世界探明储量的 30%。

俄罗斯莫斯科风光

1. 俄罗斯经济状况

苏联时期曾是世界第二经济强国,1978 年被日本赶超。苏联解体后俄罗斯经济一度严重衰退,经济持续下滑。2000 年普京执政至今,俄经济快速回升,连续 8年保持增长(年均增幅约 6.7%),外贸出口大幅增长,投资环境有所改善,居民收入明显提高。但从 2014 年开始就进入了非常艰难的时期,经济结构不合理等内在因素加之西方制裁和油价低,俄罗斯经济出现了负增长,一直持续了两年,直到2016年第三季度俄罗斯经济才开始摆脱这一情况,GDP已实现连续4个季度的正增长。2017年俄罗斯国内政治社会形势稳定,经济上虽仍存在困难,但形势有所好转,2017年全年增长了1.5%,已完全走出衰退。2015年外国对俄直接投资不到200亿美元,2016年几乎崩盘,2017年该指标为200亿~250亿美元。近几年俄地缘政治较不稳定,对经济产生了一定影响,而这一时期对俄投资的公司现在正收获成果。通过统计数据可以看到有一系列大的投资项目,这也说明投资环境正在改善。数据显示,2017年,中俄贸易额达840.9亿美元,同比增长20.9%,其中俄方出口429亿美元,同比增长15%,俄方进口412亿美元,同比增长27.9%。中国对俄直接投资达到22.2亿美元,同比增长72%,在俄新签工程承包合同额77.5亿美元,同比增长191%,增速在"一带一路"沿线国家中名列前茅。俄罗斯工业基础雄厚,部门齐全,以机械、钢铁、冶金、石油、天然气、煤炭、森林工业及化工等为主。俄罗斯服务业主要包括批发零售、交通运输、金融保险、旅游通信等行业。

俄罗斯森林工业

2. 俄罗斯投资机会与风险

一带一路的建设过程中,目前及未来在俄罗斯投资可能承担的政治风险主要有如下几点:一是近年来由于欧美对俄罗斯进行制裁,促使俄罗斯积极面向中国寻求合作,对华经贸关系出现有利的局面,中俄关系也处于历史上最好的时期。二是俄罗斯法制环境仍有待改善。俄罗斯政策法规多变,国家法律、政府条例缺乏连续性,特别是针对外来投资方面的政策不够稳定,总体法制环境有待改善。三是俄罗斯存在腐败、行政效率低下以及灰色许可等现象,这对投资者来说增加了很多不确定性因素。四是俄罗斯社会环境治安问题突出,黑社会等组织犯罪活动日渐猖獗,并且逐渐向政治、经济领域渗透,有迅速扩大的趋势。五是经济政策具有多种限制性条款。俄罗斯不仅垄断行业多,而且对外资投资领域也有诸多限制,包括关税和非关税壁垒限制,对外商投资和经营构成阻力。总体来说,俄罗斯存在一定投资风险,虽然面对诸多负面困扰,俄罗斯的市场发展潜力仍有改善前景,政府和企业对俄罗斯的投资环境应持谨慎的乐观态度。

在俄罗斯主要投资机会:市场准入政策,俄罗斯政府鼓励外商直接投资领域大多是传统产业,如石油、天然气、煤炭、木材加工、建材、建筑、交通和通信设备、食品加工、纺织、汽车制造等行业;投资激励政策,俄国联邦政府和联邦各主体吸引投资的积极政策,主要是深化税务系统改革,减轻企业税收负担,企业利润税从 35% 降至 20%;增值税从 20% 降至 18%;个人所得税从 35.6% 降至 13%;统一社会税从 40% 降至 26%;取消了原为 5% 的销售税、原为 1% 的汽车道路使用税,为了刺激石油领域,将北部陆架、亚速海和里海、涅涅茨自治区以及位于亚马尔-涅涅茨自治区内的亚马尔半岛石油开采时的矿产开采税率降为零;入驻经济特区的企业可享受特殊经营活动政策;土地政策,对外国投资者在购买土地及附属建筑方面,于俄国内企业享有同等权利,但仍然限制外国企业购买农用土地,并且以维护国家安全为由禁止外国企业购买靠近俄罗斯联邦边疆地区的土地;劳务政策,俄罗斯对在俄经营企业雇用外籍员工实施劳务配额;等等。

3. 俄罗斯与"一带一路"建设

中俄两国拥有 4300 多千米的共同边界,是山水相连的友好邻邦。中俄 1996 年建立战略协作伙伴关系,2001 年签署《中俄睦邻友好合作条约》,2011 年建立平等信任、相互支持、共同繁荣、世代友好的全面战略协作伙伴关系,2014 年中俄全面战略协作伙伴关系进入新阶段,2019 年提升为中俄新时代全面战略协作伙伴关系。当前,中俄关系处于历史最好时期。两国高层交往频繁,形成了元首年度互访的惯例,建立了总理定期会晤、议会合作委员会以及能源、投资、人文、经贸、地方、执法安全、战略安全等完备的各级别交往与合作机制。双方政治互信不断深化,在涉及国家主权、安全、领土完整、发展等核心利益问题上相互坚定支持。积极开展两国发展战略对接和"一带一路"建设同欧亚经济联盟对接,务实合作取得新的重要成果。

实现战略对接。2015 年 5 月,习近平主席同普京总统共同签署并发表了《中华人民共和国与俄罗斯联邦关于丝绸之路经济带建设和欧亚经济联盟建设对接合作的联合声明》,确定了中俄双方在"一带一路"框架下务实合作的规划,启动"一带一路"建设与欧亚经济联盟对接,拓宽了战略合作空间。2017 年 5 月,俄罗斯总统普京来华出席"一带一路"国际合作高峰论坛,对"一带一路"倡议予以高度评价。2017 年 7 月初,习近平主席成功访俄,两国元首再次就"一带一路"建设同欧亚经济联盟建设对接合作深入交换意见,并做出全面规划。

　　基础设施互联互通。近年来,中俄两国跨境基础设施建设进展顺利,中俄共建的莫斯科—喀山高铁将于年内完成规划设计,跨境基础设施旗舰项目"三桥一岛"(同江大桥、黑河大桥、东宁大桥和黑瞎子岛陆路口岸)建设积极推进,双方积极推动合作建设"滨海1号""滨海2号"公路,以及远东其他一些交通基础设施的改扩建工程。东线天然气管道的建设正在如火如荼地进行中。同时,中俄西线天然气项目也已签署框架协议。中国联通(俄罗斯)运营有限公司在莫斯科开业,中俄两国地方之间的直达客运航班不断增加;中俄远程宽体客机合资公司已正式注册成;中俄双方签署并推动《中华人民共和国国家航天局与俄罗斯联邦国家航天集团公司2018—2022年航天合作大纲》;与此同时,能源、核能、航天、基础设施等领域的战略性大项目合作取得重要进展,双方还在积极推进数字经济北极开发合作,着力打造数字丝绸之路和冰上丝绸之路。中国国家开发银行、进出口银行与俄多家金融机构确定了新一批重大投资合作项目,俄央行在中国开设代表处,俄罗斯人民币清算中心在莫斯科启动。

　　农业合作优势互补。2017年两国的农产品贸易突破40亿美元,中国从俄罗斯进口了大量海产品、油籽、粮食,俄罗斯则从中国进口了水果、蔬菜、淡水鱼等产品,农产品贸易极大丰富了两国人民餐桌。中国沿边地区利用地缘优势在俄罗斯远东地区合资开办农场、林木加工厂等,取得了良好的经济效益,促进了两国农业科学技术人员的合作。中国有广大的市场,俄罗斯有丰富的农业资源,双方可以优势互补,合作共赢。

俄罗斯风光

　　跨境旅游合作。近年来,中俄两国人文往来规模不断扩大,中俄旅游合作成效显著,互访人数稳定增长。2012 年至 2013 年,中俄互办旅游年期间,数以百计的主题活动有相当部分在地方层面展开,双向互访游客近 700 万人次。2017 年,中俄互访游客接近 400 万人次。中俄两国边境口岸所在地区拥有丰富的旅游资源,符拉迪沃斯托克自由港范围内已简化电子签证制度,中国公民可以方便地去俄远东进行商务考察和旅游,两国政府和企业相互协调,充分挖掘潜力,完善相关设施建设,共同开发跨境旅游资源,提升跨境旅游水平。

　　人文交流取得新进展。两国相继成功举办"国家年""语言年""旅游年""青年友好交流年"等大型国家主题年活动,进一步增进了两国人民的相互了解和友谊。中俄媒体交流年期间,双方共举办 250 多场丰富多彩的活动。深化在"东北—远东""长江—伏尔加河"两大区域性合作机制框架下的人文交流,内容覆盖政治、经济、文化、社会生活等诸多领域。在双方共同努力下,"一带一路"必将成为两国合作的共赢之路、促进两国各自发展的振兴之路、带动整个亚欧大陆的共同繁荣之路。

第四章 我国跨境次区域合作的总体空间格局

我国对外开放从沿海起步,由东向西渐次推进。党的十八大以来,沿边地区开放取得长足发展,但总体上还是对外开放的洼地。西部地区拥有全国 72％ 的国土面积、27％ 的人口、20％ 的经济总量,而对外贸易仅占全国的 7％,利用外资和对外投资分别占 7.6％ 和 7.7％。内陆和沿边地区劳动力充裕,自然资源富集,基础设施不断改善,特别是随着"一带一路"建设加快推进,西部地区逐步从开放末梢走向开放前沿,开放型经济发展空间广阔。在推进"一带一路"建设和深化沿海开放的同时,推动沿边地区从开放的洼地变为开放的高地和前沿,形成陆海内外联动、东西双向互济的开放格局,进而形成区域协调发展新格局。我国内陆沿边地区是丝绸之路经济带建设的核心区,沿边对外开放的全面扩大必将推动经济社会加快发展。沿海地区是 21 世纪海上丝绸之路建设的核心区,海路对外开放水平的提高必将有力推动我国发展更高层次的开放型经济。陆海内外联动,终将形成融会贯通、浑然一体的对外开放新局面。

但是,沿海开放、向东开放与向西开放、沿边开放面对的外部环境存在差异,区域合作内容不尽相同。向东开放主要面向亚太地区,致力于构建横跨太平洋两岸、惠及各方的地区合作框架,其整体经济发展水平较高,拥有较多高端生产要素,高端产业优势明显。向西开放主要是面向中亚、西亚、欧洲和非洲地区,特别是我国周边地区,致力于通过"一带一路"建设共同打造开放包容、共商共建、合作共赢的区域合作架构。

"一带一路"涉及大陆和海洋两个合作方向。大陆方面,即陆上丝绸之路经济带涉及三条线路:自中国经中亚、俄罗斯至欧洲(波罗的海);自中国经中亚、西亚至波斯湾、地中海;自中国至东南亚、南亚、印度洋。海洋方面,即 21 世纪海上丝绸之路涉及三条线路:从中国沿海港口过南海到印度洋,延伸至欧洲;从中国沿海港口过南海到南太平洋;从中国沿海过东海到北冰洋。根据参与跨境次区域经济合作的实践,我国参与跨境次区域经济合作的空间格局与"一带一路"空间布局相吻合,涵盖了我国陆路边境地区,主要分为如下四个重点合作方向。

一、东南亚合作方向

东南亚地区,包括东南亚 11 国(新加坡、马来西亚、印度尼西亚、缅甸、泰国、老挝、柬埔寨、越南、文莱、菲律宾、东帝汶)。东南亚地区 11 国人口总计约 6.4 亿,GDP 总量达到约 3 万亿美元,进出口总额共计约 2.5 万亿美元。在"一带一路"建设中,东南亚地区具有举足轻重的地位,是中国与沿线国家开展贸易合作的主要区域和最大的进出口目的地区。

东南亚国家既涉及丝绸之路经济带,也涉及 21 世纪海上丝绸之路,是"一带一路"倡议的重点地区。同时,东南亚是全球经济发展最快速的地区之一,"一带一路"倡议框架下的六大经济走廊及中缅经济走廊,有三个涉及东南亚国家,即中国—中南半岛经济走廊、孟中印缅经济走廊和中缅经济走廊。这三个经济走廊是中国连接南亚、东南亚的重要通道,也是促进中国与南亚和东南亚国家政策沟通、经济合作、人文交流、互联互通的重要平台。目前,中国与东南亚国家之间有诸多合作机制和对话平台,如中国—东盟"10＋1"、亚太经合组织(APEC)、亚欧会议(ASEM)、亚洲合作对话(ACD)、亚信会议(CICA)、大湄公河次区域(GMS)经济合作、澜沧江—湄公河合作(LMC)、博鳌亚洲论坛、中国—东盟博览会等。"一带一路"倡议坚持的共商、共建、共享的原则,与东南亚国家所秉持的殊途同归、多元包容、均衡发展的发展理念、文化哲学和战略观念有契合之处。"一带一路"建设提出以来,中国与东南亚合作已经有了厚实的基础,双边、多边合作已经达到了较高的程度。中国与东南亚在"一带一路"倡议下的合作将引领东亚地区走向和平、稳定和繁荣,尤其是中国与东南亚之间的合作、互利、共赢理念将塑造未来地区间合作的新理念。

中国与东南亚地区相邻国家主要有越南、老挝、缅甸等。越南在"一带一路"建设中具有显著的地缘优势。越南是东南亚国家中唯一一个与中国海陆相连的国家,陆上与中国广西、云南接壤,共同边境线长达 1347 千米;海上在北部湾及湾口外与中国广西、海南存在重叠海域,是中国西南出海通道的必经之地。越南作为中国与东盟合作的重要支点,承担起促进中国与东盟发展的桥梁作用。中国与越南在"一带一路"框架下的合作对巩固东盟成员国对"一带一路"的共识、拓展合作空间起到很好的示范作用,对东盟产生举足轻重的影响。从中国政府提出"一带一路"倡议之初,到 2015 年 11 月习近平主席对越南进行国事访问,从两国最高领导人会晤后签署的联合声明中明确了"推动'两廊一圈'和'一带一路'倡议构想对接"等重点合作领域后,越南官方对"一带一路"的态度开始出现明确转向。可以说,越南官方对"一带一路"的认知经历了从质疑乃至反对,再到怀疑和持谨慎欢迎的态度转变,向积极方向发展。从发展趋势来看,越南各阶层总体上对"一带一路"的认知与态度继续朝着积极方向发展,但也依然心存疑虑,包括担忧南海问题会干扰中越合作共建"一带一路"和"两廊一圈"对接、担忧合作共建导致越南进一步加深对华依赖、担忧"一带一路"构想虽好但缺乏具体操作方案等。鉴于中越关系的特殊性以及近几年双边关系的波动、当前中越积极推进"一带一路"倡议与"两廊一圈"战略对接的现实,中越共建"一带一路"将面临多重阻力,越南方面也仍有诸多顾虑。但是,从过去将近三十年中越关系的发展历程看,以及从过去五年越南对"一带一路"的积极变化看,有足够理由对中越合作共建"一带一路"持更积极乐观的态度。

缅甸是连接 21 世纪海上丝绸之路与丝绸之路经济带的关键节点之一。作为中国的传统友好邻邦和全面战略合作伙伴,缅甸在 21 世纪海上丝绸之路和作为丝绸之路经济带一部分的孟中印缅经济走廊中都将发挥独特的建设性作用。中国国家主席习近平在会见缅甸领导人时多次表示,中方欢迎缅方参与 21 世纪海上丝绸之路建设,开展经济开发区、基础设施互联互通等合作,同时推进孟中印缅经济走廊建设和中缅经济走廊建设。缅甸对于参与"一带一路"建设亦十分积极,是首批加入中国发起成立的亚洲基础设施投资银行的 21 个国家之一。缅甸急需与中国加强经贸合作以发展经济,期待从"一带一路"建设中受益。但缅甸正在经历政治民主化转型和经济改革,国内形势的变化为双边合作带来了诸多不确定因素。在这种情况下,需要加强对缅甸国内形势的跟踪研究,对在缅投资风险予以足够重视,在政治、经济、文化各领域推进中缅关系发展,从而把握住缅甸这一支点,为"一带一路"建设打通重要一环。中国在缅甸投入了大量资源来推动"一带一路"倡议,并提出了中缅石油管道、皎漂经济特区、中缅经济走廊、边境经济合作区等合作项目,并取得积极进展,但问题依然存在。这就需要中缅两国的中央和地方政府、中国企业、缅甸当地社团组织等共同努力,加强沟通,化解分歧,共同取得早期收获,从而切实推动"一带一路"在缅甸的实施。

老挝作为中国的传统友好国家,与中国存在着诸多利益契合点,对"一带一路"也表示赞赏和欢迎。这些都有利于"一带一路"倡议在老挝的推行。"一带一路"倡议在老挝享有"天时、地利、人和"的优势,中老双方合作前景广阔。要把握好双方利益契合点,稳步推进,助力老挝发展经济,造福于中老两国人民。

东南亚次区域国内省区主要涉及云南、广西及相邻地区。云南是中国西南开放的前沿和窗口。云南的区位优势十分明显,内接西藏、四川、贵州、广西等地,外邻缅甸、老挝、越南等国,云南省的边境线长约 4060 千米,是我国通往东南亚、南亚最便捷的陆路通道,具有沟通太平洋、印度洋,连接东亚、东南亚和南亚的独特优势。云南与缅甸、老挝、越南相互毗邻,山水相连、民族相同、语言相通、边民往来密切,与周边国家关系和睦,长期保持着民族团结和边疆稳定的良好局面;云南向东可与珠三角、长三角经济圈相连,向南可通过建设中的泛亚铁路东、中、西三条线和昆曼大通道,直达河内、曼谷、新加坡和仰光,向北可通向四川和中国内陆腹地,向西可经缅甸直达孟加拉吉大港沟通印度洋,进入南亚次大陆,连接中东,到达土耳其的马拉迪亚分岔,转西北进入欧洲,往西南进入非洲;云南拥有六江之动脉,亚洲6条大河独龙江(伊洛瓦底江)、怒江(萨尔温江)、澜沧江(湄公河)、金沙江(长江)、元江(红河)、南盘江(珠江)均可在云南形成自然的国际大通道;拥有丰富的矿产、水能、生物等自然资源以及民族文化和旅游资源,发展潜力巨大。这种特殊的地理、历史和人文条件,决定了云南与周边国家在民族和民族问题方面有着密切的关系,云南也是我国对外开放的桥头堡。云南以东南亚、南亚为重点,充分发挥泛珠三角区域地缘区位和产业优势,坚持整体推进与重点突破相结合,不断创新体制机制,统筹推进澜沧江—湄公河合作、大湄公河次区域经济合作和泛北部湾经济合作,积极参与中国—东盟自贸区升级版建设,合力加快中国—中南半岛、孟中印缅经济走廊建设进程,加快与南亚、东南亚互联互通,推进重大开放合作平台和重点产业园区建设,加强对外金融合作和直接投资,深化与"一带一路"沿线国家经贸合作和人文交往。依托国家级的滇中新区,推动滇中与沿边优势互补,滇中主要是指昆明这个龙头城市,还有玉溪、楚雄,还有红河的北部。主要推动的是滇中与沿边地区的优势互补、资源共享、产业对接、协同发展,逐步形成以滇中城市群为核心,以昆宝、满瑞、昆磨、昆河三条大通道为主线,滇缅、滇老、滇越三个国际经济合作圈为支撑的"一核三线三圈"的沿边开放开发的新格局。进一步完善区域交通网络,强化各种运输方式之间的衔接协作,推进智慧交通综合物流平台建设。积极创新机制,深化区域产业合作,提升区域整体竞争力。完善区域互动机制,为省际企业合作发展搭建平台,促进产业融合和有序转移,探索东西合作新途径;积极支持滇桂经济合作区等跨省区重大合作平台和云南面向南亚、东南亚辐射中心建设;扩大高铁经济带合作试验区建设范围,积极发展"高铁+"新业态,推动各省区协同联动发展。着力将沿边地区打造成陆路开放的主要平台、区域发展的重要支撑、地缘安全的坚强屏障,不断深化区域合作与互利交往。

广西集沿海、沿江、沿边于一体,地处华南经济圈、西南经济圈和东盟经济圈的接合部,是中国唯一与东盟国家既有陆地接壤又有海上通道的省区,是连接中国与东盟的国际大通道、交流大桥梁、合作大平台,是中国—东盟开放合作的前沿和"桥头堡",区位优势明显,战略地位突出,发展潜力巨大,发展前景广阔。广西要以东盟国家为重点,以珠江—西江经济带发展规划、左右江革命老区振兴规划、北部湾经济区发展规划为引领,在"政策沟通、道路联通、贸易畅通、货币流通、民心相通"等方面下功夫,进一步释放"海"的潜力,激发"江"的活力,做好"边"的文章,实现沿海、沿江、沿边"三区统筹",推进中国—东盟自贸区升级版建设,加快北部湾经济区和珠江—西江经济带开放发展,构建面向东盟区域的国际通道,打造西南、中南地区开放发展新的战略支点,形成21世纪海上丝绸之路与丝绸之路经济带有机衔接的重要门户。积极推进中国—中南半岛经济走廊对接越南"两廊一圈"战略的实施。"两廊一圈"战略由越南领导人在2004年访华时提出,是指"昆明—老街—河内—海防—广宁"和"南宁—谅山—河内—海防—广宁"经济走廊以及环北部湾经济圈。中越两国近年在贸易、经济、文化交流和教育等方面都有良好发展。通过举办和承办各类国际性展会、论坛等活动,积极搭建开放合作平台,发挥广西成为对外开放合作特别是中国与东盟多领域交流与合作的重要渠道作用。通过举办和承办各类国际性展会、论坛等活动,积极搭建开放合作平台。党的十八大以来,中央赋予广西"三大定位"新使命——构建面向东盟的国际大通道、打造西南中南地区开放发展新的战略支点、形成"一带一路"有机衔接重要门户,彻底激活了广西的区位优势,推动思想观念、发展战略、体制机制等实现变革性突破,使得广西全方位形成以大开放引领大发展的崭新态势,加大更高层次对外开放,在更大范围、更宽领域参与国际合作,打造西部地区沿海城市群和新的经济增长极,建设中国东盟特别经济合作区,构建区域次区域发展示范区。

　　西藏有3800多千米的边境线,21个边境县,这是融入"一带一路"建设的独特地理优势。西藏内联"一带一路"区域上的新疆、青海、四川、云南等省区,又与印度、尼泊尔、缅甸、不丹等南亚国家接壤,既是贯通中外的重要物流枢纽,又是中国与南亚国家交往的重要门户。西藏积极响应和推进构建环喜马拉雅经济合作带、孟中印缅经济走廊和稳步推进中尼边境经济合作区建设,积极融入"一带一路"南亚通道建设,沿吉隆、樟木口岸方向,支持尼泊尔建设公路、桥梁等基础设施,并与尼方探讨实施电网、通信等合作项目,促进中尼通道有效衔接。悠久的民间贸易通道是西藏融入"一带一路"建设的民心所向,食盐之路、麝香之路、黄金之路、古丝绸之路、茶马古道、唐蕃古道传承下来的互惠互利边贸方式,将在"一带一路"倡议的驱动下为西藏经济社会进步带来巨大的自我发展动力。

　　我国面向东南亚的次区域合作以建设中国—中南半岛经济走廊、孟中印缅经济走廊和中缅经济走廊为重点,以中国—东盟自贸区、大湄公河次区域合作机制为核心,以中国的云南和广西两省(自治区)为主要依托,主要是面向东盟的老挝、缅甸、柬埔寨、泰国、越南五国。1992年,亚洲开发银行在其总部所在地菲律宾马尼拉举行了大湄公河次区域六国首次部长级会议,标志着大湄公河次区域经济合作机制的正式启动。中国政府对大湄公河次区域合作高度重视,西部大开发"十三五"规划明确提出把广西建成与东盟合作的新高地,把云南建成向西南开放的重要桥头堡,并将滇中新区和广西北部湾列入重点发展的经济区,打造更高层次的区域合作平台。大湄公河次区域合作也是我国参与周边国际次区域合作中体制机制最为健全的合作，今后其合作会进一步深化和完善。

"一带一路"愿景与行动提出了建设中国—中南半岛经济走廊。中国—中南半岛经济走廊以中国西南为起点，连接中国和中南半岛各国，分别经老挝、越南、柬埔寨，连通泰国、马来西亚，抵达新加坡，是中国与东盟扩大合作领域、提升合作层次的重要载体。2016年5月26日，第九届泛北部湾经济合作论坛暨中国—中南半岛经济走廊发展论坛发布《中国—中南半岛经济走廊倡议书》。中国与老挝、柬埔寨等国签署共建"一带一路"合作备忘录，启动编制双边合作规划纲要。计划推进中越陆上基础设施合作，启动澜沧江—湄公河航道二期整治工程前期工作，开工建设中老铁路，启动中泰铁路，促进基础设施互联互通。

孟中印缅经济走廊。孟中印缅经济走廊连接东亚、南亚、东南亚三大次区域，沟通太平洋、印度洋两大海域。1999年8月，由云南省社会科学院和云南省经济技术研究中心倡议召开的"中印缅孟地区经济合作与发展会议"发布了《昆明倡议》，倡导推动云南与缅甸、孟加拉国与印度之间的区域经济合作与发展。2002年，会议更名为"孟中印缅经济合作论坛"，推动合作倡议上升为国家层面的区域合作倡议。在各国智库的推动下，孟中印缅经济合作得到各国高层的关注和重视。2013年5月中国李克强总理访问印度期间，正式提出建设孟中印缅经济走廊，随后印度总理辛格在访华期间也对孟中印缅经济走廊建设表示肯定。2013年12月，孟中印缅经济走廊联合工作组第一次会议在中国昆明召开，各方签署了会议纪要和联合研究计划，正式启动孟中印缅经济走廊建设政府间合作。2014年12月召开孟中印缅经济走廊联合工作组第二次会议，广泛讨论并展望了孟中印缅经济走廊建设的前景、优先次序和发展方向。孟中印缅经济走廊的核心是滇缅经济走廊，滇缅通道是我国西南地区从印度洋走向孟印和海上丝绸之路最便捷的通路。滇缅油气管道已经开通，为我国西南地区的能源进口开辟了一条通道。

中缅经济走廊。2018年9月9日，中国国家发展和改革委员会主任何立峰和缅甸计划与财政部部长吴梭温分别代表两国政府签署了《中华人民共和国政府与缅甸联邦共和国政府关于共建中缅经济走廊的谅解备忘录》。中方提议建设"人字型"中缅经济走廊，打造三端支撑、三足鼎立的大合作格局。

2018年5月8日，中方与缅甸克钦邦政府签署了合作谅解备忘录，启动曼德勒缪达经贸合作区、密支那经济开发区等多个工业园建设项目。作为中缅经济走廊建设的重要支撑点，曼德勒缪达经贸合作区选址于缅甸曼德勒省西南部缪达工业园新城，公路、铁路、水陆及航空四通八达，人流、物流方便。项目计划投资40亿元、规划用地1905亩，已经获得缅甸投资委员会的投资许可证。经贸合作区计划包括双边贸易、投资、旅游等领域的合作，以及在经贸合作区中建设多个工业区。

建设项目主要内容包括标准厂房、仓库、产品展示中心,以及办公用地、生活用房等。在取得土地开发权后,已启动一期项目建设,开发面积约 297 亩,总建筑面积约 12 万平方米。同时,腾冲猴桥—缅甸甘拜地特色口岸小镇项目业已先期启动。与此同时,密支那经济开发区的各项工作也在紧锣密鼓地开展中。中缅油气管道起始于缅甸西海岸孟加拉湾马德岛,缅甸段全长 700 多千米。管道的全面贯通成功开辟了我国印度洋能源进口通道,源自国际市场的优质原油与缅甸近海的天然气经中缅油气管道穿越缅甸四个省邦,跨越中缅边境,供应滇黔桂等省区,带动西南地区石油化工产业升级,构建起能源供给新格局。2018 年 7 月,中缅原油管道末端南坎原油计量站内,流量计算机见证了管道输量突破千万吨的历史时刻。自 2017 年 5 月 19 日原油抵达国门至 2018 年 7 月,这条跨国能源通道,累计接卸油轮 47 艘,卸载原油 1098 万吨,向中国输送原油 1000 万吨。中缅天然气管道方面,截至 2018 年 9 月已累计运输 214.3 亿立方米,其中 187.2 亿立方米运往国内,27.1 亿立方米分输缅甸。

作者在中缅边界友谊碑前

东南亚合作的主要通道主要有以下几个。中部澜沧江—湄公河方向,从澜沧江—湄公河国际航道经中国景洪港口向南,经磨憨出境,经老挝磨丁沿湄公河南下,达泰国清盛,加强澜沧江—湄公河国际次区域合作;东部从云南蒙自与越南合作,从中国麻栗坡—越南河江、中国河口—越南老街,加强中越“两廊一圈”国际次区域合作;西部从中国瑞丽—缅甸曼德勒—皎漂港,加大中缅经济走廊建设力度。重点区域包括广西北部湾经济区、东兴、凭祥、百色,云南瑞丽、磨憨、河口、猴桥口岸等。

二、中亚、俄罗斯、蒙古合作方向

中亚面积 400 万平方千米,人口约 6500 万,与中国有 3300 多千米长的共同边界,目前属半开发或未开发地区。中亚位于欧亚大陆“心脏地带”,独特的地理位置决定了该地区重要的地缘战略价值。世界大国与中亚周边国家都对该地区具有相当大的兴趣。2013 年 9 月 7 日,中国国家主席习近平提出了在共同努力与合作基础上建设丝绸之路经济带的倡议,而这一构想恰恰是在中亚国家哈萨克斯坦提出的。这说明,中国将发展与中亚国家的关系放在了首要位置。其一,中亚独特的地缘枢纽位置。中亚位于欧亚大陆的腹地,是世界地缘战略的心脏地带。在大陆上是连接东亚、南亚、中东和欧洲的枢纽,成为东进西出、南上北下的必经之地。独立后的中亚各国成为当今世界几大势力的中间地带,是各种国际政治力量竞相争夺的焦点。其二,中亚面积广阔,沙漠、戈壁和草原绵延数千千米,有俄罗斯、土耳其、印度和中国等地区强国,是欧亚大陆各力量单元的缓冲地带。其三,丰富的矿产石油资源,使中亚地区成为世界矿产石油消费大国新的战略利益区,也是世界各种力量角逐的焦点。其四,中亚是世界不同文化的汇聚地,是古印度文明、古希腊罗马文明、古埃及文明、两河文明及中华文明等各种文化和意识形态融合、碰撞的边缘连接地带,也是基督教、伊斯兰教和东亚儒家文化等不同价值观念的交界地。中亚在全球文明的传播、世界文化格局当中可以发挥独特的作用。其五,中亚对我国能源安全至关重要。中亚丰富的石油资源将成为中国重要的石油来源地,对促进中国石油进口渠道的多元化和运输渠道的多元化,提高抵御国际石油市场风险的能力具有重大的意义。还可以通过中亚铁路、公路,发展我国与中亚国家的多种经贸往来,形成强大的经济互补性,促进我国与周边国家经济发展,形成以能源和经贸为纽带的国际合作局面,有利于更好地解决政治、外交中遇到的分歧和问题,并带动我国西部经济的全面发展。最后,中亚是中国边疆安全的重要组成部分。近几年来,伊斯兰极端主义、民族分裂主义和恐怖主义在中亚地区合流,活动猖獗,对中亚各国的政局稳定构成严重威胁,将成为影响中国西北边境地区安全、经济发展与社会稳定的重大隐患。总之,中亚地区对中国而言战略地位极其重要。冷战后大国和地区势力对中亚地区的争夺,不仅关系到中亚地区各国的经济发展,而且会影响到地区关系和大国战略关系,进而影响到欧亚大陆地缘战略力量的对比和地缘政治格局的变化。因此,中国必须从战略的高度重视中亚的地缘战略地位,发展同中亚各国的友好合作关系,这也是丝绸之路经济带建设重要的合作力量,要弘扬古丝绸之路和平友好、开放包容的精神,探索新形势下中亚次区域经济合作与发展的新模式。

俄罗斯是我国最主要、最重要的全面战略协作伙伴,是我国推进丝绸之路经济带建设不可或缺的重要一环。应始终高度重视并加强与俄方沟通,多做增信释疑工作,扩大中俄利益汇合点,照顾俄方关切,使“一带一路”建设与俄方主导的欧亚联盟相互补充、相互促进、共同发展。俄罗斯与中国西部的一些国家有深厚的历史渊源,它对这些国家的影响,将决定“一带一路”的成败。在我们向西开放的过程中,整个中亚国家都在俄罗斯的影响之下,而中亚地区历史上跟俄罗斯有着千丝万缕的联系和纠葛。要特别顾及俄罗斯的感受和需要,通过积极参与俄远东和东西伯利亚开发,将俄罗斯跨欧亚铁路与“一带一路”通道建设有机结合,通过深化能源资源、基础设施、装备制造、军工、高技术等领域合作来吸引俄罗斯的参与。其一,俄罗斯在国际政治舞台上是中国关键的合作伙伴。其二,中俄两国能源合作有着天然优势。中国是全球最大的能源消费国、第二大石油消费国,俄罗斯是世界重要的天然气生产大国、名列前位的石油生产大国,两国之间有石油管道相接、公路铁路相连,两国之间存在战略依赖。两国双边贸易的平稳发展、经济互补性的增强、俄罗斯境内基础设施的重大需求为中国企业提供了投资的商机,两国间具有巨大的潜在市场。其三,俄罗斯是“一带一路”倡议成功与否的关键国家。“一带一路”沿线涉及总人口约44亿,经济总量约21万亿美元,分别约占全球的63%和29%。“一带一路”建设的成功关乎中国国家昌盛、民族复兴,同时对沿线国家及相关地区的繁荣与稳定,也有着重大影响。特别是丝绸之路经济带倡议能否在中亚和中东欧地区取得重大进展,与能否得到俄罗斯的配合、合作密切相关。

哈萨克斯坦是中国在独联体国家中仅次于俄罗斯的第二大贸易伙伴。中国是哈第一大贸易伙伴。2013年9月7日,中国国家主席习近平在访问哈萨克斯坦期间发表重要演讲,提出共建丝绸之路经济带倡议。2018年9月7日,为纪念共建“一带一路”倡议提出5周年,中哈商务论坛在哈萨克斯坦首都(2019年3月更名为努尔苏丹)举行,习近平主席向论坛开幕式发去祝贺视频。中国和哈萨克斯坦在共建“一带一路”道路上始终旗帜鲜明、特点突出、先试先行,取得了瞩目成果。习近平主席和纳扎尔巴耶夫总统多次互访,始终为两国发展战略对接掌舵领航。两国从传统政治友好出发,聚焦发展理念融合,签署了《“丝绸之路经济带”建设与“光明之路"新经济政策对接合作规划》。中哈产能合作形成涵盖 51 个重点项目,总金额近 280 亿美元的靓丽清单。中国的技术和装备加速助力哈萨克斯坦工业化进程。中哈原油管道、天然气管道、中欧班列、"双西"公路、新亚欧大陆桥铁路、中哈连云港国际物流中心、中哈霍尔果斯国际边境合作中心、哈萨克斯坦—土库曼斯坦—伊朗铁路使中国和欧洲、中亚、波斯湾之间的资源能源流通、物流运输更加便捷,哈萨克斯坦也拥有了通向太平洋的出海口。哈萨克斯坦一直伫立在"一带一路"合作的潮头,推动构建人类命运共同体,实现共同发展和繁荣。

中国的北方邻国蒙古地处亚洲大陆中部,北临俄罗斯,东接东北亚,西连中亚,是亚洲大陆的战略制高点。重要的地缘战略位置以及富集的自然资源使蒙古对中国有着重大的地缘安全需求。客观审视和不断推进中蒙全面战略伙伴关系,扩大民间交流,夯实两国政治互信基础;发挥两国经济发展和能源开发等互补优势,深化两国各领域合作,实现经济、安全利益共享,不断为两国全面战略伙伴关系充实新内容,事关中蒙两国关系的健康发展和中国北部边陲的和谐稳定。

我国面向中亚的次区域合作以中亚区域经济合作机制为核心,以中国的新疆为主要依托,主要是面向中亚五国。中亚区域经济合作是在亚洲开发银行倡议下成立的亚洲重要区域经济合作机制。早在 1997 年,亚行就倡导在中亚区域开展经济合作,2002 年亚行牵头相关国家正式建立该机制。目前 CAREC 参加国包括中国、阿富汗、阿塞拜疆、哈萨克斯坦、吉尔吉斯斯坦、蒙古、塔吉克斯坦、乌兹别克斯坦、土库曼斯坦、格鲁吉亚和巴基斯坦 11 个国家。在国际次区域经济合作方面,全国主体功能区规划在重点开发区域里专门列出了天山北坡经济区,以该区域作为我国参与中亚次区域合作的重点区域。2010 年,为了推进新疆参与次区域合作进度,中央新疆工作会议批准设立了霍尔果斯、喀什经济开发区,给予特殊经济政策。目前,各参与国正围绕已确立的交通、能源、贸易便利化和贸易政策等四大重点领域积极推进区域合作。面向中亚的次区域合作,将会对我国的能源资源战略产生重要影响,今后应进一步完善机制,加快推进合作进程。重点区域为天山北坡经济区,喀什、霍尔果斯经济开发区,以及沿亚欧大陆桥、西陇海兰新线的重要区域。沿新亚欧大陆桥、中蒙俄、中国—中亚—西亚经济走廊,经过亚欧大陆中东部地区,不仅将充满经济活力的东亚经济圈与发达的欧洲经济圈联系在一起,更畅通了连接波斯湾、地中海和波罗的海的合作通道,为构建高效畅通的欧亚大市场创造了可能,也为地处"一带一路"沿线、位于亚欧大陆腹地的广大国家提供了发展机遇。

中亚各国、俄罗斯、蒙古合作方向涉及的国内省区主要包括新疆、内蒙古以及辽宁、吉林、黑龙江等。新疆维吾尔自治区位于我国西北部,地处欧亚大陆中心,面积 166 万多平方千米,约占全国陆地总面积的六分之一,是我国面积最大的一个省区。除东南连接甘肃、青海,南部连接西藏外,周边与 8 个国家为邻,即东北部与蒙古毗邻,北部同俄罗斯联邦接壤,西北部及西部分别与哈萨克斯坦、吉尔吉斯斯坦和塔吉克斯坦接壤,西南部与阿富汗、巴基斯坦、印度交界。陆地边境线长达5700多千米,是我国边境线最长、对外口岸最多的省区之一,这使新疆对外开放具有得天独厚的地缘优势。随着"一带一路"建设的不断推进,新疆独特的地缘优势、资源优势、政策优势、人文优势不断显现。新疆是丝绸之路经济带核心区,打造丝绸之路经济带的交通枢纽中心、商贸物流中心、金融中心、文化科教中心、医疗服务中心等规划蓝图全面铺开,积极参与中巴经济走廊建设和开展中哈俄蒙环阿尔泰山次区域合作,进一步巩固与吉尔吉斯斯坦、塔吉克斯坦、哈萨克斯坦等国家和地方建立的经贸合作机制,加强与相关国家(州区)经贸、文化、旅游等领域交往合作,同时围绕新亚欧大陆桥,中国—中亚—西亚,中蒙俄、中巴经济走廊建设,如今正立于时代的潮头,进一步完善对外开放战略布局,推动更深层次、更高水平的对外开放,全力构建对外开放大通道,谋划联通内外的大格局。目前,新疆正积极构建大经贸格局,打造开放型经济服务平台,强化与毗邻国家地方的合作机制,形成以各类产业聚集园区为载体,以中国—亚欧博览会为平台,以外贸企业为主体,以便捷的口岸和跨境交通为依托,辐射亚欧国家的向西开放新格局。重点推动乌鲁木齐国际陆港区建设,充分发挥乌鲁木齐、阿拉山口、喀什和霍尔果斯综合保税区的功能,加快多语种国家物流信息化平台建设。发挥乌鲁木齐多式联运海关监管中心、集装箱中心站、综合保税区、中欧班列集结中心的作用,建设服务丝绸之路经济带的现代商贸物流体系。积极参与推进中蒙俄经济走廊、中巴经济走廊建设。进一步加强与丝绸之路经济带沿线国家的合作,支持鼓励区内企业参与中蒙俄、中巴有关建设

新疆阿拉山口口岸

项目,开创区域经济合作新格局。

内蒙古自治区东西狭长,地域广大,有 118.3 万平方千米。东西直线距离 2400 千米,南北跨度 1700 千米,横跨东北、华北、西北三大区。东、南、西与 8 省区毗邻,北与蒙古国、俄罗斯接壤,国境线长 4200 千米,是东北经济区、环渤海经济区的资源腹地,是欧亚大陆桥的桥头堡,是我国向北开放的前沿阵地。截至 2019 年,已建成 19 个对外开放口岸,其中对俄口岸 6 个,对蒙口岸 10 个,国际航空口岸 3 个,全区口岸年过货能力达到 18600 万吨。优越的地理位置和特殊的区位优势为内蒙古加强与兄弟省、市、自治区的横向联合和扩大与俄罗斯、蒙古国的经贸合作提供了便利的条件,决定了其在"一带一路"建设中的新亚欧大陆桥、中俄蒙经济走廊等通道中不可替代的地位。内蒙古也是"中蒙俄经济走廊"的重要支点,中蒙俄三国元首签署的《建设中蒙俄经济走廊规划纲要》确定的 7 条铁路线路中有 6 条经过内蒙古;国家规划的 3 条中欧班列线路,2 条从内蒙古进出境,目前开行的中欧班列中,60% 以上的班列途经内蒙古。内蒙古与"一带一路"沿线的 57 个国家,以一般贸易、对外投资、吸引外资等多种合作形式,在木材采购和深加工、煤炭开发和加工、纺织业、电力、乳业以及服务业等诸多领域展开合作。2014 年年初,习近平总书记考察内蒙古时指出,要通过扩大开放促进改革发展,发展口岸经济,加强基础设施建设,完善同俄罗斯、蒙古国合作机制,深化各领域合作,把内蒙古建成我国向北开放的重要桥头堡。国家赋予了内蒙古要"发挥联通俄蒙的区位优势、建设我国向北开放的重要窗口","在中蒙俄经济走廊建设中发挥重要作用"的时代任务,内蒙古不辱使命,正以前所未有的开放姿态参与"一带一路"建设,全力打造"北上南下、东进西出、内外联动、八面来风"的对外开放新格局。

黑龙江省地处东北亚六国接合部中心地带,与俄罗斯接壤,有 2900 多千米边境线、25 个边境口岸。区位优势上,地处东北亚中心腹地,向北、向西陆路可经俄罗斯通往欧洲,向东可通过俄罗斯经海路抵达日、韩;历史沿革上,以哈尔滨为中心的绥芬河至满洲里铁路,是世界著名的第一亚欧大陆桥;交通条件上,铁路、公路、航空等运输条件便利;周边环境上,中俄全面战略协作伙伴关系提升至新阶段,向北开放空间进一步拓展。近年来,黑龙江主动对接国家"一带一路"建设,发挥地缘优势,注重同俄罗斯远东地区开展战略对接,参与"中蒙俄经济走廊"建设,着力打造国家向北开放的重要窗口,实现了"边陲变中心、末梢变前沿"的华丽转身。紧扣政策沟通、设施联通、贸易畅通、资金融通、民心相通,加快基础设施互联互通,积极打造跨境产业,加强集疏运体系建设,发挥对外开放平台作用,推进对外交流交往,以重点突破带动整体推进,在经贸合作、基础设施互联互通、人文交流等方面取得了重大进展。

吉林省与朝鲜、俄罗斯相邻,全省有 21 个口岸、通道分布在中朝、中俄边境一

内蒙古边境风光

黑龙江黑河口岸

线,其中,有 14 个中朝口岸、通道,2 个中俄口岸。吉林地处由中国东北地区、朝鲜、韩国、日本、蒙古和俄罗斯东西伯利亚构成的东北亚地理中心位置,在联合国开发计划署积极支持的图们江地区国际合作开发中居于重要地位,具有与东北亚区域开展合作的优越区位条件,是中国面向东北亚开放的重要窗口。"一带一路"建设提出以来,吉林对外开放和沿边地区开发开放取得了快速的发展,不断创新体制机制,促进吉林省沿边地区的发展壮大,从而推动整个吉林省的经济发展及其与周边国家的合作交流。围绕建立大交通、大枢纽、大物流格局,加强与周边国家基础设施互联互通建设,积极开展国际省际多式联运合作,推进对俄"两高"(北京—符拉迪沃斯托克高铁、珲春—符拉迪沃斯托克高速)、"两港"(扎鲁比诺港新港建设、旧港改造)、"两路"(珲春—扎鲁比诺港口公路、铁路)建设。推进珲—马铁路扩能改造,实现双向多品类货物运输。加快中朝现有铁路提速改造步伐,尽快开通"长珲欧"货运班列,保持"长满欧"常态化运营,开通面向俄日韩及我国东部发达地区的长吉珲大通道。依托口岸、陆路、海路等通道建设,建立出口加工区、综合保税区、互市贸易区、边境合作区、跨境合作区等,扩大经贸交流合作,进一步完善区域产业体系,全面推进对朝投资贸易战略升级,加快对朝经贸大通道、对朝合作机制建设和沿边开放型产业体系建设,打造对朝日韩俄的"沿图们江鸭绿江开发开放经济带"。依托高速公路、高速铁路等基础设施以及哈大经济带现有的发展基础,加强开放平台和对外通道建设,以项目建设融入"冰上丝绸之路",积极推进"两山"铁路前期工作,加快建设中俄跨境经济合作区和"滨海 2 号"国际运输走廊,支持珲春—扎鲁比诺—釜山航线常态化运营,构建"沿中蒙俄开发开放经济带"。

吉林珲春口岸

中亚各国、俄罗斯、蒙古合作方向包括三大经济走廊。

中蒙俄经济走廊。自我国天津、大连经二连浩特、满洲里、黑河、绥芬河,通过蒙古、俄罗斯,抵达波罗的海沿岸。2014 年 9 月 11 日,中国国家主席习近平在出席中国、俄罗斯、蒙古国三国元首会晤时提出,将丝绸之路经济带同"欧亚经济联盟"、蒙古国"草原之路"倡议对接,打造中蒙俄经济走廊。2015 年 7 月 9 日,三国有关部门签署了《关于编制建设中蒙俄经济走廊规划纲要的谅解备忘录》。2016 年 6 月 23 日,三国元首共同见证签署了《建设中蒙俄经济走廊规划纲要》,这是共建"一带一路"框架下的首个多边合作规划纲要。在三方的共同努力下,规划纲要已进入具体实施阶段。

新亚欧大陆桥经济走廊。新亚欧大陆桥经济走廊由中国东部沿海向西延伸，经中国西北地区和中亚、俄罗斯抵达中东欧。新亚欧大陆桥经济走廊建设以中欧班列等现代化国际物流体系为依托，重点发展经贸和产能合作，拓展能源资源合作空间，构建畅通高效的区域大市场。截至 2016 年年底，中欧班列运行路线达 39 条，开行近 3000 列，覆盖欧洲 9 个国家、14 个城市，成为沿途国家促进互联互通、提升经贸合作水平的重要平台。中哈国际物流合作项目进展顺利，已成为哈萨克斯坦开展贸易和跨境运输合作的重要窗口。中哈霍尔果斯国际边境合作中心建设稳步推进。比雷埃夫斯港运营顺利，为中希(腊)互利共赢做出贡献。

中国—中亚—西亚经济走廊。中国—中亚—西亚经济走廊由中国西北地区出境，向西经中亚至波斯湾、阿拉伯半岛和地中海沿岸，辐射中亚、西亚和北非有关国家。经哈萨克斯坦、吉尔吉斯斯坦、塔吉克斯坦、乌兹别克斯坦、土库曼斯坦、伊朗、土耳其，抵达波斯湾、地中海沿岸和阿拉伯半岛。2014 年 6 月 5 日，中国国家主席习近平在中国—阿拉伯国家合作论坛第六届部长级会议上提出构建以能源合作为主轴，以基础设施建设、贸易和投资便利化为两翼，以核能、航天卫星、新能源三大高新领域为突破口的中阿"1＋2＋3"合作格局。2016 年 G20 杭州峰会期间，中哈两国元首见证签署了《"丝绸之路经济带"建设和"光明之路"新经济政策对接合作规划》。中国与塔吉克斯坦、吉尔吉斯斯坦、乌兹别克斯坦等国签署了共建丝绸之路经济带的合作文件，与土耳其、伊朗、沙特、卡塔尔、科威特等国签署了共建"一带一路"合作备忘录。中土双方就开展土耳其东西高铁项目合作取得重要共识，进入实质性谈判阶段。

三、南亚合作方向

南亚八国(印度、巴基斯坦、孟加拉、阿富汗、斯里兰卡、马尔代夫、尼泊尔和不丹)，北上与中亚相连，南下接通广袤的印度洋，位于中国的西南周边，与中国的边疆省份山水相连。南亚次大陆在"一带一路"倡议的两个方向都具有发展的巨大潜力，但在目前的地缘现实中，因阿富汗问题的变局，以及伊朗仍然受制于西方主要国家的制裁，使得南亚自身在陆路这一方向的发展上受到较大制约。南亚在"一带一路"规划中，陆上涉及中国—中亚—西亚、中国—中南半岛和中巴经济走廊，海上则强调中国沿海港口过南海到印度洋延伸至欧洲，中国沿海港口过南海到南太平洋。南亚在"一带一路"建设中占有重要的地位。2013 年 5 月，中国政府总理李克强访问印度和巴基斯坦，在那里正式宣布推进中巴和孟中印缅两个经济走廊的建设。2015 年 4 月，习近平主席访问巴基斯坦，双方随后发布的联合声明亦强调了中巴经济走廊是"一带一路"的重大项目。中国与南亚主要国家的这些互动显示了中国高度重视南亚的地缘经济作用,希望通过共商、共建、共享的原则,与周边国家紧密合作,打造和谐共赢的周边环境。

印度是南亚的核心大国,其位于南亚次大陆中心地位,与中国有着最长的陆地边界,是中国重要的周边国家之一。印度对推进"一带一路"建设,特别是推进孟中印缅经济走廊持怀疑和不合作态度,目前仍停留在讨论层面,未有实际推进。首先是印度在地缘政治安全方面的担忧。在印度看来,该地区是其安全的敏感区域,不但和中国有边界纠纷,而且该地区与其他邦亦存在较多反政府武装力量。印度前总理辛格曾经表示,这些地区的反政府武装力量是对印度国家安全的最大威胁。由于上述问题尚无解决的时间表,印度对开放边境地区自然心存疑虑。其次,南亚东北部地区与印度其他经济发达地区的联系较弱,该地区仍然是印度最落后的地区之一,为保护自身利益,印度未考虑在该地区进行国际合作。最后,印度地方政府在经济上的自主权较大,在次区域国际合作中,地方政府因利益不同,对联邦政府的主张制造各种障碍进行阻止和博弈,对"一带一路"倡议的实施亦可能产生消极影响。总之,"一带一路"在南亚地区仍面临不少挑战,这些问题值得深思。"一带一路"在南亚方向的推进,印度是关键,也是最大的阻力。虽然南亚的市场需求潜力巨大,合作空间广阔,但相比东南亚和中亚等地区,中国与南亚之间的合作面临更多难以克服的障碍。

南亚合作方向重点是中巴经济走廊建设。2013 年 5 月,李克强总理在访问巴基斯坦时正式提出中巴经济走廊设想。2015 年 4 月 8 日,"中巴经济走廊委员会"在伊斯兰堡正式成立。2015 年,中巴关系由战略合作伙伴关系升级为全天候战略合作伙伴关系。其中,以中巴经济走廊为引领,以瓜达尔港、能源、交通基础设施和产业合作为重点,形成"1+4"的经济合作布局,通过全方位、多领域的合作,进一步密切和强化中巴全天候战略合作伙伴关系。建设中巴经济走廊,不仅是中国"一带一路"倡议的样板工程和旗舰项目,对中巴两国发展具有强大的推动作用,也能优化巴基斯坦在南亚的区域优势,有助于促进整个南亚的互联互通,更能把南亚、中亚、北非、海湾国家等通过经济、能源领域的合作紧密联合在一起,形成经济共振,其建设将惠及近 30 亿的人口。当前,中巴经济走廊建设已经取得了阶段性成果,但仍然面临诸多风险与挑战。中巴经济走廊建设,其中瓜达尔港建设是重中之重。瓜达尔港既兼顾中国海权利益,联通喀什和阿拉伯海,联通中东波斯湾的石油资源和金融中心迪拜,可以提升我国能源供给安全,又是印度洋至海湾地区的战略支点,是我国破解太平洋西岸岛链之困的一把钥匙。

南亚合作方向涉及新疆、云南、西藏等省区。除新疆、云南外,西藏自治区也是沿边开发开放的重点区域。西藏位于青藏高原西部和南部,平均海拔在 4000 米以上，素有"世界屋脊"之称；与印度、尼泊尔、不丹及克什米尔四国地区接壤，边境界线长 4000 多千米，是中国西南边陲的重要门户。西藏有边境县 21 个，边境乡 104 个，边境地区总面积 34.35 万平方千米，人口 40 余万。全区共有 5 个国家级边境口岸。其中，樟木、普兰、吉隆口岸为国家一类边境口岸。西藏是我国面向南亚的战略枢纽和开放门户，是国家确定的沿边地区开放开发重点区域和面向南亚开放的重要通道，也是孟中印缅经济走廊的重要门户。"一带一路"建设提出以来，西藏实施了更加积极的开放政策。一方面，坚持扩大对外开放区域；另一方面，积极拓展对外投资开放领域，在拉萨、日喀则探索设立了综合保税区（保税物流园区），并完善外贸特殊优惠政策，提升了贸易便利化水平。2016 年，在第三届西藏旅游文化国际博览会上，西藏航空有限公司和尼泊尔企业签署《组建喜马拉雅航空公司合资协议》。2017 年 8 月 30 日，除中尼两国的第三国人员可以持有效证件通过吉隆—热索瓦口岸出入境，吉隆—热索瓦口岸正式扩大开放。同年 5 月，在"一带一路"国际合作高峰论坛平行会议上，"中尼友谊工业园""尼泊尔·中国西藏文化旅游产业园"两个项目与尼泊尔企业签订了合作协议，深化了中国西藏与尼泊尔在国际产能、文化旅游等领域的合作，为西藏深度融入"一带一路"倡议，夯实构建面向南亚开放重要通道迈出了重要一步，西藏借助"一带一路"和打通"南亚大通道"契机逐步加大开发开放力度。

西藏吉隆口岸

四、东北亚合作方向

东北亚是一个地理概念，即亚洲东北部地区，为东亚所属的二级区域。东北亚包括韩国、朝鲜、日本、蒙古、中国的东北地区，以及俄罗斯的远东联邦管区。陆地面积有 1600 多万平方千米，约占亚洲总面积的 40%。东北亚地区一直以来就是大国力量交汇、冲突之地，特别是冷战之后，苏联解体，中国崛起，日本走向"正常国家"的努力，再加上在该地区有着广泛利益的美国，使东北亚地区的大国关系变得愈加复杂，难以把握。这里有广泛的地缘利益，激起了大国的觊觎和争夺，东北亚局势的未来演变，将对亚洲乃至整个世界政治经济格局产生结构性的影响。如果说世界正在巨变，那么东北亚则是一个缩影，所有的变化都体现在这里，所以东北亚地区很吸引人们的眼球。

东北亚和朝鲜半岛处于丝绸之路经济带和 21 世纪海上丝绸之路交汇处，中俄、日、韩区域合作，是中国周边合作圈的重要一环，也是"一带一路"实施的重要目标之一。中、蒙、俄三国地理上相依相邻，有着传统的睦邻友好合作关系。中蒙两国于 2014 年建立了全面战略伙伴关系，中、俄两国也于 2019 年将战略协作伙伴关系提升到新时代中俄全面战略协作伙伴关系，俄、蒙两国也一直保持传统友好关系。2014 年 9 月和 2015 年 7 月先后举行的中、蒙、俄三国首脑会晤，进一步提升了三方政治互信和合作关系。加之三国加强区域合作和追求合作共赢的目标相近，彼此间政治关系都处在历史最好阶段，三方开展合作拥有良好的政治氛围。东北亚地区的次区域合作，以大图们倡议（Great Tumen Initiative，GTI）为核心，主要包括中国、俄罗斯、朝鲜、韩国和日本，以及建设中日韩自由贸易区和东北亚命运共同体，促进朝鲜融入东北亚区域合作，日本"回归亚洲"，韩国成为"一带一路"建设支点国家，实现"一带"与"一路"在东北亚有机衔接。俄罗斯不断加大对东北亚的投入，成为稳定地区的重要力量。普京提出"东向政策"，加大与日本、韩国的经贸合作，同时加大与朝鲜之间的合作。在各种场合加大与中国在涉朝问题上的沟通与配合，对维护地区和平稳定发挥重要作用。文在寅上任不久就决定成立直属总统府的北方经济合作委员会，以落实"新北方政策"与朝鲜半岛新经济地图。"新北方政策"合作的主要内容是推进与俄罗斯合作，进行铁路对接，建设北极航线，包括开发西伯利亚地区，探讨与中国"一带一路"对接的途径与方式。但因为"萨德"问题，该政策与"一带一路"对接没有获得实质性进展。2018 年 3 月和 6 月，金正恩访问中国，4 月 27 号南北韩会谈，6 月金正恩会见特朗普。从朝鲜的频繁动作看，半岛局势或将发生大变化。如果美朝关系能大幅度改善，半岛北南双方的合作有可能大幅度增加，进而带动中朝俄韩等东北亚国家之间的合作。这对于东北亚的和平、稳定与发展,无疑是一大福音。近来由于中日、中韩关系转圜对东北亚局势的稳定发挥了积极作用。中日关系出现了缓和迹象,习近平主席与日本首相安倍晋三在越南出席 APEC 峰会期间进行了会晤,提出了改善关系的大方向。同时,中韩关系也在文在寅政府承诺"三不一限"的基础上出现转圜,开始修复因韩国部署"萨德"而出现倒退的双边关系。12 月 13 日,应中国领导人邀请,韩国总统文在寅首次访华。在这个大背景下,中日韩三国领导人的会晤机制准备重启,继续三方自贸区建设的谈判。这些事态的发展有利于地区稳定。同时,美国在东北亚的军力投入和军事部署是地区局势紧张的祸根之一,表面上是为了保证盟友的安全,实质是制造"可控混乱",以便强化其在这个地区的霸主地位。

东北亚地区以黑龙江、辽宁、内蒙古三省区为主体,面向俄罗斯、朝鲜、韩国、蒙古国等国家的国际次区域进行合作。"中蒙俄经济走廊"作为中国"一带一路"、蒙古"草原之路"和俄罗斯"跨欧亚大通道"三大倡议战略对接和落实的载体,为三方充分利用各自比较优势和经济结构的互补性,打造跨区域经济合作范例,推进落实三国共同利益诉求和发展意愿提供了重要平台。"中蒙俄经济走廊"建设的推进将为三国自身发展带来巨大机遇,也将为整个东北亚区域经济合作注入新的活力。蒙古国是没有出海口的内陆国家,但蒙古国连接着中俄之间的商路,是重要的地理中枢。通过"草原之路"建设,可以有效对接中国的丝绸之路经济带和俄罗斯的"欧亚大通道"战略,从而获得宝贵的出海口和外贸大通道,将地处内陆国家的地理条件劣势,转化为经济发展的优势。就俄罗斯而言,乌克兰危机后,受到西方制裁的影响,加之国际原油价格大跌,其经济发展下行压力较大,国内经济发展形势较差。通过与中蒙两国的合作,可以加强俄罗斯远东地区的能源出口和经济发展,减轻西方制裁带来的沉重压力。就中国而言,近年来经济增长速度回落,经济发展进入"新常态",面临调整经济结构和发展方式的压力。通过与蒙俄加强合作,可以让中国获得稳定、可靠的能源供给,同时带动周边国家发展,塑造良好的周边环境。三方经贸合作的基础良好,潜力巨大,前景广阔,而且都有升级经济合作的强烈意愿。同时,俄蒙也互为双方的重要经贸合作伙伴,俄罗斯是蒙古国仅次于中国的第二大贸易伙伴。在产业互补性方面,中国与俄蒙两国的优势产业互补性较强,相互重叠部分很少,这为将来三国贸易一体化提供了基础条件。受全球煤炭、石油、铁矿石、铜等大宗商品价格下跌的影响,俄罗斯和蒙古国的经济发展都受到了较大影响,亟须在基础设施建设、国外投资和发展加工业等方面加强投资,拉动经济发展。而中国经济当前对能源和资源仍保持较大需求,在基础设施建设方面也积累了足够的经验,三方的优势和需求可以通过中蒙俄经济走廊建设得到充分释放,进而助力三方经济发展。

中国与东北亚地区五国或毗邻而居,或一衣带水,人员往来频繁,合作形式多样,双边经贸关系密切。2016 年中国与五国贸易额合计约 6059 亿美元,占中国整体对外贸易的 16.4%。其中,中日贸易额为 2748 亿美元,中韩贸易额为 2526 亿美元,中蒙贸易额为 46 亿美元,中朝贸易额为 54 亿美元,中俄贸易额为 686 亿美元。日本和韩国分别是中国的第二和第三大贸易伙伴国。而中国对上述国家的投资总额也保持增长。其中,中国对韩投资 7.9 亿美元,对俄投资 5.5 亿美元,对日本投资 4.7 亿美元。东北亚国家地理相邻、经济互补、人文相通,在"一带一路"框架下合作,潜力巨大,前景十分广阔。"一带一路"倡导的"五通"(政策沟通、设施联通、贸易畅通、资金融通、民心相通),将为东北亚的经贸合作注入新的活力,提供新的机遇。其一是以 GTI 为核心,以中国的东北三省和内蒙古东部地区为主要依托,面向俄罗斯东部、韩国、朝鲜、蒙古等东北亚国家开放合作。其二是积极推进中蒙俄经济走廊建设。中蒙俄经济走廊自我国天津、大连经二连浩特、满洲里,通过蒙古、俄罗斯,抵达波罗的海沿岸。2014 年 9 月 11 日,习近平主席在出席中国、俄罗斯、蒙古三国元首会晤时提出,将丝绸之路经济带同"欧亚经济联盟"、蒙古"草原之路"倡议对接,打造中蒙俄经济走廊。目前,中蒙俄经济走廊规划纲要已进入具体实施阶段。其三是加强北冰洋方向规划合作。中俄战略在东北亚实现对接,经略北极将成为"一带一路"倡议重要的一环。习近平总书记最近提出推动冰上丝绸之路建设,这就意味中巴经济走廊在西边打开一个出海通道,北冰洋航道在北边打开一个出海通道,破解美国的"印太战略"。我们要加强北冰洋方向研究。随着全球气温变暖,北极的冰层大面积融化,一直被誉为北冰洋航道"圣杯"的"西北航道"已经解冻,有望未来实现通航。其四是建设长吉图开发开放先导区,将以珲春为开放窗口、延(吉)龙(井)图(们)为开放前沿,以长春、吉林市为主要依托,实施边境地区与腹地联动开发开放,率先突破、率先发展,形成具有较强实力的经济隆起带和对外开放的先行区,带动吉林加快发展振兴成为我国沿边开发开放的重要区域,面向东北亚开放的重要门户,以及东北亚经济技术合作的重要平台,成为东北地区新的重要增长极,建设成为我国沿边开发开放的先行区和示范区。东北亚次区域合作重点:长吉图、绥芬河、黑河、延吉、长白、丹东沿边开发开放试验区等。

第五章　我国跨境次区域经济合作特点

中国与周边国家和地区的次区域经济合作是 20 世纪八九十年代出现的经济现象。目前,我国参与的跨境次区域合作主要有西南边境地区与东南亚、南亚国家(东盟、澜沧江—湄公河流域、中越"两廊一圈")的经济技术合作、西北边境地区与中亚五国(环阿尔泰山以及中亚地区)的经济合作、东北边境地区与东北亚国家(图们江地区)的经济合作等。中国与周边国家设立的跨境次区域经济合作区,基本上遵循了一条"边境经济合作区→边民互市贸易区→跨境经济合作区"的发展路径,以突破国家边界效应影响,实现"横向→纵向,边境→跨边境"的空间动态过程。各次区域经济合作都不是在短时间内形成的,基本上都经历了较长的酝酿和历史铺垫过程,在这一过程中,人文、地理、资源、产业等本地化的因素不断渗透到经济合作的内容中来,形成自身独有的特征。这些次区域经济合作在合作的背景、范围、性质等方面具有以下特点。

一、经济互补性强,经济合作发展潜力大

中国与周边国家和地区的次区域经济合作的参与各方都具备一定的区位优势,存在较强的经济互补性,但这种互补性仍存在于较低的层次,有发展区域经济合作的潜力和有利条件,加快发展次区域经济合作有利于带动周边国家和地区经济增长。比如,中国与中亚国家双方经济互补性很强,经贸合作日益紧密,中亚地区石油、天然气等矿产资源丰富,农副产品出口较多,中国的工业产品、机电产品在中亚有很大市场,双方贸易额不断攀升。老挝、越南拥有丰富的矿产资源,但矿产资源勘探、开采、冶炼等开放技术工艺相对落后,而与之相邻的云南、广西等省区,在工业化程度、开发技术、产品加工等方面都略胜一筹,特别是化工产品、机电产品、家用电器等工业品在这些国家和地区竞争优势明显。再比如,缅甸不仅是云南省与东盟贸易的十大贸易伙伴之首,其自然条件优越,矿产资源、林木资源、渔资源、水力资源等极为丰富,石油和天然气储藏量巨大,宝石、玉石更是闻名世界。缅甸工业较为落后,其市场对工业制成品的需求量较大。云南出口缅甸的产品多为化工、机电、纺织服装等工业产品,而进口产品主要为木材、矿产等初级产品。同时

缅甸又是中国通往南亚的必经之路和通往印度洋的重要门户。近年来,中缅合作领域已经从原来单纯的贸易和经援扩展到工程承包、投资及多边合作。云南与缅甸双方产业互补性很强,经贸合作关系广阔。云南在资金、技术、管理等诸多方面都有比较优势,缅甸则在矿产资源、市场劳动力成本等方面有优势。中国企业可以充分发挥产业优势,结合国内产业结构调整,实施"走出去"战略。通过境外投资、境外加工贸易、开展经济技术合作和工程承包等多种形式,在矿业开发、烟草加工、制药、机械制造、生物资源开发、旅游、农业、石油、天然气勘探、水电工程和公路基础设施建设等方面,与缅甸开展全方位、多层次的经贸合作,不但可以转移国内优势产业的过剩生产能力,提高产品在缅甸市场的占有率,而且可与缅甸建立长期、稳固的经贸合作关系。

近年来,随着"一带一路"建设推进,我国与周边国家双方政府间友好关系的不断深入,边境贸易也取得了巨大的增长。如广西向越南出口机电产品、化工产品、纺织服装产品、家电产品、建筑材料等商品。其中,纺织机械、矿山机械、建材机械等机电产品在越方市场需求量较大。同时,从越南进口商品主要为满足省内生产所需的初级产品。2018 年,越南经济增速为 7.1%,越南在逐步成为东盟经济热点后,已经成为亚洲地区极具投资成长价值的国家之一,今后,中越两国经济将继续保持较高的增长态势,广西、云南与越南的经贸关系也将更加密切。随着中国—东盟自由贸易区升级版的建设,中国和越南、老挝、柬埔寨、缅甸将有 90% 以上的商品贸易实现零关税,这将进一步推动双边贸易向前发展。

所以,次区域经济合作最重要的动因是合作方在经济上存在互补性,这种互补性促使生产要素跨国界流动,从而实现了资源在区域范围内的合理配置。经济上的互补性在湄公河流域次区域合作中表现比较明显,在几种重要资源上构成了较强的互补性。例如,中亚五国石油、天然气、煤、水电资源丰富、储量大,同时新疆也有丰富的石油、天然气、煤炭和矿产资源,双方可以合作进行资源开采。同时利用中亚五国极为丰富的有色金属和稀有金属,我国可以通过加大进口来发展资源加工业,与这些国家共同建设资源加工转化合作带和示范区,形成能源资源合作上下游一体化产业链。在澜沧江—湄公河区域内,中国在农业、钢材、家电、日用品的生产上,中国和越南、老挝在矿产、水电、农产品的生产上,泰国则在水产品生产上,缅甸和泰国在木材、矿产的生产上表现出明显的优势。通过澜沧江—湄公河国际航道的纽带,就可以带动该次区域内互补性资源的流动,进而形成较大范围的经济合作。然而,湄公河—澜沧江流域各国经济互补大都集中在劳动密集和资源密集型产业上。这些在历史发展过程中形成的经济互补性大都处在较低的层次上,出现这一特点的原因在于建立次区域经济合作的地区大多处于经济相对落后地区,人均生产要素的丰裕度较低,因此即使在要素上构成一定的互补性,也基本上集中在一些初级要素上。

总体上看,中国与"一带一路"沿线国家的贸易成长和前景看好,但是贸易结合度总体来说还不是特别高,"一带一路"沿线国家与我国产业互补性主要体现在中高端产业上,双方应加强产业和投资贸易合作,来共同推动"一带一路"沿线国家的产业升级和高端产业的发展。抓住沿线国家基础设施建设机遇,推动我国大型成套设备和标准走出去。顺应一些沿线国家产业转型升级趋势,加快机电产品和高科技产品出口。优化能源资源产品进口结构,扩大自俄罗斯、中亚、西亚国家油气进口。努力消除农产品贸易壁垒和政策壁垒,扩大中亚、东盟等国家农产品进口。支持重点开发开放试验区建设边境自由贸易区,与毗邻地区研究共建跨境经济合作区,选择具备条件的港口城市发展自由贸易港区。

二、民间交往源远流长,人文交流空间广阔

边境地区具有国界线和毗连邻邦的地缘特征,是国家对外开放的门户和通道。由于源远流长的历史的原因,我国边境地区均为少数民族的聚集地,且有诸多居民与邻国同源族群跨国界而居。随着"一带一路"深入推进和沿边地区开发开放政策的力度加大,我国边疆民族地区与周边国家经济文化交流的规模逐步扩大,合作领域不断拓宽,多种形式的贸易空前活跃。周边国家一些人民与我国一些同源民族的语言优势、文化共性、亲缘关系构成双方以口岸为渠道,开展边境贸易交流的人文特点。彼此之间在心理上形成的历史联系将产生特殊效应,发挥不可替代的作用。这一特点已经成为我国对外开放、实现睦邻友好合作的一个重要因素。如新疆霍尔果斯口岸是我国西部跨国界民族进行边境贸易活动的桥梁和纽带,当地有哈萨克族、维吾尔族、俄罗斯族、回族等民族与中亚国家同源族群跨界而居,通过自身与邻国居民的关系,大力发展贸易、物流业,在霍尔果斯口岸诞生了许多少数民族企业家,成为繁荣边疆贸易与物流合作的生力军,为口岸经济的发展发挥了重要作用。要尊重跨界民族感情,疏通、利用和拓展跨界民族的亲缘关系,营造和谐周边,推进跨界区域的经贸合作,促进安邦富民、强国睦邻。

跨境次区域合作中,双方边境地区居民在语言、宗教信仰、文化习俗、生活习惯上的这种同源性和相似性,为开展经济往来与合作提供了良好的人际条件。中国边境地区与周边国家经济合作在地理上都相互接壤,有着相同或类似的文化传统,经济、贸易文化交往源远流长。比如:图们江地区的珲春在19世纪中期就是一个知名度很高的商品集散地;早在两千多年前,澜沧江一带就是中国与东南亚、南亚经济贸易交往的主要通道,存在着"四国五景"的传统友好往来关系;中亚五国从苏联时代就与中国新疆开展过许多合作与交流。边境地区居民相互间在感情上更容

易沟通,使出口商品更有针对性,对商品的认同率更高,市场开拓更加容易进行,从而使双方经济合作的成功率更大。

"国之交在于民相亲,民相亲在于心相通。"民心相通是"一带一路"倡议的重要内容,也是"一带一路"建设的人文基础。民心相通能够有力增进相关国家民众的友好感情,推动相关国家的经济合作,加强人文交流合作是跨境次区域经济合作的重要任务。党的十八大以来,在以习近平同志为核心的党中央的坚强领导下,中外人文交流蓬勃开展。习总书记率先垂范,亲自引领推动人文交流事业的深入发展,在双多边国际舞台全方位地展示大国的风范、大国的形象,以中国主张、中国方案来推动中外民心相通和全球的人文变革,谱写了人文交流新的宏伟篇章。人文交流、战略互信、经贸合作共同构成了中国特色大国外交的三大支柱。人文交流始终在双边关系中扮演着重要的角色,人文交流的先导性、基础性的作用进一步凸显。"一带一路"倡议提出以来,中国传承和弘扬丝绸之路精神,同"一带一路"相关国家在科学、教育、文化、卫生、民间交往等各领域开展合作,为"一带一路"建设夯实民意基础,筑牢社会根基。跨境次区域经济合作中,人文交流是一件大事,致力于打造"一带一路"文化交流有效的合作机制,完善"一带一路"文化交流合作平台,打造"一带一路"文化交流品牌,推动"一带一路"文化产业繁荣发展,促进"一带一路"文化贸易合作。

三、国家政策导向影响大,地方政府主导作用强

从跨境次区域经济合作的推进过程来看,地方政府是合作的主体。跨境次区域经济合作除了取决于国际、国内大环境发生的变化,更离不开中央政府和地方政府的支撑作用。地方政府参与本地区的跨国合作是在中央政府的授权和支持之下开展起来的。改革开放40多年来,我国在参与同周边国家的合作时建立起了一系列的制度安排,地方政府是国家参与区域合作的具体承担者,也在这一系列的制度安排中起到了关键的主导和承接作用。近十几年来,我国与东盟的经济合作如火如荼地开展起来。凭借与东盟连接的地缘优势、人文优势和经济、产业互补,广西与东盟次区域合作迅速升温,取得了瞩目成绩。我国的广西壮族自治区、云南省、新疆维吾尔自治区、内蒙古自治区,都是经济发展相对落后的地区。所以,地方政府为了寻求经济较快发展,积极推动和加强次区域经济合作。另外,由于这些合作大都处于各参与国的边境地区,因此也涉及国家安全。自古以来,中国的边境地区一直是中国防御外部侵略最严密的一道防线。我国新疆与中亚的经济合作除了承担互相促进经济发展的任务以外,还在保证地区安全,打击恐怖主义、分裂主义和极端主义等方面肩负着一定的使命。自从提出西部大开发以来,尤其是"一带一

路"建设提出以来,中国的许多边境地区充分利用自己独特的地理优势成为参与区域次区域对外经贸交往的热点地带,焕发出了蓬勃发展的生机。在中国这样一个拥有漫长国界线和诸多邻国的大国中,参与到同周边国家的次区域合作的省区和合作项目很多,如东北三省与朝鲜、俄罗斯的合作,以图们江流域为依托的"图们江流域合作开发项目"、云南积极参与的"大湄公河次区域合作计划"、新疆与中亚五国的次区域经济合作等。主要经验是地方政府发挥了关键作用,地方政府抓住机遇,努力发掘合作契合点、寻求合作共有利益,积极主动地推进各种合作制度的构建,以实现地方的发展、区域的繁荣。打造互利共赢的周边利益共同体,助推"一带一路"倡议的实施,边境地区首先需要内引外联,有效运用地方政府间合作机制,优先推进具有支撑作用、可实现互利共赢、符合国家发展长远目标的战略性项目,积极吸引邻国参与,将地缘和经济互补优势切实转化为务实合作成果,深化区域经济合作。

四、国际机构的介入参与,有力促进国际关系发展

我国周边的次区域经济合作中如"大湄公河次区域合作计划""图们江地区的区域经济合作"等得到了国际组织或国际金融机构不同程度的参与,在资金、政策、开发方向等方面得到了国际组织、国际金融机构的支持。从客观效果上看,国际机构的参与热情在一定程度上影响了该区域合作的进程。比如,湄公河—澜沧江地区合作开发得到了国际金融机构的参与、介入和支持。东南亚国家联盟、亚太经社会,联合国开发计划署、联合国工业发展组织以及亚洲开发银行(简称亚行)、世界银行都积极介入和参与这一地区的合作开发事务,特别是亚洲开发银行已成为湄公河—澜沧江地区合作开发的主要召集人。自 1992 年 10 月至今,亚行已先后在亚行总部菲律宾首都马尼拉召开了多次会议,形成了多个合作开发协议和文件。国际机构的介入,不仅起到了很好的协调促进作用,而且帮助解决了制约合作开发的资金问题。同时,亚行提供了上千万美元的技术援助,以帮助实施人力资源开发、旅游、环境、贸易和投资方面的动议。这些技术援助也用于关注一些社会问题,如艾滋病和毒品走私等。再比如图们江次区域合作,联合国开发计划署(UNDP)在图们江次区域经济合作过程中充当了发起人的重要角色。1991 年 10 月 24 日联合国开发计划署在纽约向全世界宣布了"在图们江口地区建设一个国际城市和自由港,并使其成为东北亚的经济中心和欧亚大陆桥东端的桥头堡"的计划,从而掀起了图们江地区的开发热潮。UNDP 图们江秘书处紧紧围绕促进口岸过境、边境运输、转口贸易等,在设立图们江信托基金、基础设施建设、投资评估等方面,以及在环保、旅游和技术援助项目,融资、招商引资、人员培训和开通束草(韩)—罗津

（朝）—珲春（中）海陆联运航线上做了大量的组织协调工作,促进和推动了图们江地区经济合作。

五、经济发展不平衡,市场制度机制缺失

经济全球化和区域经济一体化已经成为当前世界经济发展过程中的两大主要发展趋势。从区域经济一体化特点看,地理位置毗邻是区域一体化组织成员国的一个主要特点,具有贸易创造和贸易转移等效应。从市场经济制度看,各次区域成员国都存在或多或少的市场制度供给不足问题,这在一定程度上阻碍了次区域经济合作的进程。跨国界的次区域经济合作需要两个基本的衡量条件:一个是该次区域内的生产要素能跨国家自由流动,另一个是该次区域内生产要素的跨国界流动能够达到更有效率的资源配置。而这两个条件的实现需要有比较健全的市场经济机制来保证。无疑,生产要素的自由流动是区域经济合作的关键,自由的生产要素流动与市场经济相对应,在非市场经济体制下,市场大多处于松散甚至分割的局面,商品、资金、劳动力在本国内的流动都受到很大的限制,因而更谈不上跨国界的流动。

从40多年的改革开放实践来看,我国在改革开放方面总体呈现东快西慢、海强陆弱的格局。过去,中国经济发展最热的地区主要集中在东部沿海,东向发展是主流,重视向日本、韩国以及东南亚与欧美等方向发展。相比东部沿海地区,西部地区及沿边地区的对外开放步伐要慢一些。边境地区较之东部沿海和内陆地区,客观上存在着地理区位、发展空间、国家发展政策、经济发展阶段的非均衡性。边境地区的城市无论在经济实力、基础设施、城市管理还是城市文化发展等方面均与东部沿海和内陆有着较大的差距。由于边境地区处于国内市场、交通的末端,开放程度不高,加上边境地区经济总量较小,地方可用财力有限,因此,造成边境地区基础设施滞后,口岸疏运不畅等,制约了进出口加工业发展。

"一带一路"建设将沿边地区纳入到开放的前沿,有利于缩小东西部地区的差距,推动国内各地区的均衡发展和共同富裕。"一带一路"是我国解决东西部经济不均衡问题的"处方",它将构筑我国新一轮对外开放的"一体两翼",在提升向东开放水平的同时,加快向西开放步伐,助推内陆沿边地区由对外开放的边缘迈向前沿。让沿边地区成为改革开放的最前沿,有利于西部打破过去的旧的体系捆绑,推动建立开放型的经济体系,有利于西部发挥自有优势,尤其是和毗邻国家的区位优势,实现自身的发展,这样不仅可以解决中国经济发展的东中西发展不平衡问题,也能解决社会、安全、政治等多方面问题。在人员流动方面,全面推广"合作查验、一次放行"创新通关模式,进一步放宽边境往来签证限制;在物流方面,以熟严原则

对货物查验实行"委托查验,单边验放",大力推行口岸电子报关模式;在资金流方面,创新资金流动模式,建立跨境融资便捷机制,促进要素便捷流通;在信息流方面,设立综合大数据平台,各地政府共同为数据信息平台设定数据信息标准、维护及运行机制等,开放生态环境、灾害防治、突发事件、卫生防疫等领域信息共享,进而建立合作应对机制;支持边境地区设立边境自由贸易区,打造次区域经济合作示范区。

六、合作领域日趋广泛,国别差异比较明显

从次区域经济合作的广度上看,次区域经济合作范围十分广泛,包括投资、旅游、基础设施建设、人力资源、环保、技术等多个合作领域。比如澜沧江—湄公河地区由最初的贸易往来和基础设施项目合作,如今已经拓展为政治安全、经济和可持续发展、社会人文等领域合作,优先在互联互通、产能、跨境经济、水资源、农业和减贫领域开展合作。中国与中亚区域经济合作从科技领域起,目前已经拓展为交通、能源、贸易政策、贸易便利化四大重点领域合作,具体涉及种植业、畜牧业、林业、重工业、生物技术、新能源、轻工业、食品工业、医疗、教育等多个领域。

由于周边国家制度体制差异大,增加了合作的政策不确定性,特别是在东南亚、中亚、南亚地区,一些国家的国内政治形势复杂,政党斗争激烈,政局变动频繁,甚至内战冲突不断。而铁路公路、交通运输、电力能源等基础设施建设投资大、周期长、收益慢,有赖于有关合作方的政治稳定性、政策延续性和对华关系状况。两者的矛盾增加了"一带一路"建设过程中的政治风险。某些政治势力还可能出于自身政治目的误解或歪曲"一带一路"倡议,借机煽动新的"中国威胁论""中国扩张论",蓄意阻挠"一带一路"建设,周边国家参与"一带一路"建设表现差异较大。特别是有的国家民族众多、宗教矛盾复杂,基督教、佛教、伊斯兰教、印度教等多元宗教信仰并存,一些宗教内部还存在不同的教派分支,各种民族宗教之间的历史纷争复杂,增加了我国与周边国家合作的难度。中亚、南亚等地区的国际恐怖主义、宗教极端主义、民族分裂主义势力和跨国有组织犯罪活动猖獗,地区局势长期动荡不安。这些非传统安全因素的突出,既恶化了当地投资环境,威胁人员和设备安全,也可能借"一带一路"建设之机扩散和渗透到中国国内,甚至与国内不法分子内外勾连、相互借重,破坏中国安定的国内社会环境,对"一带一路"倡议及沿线工程建设构成严峻挑战。

新疆霍尔果斯口岸

第六章 "一带一路"倡议引领次区域经济合作

"一带一路"倡议包括五大重点合作任务,即政策沟通、设施联通、贸易畅通、资金融通、民心相通。"五通"有着严密的内在关系,政策沟通是前提,各国只有加强政策沟通、彼此了解,才能找到利益契合点,才能最大限度地实现经济发展战略的有效对接,才能共同制定出切实可行的合作规划。设施联通、贸易畅通、资金融通是基础,交通基础设施互联互通水平、货物流通便利化程度以及金融服务水平高低是衡量经济发展整体环境优劣的主要因素。要实现各国利益融合,打造利益共同体,就要大力推动交通、贸易、金融领域合作,在这三个领域的合作上取得进展,就会带动其他领域的合作,最终实现整体合作水平的提升。民心相通是保障,建设丝绸之路经济带离不开各国人民的支持和参与,只有大力促进各国人民之间的相互了解,推动不同种族、宗教、文化之间的和谐共处,才能为开展区域合作打下坚实的民意和社会基础。

自 2013 年以来,"一带一路"建设各方面工作取得了显著成效:第一,2017 年,"一带一路"国际合作高峰论坛成功举办,吸引了 140 多个国家和 80 多个国际组织的 1600 多位代表参会,达成了广泛的合作共识,五大类 76 大项 279 项具体成果已经全部按计划进度完成,规则标准对接将成为下一步工作的重点。第二,实现了战略对接和政策沟通。截至 2019 年 7 月,中国政府已与 136 个国家和 30 个国际组织签署了 195 份合作文件,共建"一带一路"国家已由亚欧延伸至非洲及拉美、南太平洋、西欧等地区,越来越多的非洲和拉丁美洲国家成为"一带一路"建设的支持者与参与者,"一带一路"建设的影响范围日益扩大,远远超过了古丝绸之路沿线地区,成为一个真正意义上的全球倡议和行动。共建"一带一路"倡议及其核心理念被纳入联合国、二十国集团、亚太经济合作组织、上海合作组织等重要国际机制成果文件,持续凝聚国际合作共识,在国际社会形成了共建"一带一路"的良好氛围。第三,基础设施互联互通建设取得明显成效。近年来,高效畅通的国际大通道加快建设。中老铁路、中泰铁路、雅万高铁、匈塞铁路等扎实推进,瓜达尔港、汉班托塔港、比雷埃夫斯港、哈利法港等项目进展顺利。电力、油气、核电、新能源、煤炭等领域的能源合作项目、跨境光缆信息通道建设等取得明显进展,中国与沿线国家和地区的连通性指数从 2013 年的 23.8 上升到 2018 年的 38.9。截至 2019 年 7 月,中欧班列累计开行超过 1.7 万列。第四,经贸投资合作领域不断扩大。2013 年至 2018 年,中国与沿线国家货物贸易进出口总额超过 6 万亿美元,年均增长 4%,高于同期中国外贸的整体增速,占中国货物贸易总额的比重达到 27.4%。同时期,中国企业对沿线国家直接投资超过 900 亿美元,年均增长 5.2%。在沿线国家完成对外承包工程营业额超过 5000 亿美元,沿线国家对华直接投资也超过了 400 亿美元。2013 年至 2018 年,我国与沿线国家已建设 82 个境外经贸合作区。中白工业园等成为双边合作的典范,中国—老挝跨境经济合作区、中哈霍尔果斯国际边境合作中心等一大批合作园区也在加快建设。第五,民心相通不断深入。我国设立"丝绸之路"中国政府奖学金,与 24 个沿线国家签署高等教育学历学位互认协议。中国与 57 个沿线国家缔结了涵盖不同护照种类的互免签证协定,与 15 个国家达成了 19 份简化签证手续的协定和安排。在 35 个沿线国家建立了中医药海外中心,建设了 43 个中医药国际合作基地。多层次、多领域的人文交流合作为沿线各国民众友好交往和商贸、文化、教育、旅游等活动带来了便利和机遇,不断推动文明互学互鉴和文化融合创新。第六,金融服务体系不断完善。通过加强金融合作,促进货币流通和资金融通,为"一带一路"建设创造稳定的融资环境,对"一带一路"沿线投资逾 900 亿美元。截至 2018 年 6 月,我国在 7 个沿线国家建立了人民币清算安排。已有 11 家中资银行在 27 个沿线国家设立了 71 家一级机构。

一、"一带一路"倡议与东南亚

东南亚国家既涉及丝绸之路经济带,也涉及 21 世纪海上丝绸之路,是"一带一路"倡议的重点区域。中国与东南亚陆路毗邻国家是丝绸之路经济带必经之地,南海周边的越南、菲律宾、马来西亚、印尼、文莱、新加坡也是建设 21 世纪海上丝绸之路的关键国家,对于落实 21 世纪海上丝绸之路倡议至关重要。

1. 中国—东盟次区域经济合作

中国—东盟次区域经济合作机制主要是为了应对中国—东盟区域合作过程中的局部和次区域合作与发展的特殊问题而构建的合作机制,以便更好地推动中国—东盟区域合作措施得到具体落实和取得进展。

(1)中国与东盟关系的发展历程

从历史上看,中国与东盟关系的发展,大体可以分为四个阶段。

第一阶段,自 1967 年 8 月东盟成立之日起,到 20 世纪 80 年代。受冷战影响,中国与东盟的关系处于低谷,可以称之为消除疑虑阶段。

从 20 世纪 90 年代开始进入第二阶段。这一阶段可以称之为建立全面对话关系阶段。1991 年 5 月,中国与东盟建立正式联系。时任中国外长钱其琛同志致函东盟秘书长,希望在政治、经济、贸易、科技和安全等领域与东盟建立对话关系。这一倡议得到东盟的积极回应。同年7月,钱其琛在应邀出席第24届东盟外长会议开幕式期间,与六国外长举行了首次非正式会议,这标志着中国开始成为东盟的磋商伙伴,拉开了双方对话合作的序幕。1994年7月,中国以东盟磋商伙伴身份出席了"东盟地区论坛"首届会议,并成为该论坛的创始成员之一。会议期间首次开启中国与东盟在地区安全方面的对话与合作。1996年7月,第29届东盟外长会议在雅加达举行,中国正式成为东盟的全面对话伙伴国。

第三阶段,从1997年到2003年,可以称之为建立睦邻互信伙伴关系阶段。1997年开始形成东盟—中国"10+1"机制,中国与东盟双方领导人实行定期会晤。1997年12月,时任国家主席江泽民同志出席了首次中国—东盟领导人会议,共同发表《联合宣言》,确立了面向21世纪的睦邻互信伙伴关系。此后的1998年到2000年间,中国与东盟各国签署或发表了一系列双边关系框架文件及合作计划。2002年11月,中国与东盟签署了《中国与东盟全面经济合作框架协议》,正式确定了2010年前建成中国—东盟自由贸易区的目标。

第四阶段从2003年开始,可以称之为战略合作伙伴关系阶段。2003年10月,第七次中国—东盟领导人会议期间,双方签署了《中国—东盟面向和平与繁荣的战略伙伴关系联合宣言》。由此,中国成为东盟的第一个战略伙伴,东盟也成为中国第一个有战略伙伴关系的地区性国际组织。这是一份里程碑式的文件,它标志着中国与东盟开始致力于建立睦邻友好和互利合作关系,双方经贸交流与合作步入快车道。2004年11月,时任国务院总理温家宝出席第八次中国—东盟领导人会议,提出了进一步加强双方合作的倡议。会上,双方签署了《中国—东盟全面经济合作框架协议货物贸易协议》和《中国—东盟全面经济合作框架协议争端解决机制协议》,这标志着中国—东盟自由贸易区建设进入实质性阶段。2009年8月15日,中国与东盟签署了中国—东盟自由贸易区《投资协议》,标志着中国—东盟自由贸易区协议的主要谈判成功完成。2010年1月1日,中国—东盟自由贸易区正式建成,这是迄今为止全球最大的由发展中国家组成、惠及人口最多的自贸区。

2013年10月3日国家主席习近平在访问印度尼西亚期间,发表了题为《携手建设中国—东盟命运共同体》的重要演讲,提出了要扩大与东盟国家各领域务实合作,互通有无、优势互补,同东盟国家共享机遇、共迎挑战,实现共同发展、共同繁荣。2013年10月9日,李克强总理出席了在文莱斯里巴加湾举办的第16次中国—东盟领导人会议。会上,中国与东盟发表了《纪念中国—东盟建立战略伙伴关系10周年联合声明》,双方就推进、加强和深化中国—东盟战略伙伴关系,全面有效落实《"中国—东盟建立战略伙伴关系10周年联合声明"行动计划(2011—2015)》等问题达成了一系列重要共识。

（2）中国—东盟合作评估分析

中国与东盟各国或山水相连,或隔海相望,各国人民之间的友谊源远流长、历久弥新。2003年,中国与东盟签署了《中国与东盟面向和平与繁荣的战略伙伴关系联合宣言》,截至今天已经过去十余年。多年来,中国与东盟在国际事务中相互支持、密切配合,在政治、经济、文化等领域的合作不断深化,实现了互利共赢、共同发展。特别是中国与东南亚国家在"一带一路"框架下展开了密切的沟通与合作,取得了诸多务实成果,正在携手迈入共同发展、共同繁荣的新时代,推动中国东盟战略伙伴关系再上新台阶,迈向更为紧密的命运共同体。随着中国—东盟自由贸易区建设逐步深入,双方贸易规模迅速扩大,双向投资不断增加,经济合作持续深化,取得了显著成效。

中国与东南亚国际在"一带一路"框架下开展了密切沟通与合作,取得了许多务实合作成果。近年来,中国东盟"10＋1"合作机制以经济合作为重点,不断向政治、安全、文化等领域拓展,已经形成了多层次、全方位的良好局面。

加强战略对接。2013年10月以来,中国与东南亚国家领导人保持了高频率的互访与会晤,这在中国与东南亚国家关系史上较为罕见。双方领导人进行了有效的沟通与交流,增进了政治互信,对共建"一带一路"达成了战略共识。同时,双方推动"一带一路"倡议同东盟共同体建设深入对接,与东盟各国的发展战略和规划有机衔接,共同落实好以政治安全、经贸、人文交流三大支柱为主线、多领域合作为支撑的"3＋X合作框架",推动双方关系提质升级。加强澜沧江—湄公河合作。加快制定《中国—东盟战略伙伴关系2030年愿景》。

中国—东盟政治互信不断提升,各领域合作硕果累累。印尼前总统佐科表示,印尼希望推进两国全面战略合作,不断提升双边关系水平,双方要以海上和基础设施建设等领域为重点带动两国整体合作。马来西亚前总理纳吉布认为,海上丝绸之路的复兴将为马中两国带来巨大商机,两国应抓住机遇扩大双边贸易和投资合作。文莱、苏丹等国领导人认为,21世纪海上丝绸之路倡议与东盟及APEC峰会所提倡的互联互通倡议相一致,必将进一步完善两国双边合作机制,增强双方经济联系和人民之间交流沟通。洪森表示,柬中两国在各领域保持着良好沟通,柬方希望在经济社会发展领域继续同中方开展互利合作,希望两国在"一带一路"框架下合作,加强柬埔寨水路、航空等交通领域互联互通建设,在卫生、农业、应急救灾等领域拓展合作。泰国总理巴育支持"一带一路"建设,称泰方愿意积极参与中方关于共建21世纪海上丝绸之路的倡议,深化铁路、通信、旅游等领域合作,促进区域互联互通,朝着建立亚太自由贸易区的目标迈进。老挝副总理认为,"一带一路"有助于把老挝从"陆锁国"变为"陆联国",在此框架下,中国—东盟的经济合作将更加高效,本地区将更为文明富强。其中,中国与老挝、柬埔寨签署了《关于编制共同推进"一带一路"建设合作规划纲要的谅解备忘录》。中国与印尼建立了高层经济对话机制,迄今已召开两次会议。

2013 年 10 月 15 日,中国云南省人民政府正式与老挝中央特区管理委员会签署《中国磨憨—老挝磨丁跨境经济合作区框架协议》。2014 年 6 月 6 日,中老两国签署《关于建设磨憨—磨丁经济合作区的谅解备忘录》,磨憨—磨丁经济合作区正式纳入中老国家项目。2016 年 11 月 28 日—12 月 1 日老挝政府总理通伦·西苏访华,中老签署《中国老挝磨憨—磨丁经济合作区共同发展总体规划(纲要)》。该经济合作区占地 21.2 平方千米。2016 年 7 月,连接中国磨憨口岸与老挝磨丁口岸的货运专用通道开工建设。货运通道分为中国段和老挝段,其中,中国段长 800 米,老挝段长 1654.5 米,总投资近 5000 万元。老挝段先启动建设 489.5 米,总投资为 1300 万元人民币。

2015 年 11 月 22 日,中国和东盟在马来西亚吉隆坡正式签署中国—东盟自贸区升级谈判成果文件——《中华人民共和国与东南亚国家联盟关于修订〈中国—东盟全面经济合作框架协议〉及项下部分协议的议定书》(以下简称《议定书》),标志着中国—东盟自贸区升级版完成谈判。《议定书》是中国在现有自贸区基础上完成的第一个升级协议,涵盖货物贸易、服务贸易、投资、经济技术合作等领域,通过升级原产地规则和贸易便利化措施,进一步促进双边货物贸易发展,体现了双方深化和拓展经贸合作关系的共同愿望和现实需求。《议定书》进一步明确了原产地规则问题,双方同意对 46 个章节的绝大部分工业品同时适用"4 位税目改变"和"区域价值 40％"标准,涉及 3000 多种产品,包括矿物、化工、木材纸制品、贱金属制品、纺织品和杂项制品等产品,其中有许多都是中国具有较强竞争优势的产品。这两种原产地标准,企业可自行选择适用,这将大大便利有关企业利用自贸区的优惠政策。

促进经贸和投资合作。中国与东盟各国之间的经贸合作规模不断扩大,形式日趋多样,已由最初的单一货物贸易形式,发展到服务贸易、双向投资与金融合作,合作领域逐渐延伸到信息通信、湄公河开发、交通能源、文化、旅游等各个方面。2017 年中国和东盟贸易额达 5148.2 亿美元,是 2003 年的 6.6 倍。中国继续鼓励本国企业扩大对东盟国家投资,同时也欢迎东盟国家企业到中国投资。中国愿与东盟继续秉持互利共赢原则,推动中国—东盟自由贸易区升级版全面生效,加快推进"区域全面经济伙伴关系协定"(RCEP)谈判。经贸合作一直是中国与东南亚国家合作的主要支柱。据中国商务部统计,2017 年,中国与东盟贸易突破 5000 亿美元,总额达到 5148.2 亿美元,占中国对外贸易的 12.5％。投资方面,东盟是中国第三大外资来源地,中国是东盟第四大外资来源地。截至 2017 年年底,中国与东盟累计相互投资超过 2200 亿美元。双方力争实现到 2020 年双向贸易额 1 万亿美元、投资额 1500 亿美元的目标,并期待到 2030 年取得更多贸易投资成果。中国企业对东盟投资增速较快,双向投资日趋平衡。中国企业投资领域已从制造业、采矿业、批发零售等逐步拓展到电力、供水、电信等基础设施建设和更加丰富的商贸服务业。从东盟国家对中国的直接投资看,投资合作初期,以"三来一补"、加工贸易和劳动密集型加工企业(如鞋类、纺织品加工、电子电器组装等)为主,后来逐步发展到家具制造、钢铁、石化、饲料加工、酒店管理等领域,进而向第一产业和服务业扩展。投资者国别主要是新加坡、马来西亚、泰国、菲律宾和印度尼西亚。东盟对中国投资的主要区域集中在我国东部沿海地区。从双向投资的形式来看,中国—东盟双向投资合作的最初形式是与贸易有关的投资,主要包括与双边贸易相关的生存设备、边境口岸设施、物流设施、交通运输工具、贸易信息网络等。产业投资是中国—东盟双向投资合作的更深层次。近年来,产业投资的重点逐渐从传统制造业及矿产开采加工向绿色科技创业园、生物科技、现代农业、中医药基地建设、电子商务、养生旅游等新领域转移。中国与东盟双向投资采取了合资合作开发、工程承包、绿地投资、跨国并购等多种形式。中国已在东盟设立直接投资企业 4000 余家,雇佣当地员工 30 余万人。2018 年是中国—东盟建立战略伙伴关系 15 周年,15 年来,双方经贸合作发展迅速,成果丰硕。从双边贸易来看,中国与东盟贸易额占中国对外贸易总额的比重上升到八分之一。中国已连续 9 年成为东盟第一大贸易伙伴,东盟连续 7 年成为中国第三大贸易伙伴。2018 年 1 月至 5 月,中国—东盟贸易额同比增长 18.9%,达到 2326.4 亿美元。特别是中国—东盟自由贸易区如期建成以来,中国和东盟国家进一步开放了服务贸易市场。2011 年 11 月,双方签署了《关于实施中国—东盟自贸区〈服务贸易协议〉第二批具体承诺的协定书》(于2012 年 1 月 1 日起生效)。与 2007 年 1 月签署的《服务贸易协议》中第一批具体承诺相比,中国的第二批具体承诺根据加入世界贸易组织(WTO)承诺,对商业服务、电信、建筑、分销、金融、旅游、交通等部门的承诺内容进行了更新和调整,还进一步开放了公路客运、职业培训、娱乐文化和体育服务等服务部门;东盟各国的第二批具体承诺不但涵盖部门明显增加,而且在其 WTO 承诺基础上做出更高水平的开放,许多国家的承诺甚至超出 WTO 新一轮谈判的出价水平。随着服务贸易进一步开放,中国与东盟服务贸易规模迅速扩大。目前,东盟已成为中国第五大服务贸易出口市场和进口来源地,其中,在海运、航运、金融服务、建筑工程服务等领域,东盟成为中国服务贸易进口的重要组成部分,在服务业投资、工程承包、劳务合作等领域,东盟是中国重要的服务贸易出口市场。

服务贸易的开发促进了双边旅游的空前发展。中国与东盟双方互为主要旅游客源地,东盟十国均已成为中国居民出境旅游目的地前十位,马来西亚、新加坡、菲律宾、泰国、印度尼西亚等东盟国家一直是中国入境旅游的十五大客源国。中国与东盟双向游客数量急剧攀升,已互为重要的客源地。泰国旅游和体育部公布的数据显示,2015年双方互访旅游人数达到了2364万人次,在各年旅游数据中创造了新的高度;2016年,双方互访旅游人数超过了2200万人次,而且每周来往双方的旅游航班超过了2700架次。2017年前10个月,赴泰的中国(不含港澳台地区)游客累计约820万人次,同比增长5.3%,占赴泰的外国游客总数的28.5%;赴柬埔寨的中国游客人数达63.5万人次,同比增长42.7%。同时,中国旅游市场对东盟游客的吸引力也在不断增加。我国国家统计局的资料显示,2017年上半年,中国主要客源市场排名前15位的国家中,有6个是东盟国家。特别是菲律宾、缅甸、越南等国来华旅游人数已超过百万人次,均保持较快增长势头。其中,广西每年入境旅游人数近一半来自东盟国家,并已经超过300万人次;越南来华旅游人数达316.7万人次,同比增长46.6%。据统计,2007年至2017年的10年中,中国与东盟互访的年度游客流量扩大了近6倍,这对于发展双方的旅游业,乃至其他经济合作都至关重要。

加强国际产能合作。2013年10月以来,中国与东南亚国家展开了卓有成效的合作。中国对主要东盟国家的基础设施展开投资,2016年9月双方签署《中国—东盟产能合作联合声明》。东盟国家正处在工业化和城镇化快速发展的阶段,中国则拥有大量优势产能和性价比高的装备。为落实好《中国—东盟产能合作联合声明》,打造融合度更深、带动力更强、受益面更广的产业链、价值链、物流链,目前,一些大型基础设施项目陆续开工建设,对东南亚国家产生了积极影响。马来西亚两国双园项目取得新进展,重大合作项目落地(即中马钦州产业园和马中关丹产业园,是中马经贸合作和"一带一路"合作的示范项目)。中国广核集团有限公司在马来西亚设立中广核东南亚公司作为其东南亚区域总部,近期重点推进马六甲燃气项目,该项目规划总装机容量达到200万~240万千瓦。中国中车旗下株洲电力机车有限公司在马来西亚建立的东盟制造中心正式投产。中国电力建设集团有限公司在马来西亚首都吉隆坡成立亚太区域总部。与此同时,中国电力建设集团投资800亿林吉特建设马六甲海峡最大港口皇京港。皇京港深水补给码头是一个液体专用码头,预计在2019年竣工。

推进互联互通合作。基础设施互联互通是"一带一路"建设的优先领域。共同与东盟落实好《中国—东盟关于进一步深化基础设施互联互通合作的联合声明》,推动实施一批陆上、海上、天上、网上互联互通重点项目。建成了中缅油气管道建设、加快中老铁路、印尼雅万铁路、中泰铁路、中新(重庆)战略性互联互通示范项目及其南向通道等项目建设。2017年中国企业对"一带一路"沿线的59个国家有新增投资,合计143.6亿美元,同比下降1.2%。投资金额占总额的12%,比去年同期增加3.5个百分点。资金主要投向新加坡、马来西亚、老挝、印度尼西亚、巴基斯坦、越南、俄罗斯、阿联酋和柬埔寨等国家,大部分为东盟国家。比如,缅甸皎漂工业园与深水港项目、老挝南欧江梯级电站。2015 年 11 月,中国电建集团投资建设的老挝南欧江梯级电站首台机组正式投产发电。这是中老"一带一路"倡议下的又一个重大合作项目。该项目分七个梯级电站进行开发,总装机容量达 1272 千瓦,年均发电量 50 亿千瓦时,总投资约 28 亿美元。根据规划,一期先开发二级、五级和六级电站,其余电站作为二期开发。2015 年,一期电站计划全部建成投产。对外承包工程方面,中国企业在"一带一路"沿线 61 个国家新签对外承包工程项目。新签合同 7217 份,合同额 1443.2 亿美元,占同期中国对外承包工程新签合同额的 54.4%,同比增长 14.5%;完成营业额 855.3 亿美元,占同期总额的 50.7%,同比增长 12.6%。未来,在"一带一路"倡议推动下,双方大型合作项目,如铁路公路互联互通、工业园区建设、经济走廊建设等项目将逐步落实。

深化金融创新合作。截止到 2018 年,中国已经和很多国家达成合作项目,投资项目已经超过 30 个。东盟十国均是亚投行创始成员国。亚投行按照多边开发银行的模式和原则运营,重点支持亚洲地区基础设施建设。2016 年全年,亚投行为 7 个亚洲发展中国家的 9 个项目提供了 17.3 亿美元贷款。亚投行计划逐步加大运作规模,预计今后的 5 年至 6 年时间内,每年贷款额可以达到 100 亿至 150 亿美元。除亚投行外,"一带一路"项目的融资平台还包括丝路基金,主要投资于基础设施、资源开发、产业合作、金融合作等领域。中国—欧亚经济合作基金主要投资农业开发、物流、基础设施、新一代信息技术、制造业等领域。中国—东盟海上合作基金、中国—东盟投资合作基金、澜沧江—湄公河合作(简称澜湄合作)专项基金、优惠性质贷款和专项贷款等,对优质产能合作项目提供优先支持。另外,中国与东盟共同实施"一带一路"科技创新行动计划,着力构建区域技术转移协作网络,促进技术转移和成果转化。大力开展科技人才培训、技术交流,为本地区的发展提供有力的技术和智力支持。未来,中国与东盟国家的经贸、投资、金融合作将进入新的历史时期,双方之间的相互依赖将进一步增强,这将为中国与东盟战略伙伴关系注入新的活力。《中国—东盟全面经济合作框架协议》签署以来,中国—东盟金融合作与发展的良好姿态和显著成效,有利促进了中国与东盟间贸易与投资的便利化,为双方经贸合作提供了强有力的支撑和动力。

多区域金融合作有效推进。2009 年 7 月,我国正式启动跨境贸易人民币结算业务,境外试点地域范围暂定港澳地区及东盟国家,继而中国与东盟十国签署了《中国—东盟自由贸易区投资协议》,标志着中国—东盟自由贸易区协议的所有主要谈判已成功完成。基于这个背景,2009 年 10 月第六届中国—东盟博览会期间举办了首届中国—东盟金融合作与发展领袖论坛。该论坛迄今已连续成功举办十届,在巩固并拓展中国与东盟现有的金融合作平台,提供更好的金融生态环境支持,促进区域经济金融稳定和发展等方面具有十分重要的意义。此外东盟与中日韩(10＋3)框架下的区域货币合作也取得了较大成果,清迈倡议多边化协议总规模稳步扩大,目前已达 2400 亿美元。

跨境人民币业务成果丰硕。中国与泰国、菲律宾、马来西亚和印尼等国签署了双边货币互换协议。2018 年,中国人民银行先后与马来西亚、印尼、新加坡货币管理当局签署了总额为 3300 亿元人民币的双边本币互换协议,用于支持直接双边贸易和直接投资。菲律宾、马来西亚等央行和货币当局均将人民币列为官方储备货币,人民币跨境贸易结算已扩大至东盟所有国家。

中国—东盟双方互设金融机构步伐加快。2011 年,中资银行业金融机构在东盟国家共设立了 11 家分支机构;东盟十国银行在华设立了 4 家分行和 7 家子银行,子银行又下设 20 多家分行。新加坡星展银行已在南宁设立分行,国家开发银行广西分行已在越南、柬埔寨等国家设立了办事处。中方金融机构为中国—东盟合作提供了多种形式的融资便利,中国与东盟共同参与设立了总规模为 120 亿美元的亚洲区域外汇储备库,为本地区解决流动性和国际收支问题提供了保障。2013 年 10 月,中国国家主席习近平赴印尼访问时表示,为促进本地区互联互通建设和经济一体化进程,中方倡议筹建亚投行,同域外现有多边开发银行合作、相互补充,向包括东盟国家在内的本地区发展中国家基础设施建设提供资金支持。亚投行作为亚洲开发银行在亚太地区投融资与国际援助职能的一个重要补充,将有利于弥补亚洲发展中国家在基础设施投资领域存在的巨大资金缺口,提高亚洲资本利用效率,为亚洲经济增长夯实基础。

合作载体多元发展。多年来,中国与东盟通过多种模式推进合作园区建设,为双方企业搭建起经贸交流和投资合作的便利平台。首先,建设境外经贸合作区。中国的境外经贸合作区是指在国家统筹指导下,国内企业在境外建设或参与建设的基础设施较为完善、产业链较为完整、辐射和带动能力强、影响力大的加工区或科技产业园等各类经济贸易合作区。东盟国家内的中国境外经贸合作区目前主要有越南龙江工业园、柬埔寨西哈努克经济特区、泰国泰中罗勇工业区、越南中国(海防—深圳)经贸合作区和中国·印尼经贸合作区。越南龙江工业园区建于越南前江省新福县,入驻企业自有收入之年起享有 15 年税率为 10％的企业所得税优惠,自赢利之年起 4 年免税,园区内加工出口企业享受免增值税、免进出口税等优惠政策。柬埔寨西哈努克经济区(简称西港特区)位于西哈努克市市郊,总体规划面积为 11.1 平方千米,以纺织服装、机械电子、高新技术为主导产业,入驻企业进口生产设备、建材、零配件及用于生产的原材料等均全部免征进口税,企业根据产品种类可享受柬埔寨最多 9 年盈利税的免税期,中国政府也给予其一定的货款贴息、投资前期补贴等对外专项资金支持。泰中罗勇工业园区定位于泰国东部海岸罗勇府,园区总体面积 4 平方千米,产业定位为汽配、机械、电子电器和建材五金等,是中国传统优势产业在泰国的产业集群中心和制造业出口基地,"走出去"企业可享受最高 8 年的免税。越南中国(海防—深圳)经贸合作区位于越南海防市安阳县内,占地面积 8 平方千米,其功能定位为工业产业园区和综合配套服务园区,工业园区计划入驻电子、服装为主的轻工产业,综合园区主要提供融资、质检、法律咨询、报关、物流等配套服务。中国·印尼经贸合作区是中国在印尼首都雅加达设立的集生产、仓储、贸易为一体的经贸合作区,规划用地总面积 5 平方千米,产业定位以汽配、机械制造、家用电器、精细化工、生物制药、农产品精深加工及新材料为主。其次,建设跨境经济合作区。2007 年以来,广西与越南一些省份签署了地方政府间的框架协议或备忘录,规划建立中国凭祥—越南同登、中国东兴—越南芒街和中国龙邦—越南茶岭三大跨境经济合作区。同时,国务院批准云南设立"中国河口—越南老街""中国瑞丽—缅甸木姐""中国磨憨—老挝磨丁"三个跨境经济合作区。其中,根据中国河口—越南老街跨境经济合作区研究和建设合作的框架协议,云南省河口县 2.85 平方千米的北山片区和越南老街市 2.5 平方千米的金城商贸区,与中越红河公路大桥相连,对接形成"围栏封闭"式的核心区。该区域内中越双方交通、海关、公安、检验检疫、边防、商务等部门相互配合、协调解决合作区内相关问题,建立"投资优惠、贸易便利、高度开发"的合作机制。再次,建设两国双园产业园区。中马钦州产业园区和马中关丹产业园区是中国和马来西亚两国政府共同推进的重大项目,开创了两国双园区、姊妹园区互动开发建设的新型合作模式。中马钦州产业园区以"中马制造城、共赢示范区"为目标,对东盟国家和世界各国企业开放,由中马两国企业共同组建园区开发公司,按现代企业制度管理和运营。作为中马钦州产业园区的"姐妹园",马来西亚在彭亨州关丹地区开辟了"马中关丹产业园区",重点规划了装备制造、电子信息、食品加工、材料及新材料、生物技术和现代服务业等 6 个产业园区。中马钦州产业园与马中关丹产业园区的"两国双园"模式的形成,是全球经贸合作的重大创新,中马双方将在加快推进两个园区建设的过程中实现共同发展,互利双赢。最后,建设其他境内合作园区。苏州工业园区是中国与新加坡两国政府间的首个合作园区,该园区于 1994 年 5 月 12 日正式成立,位于中国江苏省苏州市姑苏区东侧,园区总面积 288 平方千米(其中中新合作区 80 千米),计划建成具有国际竞争力的高科技工业园区和现代化、国际化、信息化的创新型、生态型新城区。园区直接借鉴了新加坡发展经济、城市建设和公共管理的一整套经验,以苏州市 3.4% 的土地、6.8% 的人口,创造了 15% 左右的经济总量,2011 年、2012 年连续两年高居"中国城市最具竞争力开发区"榜首,综合发展指数位居国家级开发区第二位。2009 年 9 月,中国和新加坡两国政府合作建设的中新天津生态城正式开工建设,这是中新两国政府合作建设园区的第二次实践。是继苏州工业园之后两国合作的新亮点。生态城位于天津滨海新区,总面积约 31 平方千米。根据规划,生态城确定了八大产业发展方向,包括节能环保、科技研发、教育培训、文化创意、服务外包、会展旅游、金融服务以及绿色房地产等低消耗、高附加值产业,将建设成为综合性的生态环保、节能减排、绿色建筑、循环经济等技术创新和应用推广的平台。

密切人文交流合作。多年来,中国与东南亚国家的人文交流进一步深入发展,2015 年,建立了中国—印尼副总理级人文交流机制。2015 年 5 月,中国印尼副总理级人文交流机制首次会议在印尼雅加达举行,双方签署教育、科技、文化等 7 项合作文件。2016 年 6 月,作为中国印尼人文交流的务实合作项目,中国—印尼高校智库联盟在北京外国语大学成立。目前,智库联盟共有北京外国语大学、华中师范大学、广东外语外贸大学、河北师范大学,以及印度尼西亚大学、加查玛达大学、日惹国立大学、北苏门答腊大学等 8 个成员,主要任务是加强双向人才培养、推动科学研究、加强政策对话,围绕中国与印尼全面战略合作伙伴关系中的具体政策开展针对性研究。2017 年 3 月,中国—印度尼西亚人文交流研究中心在北京外国语大学成立。2016 年 8 月,中国印尼副总理级人文交流机制第二次会议在中国贵州举行,两国领导人对深入开展人文交流达成重要共识,双方签署了教育、科技、文化、林业等 8 个合作协议。此外,还建立了中国—东南亚民间高端对话会对话机制。2013 年 6 月,中国—东南亚民间高端对话会在中国南宁举行,这是自 1991 年中国东盟建立对话伙伴关系以来首次举行民间高端对话,对促进彼此的认知和了解有重要意义。"一带一路"倡议提出后,中国高度重视与东南亚国家的民间交流。2015 年 5 月,中国领导人在印尼出席第二届中国—东南亚民间高端对话会,柬埔寨副首相索安、印尼前国会议长马祖基、东盟副秘书长穆克坦等政要及前政要、非政府组织、企业、媒体代表等出席会议。与会领导人和专家对加强中国与东南亚国家民间交流对话表示了高度肯定。中国—东盟人员往来规模也在不断扩大。中国和东盟互访人次由 2016 年的 3000 多万增至 2017 年的近 5000 万,再创新高。在双方人员往来中,青年学生是一个特殊的群体。2009 年 10 月,中国和东盟启动"双 10 万留学生计划",目前,中国与新加坡、马来西亚、越南、文莱、缅甸、老挝、柬埔寨、菲律宾分别签署了教育交流协议,与泰国、马来西亚签订了学历学位互认协定。2016 年,中国与东盟双向留学生总数实际上已超过 20 万人。我国与东盟各国在相互尊重文化多样性和社会价值观的基础上,深化文化、教育、卫生、旅游、青年、媒体、体育等领域务实合作,合力打造"互信、互谅、互利、互助"的中国—东盟合作精神。未来,在"一带一路"倡议的推动下,人文交流项目,尤其是双方之间的高校合作、留学生教育、智库合作、青年交流、文明对话、语言文化学习将逐渐成为中国东盟合作的基石,同时也将进一步推动中国东盟战略伙伴关系走向新的历史阶段。"一带一路"倡议共商、共建、共享的原则与中国和东南亚文化有诸多契合之处,并渗透到中国与东盟合作的方方面面。中国与东南亚在"一带一路"倡议下的合作将引领东亚地区走向和平、稳定和繁荣,尤其是中国与东南亚之间的合作、互利、共赢理念将塑造未来地区间合作的新理念。在文化交流方面,通过部长级会议、论坛研讨、人员交流、艺术节和展览等形式,双方开展了多层次、多渠道的文化交流合作。2003年10月,在马来西亚吉隆坡举办的东盟与中日韩首届文化部长会议上,双方就中国—东盟文化合作初步交换了意见。2006年以来,双方成功举办了七届"中国—东盟文化产业论坛",相继签署了《南宁宣言》《中国—东盟文化合作谅解备忘录》《中国—东盟文化产业互动计划》《东亚图书馆南宁倡议》等对中国和东盟文化发展具有积极推动作用的文件,其中,《中国—东盟文化合作谅解备忘录》是中国与区域组织签署的第一个文化交流合作方面的官方文件。目前,所有东盟成员国语言专业均在中国高校开设,北京外国语大学、北京大学、贵州大学、云南大学等高校设有东盟研究中心或东盟国别研究中心。中国还在东盟国家积极推广汉语教学,截至2018年,东盟十国共建有33所孔子学院、35所孔子课堂。

(3)中国—东盟合作特点

经过近半个世纪的历史演进,特别是近年来的发展,中国与东盟关系已经进入成熟期,合作已进入快车道。回顾中国与东盟加强合作的发展历程,主要呈现出三个特点。

合作领域逐步拓展。早期,中国与东盟优先合作领域集中在五个方面,即:农业、信息及通信技术、人力资源开发、投资、湄公河盆地开发领域。随着双方合作不断深入,合作领域不断拓展,目前不但包括农业、信息产业、人力资源开发、互相投资、湄公河流域开发、交通、能源、文化、旅游、公共卫生和环保等11个重点合作领域,而且在执法、青年交流、非传统安全等其他20多个领域,双方也开展了广泛合作。此外,中国与东盟还签署了12个合作谅解备忘录和合作框架,主要涉及农业、信息通信、非传统安全、大湄公河次区域信息高速公路、交通、文化、卫生、新闻媒体、知识产权、标准和合格评定程序、建立中国—东盟中心等内容。

合作机制日益完善。经过长期的摸索与实践,中国与东盟形成了一套比较完整的对话合作机制,而且拥有外交、经济、交通、海关署长、总检察长、青年事务、卫生、电信、新闻、质检和打击跨国罪犯等十几个部长级会议机制,形成了中国—东盟互联互通合作委员会、中国—东盟联合合作委员会(ACJCC)、中国—东盟经济贸易合作联合委员会等机构。还有一批半官方和民间的合作机构。平均每年有3位以上的东盟国家元首或政府首脑访华。初步统计,仅2012年,双方副总理级以上的访问就达50余次,双方党、政、议会、军事部门和各种团体负责人的互访交流频繁。各种层次、多种形式的对话和交流增进了互信,促进了双方关系的稳步发展。

合作层次不断提升。中国与东盟的合作除了一般意义上的经贸交流与投资合作,双方在国际和地区事务上的协调与配合也逐渐深化和加强。中国始终支持东盟在不断演变的区域结构、在东亚合作进程中发挥主导作用,长期支持并积极参与东盟共同体建设和一体化进程。双方在东盟与中日韩(10＋3)、东亚峰会(EAS)、东盟地区论坛(ARF)和东盟防长扩大会议(ADMM＋)等东盟主导机制框架内密切合作。中国与东盟签署了多个宣言、条约,为推动地区安全合作机制化奠定了基础。特别是 2002 年 11 月《南海各方行为宣言》后续行动指针达成一致。近年来,中国与东盟在携手应对印度洋海啸、缅甸风灾、泰国洪灾、菲律宾台风、汶川地震、非典型性肺炎、禽流感等一系列重大自然灾害和传染性疾病过程中,同舟共济,真诚相助,巩固了友谊,深化了合作。

(4)中国—东盟合作取得的经验

回顾多年来的发展历程,经过双方全方位、宽领域、多渠道的合作与交流,中国—东盟的关系日臻成熟,不仅有力地促进了中国与东盟各国自身经济社会发展,也为促进本地区乃至整个世界和平、稳定和繁荣做出了重要贡献,成为世界区域合作的成功典范。

强化政治互信,是中国—东盟合作的坚实基础。战略互信对于加强中国与东盟合作和发展至关重要。中国领导人高度重视同东盟国家的关系,一直把东盟作为周边外交的优先方向。从最初的部分磋商伙伴关系,到全面对话伙伴国,再到睦邻互信战略伙伴关系,中国与东盟之间的双边关系快速提升,不断迈上新的台阶,不断巩固政治和战略互信保障了双方经贸合作,增进了友好关系,坚定了共同发展、共担风险、互利共赢的信心,铸就了中国—东盟合作的"黄金十年"。

构建法律框架,是中国—东盟合作的有力保障。过去 10 年,中国与东盟在合作过程中注重构建法律体系保障,通过签署《中国—东盟全面经济合作框架协议》《南海各方行为宣言》《关于非传统安全领域合作谅解备忘录》等协议,确定了货物贸易、服务贸易、投资合作、海洋合作和地区安全等在内的基本架构,建立了中国与东盟合作的行为规范,约束和协调了中国与东盟合作的行为,为多边合作奠定了基础,推动了双方贸易和投资的深入发展,实现了共同的利益、共同的繁荣。

搭建多样化合作平台,是中国—东盟合作的有利条件。通过中国与东盟领导人峰会、部长级会议以及民间友好组织等,搭建了国家元首级、部长级以及民间级多层次的对话合作平台。通过博览会、投资峰会、交易中心、交流周以及对接洽谈会等,搭建了定期或不定期、综合或专业的、正式或非正式的多形式合作平台,搭建了政治、经济、文化、地区安全等多领域的合作平台,为中国与东盟合作创造了条件,提供了同等机会,实现了制度创新。

推动人文交流,是深化中国—东盟合作的桥梁纽带。人文交流在中国与东盟密切合作中起到越来越显著的作用。中国与东盟国家山水相连,具有往来的历史和传统友谊,中国通过缔结友好城市、互派留学生、语言教学、青少年交流、组织文化艺术团体演出、边民友好大联欢以及旅游等多种形式,增进了中国人民与东盟国家人民的互相了解,培养了一批对华友好、感情深厚的各界人士,为中国与东盟合作创造了良好和谐的外部环境,巩固和发展了双方的传统友谊,拓展和深化了合作领域。

创新中国—东盟合作机制,是中国—东盟合作的有效途径。创新园区建设模式和次区域合作是过去十年中国东盟合作的最大亮点。开创了境外经贸合作区、跨境经济合作区、两国双园合作和两国共建产业园等模式,设计了中国—东盟自由贸易区、中国—东盟互联互通合作、泛北部湾经济合作、大湄公河次区域经济合作等机制,提升了合作水平,实现了中国与东盟经贸投资快速增长。

(5)中国—东盟合作值得重视的问题

一是中国对东盟贸易不平衡,投资结构不合理,影响中国与东盟深入开展合作。从贸易结构上看,中国对东盟的出口主要是制成品,而进口主要是原材料和零部件、半成品,中国与东盟的一些欠发达成员国长期存在贸易顺差。而中国在东盟的投资大多是资源合作和工程承包。中国与东盟合作存在"政府热、民间冷"现象,政府资金对社会资金的撬动效应没有充分体现。我国与东盟各国的交往方式中,政治领域的互访比较多,政府投入较多资金,而国内民间资金和外商投资并没有大规模投入,而是持观望态度,由此出现了"政府热、民间冷"的现象,政府资金主导的经贸合作需要加快向市场主导转变,使中国东盟合作尽快步入良性运转的轨道。

二是桂、滇两地合作不够,制约了对东盟开发合作红利的吸纳。桂、滇合作目前存在一些突出问题。在对外宣传、对东南亚开发以及争取中央政策方面,互相竞争有余,互相呼应不足。在对东南亚、南亚的开发合作过程当中,桂、滇如何形成同下一盘棋的格局,对共享利益、共谋发展的问题,需要认真研究。

三是自贸区存在各国经济发展水平相异与产业结构相似并存、非关税壁垒等问题,阻碍了自贸区作为中国与东盟合作引擎作用的发挥。区域内各国经济发展水平相异与产业结构相似并存,制约了自贸区效应的释放。中国—东盟自由贸易区存在的最大问题是区域内国家经济发展阶段和发展水平各不相同,既有缅甸这样自给自足的封闭式经济,又有新加坡这样以贸易立国的城市型经济,同时又存在产业结构相似、产业结构单一、劳动密集型、产业科技投入不足、生产率低下等问题,如果都采取出口导向型模式,在区内市场上将存在激烈的竞争,进而降低合作的契合度,损伤合作的稳定性。此外,由于东盟一些国家为了尽快实现本国经济快速增长,保护本国民族产业和企业利益,可能会设置"隐性壁垒"(即非关税壁垒),比如在进口产品的质量认证过程中,故意拖延检验时间,或提高技术壁垒和绿色壁垒,对我国企业和产品进入工业品市场设置障碍。在世界经济不景气的背景下,非关税壁垒问题有可能凸显,还会增加贸易争端,阻碍中国—东盟合作的深化。

中国—东盟博览会会场

2. 大湄公河次区域经济合作机制建设

　　大湄公河次区域处于东南亚、南亚和中国大西南的接合部。此区域涉及澜沧江—湄公河流域内的中国、缅甸、老挝、泰国、柬埔寨、越南,面积 256.86 万平方千米,总人口约 3.2 亿,连接中国和东南亚、南亚地区,地理位置十分重要。大湄公河次区域各国都是中国的友好邻邦,与中国的传统友谊源远流长。2015 年,中国与湄公河流域国家共同启动了"澜沧江—湄公河合作机制",成员涵盖了中南半岛的主要国家。

　　2018 年是一个有重要意义的年份:东盟开启第二个 50 年,中国迎来改革开放40 周年,大湄公河次区域经济合作走过 25 个年头,澜湄合作第二次领导人会议顺利举行,将澜湄合作机制推向了新的高度。该机制形成"3＋5＋X 合作框架",即坚持政治安全、经济和可持续发展、社会人文三大支柱协调发展,有效在互联互通、产能、跨境经济、水资源、农业和减贫领域开展合作,拓展数字经济、环保、卫生、海关等领域合作。25 年来,大湄公河次区域六国怀着"共饮一江水、同食一束稻"的朴素情谊,真诚合作、守望相助,携手探索符合自身实际的发展道路,不断迈向和平、稳定和繁荣。六国发展呈现旺盛活力,大湄公河次区域经济合作、澜沧江—湄公河合作等机制齐头并进,"一带一路"倡议给次区域合作注入强大动力。截至 2017年,中国累计对五国投资超过 420 亿美元,贸易总额达到 2200 亿美元,人员往来达到 3000 万人次。中方还实施了一系列民生项目,覆盖教育、文化、卫生、减贫等多个领域。超过 1.2 万名次区域国家学生获得中国政府奖学金,3000 多位在职人员赴华参加短期研修培训。2018 年澜湄合作领导人会议通过《区域投资框架》,该文件涉及未来 5 年次区域重点推进的 200 多个项目,其中近三分之一由中方首倡、直接参与或提供资金支持。中方将信守承诺,把每一项举措都落到实处,造福于本地区人民。中国携手次区域六国积极推进中老、中泰铁路、中缅陆水联运等重大项目,编制了《澜沧江—湄公河国际航运发展规划》,完善基础设施联通网络。同时把交通走廊和经济走廊建设有机融合,充分释放互联互通振兴经济、改善民生的潜力。同时,中国与各国一道,加强政策、规制和标准对接协调,落实跨境运输便利化协定,补足"软联通"的短板,形成全方位、复合型互联互通网络。大湄公河地区也是古代海上丝绸之路的必经之地,是丝绸之路经济带和 21 世纪海上丝绸之路的交汇地带,参与"一带一路"国际合作条件基础牢固,中方应与这些国家共同推动次区域合作与"一带一路"倡议对接,协调采取合作行动,实现协同联动发展。25 年来,大湄公河次区域经济合作取得丰硕成果和经验,合作机制稳步推进,合作平台持续完善。

坚持创新多样化的合作机制。自 1992 年亚洲开发银行倡导大湄公河次区域经济合作以来,在大湄公河区域已形成了多个较有影响的合作机制。一是亚洲开发银行在 1992 年发起建立的大湄公河次区域合作机制(GMS),涉及流域内的六个国家——中国、缅甸、老挝、泰国、柬埔寨和越南,旨在加强各成员国间的经济联系,促进次区域的经济和社会发展,其主要机构有:大湄公河次区域合作领导人会议,领导人会议是大湄公河次区域经济合作的最高决策机构,拥有次区域经济合作的最高决策权,主要讨论和决定大湄公河次区域经济合作的宏观政策和基本方针;大湄公河次区域部长级会议,部长级会议是大湄公河次区域经济合作的常设磋商、协调和决策机制,它接受前者的领导,但实际上又是大湄公河次区域经济合作的日常决策机构;大湄公河次区域经济合作高官会议,高官会议是大湄公河次区域经济合作机制的议事机制,主要是商讨有关合作的各项政策,以及联系各个业务层面,并且为部长级会议做准备工作,每年定期召开,由亚洲开发银行负责召集;大湄公河次区域经济合作秘书处,是大湄公河次区域经济合作机制的常设办公机制,秘书处设在亚洲开发银行总部,由亚洲开发银行总部秘书处的湄公局负责大湄公河次区域经济合作的日常事务,主要负责召开有关会议及为具体项目的实施提供各类技术和资金支持。GMS 成员间合作领域进一步拓宽,涵盖了交通、能源、电信、环境、农业、旅游、贸易便利化、投资和人力资源开发等多个合作领域,取得了丰硕成果。二是东盟—湄公河流域开发合作(AMBDC),AMBDC 于 1996 年 6 月在马来西亚首都吉隆坡举行首次部长级会议,确定了基础设施建设、投资贸易、农业、矿产资源开发、工业及中小企业发展、旅游、人力资源开发和科学技术等合作领域。东盟—湄公河流域开发合作第一次部长级会议确定了由东盟七国加湄公河沿岸国老挝、缅甸、柬埔寨和中国为该合作机制的核心国。随着老挝、缅甸和柬埔寨三国相继加入东盟,日本和韩国也应邀加入东盟—湄公河流域开发合作,东盟—湄公河流域开发合作组织核心实际上就是东盟十国加中、日、韩三国的区域合作格局。第二届东盟—湄公河流域开发合作部长级会议于 2000 年 7 月初在越南首都河内召开,会议根据日本和韩国政府的申请,讨论了吸收日韩为东盟—湄公河流域开发合作核心成员的问题。第三届部长会议于 2001 年 10 月 8—9 日在泰国清莱举行。从这之后,东盟—湄公河流域开发合作的主席国将在各核心成员之间轮任。三是中国倡导的澜沧江—湄公河合作。2014 年 11 月,李克强总理在第 17 次中国—东盟领导人会议上倡议建立澜沧江—湄公河合作机制,得到湄公河各国积极响应。2015 年 11 月 12 日,中、泰、缅、老、越、柬六国外长在云南景洪宣布正式建立澜湄合作机制,会议发表了《关于澜湄合作框架的概念文件》和《联合新闻公报》。2016年 3 月 23 日在中国海南省三亚市举行澜沧江—湄公河合作首次领导人会议。会议确认六国关于澜沧江—湄公河合作的共同愿景,即其有利于促进澜湄沿岸各国经济社会发展,增进各国人民福祉,缩小本区域国家发展差距,支持东盟共同体建设,并推动落实联合国 2030 年可持续发展议程,促进南南合作,并将在政治安全、经济和可持续发展、社会人文三个重点领域开展合作,优先推进互联互通、产能、跨境经济、水资源和农业减贫领域,全面对接东盟共同体建设。澜沧江—湄公河合作的倡议首次由中国提出,并形成了湄公河区域内第一个由中国主导的区域性合作机制。这是继亚投行之后,中国再次从国际机制的参与者升级到推动新机制的主导者,是中国维护现行国际秩序并促进其发展、变革,特别是推动构建"人类命运共同体"的具体实践——为促进澜湄沿线的发展与繁荣,加快建立互利互惠与合作共赢的澜湄国家命运共同体,提出了"中国方案"。四是澜沧江—湄公河地区合作平台众多,除上述外,还有 1995 年 4 月成立的湄公河委员会(MRC),2003 年 11 月成立的伊洛瓦底江、湄南河及湄公河经济合作战略组织(ACMECS),泛北部湾经济合作区等经济合作机制,等等。各个合作机制开展合作的范围十分广泛,但各机制的参与者与涉及领域或侧重亦有所不同,在发挥各自优势的同时,各个机制相互补充、相互促进、并行不悖、协调发展,共同推进次区域发展繁荣,推进区域一体化进程。在多个合作机制的领导和倡议下,大湄公河次区域的经济与社会合作积极有效开展起来,获得了丰硕的成果。初步统计,2017 年中国同五国贸易总额达 2200亿美元,增长 16%;中国企业累计对五国投资超过 420 亿美元,2017 年投资额增长20% 以上;人员往来约 3000 万人次,增长 80% 左右。

　　坚持引导和吸引多元化的主体参与。目前,大湄公河次区域经济合作的参与主体主要有:亚洲开发银行;大湄公河次区域六国中央与地方政府;大湄公河次区域六国私营部门和非营利组织；东盟组织；其他国际组织，如石油输出国组织（OPEC）、世界银行（WB）、世界健康组织（WHO）、北欧开发基金（NDF）、日本国际合作银行（JBIC）等33个国际组织和国家投资机构。参与主体中既有代表官方的政府组织，也有非官方的民间组织和私营部门，涵盖了次区域内的国家的中央政府、地方政府及其联合体，以及区域性的多样化非政府组织、自愿组织，这也是次区域合作的一个突出亮点。湄公河沿岸国家处于工业化和城镇化的关键时期，大多面临基础设施薄弱、资金缺口较大、贫困人口较多等发展难题。澜湄合作机制更加注重沿线各国基础设施建设、民众生活水平的提高，采取优惠政策吸引企业和社会力量参与。中方设立的澜湄合作专项基金将为132个合作项目提供支持，打造澜湄流域经济发展带，建设澜湄国家命运共同体。

坚持注重绿色发展。澜湄国家山水相连，是亚洲最重要的跨国水系，是世界第七大河流，生态地位十分重要。在澜湄合作机制中，绿色发展被置于更关键的位置。水资源开发和生态环保是澜湄合作的重点领域，六国合作建立澜湄水资源合作中心、环境合作中心、全球湄公河研究中心等，在生态环境保护、水文水质监测、联合科研、防灾减灾、应对气候变化等领域开展了一些合作，彼此分享水文信息，建立有效的对话和联动机制，规划实施一批各方共同参与的重点项目，积极推进流域内生态环境保护。推动开展边境地区森林防火、野生动物保护及森林病虫害防治、生物多样性保护，推动生物多样性廊道和跨境自然保护区建设。

坚持稳步推进、循序渐进。首先，从合作战略顺序看，GMS按照交通走廊—物流走廊—经济走廊—全面合作的过程推进。1992年10月在马尼拉召开的大湄公河次区域经济合作第一届部长级会议上提出建立以交通为主的"一条铁路，两条公路，一个机场"即1—2—1的合作建议。随后，开展了"要想富、先修路"的交通走廊建设，同时，六国间为了实现货物物流贸易的便利化，开启了一系列物流走廊建设，出台了一些措施和文件。1998年9月在马尼拉亚行总部召开的次区域经济合作第八届部长级会议上提出了次区域经济合作的地域范围内将生产、投资、贸易和基础设施建设有机地联系为一体的新的合作理念——"经济走廊"。目前已形成了由南北走廊（由三条路线组成）、东西走廊（一条路线）和南部走廊（由两条路线组成）组成的空间布局。2003年第十二届部长级会议首次邀请次区域各大商会、商业论坛的代表作为私营部门的代表以及欧洲、亚洲和美洲的各大多边和双边机构、金融界的代表参与会议。GMS开始升级为区域内的全面合作。其次，从合作领域看，GMS经历了由交通、能源、环境与自然资源管理、人力资源开发、经贸与投资和旅游等6个领域发展到交通、能源、电信、环境、农业、人力资源开发、旅游、贸易便利化与投资等多个领域。再次，从合作时间阶段看，GMS历经营造互信阶段（1992—1994年），建立合作框架阶段（1994—1996年），项目准备阶段（1996—2000年），全面实施阶段(2000年至今)。在建立合作框架阶段,GMS合作确定了优先领域,并批准了相应的一批重点项目,合作机制也建立起来。项目准备阶段,亚行和GMS各国动员了大量资金,项目可行性研究全面展开,优选项目开始实施。全面实施阶段,GMS各个领域合作全面展开。

坚持多管齐下的合作方法。首先,建立完备的法制体系。为了促进GMS贸易和投资增长,实现次区域各国的共同发展和繁荣等,大湄公河次区域合作中建立了一系列法律法规文件。如《大湄公河次区域便利货物及人员跨境运输协定》《大湄公河次区域贸易投资便利化战略行动框架》《大湄公河次区域政府间电力贸易协定》《中国向柬埔寨提供特殊优惠关税待遇的换文》《中国向缅甸提供特殊优惠关税待遇的换文》和《中国向老挝提供特殊优惠关税待遇的换文》等。其次,运用项目投资导向的经济手段。大湄公河次区域合作是一种以项目为主导的次区域合作形式,本着"以项目引导资金,以资金带动项目"的原则,以亚行为主导,联合合作方各国政府、其他国际机构或财团,筹聚大量的资金,对合作框架内的重点领域和重点项目进行投资,从而保证了大湄公河次区域合作能按照合作框架内的内容顺利推进。据统计,20年内总计集资140.6亿美元。其中,亚洲开发银行出资57.3亿美元,建设项目承担国家(包括柬埔寨、老挝、中国、越南四国)配套出资36.8亿美元,国际其他资助方出资46.4亿美元。再次,运用规范的行政手段。主要有:科学化的决策程序。目前已形成了领导人会议、部长级会议、高官会议(项目小组)的运行机制,严格的项目报批流程,次区域合作的规则与制度。

湄公河风光

二、"一带一路"倡议与中亚

中亚地处亚欧大陆的接合部,地理位置显要,是贯通亚欧大陆的交通枢纽;历史文化独具特色,是多种文明和宗教交汇处;中亚地区能源资源丰富,蕴藏丰富的油气、煤炭、铁矿、有色金属、铀、水能等资源。中亚历来是东进西出和南下北上的必经之地,也是古丝绸之路必经之地,中国与中亚友好交往绵延数千年,曾经共同推动古代丝绸之路的发展与繁荣。面积 400.3 万平方千米,人口 6644 万人(2013年数据)。1992 年 1 月 2 日到 6 日,中国分别与新独立的中亚五国建交,历经 20多年的发展,中国与中亚国家在政治、经贸、安全、人文各领域的合作不断深化。2013 年,习近平主席在哈萨克斯坦提出共建丝绸之路经济带倡议,中亚是其倡议的核心区域。国家发改委、商务部、外交部共同发布的《推动共建丝绸之路经济带和 21 世纪海上丝绸之路的愿景与行动》指出,"一带一路"贯穿亚欧非大陆,一头是活跃的东亚经济圈,一头是发达的欧洲经济圈,中间广大腹地国家经济发展潜力巨大。这里所说的"中间广大腹地国家"主要是中亚国家。"一带一路"倡议提出的"六大经济走廊",其中三条经济走廊涉及中亚地区,即新亚欧大陆桥、中国—中亚—西亚和中巴经济走廊,中亚将成为丝绸之路经济带的物流、客流、信息流的集散中心。因此,"一带一路"倡议得到了中亚国家的热烈响应和积极参与。中亚国家是共建"一带一路"的重要伙伴,非常赞同"一带一路"倡议,认为这是搭乘"中国快车"的难得机遇。

多年来,中亚国家积极响应"一带一路"倡议,参与"一带一路"建设的积极性不断提高,对接"政策沟通、设施联通、贸易畅通、资金融通、民心相通"重要措施,为中亚国家的发展注入新的强劲动力,取得了明显成效。

1. 丝绸之路经济带建设与中亚国家长期发展战略对接

近年来,"一带一路"建设与哈萨克斯坦"光明之路"对接。2012 年 12 月,纳扎尔巴耶夫总统发表的总统咨文中全面阐述了哈萨克斯坦 2050 年发展战略。2014年 11 月纳扎尔巴耶夫宣布了哈萨克斯坦"光明之路"新经济政策,要求进行经济结构改革,发展交通、能源、工业和社会基础设施以及扶持中小企业,并在 2015 年 5月宣布了制度改革 100 步计划,保障 2050 年发展战略落实。与乌兹别克斯坦2030 年发展战略对接,在交通运输、经济结构调整、社会政策和制度环境等方面进行合作。与吉尔吉斯斯坦 2040 年国家发展战略、塔吉克斯坦"能源交通粮食"三大战略及土库曼斯坦建设"强盛幸福时代"发展战略实现对接,寻找双方合作契合点。根据上述中亚国家长期发展战略的方向和要求,丝绸之路经济带建设与中亚国家经济发展战略对接的交汇点主要有:交通基础设施互联互通、提升经贸合作水平、深化产业投资合作和能源资源合作、拓宽和加深金融合作等是丝绸之路经济带建设对接中亚国家经济发展的重要内容。

2. 丝绸之路经济带建设与中亚交通基础设施互联互通建设对接

目前,中国与中亚国家之间的交通联系远不能满足未来经济合作发展的需要。2014 年,国内各主要省区市启动了中欧班列运输,各种"新欧"遍地开花,未来铁路运输将不再成为制约我国与中亚、欧洲国家贸易发展的主要瓶颈。中国与中亚国家积极发展陆路交通基础设施建设,建设国际交通大通道,逐步形成联通欧亚地区的综合运输网。近年来,顺应新形势发展与中亚国家的需要,中国与中亚地区扎实推进双边和区域基础设施联通建设与合作,取得了积极进展。完善中亚地区公路、铁路和民航运输网络,积极推进中吉乌铁路、中—哈—土—伊铁路前期工作,加快中塔公路、中吉边境公路、中塔跨境光缆、霍尔果斯口岸、乌鲁木齐枢纽机场建设等项目建设。推进上海合作组织成员国政府间国际道路运输便利化协定的谈判和签署。中国—中亚天然气管道 A、B、C、D 四条线路基本建成,中国—中亚天然气管道网逐步成型。截至 2018 年 6 月 30 日,中亚天然气管道累计监管进口天然气15937.2 万吨。中哈石油管道运营顺利。截至 2017 年 3 月 29 日,中哈石油管道累计向中国输送原油达 1 亿吨,成为陆上能源通道中第一个输油量超亿吨的跨国管道。建成了吉尔吉斯斯坦达特卡—克明 500 千伏输变线路等等。中国与中亚国家双边密切协作,确定了优先实施的大项目,并采取具体措施,制度完善双边合作的路线图。

3. 丝绸之路经济带建设与中亚地区产能合作

深化产能投资合作契合中亚国家实现工业化的需要,是丝绸之路经济带建设的重点领域。发展高新技术、装备制造业、原料加工和深加工是中亚国家产业政策的核心内容。中国与中亚国家产能合作市场潜力大,结合国内产业结构调整,不仅可以推动我国企业"走出去",带动装备制造业过剩产能转出去、技术标准带出去,而且可以帮助中亚国家实现工业化战略任务,提升经济发展水平。2014 年,中国与哈萨克斯坦的产能合作已形成 52 个早期收获项目,与哈萨克斯坦达成了 51 个产能合作项目意向,总投资达到 265 亿美元,已经启动的项目有 12 个,涉及金额40 亿美元,其中包括轻轨、地铁扩建、巴甫洛达尔电解铝厂、中石油大口径钢管厂等项目。中国与哈萨克斯坦成立了 20 亿美元的中哈产能合作基金,成为中国优质产能向中亚"走出去"的重要平台。由中国企业承建的乌兹别克斯坦"安格连—帕普"铁路隧道通车,中国进出口银行与乌方签署了电网升级改装、燃煤电站、煤矿改造等项目贷款协议。中国企业在吉尔吉斯斯坦投资建设的炼油厂和多个矿业项目顺利实施。中国在中亚国家的海外产业合作园区数量不断增加,如加工制造型的乌兹别克斯坦鹏盛工业园、农业合作型的吉尔吉斯斯坦亚洲之星农业产业园等相继建成,为当地经济发展、改善民生做出了贡献。中国与中亚产能合作为我国优势产能开拓国际市场形成了良好的示范效应。

丝绸之路经济带建设与中亚投资贸易合作提升经贸合作水平是丝绸之路经济带建设对接中亚经济发展的重要内容。由于中亚国家一般是以资源型经济为主,受世界经济形势变化的影响较大。在巩固传统贸易的基础上,优化贸易结构,与中亚各国共同培育新的贸易增长点,顺应中亚国家产业转型升级趋势,加快机电产品和高科技产品出口。大力发展加工贸易以投资带动贸易规模和贸易质量的提升。2017 年,中国与中亚国家的进出口总额是 360 亿美元,较 2016 年增长 19.8%,是中国与"一带一路"国家贸易增长最快的区域,占中国与"一带一路"国家进出口总额的 2.5%;其中出口额 214.7 亿美元,较 2016 年增长 19.4%,占中国对"一带一路"国家出口额的 2.8%;进口额 145.3 亿美元,较 2016 年增长 20.4%,占中国自"一带一路"国家进口额的 2.2%。自 2014 年起,中国对中亚地区由贸易逆差转为贸易顺差且呈逐年扩大趋势。2017 年哈萨克斯坦贸易额达 180.0 亿美元,占中国对中亚地区进出口总额的 50.0%,土库曼斯坦、吉尔吉斯斯坦的贸易额占中国对中亚地区进出口总额均超过 15%。进出口总额增长的贸易伙伴分别是哈萨克斯坦、土库曼斯坦、乌兹别克斯坦,较 2016 年增速分别为 37.9%、17.6%、16.2%,与塔吉克斯坦、吉尔吉斯斯坦的进出口总额出现下降,降幅分别为 21.2%、4.5%。2017 年,中国对中亚地区五国的出口额排名是哈萨克斯坦、吉尔吉斯斯坦、乌兹别克斯坦、塔吉克斯坦和土库曼斯坦,出口额分别是 116.5 亿美元、53.6 亿美元、27.6 亿美元、13.2 亿美元和 3.7 亿美元,占中国对中亚地区出口额的比重分别为54.3%、25%、12.9%、6.2%和 1.7%。哈萨克斯坦是中国在中亚地区最大的出口市场。中国成为哈第二大贸易伙伴。哈自中国进口的主要商品为机电产品、贱金属及其制品和化工产品,合计约占哈自中国进口总额的 60%以上。哈对中国出口的主要商品是贱金属及制品、矿产品和化工产品。同时,哈对中国出口商品品种不断增多,面粉、植物油、肉类、蜂蜜等优质农产品已经上了中国百姓的餐桌。在投资方面,截至 2017 年年底,中国累计对哈投资存量超过 430 亿美元,各类贷款超过500 亿美元。中国是乌兹别克斯坦的第二大贸易伙伴国、第一大投资来源国、第一大棉花出口目的地国、第一大电信设备和土壤改良设备供应国。2017 年中乌双边贸易额约 40 亿美元,比上一年增长 15%,占乌外贸总额的近五分之一。中国连续多年成为土库曼斯坦第一大贸易伙伴国。2017 年,土与中国双边货物贸易额约 70亿美元,保持较快速度增长。中国是吉尔吉斯斯坦最大贸易伙伴、第一大进口来源国和第一大投资来源国。2017 年中吉双边货物贸易总额约 56 亿美元,占吉进出口总额的 27%。中国对塔出口主要商品有机械设备、纺织品、电机电器、鞋类、车辆及零配件等,自塔进口主要商品有矿砂矿渣、生皮及皮革、蚕丝、棉花、食用水果及坚果等。

4. 丝绸之路经济带建设与中亚金融合作

加强金融合作领域是丝绸之路经济带建设对接中亚经济发展的重要支撑。但是,中亚国家金融发展水平总体偏低,融资能力较差,金融风险压力大。从金融领域的合作看,中亚国家的双边合作则主要集中于贸易结算、货币互换等方面,涉及领域和规模仍比较有限。主要任务是积极推动区域金融相互开放合作,促进融资便利化。中国人民银行已与乌、哈等多个国家和地区签署了双边本币互换协议,与吉尔吉斯斯坦、哈萨克斯坦等周边部分国家签订了双边本币结算协议,允许在双边的边境贸易结算中使用双方本币,并开展了与哈萨克斯坦坚戈等部分国家货币的直接交易或挂牌交易,为便利中国与周边国家或地区的贸易投资合作发挥了积极作用。中国的政策性银行先后对中亚地区的多领域的发展提供了强有力的经济支持,如:中国进出口银行向土库曼斯坦的道路、交通等基础设施提供了部分贷款;中国国家开发银行融资支持哈萨克斯坦努尔苏丹市轻轨项目建设;国开行与吉尔吉斯斯坦农业银行的签署合作协议,提供融资贷款定向购买东方红拖拉机,再由吉尔吉斯斯坦农业银行通过融资租赁方式销售给当地农民;等等。在多边层面上,中国与中亚各国双方主要是在上合组织框架内开展了多项金融合作,其中包括:共同创建上海合作组织银联体,共同筹建上合发展银行、上合发展基金、中国—欧亚经济合作基金,扩大本币结算范围,务实开展货币互换合,等等。如通过上合组织银联体框架,中国国家开发银行通过贷款、授信等多种形式支持了两国政府共同关注的一系列重点合作项目,涵盖矿产、电信、中小企业、农业等领域。扩大双边货币互换规模,建立银行间本币清算合作机制,推进双边本币结算业务发展。中亚国家不断扩大与中方在本币支付和结算方面的合作,哈萨克斯坦已将人民币列为储备货币,中哈已经开展建设努尔苏丹国际金融中心和商品交易所合作;中哈产能合作基金正式成立,两国金融和保险机构签署多项融资和合作协议,为双边重大项目实施提供了有力支持。

5. 丝绸之路经济带建设与中亚人文交流合作

民心相通是丝绸之路经济带建设的社会基础。密切人文交流合作,弘扬和传承古丝绸之路友好合作精神,为双边深化合作奠定民意基础。中国与中亚国家互派留学生人数逐年增加,中国不断增加向中亚国家提供政府奖学金名额,为中亚国家学生来华学习或研修提供了更好的平台,中亚国家来华留学生人数迅速上升。截至2019年,中亚国家已开设了13所孔子学院。伴随着"一带一路"的推进,中亚开始形成"汉语热"。为了使丝绸之路沿线高校有效融入"一带一路"建设,中国各地先后成立高校联盟,进一步加强大学之间的交流。如2015年在陕西西安成立了"丝绸之路大学联盟",以丝绸之路精神为宗旨,推动参与高校之间校际交流、人才培养、科研合作、文化沟通、政策研究、医疗服务等方面的交流合作,培养具有国际视野的高素质、复合型人才。甘肃敦煌成立了"'一带一路'高校战略联盟",新疆乌鲁木齐成立"中国—中亚国家大学联盟",旨在打造开放性、国际化互动平台,深化"一带一路"科教合作。我国积极推动与中亚国家互办文化年、艺术节等活动,通过文艺团组频繁往来和高品质文化展演,使民众的相互了解不断加深。加强与中亚国家旅游宣传推广合作,加大旅游景点、精品旅游线路投资合作,扩大旅游规模,促进文化旅游业交流发展。积极在艾滋病防控、人禽流感防控等方面开展合作,并从"减贫与区域合作基金"中,为中亚地区人力资源开发合作提供资金支持。通过积极探索中国与中亚国家新的区域合作模式,密切人文交流,夯实民心基础,可以进一步提升合作共赢的水平,打造"一带一路"建设的典范。

进一步完善区域经济合作机制。多年来,中国为推动与中亚地区全方位合作,参与和主导了许多区域次区域性合作机制和区域治理结构建设,达成了很多共识,这些合作机制在中亚经济合作方面发挥了积极作用。中亚区域经济合作已建立起中亚区域经济合作(CAREC)、上海合作组织等机制,特别是上合组织影响力和辐射力明显增强,人口由占世界人口25%上升到44%,GDP占比由占全球15%增加到25%,地域由中亚延伸到南亚,从北极跨越至印度洋。中国提出"一带一路"倡议,为破解上合组织区域经济合作难题提供了有效的"中国方案",丝绸之路经济带与欧亚经济联盟的对接合作并取了得积极进展,为上合组织成员国之间的经济合作创造了有利前提。印度、巴基斯坦加入上合组织,为上合组织增添新的合作伙伴,为中俄印提供了新的重要互动合作平台,有助于推动中亚、南亚两大地区发挥各自优势,走向合作融合,形成跨区域大市场和互联互通新格局。遵循共商共建共享原则,积极推进"一带一路"建设,加大丝绸之路经济带建设与欧亚经济联盟的合作和对接,推进贸易投资便利化;以能源、交通为突破口,推进中南亚互联互通,推动形成跨区域大市场。另外,中亚区域经济合作已经建立起以部长会议、高官会议、行业协调委员会为主的协商机制,对推进合作起到了积极作用。进一步完善这些机制,加强多边对话和政策协调,充分发挥有关国际经济组织和金融机构的作用,不断提高合作的水平和成效。加强中亚合作与中国国内其他合作机制的协调。通过组织发展资金、开展项目合作、促进经验交流等多种形式,扩大与支持上海合作组织等机制下的活动。

但是,由于中亚地区地形和地理位置比较复杂,国家边界犬牙交错,中亚各国都在争取与丝绸之路经济带建设对接,缺乏中亚整体参与丝绸之路经济带建设的协作与协商,各自为战,相互之间的矛盾对丝绸之路经济带建设极为不利。同时,中亚地区总体经济发展水平还比较低,基础设施薄弱、社会事业落后、发展资金不足等问题十分突出。中亚地区各国面临不同的政治、经济、安全和社会风险,特别是阿富汗激化动荡的局势以及其毒品经中亚运输、水资源等问题导致的地区内部冲突，域外大国之间争夺地区影响的矛盾，等等。恐怖主义、分裂主义、极端主义"三股势力"对和平发展构成威胁。中亚地区参与丝绸之路经济带建设既充满了机遇，也面临着挑战。随着"一带一路"建设深入推进，需要我们进一步加强协商合作，研究建立中亚地区统一的运输物流体系规划、水资源和能源联合规划、产业集群规划，推进区域一体化建设，共同建设"一带一路"命运共同体。

三、"一带一路"倡议与蒙古、俄罗斯

1. "一带一路"建设与蒙古

中蒙两国关系历史悠久，是山水相连的友好邻邦，中国连续多年来一直是蒙古国最大的贸易投资合作伙伴，两国在经贸领域的合作潜力巨大。蒙古是"一带一路"沿线重要国家，也是我们"一带一路"建设的重要合作方向。近年来，两国高层领导人互访频繁，政治互信逐年增强。特别是 2014 年习近平主席访问蒙古国，两国建立全面战略伙伴关系以来，人文领域交流不断扩大，取得了丰硕的成果，成为双边关系不可缺少的重要组成部分，为两国关系发展发挥了积极作用。2015 年 9 月 3 日，蒙古总统出席了中国人民抗日战争暨世界反法西斯战争胜利七十周年阅兵，并派出 75 名蒙古军人参加了阅兵仪式，这是蒙古对我国发出的和平共处信号的回应，中蒙友好关系不再是中国单方面的想法，而是两国共同的愿景。2017 年 5 月 12 日至 15 日，蒙古总理额尔登巴特赴华出席"一带一路"国际合作高峰论坛，李克强总理在人民大会堂会见了蒙古总理额尔登巴特，在两国领导人的见证下，中国商务部与蒙古对外关系部在北京签署《中华人民共和国商务部与蒙古国对外关系部关于加强贸易、投资和经济合作谅解备忘录》。9 月 26 日至 30 日，第二届中蒙博览会在呼和浩特市成功举行。11 月 30 日至 12 月 3 日，蒙古人民党、民主党等各大政党领导人赴华出席中国共产党与世界政党高层对话会。12 月 3 日至 5 日，蒙古副总理恩赫图布辛赴华出席第四届世界互联网大会。12 月 3 日至 5 日，蒙古对外关系部部长朝格特巴特尔对华进行正式访问。2018 年 8 月 23 日至 25 日国务委员兼外交部部长王毅对蒙古国进行正式访问。蒙古国对于建设"一带一路"是不可缺少的国家，中蒙合作推进"一带一路"倡议的实施，为两国的协作提供了广阔的前景。特别是习近平主席访蒙以来，中蒙双方积极落实两国领导人共识和访问成果，两国各领域交流合作不断深化，中蒙关系迈上新台阶，面临新机遇，进入快车道。近年来，中蒙双方合作取得了明显进展。

中蒙双边贸易逐年增长，两国经贸合作顺利发展。2017 年蒙古国经济增长率为 5.1%，GDP 总量为 27.2 万亿图，折合美元约 111.49 亿（按 2017 年平均汇率折

算）。2017年,蒙对华贸易总额67.4亿美元,较上年同期增长35.8%,占蒙同期外贸总额的64.1%。其中,对华出口贸易总额53.1亿美元,较上年增长36.0%;自华进口贸易总额14.3亿美元,较上年同期增加34.6%。双方正在努力实现到2020年两国贸易额100亿美元的目标(以上数字引自商务部驻蒙古经商参处《2017年蒙古国民经济运行整体情况》,2018-02-23)。中蒙科技经贸联委会、矿能和互联互通合作委员会、中蒙博览会均成功举行,机制建设不断加强,成为统筹推进两国务实合作的重要平台。两国积极推动中蒙二连浩特—扎门乌德跨境经济合作区建设,双方正在加紧商签政府间合作协议。两国间大项目合作稳步推进,很多项目落地启动,已经取得了早期收获。

基础设施互联互通进展明显,基本形成跨国基础设施联通网络。中蒙“两山”铁路正在开展前期工作。乌兰巴托市横跨铁道和图拉河的雅尔玛格立交桥等多座市政桥梁于2017年开工建设。巴彦洪格尔省129.4千米公路、扎布汗省114千米和67千米公路等多条蒙古西部省际公路启动实施。2017年6月21日,乌兰巴托至曼德勒戈壁输变电项目开工,总长约250千米,由中国特变电工股份有限公司负责实施。包头达茂、锡林郭勒盟东苏220千伏输变电工程投产,向蒙古国南部矿区供电。

中蒙双边金融领域合作关系取得突破,两国金融领域合作有了新发展。2017年7月6日,中国人民银行与蒙古银行续签中蒙双边本币互换协议,规模保持为150亿元人民币,有效期3年。2017年9月5日,中国银行、中国工商银行蒙古代表处在乌兰巴托正式揭牌成立,蒙方正在积极研究包括中国银行在内的外资银行在蒙设立子行事宜。中方向蒙古提供无偿援助和优买贷款,积极帮助蒙古社会经济建设,特别是中方援建的一些大型民生项目,让蒙古百姓从中蒙友好中得到了实实在在的好处。王毅访蒙期间,同蒙古总理呼日勒苏赫共同出席了中方优买贷款项下乌兰巴托污水厂项目的启动仪式。该项目建成后,将惠及蒙古全国近一半的人口,极大解决乌兰巴托的城市污水处理问题,提高百姓生活质量。

人文交流合作务实推进,民间往来迈上新台阶。中蒙积极拓展人文交流合作,举办了各种形式的“经贸洽谈会”“文化节”“旅游论坛”等活动,互派文艺团体访问。中方大力扩大对蒙援外培训规模,涵盖蒙经济社会发展的各个领域,一批援助项目顺利推进。其中,援蒙残疾儿童发展中心项目、援蒙学校和幼儿园项目、棚户区改造项目、口岸基础设施建设项目稳步推进。在援外资金项目支持下,中方安排蒙古学员赴华参加短期培训和学历学位教育人数就接近900人。乌兰巴托中国文化中心成为展示中国文化、推动两国文化和旅游合作的重要平台。一批中国优秀影视剧译作已经登上蒙古荧屏,中国影视形象走进蒙古千家万户。中蒙双方签署了《中蒙跨境旅游合作协议》《“茶叶之路”旅游合作协议》,旅游合作不断深化。2017年,中蒙人员往来 202 万人次,其中蒙古公民赴华 180 余万人次。

但是,中蒙关系仍面临一些挑战。由于两国的历史渊源,中蒙文化交流更加频繁,但受历史因素、外来文化、国家体制不同的影响,两国民众在文化认同上出现偏差,加之蒙古国成为大国博弈的一个重要场所,美国、日本插手干扰,在一定程度上影响着中蒙经贸发展,蒙古国始终对中国存有防范意识,担心日益强大的中国干涉其政治。受政治体制影响,蒙古国的政策法律变更频繁,人事变动较多,投资环境不确定。基础设施条件差,对中蒙经贸发展产生了非常大的阻力。企业资信程度不高,导致市场行为主体缺乏安全感。口岸通关能力不足且效率低下,技术人才匮乏。

面对中蒙关系发展所面临的机遇与挑战,双方应加强政策沟通,积极采取措施,趋利避害,促进中蒙合作的健康可持续发展。一是以首脑外交为引领,加强高层互访,统筹其他层次的对话,增强政治互信。尊重蒙古国独立自主的国家地位,在平等的基础上发展与蒙古的关系,打消其"中国威胁论"的顾虑。二是加强文化交流合作,发挥文化交流中的特殊作用,促进两国文化交流机制的完善,在教育领域、文化旅游、大众传媒及民间往来等方面均加强交流与合作,强化中国文化在蒙境内的影响力。三是加快互联互通建设,加大对公路、航空,尤其是铁路建设的投资力度,提高互联互通水平。积极与蒙方达成共建铁路的意向,开展通道建设,促进中蒙经贸关系新发展。四是创新合作机制,不断深化中蒙对话机制,推动中蒙俄经济走廊高质量发展。

2. "一带一路"建设与俄罗斯

中俄是最大的地缘邻居,是最紧密的新时代全面战略协作伙伴。俄罗斯既是丝绸之路上的传统大国,也是与中国关系密切的国家,"一带一路"的三个重要延伸方向都与俄罗斯有关:一是北部走向,直通俄罗斯到波罗的海,连接欧亚联盟,进一步延伸到欧洲其他地区;二是中部走向,连接中亚到里海至俄罗斯,进一步向西亚、欧洲延伸;三是海上、冰上丝绸之路。因此,俄罗斯在"一带一路"建设中处于关键的位置,加强中俄双边合作和与第三方合作都具有重要的意义。

近年来,在中俄双方共同努力下,对接合作取得积极成果。一是推动"一带一路"与欧亚经济联盟、俄罗斯远东地区发展对接,促进了中国及欧亚经济联盟成员国之间的贸易增长,创造良好的投资环境,促进中俄两国投资合作,为中俄双边经贸合作向更高水平发展注入新的动力。在"一带一路"与欧亚经济联盟对接的合作框架下,双方正在推进一系列重大投资合作项目,打造深度合作发展区。双方将建立新的区域发展投资基金和金融合作机构,更好地服务于共同投资。双方正在努力创造一个典范式的合作模式,让参与"一带一路"建设的所有各方都感到舒适、安全和顺利。二是中俄双边贸易额明显回升。据中国海关统计数据,2017 年,中俄贸易额 840 亿美元,同比增长 20.8%。其中,中国向俄出口 429 亿美元,同比增长 14.8%;自俄进口 412 亿美元,同比增长 27.7%。三是基础设施互联互通不断改善,俄东线天然气管道工程进展顺利,连接中国东北地区和俄远东地区的跨境铁路桥建设、"滨海 1 号"和"滨海 2 号"大型交通走廊建设稳步推进,滨洲铁路完成电气化改造,实现了俄罗斯赤塔与西伯利亚大铁路相连。中国联通(俄罗斯)运营有限公司在莫斯科开业,中俄远程宽体客机合资公司已正式注册成立。中国国家开发银行、进出口银行与俄多家金融机构确定了一批重大投资合作项目,俄央行在中国开设代表处,俄罗斯人民币清算中心在莫斯科启动。四是发挥双方技术优势,创新新的发展模式。着眼未来的新产业群、产业链,走出以资源、军工作为支柱的传统结构,组建大规模 AI(人工智能)联合体,构建开放型产业分工链,创建有活力的产业园区。拓展上合组织的发展功能,推动签署上合贸易投资便利化综合协定,推进区内贸易投资发展。五是人文交流取得新成果,中俄联合举办了包括"国家年""语言年""旅游年""青年友好交流年""媒体交流年"在内的一系列大型国家级活动,巩固了两国关系发展的社会和民意基础。此外,双方在农产品贸易、跨境电商和高新技术研发等领域合作不断深入,开辟了双边务实合作的新亮点。六是积极营造良好的投资环境,为了吸引中国投资,俄罗斯各地区纷纷仿效中国的成功经验,建立经济特区,给予外来投资种种优惠政策。目前,除能源合作、高铁建设以外,中国在俄罗斯的投资还在钢铁、汽车、房地产、农业、信息技术和金融等行业不断加大力度。

但是,俄方对"一带一路"的认识刚刚经历从疑虑、观察到接纳的过程,中俄"一带一路"合作的民间热情还需要进一步的调动,中俄新时代全面战略协作伙伴关系的发展,仍然面临着一些挑战和困难,主要有:历史因素,虽然目前两国的边界问题已经基本得到解决,对于一些问题现状有了一定的共识,但历史上的一些因素仍将对两国产生一些不利影响;俄罗斯有些人士对中国心存疑虑,担心中国强大的经济实力会对俄罗斯经济构成威胁,同时也害怕中国的快速崛起拉大两国的发展差距;两国文化传统和价值观的差异是制约两国发展的文化因素;俄罗斯政策法律稳定性和连续性较差,企业投资和运营的各类风险较大;外部因素的影响特别是美国的战略反制作用影响;等等。但只要两国能够秉持开放的态度、务实的政策和共赢的理念,就一定能够在"一带一路"倡议与中俄双边关系之间找到良性互动的支点,实现双方的共同发展。

3. 中蒙俄经济走廊建设进展顺利

2014 年 9 月 11 日,在上海合作组织杜尚别峰会期间,习近平主席、普京总统、额勒贝格道尔吉总统举行了三国元首首次会晤,原则商定在进一步发展睦邻友好合作关系基础上开展三方合作,确定了三方合作的原则、方向和重点领域,决定将中方"一带一路"倡议、俄罗斯跨欧亚大通道建设、蒙古国"草原之路"倡议进行对接,打造中蒙俄经济走廊。2015年7月9日,中蒙俄经济走廊建设进入实质性推进阶段。上海合作组织乌法峰会期间,三国元首举行了第二次会晤。在此期间,三国政府代表在元首见证下签署了《关于编制建设中蒙俄经济走廊规划纲要的谅解备忘录》(以下简称《谅解备忘录》)。根据《谅解备忘录》确定的《规划纲要》框架和编制路线图,中方牵头起草了《规划纲要》建议稿,推动三方有关部门举行了多轮磋商,促使三方就《规划纲要》达成一致意见并在三国元首第三次会晤期间正式签署。2016年6月,上海合作组织塔什干峰会期间,在习近平主席与俄罗斯联邦总统普京、蒙古国总统额勒贝格道尔吉的共同见证下,国家发展改革委与蒙古国外交部、俄罗斯联邦经济发展部代表三国政府签署了《建设中蒙俄经济走廊规划纲要》(以下简称《规划纲要》),为三国之间加强发展战略对接、深化务实合作搭建了顶层设计平台,为构建横贯欧亚大陆新的经济通道勾画了蓝图,也为"一带一路"倡议与沿线国家全面发展战略对接提供了可资借鉴的实施路径,具有重要的示范和带动作用,对巩固三国政治互信、深化投资贸易合作、促进区域经济一体化进程具有重要意义。

《规划纲要》以实现丝绸之路经济带同俄罗斯跨欧亚大通道建设以及蒙古国"草原之路"倡议对接为目标,以平等、互利、共赢原则为指导,以拓展合作空间、发挥潜力优势、促进共同繁荣、提升联合竞争力为愿景,明确了三方合作的具体内容、资金来源和实施机制,商定了一批重点合作项目,涵盖了基础设施互联互通、产业合作、口岸现代化改造、能源合作、海关及检验检疫合作、生态环保合作、科技和教育合作、人文合作、农业合作和医疗卫生等十大重点领域,并提出充分发挥各地比较优势,优先推进三国毗邻地区次区域合作。在促进交通基础设施发展及互联互通方面,着力加强三方在国际运输通道、边境基础设施和跨境运输组织等方面的合作,形成长效沟通机制,促进互联互通,推动发展中国和俄罗斯之间的过境运输。在加强口岸建设和海关、检验检疫监管方面,着力加强相关口岸建设,加强信息互换和执法互助,创新完善监管机制和模式,共同推动提升口岸通行过货能力。在加强产能与投资合作方面,着力加强三方在能源矿产资源、高技术、制造业和农林牧等领域合作,实现产业协同发展,形成紧密相连的区域生产网络。在深化经贸合作方面,要着力优化商品贸易结构,发展边境贸易,扩大服务贸易量,拓展经贸合作领域,提升经贸合作水平。在拓展人文交流合作方面,要重点深化教育、科技、文化、旅游、卫生、知识产权等方面的合作,促进人员往来便利化,扩大民间往来和交流,促进相互理解,增进友好关系。在加强生态环保合作方面,要着力促进信息共享,扩大防灾减灾合作,积极开展生态环保领域的技术和学术交流合作。在推动地方及边境地区合作方面,要充分发挥各地比较优势,推动地方及边境地区合作,建设一批地方开放合作平台,共同推进中蒙俄经济走廊建设。

《规划纲要》签署以来,中蒙俄三国投资贸易合作快速增长,相关的一批重大项目合作正在积极推进。中蒙俄经济走廊基本实现基础设施互联互通,形成了以铁路、公路和边境口岸为主体的跨境联通网络。中俄、中蒙经贸合作关系日趋紧密,中国连续多年保持对蒙最大经贸伙伴地位,同时也是俄罗斯第五大出口市场和第一大进口来源地,经贸合作已经成为双边关系的"压舱石"和"推进器"。在加快经贸合作、基础设施建设的同时,科技和产业合作、人文交流等方面持续发力,有力地促进了三国边境地区跨境经济活动的发展。

但是,目前存在的问题是三国间经贸合作仍处于推进当中,由于涉及三国多边合作,实际落地项目较少,没有达到三方所期待的水平。蒙俄两国政治体制中央高度集权,地方政府的权力有限,决策程序复杂且时间较长,而且两国市场机制不完善,行政效率低,投资环境不稳定,经济波动较大。

四、"一带一路"倡议与南亚

南亚指位于亚洲南部的喜马拉雅山脉中、西段以及南印度洋之间的广大地区,东濒孟加拉湾,西濒阿拉伯海。南亚区域内的国家包括印度、巴基斯坦、孟加拉、斯里兰卡、尼泊尔、不丹和马尔代夫,此外缅甸、中国西南在文化上亦受到南亚影响很大,所以有时亦被纳入南亚的范围。南亚次大陆居住着超过 20% 的世界人口,是世界上人口最多和最密集的地域,也是全球最贫穷的地区之一。由于内外环境制约,南亚经济社会发展整体落后,域内合作水平较低。南亚地区是中国"一带一路"倡议的交汇区,是中巴经济走廊、孟中印缅经济走廊主要区域。在中国周边地区中,南亚在很大程度上可以说是地缘局势极为复杂的一个板块,同时又是中国睦邻外交在新时期推进的重点地区和难点地区,对中国构建和谐周边有重要影响。中国在南亚周边与阿富汗、巴基斯坦、印度、不丹以及尼泊尔山水相连,直接接壤的漫长边境线有 4700 多千米。南亚相关地区直接毗邻中国西部地区的西藏、新疆、云南、广西等省区,这就使得这些地区的和平稳定和区域发展与中国西部边疆地区的社会安全、政治稳定和经济发展有了比较紧密的关联。

1."一带一路"建设在南亚的进展

南亚地处"一带一路"海陆交汇之处,是推进"一带一路"建设的重要方向和合作伙伴。中巴经济走廊和孟中印缅经济走廊与"一带一路"关联紧密,两大走廊建设将有力促进有关国家经济增长并为深化南亚区域合作提供新的强大动力。中国与南亚国家经济互补性很强。无论从政治还是从经济角度看,中国可以借助强大的投资、加工与技术能力,带动南亚国家国内经济社会发展,促进南亚国家经济、社会产生根本性的变革,推动南亚国家脱贫致富。中国政府提出的"一带一路"倡议受到南亚国家的普遍欢迎,"一带一路"倡议给南亚带来了广阔的发展前景。多年来,"一带一路"建设在南亚取得积极进展。2018年6月20日,第5届中国—南亚博览会暨第25届中国昆明进出口商品交易会在云南昆明举行,在南博会会期举行的首届中国—南亚合作论坛上,400多位嘉宾围绕"加强基础设施建设,推进区域互联互通""进一步深化和加强中国与南亚国家经贸合作""南亚地区区域性国际金融合作面临的机遇与挑战"等议题探讨交流。《首届中国—南亚合作论坛抚仙湖倡议》明确了中国与南亚合作的新起点、新方向,也进一步明确了云南作为中国与南亚合作中的关键支点作用。统计显示,2017年,中国与南亚地区进出口总额达1271.8亿美元,较2016年增长了14.1%,占中国与"一带一路"沿线国家进出口总额的8.8%。其中,中国对南亚地区"一带一路"国家出口1078.0亿美元,较2016年增长11.5%,占中国对"一带一路"国家出口额的13.9%;中国自南亚地区"一带一路"国家进口193.8亿美元,较2016年增长30.6%,占中国自"一带一路"国家进口额的2.9%。印度是中国在南亚地区最大的贸易伙伴,2017年贸易额达847.2亿美元,占中国对南亚地区进出口总额的66.6%,其他主要贸易伙伴还有孟加拉国、巴基斯坦,其贸易额占中国对南亚地区进出口总额的比重分别为15.8%、12.6%。进出口总额增长最快的贸易伙伴分别是不丹、阿富汗、印度,其增速均在20%以上,与斯里兰卡、马尔代夫的进出口总额出现下降,降幅分别为4.1%和9.4%。2017年中国在南亚地区的前三个进口来源地分别是印度、巴基斯坦、孟加拉国,中国自这些国家的进口额占中国自南亚地区进口额的98.3%。进口额增长最快的是马尔代夫,增幅超过1倍,不丹、印度的进口额增幅也在30%以上,阿富汗、尼泊尔、巴基斯坦三个国家出现不同程度的降幅,其中阿富汗降幅最大,达24.4%(以上数字引自国家信息中心《"一带一路"中国对南亚区地区贸易数据分析》,2018-05-21)。巴基斯坦的瓜达尔港、能源、基础设施建设、产业合作为重点的"1+4"合作项目取得显著成效,中巴经济走廊为中国"一带一路"建设在南亚推进发挥了示范性作用。中孟在帕亚拉燃煤电站、吉大港卡纳普里河底隧道等项目中取得了积极进展。2017年10月,中孟两国签署协议,双方将合作建设220千米长的输油管道。这是继缅甸皎漂港之后,中国在印度洋沿岸获得的又一个支点,进一步减轻了中国的战略压力。中国和尼泊尔双方有关部门对加德满都—吉隆与加德满都—博卡拉—蓝毗尼的铁路进行了基础性研究。但是,"一带一路"的推进速度在南亚有所差异,中巴经济走廊快速推进,孟中印缅经济走廊的发展则低于预期。

2."一带一路"建设与巴基斯坦、印度

习近平主席指出,"中巴关系应当成为睦邻友好的典范、地区和平稳定的支柱、'一带一路'国际合作的标杆","无论国际地区风云如何变幻,中巴友谊牢不可破,历久弥坚"①。第一,中巴两国间深厚的政治和安全合作关系,为"一带一路"建设奠定了坚实基础。巴基斯坦是中国人民的铁杆朋友,中巴两国建立了全天候战略合作伙伴关系。中巴经济走廊的倡议,不仅旨在补齐两国合作关系中的"短板",也可以从两国深厚的安全合作关系中获得长期稳定的政治承诺和安全保障。第二,中巴深厚友谊为双方合作提供了坚实的社会基础和民意基础。中巴两国是肝胆相照的信义之交,休戚与共的患难之交,堪称国与国友好相处的典范。巴基斯坦人民将中巴友谊比喻为"比山高,比海深,比蜜甜",中巴友好具有全民性特点。第三,巴基斯坦地理位置优越,联通东西,贯通陆海,是连通中国与中亚、南亚、中东乃至欧洲的重要桥梁。中巴经济走廊建设,将进一步加强中巴及两国与本地区其他国家之间的互联互通,便利中国同上述地区的经济交往。第四,巴市场广阔,有丰富且廉价的劳动力资源,是中方开展务实合作天然的合作伙伴。巴基斯坦约有 2 亿人口,居世界第 6 位,其中 35 岁以下的人口占 65%。推进两国产业对接与合作,将为巴创造大量就业机会,帮助巴方将人力资源转化为人才优势。第五,随着"一带一路"建设和中巴经济走廊建设的推进,两国间一批工业园区和自贸区等重大项目工程相继启动,开展了基础设施、能源资源、农业水利、信息通信等多领域的合作。2015 年,中巴两国签署了 50 多项合作协议,金额高达 460 亿美元。特别是交通、能源、基础设施这些制约巴基斯坦经济发展的"瓶颈",一批中国电力项目包括火电、水电、风电、太阳能、核电等已在巴基斯坦开工或建成投产。改造扩建了喀喇昆仑公路一期工程和建成了拉哈尔城市轨道交通项目,连接巴基斯坦南北的经济大动脉卡拉奇至拉合尔高速公路也于 2016 年 5 月开工。中巴经济走廊在建项目进展最快,9 个项目已经完工,13 个项目在建,涉及港口、交通基础设施、能源和产业合作四大领域。近年来,巴经济发展平稳增长,GDP 平均增长率达 4.8%,外国对巴直接投资由 2012 年的 6.5 亿美元增加至 2018 年的 22 亿美元,其中来自中国的直接投资就达 14 亿美元。巴人均年收入从 2012 年的 1334 美元增长至 1641 美元。中巴经济走廊为当地人民创造了 7 万个直接就业岗位。

中国在南亚推进"一带一路"建设虽然取得了一些进展,但当前该地区局势发展呈现出很多不确定性,主要是印度崛起助长其强化地区主导权与实现大国抱负,视"一带一路"倡议为中国政治战略,态度消极。巴基斯坦经济深受"反恐战争"以及能源危机拖累,内忧外患,发展受阻,经济发展缓慢。阿富汗一直以来战乱不断,局势依然扑朔迷离,这些因素叠加使中国在南亚推进"一带一路"面临的政治安全风险大幅上升。巴基斯坦是以农业为主的国家,农业人口占总人口的 48%,基础

---

① 新华社海南博鳌,2018 年 4 月 10 日电。http://paper. people. com. cn/rmrbhwb/html/2018－04/11/content_1847260. htm.

薄弱,总体规模、行业规模和企业规模不大,门类不够齐全,工业产值仅占国民经济总产值的24%。巴能源供应不足,在夏季高峰期,巴基斯坦电力缺口达6000兆瓦之多。交通基础设施落后、陈旧,铁路建设长期停滞不前,公路路况较差,而且道路密度很低,许多偏远地区至今无法与外界联通。中巴经济走廊项目建设存在的这些风险和挑战我们要予以充分认识。其一,中巴经济走廊建设中的许多合作项目,都需要巴基斯坦在政治和社会层面的深度参与。巴内部区域差异大、地域主义观念较强,政治内斗激烈,巴政府各部门之间权责不明,决策部门同管理执行部门之间也缺乏有效的沟通和监督。其二,中巴经济走廊建设项目集中分布的俾路支省,当地民族主义与分离主义力量较多,"塔利班"等恐怖组织在当地也相当活跃,对合作项目覆盖地区存在安全威胁。其三,印度对巴基斯坦的态度渐趋强硬,双方在克什米尔问题上的冲突不断。美国和印度均不乐见中巴经济合作顺利、全面展开,仍然坚持传统冷战思维,倾向于从地缘政治和零和博弈视角看待中巴经济走廊建设。

印度位于亚洲南部,是南亚次大陆最大的国家。印度经济近年来保持高速增长,GDP增长率平均为7.2%。从经济规模来看,印度已成为世界第七大经济体(购买力平价规模排名全球第3位,仅次于美国和中国)。近年来,中印关系有很大的实质性发展,其中2017年两国双边贸易额达创纪录的844.4亿美元。中印经贸关系超过了中俄经贸关系。很多中资企业进入印度市场,参与印度铁路升级等基础设施建设。中国的小米手机在印度手机市场份额最大,超过30%,印度现在是小米最大的海外市场。伴随着中国在南亚推进"一带一路"建设,印度对华战略焦虑增加,担心中国越来越多地介入印度竭力经营的"势力范围"。印度根深蒂固的地缘政治竞争思维及其对来自中国的"威胁"的错误认知,使中印合作走入困境,成为"一带一路"在南亚推进的最大障碍,给"一带一路"在南亚的推进带来严峻挑战。第一,印度自视为南亚"超级大国",拉紧南亚国家,巩固地区主导权,加强了对这些国家的干涉乃至掌控。印度一直把南亚地区视为其势力范围,长期以来印度与南亚小国之间存在着控制与反控制的斗争。不丹目前实际上是印度的殖民地,印度在尼泊尔、孟加拉国、马尔代夫、斯里兰卡有很深的影响。印度不断加强对环喜马拉雅国家尼泊尔和不丹的控制,巩固中印缓冲区。同时密切关注"南部门户"斯里兰卡和马尔代夫的政局走向,确保两国由亲印政府掌控局势,并警惕中国与斯里兰卡和马尔代夫的合作。印度还紧紧抓住与孟加拉国的关系,积极介入阿富汗事务。印孟签署陆地边界协议,解决了两国长达40余年的边界问题,印度还向孟加拉国承诺提供45亿美元信贷额度,用于其优先发展项目;印度重视同阿富汗关系,已累计向阿富汗提供超过30亿美元的经济援助,孤立巴基斯坦,并力图将巴排除在其主导的南亚区域合作框架之外。第二,印度历来将南亚和印度洋地区视为"自家后院",不能容忍域外大国"染指"。印主流战略界对中国"一带一路"倡议反应冷淡,总体认为"一带一路"倡议是中国的地缘政治工具,并暗示该倡议"对当前地缘政治构成威胁"。有些印度人心里非常忌惮中国在南亚地区推进"一带一路"建设,认为这样中国在南亚的影响就会不断扩大,从而影响印度对南亚的控制力。印度坚持要将孟中印缅经济走廊视作独立的合作倡议,而不是隶属于"一带一路"框架,强调这一倡议由四国成员共同拥有所有权,而不应该是属于中国"一带一路"倡议的组成部分。第三,印度对其东北地区安全态势异常敏感。由于地理封闭、历史纠葛、民族和社会结构差异,阿萨姆、曼尼普尔、梅加拉亚、米佐拉姆、那加兰、特里普拉等印东北部诸邦长期与印主体地区相互隔离,分离主义泛滥。印方担心,一旦实现与中国联通,中方会通过自身强大的经济实力来渗透、影响东北诸邦,进一步削弱东北部与印度主体本就比较薄弱的经济、社会和感情纽带。印还担心"一带一路"建设将使中国"逼近"中印存在领土主权争议的藏南地区,将给印度带来战略风险。第四,美日等国在南亚及印度洋地区开展激烈的地缘政治博弈,印度对美日等国的拉拢笑脸相迎。美印大幅提升防务合作,使双方战略伙伴关系达到新高度。特朗普提出"印太战略",将前任奥巴马的"亚太再平衡"扩展至印度洋乃至中东和非洲,无疑增加了对印度的战略倚重。美国乐见印度在南亚和印度洋发挥更大作用,印度亦愿充当美国"印太战略弧"的重要支点。特朗普政府强调将进一步发展美印战略伙伴关系,并希望印度在阿富汗为美国提供更多帮助。美国印度问题资深专家阿什利·特里斯认为为应对来自中国的挑战,美国强化美印同盟符合其在亚洲及全球的"最高地缘政治利益"。日本亦视印度为遏华"天然盟友",并希望依托美日同盟进而促成美日印澳"四国集团"机制。印度在"东向行动"政策下,不断加强与美日澳关系,并有意利用日本的投资弥补其资金短板,联手推进在南亚和印度洋的基础设施建设。同时,印度不忘与俄罗斯维系"传统友谊",获俄罗斯全力支持正式加入上海合作组织。总之,"一带一路"在南亚建设的主要障碍是印度,以上主要问题都与印度有密切关系。因此,如何应对南亚地区"一带一路"建设面临的挑战,也应该主要研究如何与印度打交道。与印度打交道,要注意以下几点:一要发展与印度在国际战略层面的合作关系;二要大力开拓印度市场,避开"一带一路",多开展务实合作;三要在复杂多变的形势下,保持战略定力,锲而不舍地做好"一带一路"推进工作。

3.中巴经济走廊建设

2013年,李克强总理访问巴基斯坦,中巴签署《关于开展中巴经济走廊远景规划合作的谅解备忘录》。2015年4月,习近平主席对巴进行历史性的国事访问,两国领导人将中巴关系提升为"全天候战略合作伙伴关系",在能源、交通基础设施、经贸、金融、科技等领域签署了一系列合作协议,为走廊进入全面实施阶段提供了坚实的政治基础和物质保障。自2013年以来,中巴经济走廊建设取得了显著成绩,双方建立了良好的沟通协调机制,签署了一系列合作框架与协议,一批有影响的项目逐步落地,经贸合作日益广泛开展,越来越多的企业和个人受惠于这一走廊建设。双方合作主要集中在基础设施、能源和水利建设等领域。在公路建设方面,由中国葛洲坝集团公司承建的与喀喇昆仑公路连接的巴基斯坦哈桑阿卜杜勒—赫韦利扬高速公路 E35 正在推进,喀喇昆仑公路二期工程塔科特—赫韦利扬段(120千米)和白沙瓦—拉合尔—卡拉奇高速公路木尔坦至苏库尔段(392 千米)开工建设。中国建筑股份有限公司与巴基斯坦国家公路局总承包的卡拉奇至拉合尔高速公路项目(苏克尔—木尔坦段)顺利推进。中国交通建设股份有限公司与巴国家公路局总承包的喀喇昆仑公路升级改造二期(哈维连—塔科特段)、巴基斯坦 M4 高速公路(绍尔果德—哈内瓦尔段)进展顺利。在铁路建设方面,中巴双方签署了《中巴关于开展 1 号铁路干线(ML1)升级和哈维连陆港建设联合可行性研究的框架协议》,该铁路干线全长 1726 千米,从卡拉奇经拉合尔、伊斯兰堡至白沙瓦;中国兵器工业集团公司与巴基斯坦旁遮普公交公司签署了拉合尔轨道交通橙线项目总承包合同。中国进出口银行与巴经济事务部签署了拉合尔城市轨道交通橙线项目贷款协议。中铁一局中标巴基斯坦拉合尔地铁项目轨道工程项目。在航空方面,中国国际航空公司开通了北京—伊斯兰堡航线。在港口建设方面,2015 年 11 月,巴向中国海外港口控股有限公司移交了瓜达尔自贸区 3 平方千米土地。2016 年 11月 13 日,瓜港正式启用,首批中国商船从这里出海,将货物运往中东和非洲,成为中巴经济走廊项目的关键节点和重大突破。在管道建设方面,中国石油天然气集团正与巴基斯坦协商建设从瓜达尔港到信德省白沙瓦的长约 700 千米的天然气管道,管线建造成本约 20 亿美元。萨西瓦尔、卡西姆港燃煤电站顺利投产。中国华能集团山东如意公司承建的旁遮普省萨希瓦尔燃煤电站项目(2×66 万千瓦)、中国三峡集团承建的卡洛特水电站、中国电力国际有限公司和巴基斯坦胡布电力公司共同投资的卡拉奇胡布燃煤电站(2×66 万千瓦)开工建设。另外,中国水电顾问集团国际工程有限公司承建的大沃 5 万千瓦风电项目、中国特变电工新疆新能源承建的旁遮普省真纳太阳能园区 10 万千瓦太阳能光伏电站项目、东方联合能源集团承建的信德省吉姆普尔 10 万千瓦风电项目(一期)、中国电建承建的萨恰尔 5万千瓦风电项目等也相继开工建设或建成,国家电网等企业也直接参与了巴输变电项目。随着不断落实和投入,中巴经济走廊的地区及国际影响逐渐扩大,走廊对本地区的辐射效应迅速凸显。不少国家表达希望加入走廊建设,发展本国经济,扩大对外开放。哈萨克斯坦、伊朗、阿富汗支持并有意参与中巴走廊建设,彰显出中巴经济走廊的强大号召力。随着各项目的不断落实,中巴经济走廊的地区及国际影响逐渐扩大,走廊对本地区的辐射效应迅速凸显。总体来看,中巴经济走廊建设符合甚至超出预期,并日益成为中巴共享发展机遇的重要载体。

巴基斯坦瓜达尔港

新疆红旗拉普口岸

4. 孟中印缅经济走廊

　　孟中印缅经济走廊最早是在 20 世纪末由我国云南省学界提出的。2013 年李克强总理与印度时任总理曼莫汉辛格共同正式向外提出建设孟中印缅经济走廊倡议,并获得孟加拉国和缅甸两国政府积极响应。2013 年 5 月中印联合声明首次共同倡议建设孟中印缅经济走廊后,中印曾同意成立联合工作组,加强该地区互联互通,孟缅政府亦参与其中。2013 年 12 月,走廊四方联合工作组首次会议在昆明举行,强调建设该走廊将有助"提升复合式联通性,利用经济上的互补性,促进投资和贸易以及协调人民之间的接触"。2014 年 12 月,联合工作组第二次会议在孟东南部沿海城市考克斯巴扎召开,四方承诺加快推进走廊建设,为维护地区和平稳定、促进经济发展做出贡献。但莫迪政府上台后,印度冷对中方"一带一路"倡议、孟中印缅经济走廊建设向前推进的动力大为减弱,印度心存疑虑,表现出不热心的态度。总体上看,孟中印缅经济走廊框架下的基础设施联通建设取得一定进展,但其他领域的成果较为有限。孟中印缅经济走廊的总体推进进度远低于预期,走廊建设仍未步入实质性阶段。关于走廊建设的四方联合研究总报告仍待出炉,四国政府间合作框架尚未建立。究其原因,走廊建设遭遇了政治、经济、安全、域外大国干扰、地缘政治博弈等多重障碍。由于印度对中国在南亚推进"一带一路"建设的戒备心理根深蒂固,缅甸内政外交处于关键转型期,孟缅关系长期不睦,双方在孟加拉湾海域划界、跨界民族等问题上矛盾尖锐,孟缅还要看印度脸色行事,不敢在推进走廊方面过于冒头,加上仍有外部势力干扰搅局,中国需要及时做出相应调整,包括重新思考中印关系,深度把握中巴合作,积极发展与南亚中小国家的关系等,并继续在阿富汗问题上发挥建设性作用,以在未来推进过程中优化布局、掌握主动。第一,在中印关系上要给予足够重视。当前中印互信缺失,要破解印度不合作造成的困境。一方面,中国需要更加重视印度,加深对印度的全方位认知;另一方面,中国不能轻视印度对华"假想敌"认知的增长,应适时有力回击印度试探中国底线的"不理智"举动。中国不应对中印关系的发展抱有过高的期望。中国不应为此而放弃或减少在南亚的"一带一路"建设,否则非但不能让印度打消对华疑虑,反而更将在这一地区陷入被动局面。第二,处理好南亚地区国家间关系。全面加强与巴基斯坦、斯里兰卡、孟加拉国的关系,把与印度的经济合作项目转移到斯里兰卡和孟加拉国,努力维护好与缅甸的关系。南亚其他国家如不丹、斯里兰卡、尼泊尔、孟加拉国等内政外交皆深受印度影响。这些国家从自身利益出发,希望在中印之间采取平衡政策,但由于地理位置和政治宗教文化等因素制约,这些国家往往更加重视印度的"关切"。在南亚推动"一带一路"建设的关键在于盘活该地区与周边的基础设施联通与贸易畅通,提升域内国家与中国的经济依存度,突破相对封闭的地理结构与印度一家独大的地缘政治障碍。第三,陆上海上双向推进,应进行有理、有节的回应。印度最大的弱点就在于海上,中国把对印战场转移到印度洋,突出与印度洋周围国家合作,加强与吉布提、巴基斯坦、斯里兰卡、马来西亚等的合作,加大这些国家的港口基地建设力度,保障我国的海洋运输线的畅通和安全。总而言之,南亚"一带一路"建设的未来风险仍旧继续存在,而印度是其中的核心要素。印度的周边互联互通,尤其值得中国关注。

五、"一带一路"倡议与东北亚

图们江位于中国吉林省东南边境,现为中国与朝鲜的界河,临近入海的部分则是朝鲜与俄罗斯的界河,战略地位十分重要。图们江国际次区域合作是以吉林、黑龙江、辽宁、内蒙古四省区为主体,面向俄罗斯、韩国、蒙古等国开展的次区域合作。

图们江发源于长白山,整个流域都在长白山脉之中,山地面积就占了80%。15世纪之前,图们江两岸由女真族统领。明王朝成立后招抚女真族,在图们江两岸设置了地方行政机构。1403年,明成祖朱棣即位后,加强对东北地区的经略,在图们江地区设置了"奴儿干都司",下设"建州卫""毛怜卫""古鲁浑山卫"等9个地方行政机构。但是,朝鲜多次向中国提出领土要求,并通过剿杀、驱赶女真部落,不断向北扩张领土,于15世纪中叶沿图们江南岸设置了6个镇,标志着图们江虽未经明文规定,但开始从中国内河变为中朝两国界河。1858年到1860年,在沙皇俄国武力威胁下,中俄先后签订了《瑷珲条约》《北京条约》,使黑龙江口至图们江口大约100万平方千米的沿海地区划归俄国,中国失去了出海权。中华人民共和国成立后,中国外交部门为维护出海权,做了大量的谈判工作。1964年,朝方允许中国船只通过图们江下游。1991年5月《中苏东段边界协议》签署,明确规定挂有中华人民共和国国旗的船只可以在图们江下游自由航行。但是,1992年中韩建交后,中朝边界一度紧张,一切航行、考察和出海活动,都归于沉寂和停滞。中国民间争取出海权的活动很积极,有识之士成立了"图们江开发通海促进会"等组织,为恢复出海权而奔走。

图们江左岸是中国吉林省的延边朝鲜族自治州。延边州作为图们江开发开放的窗口和前沿,处于图们江区域合作的核心地位,规划建设成中国面向东北亚合作与开发开放的重要平台、东北亚地区重要综合交通运输枢纽和商贸物流中心。图们江右岸是朝鲜的两江道和咸镜北道。图们江河口左岸是俄罗斯滨海边疆区的哈桑区。哈桑区的北部同乌苏里斯克和滨海边疆区的纳杰日金斯科耶区相临;西面是同中国的边境线;南面沿着图们江流域同朝鲜民主主义人民共和国相邻;东面是一条天然界线——彼得湾海岸。

1.图们江区域合作发展历程

图们江开发是20世纪80年代中期由中国首先提出来的。1991年,联合国开发计划署(UNDP)启动了图们江开发计划(Tumen River Area Development Program,TRADP),主要是为促进东北亚地区开发合作,由中国、俄罗斯、韩国、蒙古国等四个国家组成的副部长级合作体。但是,由于相关国家体制的差异和不确定性、战略着眼点不同,以及经济差距问题、融资困难等,大部分规划开发项目一直停留在规划设想阶段,实施的进度非常缓慢。图们江区域的相关国家希望利用该地区的地缘优势、经济互补性来谋求各自的相关区域的加快发展。2005年UNDP召开五国协调委员会,将图们江开发计划更名为大图们倡议(GTI)。其区域范围也从原来的中朝俄三国边境地区扩大到韩国的东海沿岸及蒙古东部地区。图们江开发计划涉领域的合作主要有物流及基础设施建设方面的合作、能源合作、旅游合作、人员交往、环境合作、融资等。但是,即便 TRADP 转变为 GTI 以后,图们江区域开发的推动力仍显不足,直至 2009 年中国将大图们江开发与振兴东北老工业基地,特别是长吉图开发开放先导区规划联系在一起,大图们江开发才呈现出新的活力。图们江区域合作是我国参与并主导的三个国际次区域合作机制之一。2015年,经过区域内各国的共同推进,图们江区域合作开发内涵日益深化,规模不断扩大,层次明显提高,已经成为东北亚区域各国交流、合作、发展的良好平台和便捷通道。

中国政府一直高度重视图们江流域开发工作。1992 年,国务院批准出台《图们江下游珲春地区综合开发规划大纲》,确定了中国参加图们江区域合作开发的三步走战略,即自主开发、联合开发和多国合作开发,并在国家层面成立了中国图们江地区开发项目协调小组。1999 年,国务院出台《中国图们江地区开发规划》,将以珲春为核心的区域范围扩展辐射至延边州全境。2009 年,国务院再次批准实施《中国图们江区域合作开发规划纲要——以长吉图为开发开放先导区》,确定中国参与图们江区域合作的战略路线图,将图们江区域合作开发作为增强与域内国家经贸往来、促进东北亚地区和平稳定与经济繁荣、实现东北老工业基地振兴、提升沿边开放水平的重要内容。2012 年,国务院又专门出台《关于支持中国图们江区域(珲春)国际合作示范区建设的若干意见》,确定在珲春建设图们江国际合作示范区,进行重点突破。2015 年 5 月,中共中央、国务院出台了《关于构建开放型经济新体制的若干意见》中,将"推进大湄公河、中亚、图们江、泛北部湾等次区域合作"作为构建多双边、全方位经贸合作新格局的重要内容。多年来,我国从"面"到"线"再到"点突破",合作开发逐步深入,特别是作为中国参与图们江区域合作的主要省份的吉林省,坚持把实施长吉图战略作为推动吉林开放发展的一面旗帜全力组织实施,各项工作取得了明显成效。长吉图战略顶层设计基本完成、与周边国家互联互通大通道不断完善、各级各类开放合作平台相继设立、基础设施承载能力不断增强、产业结构不断优化、与东北亚各国经贸往来不断加强、智力文化旅游等宽领域、多层次交流与合作日益频繁,在"一带一路"、沿边开发开放以及新一轮东北老工业基地振兴等国家战略中起到了突出的作用。

2. "一带一路"建设给图们江开发合作带来新的机遇

图们江流域开发合作加快了长吉图战略实施、辽中南城市群的兴起。延边州、珲春市全力推动与周边地区的合作,在对外通道建设,对俄、韩、朝经贸合作等方面均取得了显著进展。目前已经开通了多条国际海陆联运定期航线,2015 年,正式开通了中国珲春—俄罗斯扎鲁比诺—韩国釜山港航线,随着中俄珲马铁路、中朝圈河至罗津港公路、珲春圈河至元汀口岸跨境桥等项目的推进,该区域经贸合作也随之呈现出良好的发展态势。珲春毗邻俄罗斯滨海边疆区和朝鲜咸境北道,与俄拥有 241 千米的共同边界线,有公路和铁路相连。珲春口岸是吉林省对俄贸易的唯一口岸（国家一级口岸），随着双方边境贸易的快速发展，对吉林省特别是珲春当地经济的发展和繁荣起了重要的推动作用。珲春由过去只有几万人的边塞小镇发展成为目前拥有 28 万人口的生机蓬勃的新兴边境开放城市。

在全面推进“一带一路”倡议的新形势下，中俄、中韩、中蒙在许多领域达成很多新的共识，强调扩大相互开放，深化利益交融，取得了多项务实成果，特别是在经贸、投资等重点领域取得新的进展，一些具有重要意义的项目和领域取得突破。中俄韩蒙四国正在共同努力，积极推进建立独立的政府间国际合作组织，图们江区域合作正面临新的发展机遇期。2013 年，在第 14 次大图们倡议部长级会议上，中、韩、俄、蒙四国一致决定，经过几年的法律过渡，将“大图们倡议”升级为独立的具有法人资格的国际经济合作组织，从而使图们江区域合作更加务实，更加具有法律约束力。2016 年 4 月，在韩国首尔召开的第 16 次大图们倡议部长级会议对法律过渡进行了进一步明确。“大图们倡议”转型升级为独立的国际经济合作组织，必将对图们江区域乃至东北亚区域合作，产生深远而重大的影响。

吉林作为图们江合作开发和长吉图战略实施的关键省份，上下通力协作，全力推动与周边地区的合作，在对外通道建设，对俄、韩、朝经贸合作等方面均取得了显著进展。目前已经开通了多条国际海陆联运定期航线。

在深入推进“一带一路”建设的大背景下，图们江开发无疑为东北三省一区扩大开放、加快发展开拓了更大空间和格局，并为实现新一轮东北振兴创造了良好的外部环境，引进韩、日的投资与技术的同时，加强与俄、朝、蒙在能源、矿产领域的合作，实现与东北亚各国的共赢格局。

3. 图们江区域合作面临的挑战及对策

图们江区域涉及多个国家的战略利益，中日、日韩、日俄、美韩朝等双边或多边关系存在严重的结构性矛盾。美日韩在该区域的军事合作不断加强，尤其是每年的美韩联合军演、朝核问题等加剧了朝鲜半岛的紧张局势。同时，美国加紧实施“亚太再平衡战略”和“印太战略”，利用日本牵制东亚地区的多边合作等种种因素给图们江区域合作增加了困难。目前图们江区域合作只有副部长级协调机制，重大问题难以达成共识，地方政府出面推动受到很大的限制，等等。

图们江流域四国应加强配合，完善新的国际合作组织的法律规范，进一步提升图们江区域合作层次和该组织机构的决策权威性，在协调涉及各国利益的重大问题时做出具有更具约束力的决定。同时，积极动员朝鲜和日本参与和支持图们江区域合作。朝鲜控制着出海口，没有朝鲜的合作，中国东北地区，特别是吉林省将很难获得出日本海的通道。朝鲜曾经是图们江国际合作开发的重要成员国，现在朝核问题得到缓解，逐步吸引朝鲜回归到与国际社会合作，促进其发展经济，改善民生。日本虽然一直积极参加 UNDP 和大图们倡议组织的相关活动，但出于种种考虑,迄今还只是观察员身份,对直接参与图们江区域合作开发持谨慎态度。要积极吸纳日本加入图们江合作机制,从而整体提升图们江合作水平,形成最终完整的东北亚国际合作。现在,中俄、中韩、中蒙关系近年来持续向好,四国政治互信加深,经贸合作不断加强,必将推动图们江国际次区域合作不断深化。

中国图们边境

　　东北三省和内蒙古自治区是我国参与图们江区域合作的主体,应以共同落实新一轮振兴东北战略为契机,建立完善的协调发展机制,共同研究建立区域市场发展机制;加强以对朝、对俄铁路通道作为重点的相关基础设施和通道建设,坚定不移地推动珲春的出海通道建设,开辟东北内陆地区的"海上丝绸之路";推动"两山"铁路建设,向西与西伯利亚大铁路连接直通欧洲的陆路国际运输大通道,从而形成我国珲春直通阿姆斯特丹港的欧亚大陆桥,从而构建图们江国际合作大通道。同时加强区域内基础设施建设,把黑龙江的绥芬河—哈尔滨—大庆—齐齐哈尔经济带,吉林省的长吉图先导区经济带和辽宁的沿海经济带三个重要的经济带连接起来,整合支撑起横向经济带的发展。进一步提高口岸通关能力,优化通关环境,提高通关效率,从而畅通陆海联运通道。图们江地区具有极其丰富的旅游资源,有许多尚未开发的原始自然风光,尤其在中俄蒙朝边境,其多元的文化景观对于各地游客有着很强的吸引力。通过加强旅游基础设施建设、简化跨境旅游手续、培育边境旅游市场、开发多语言旅游信息平台等手段,打造图们江区域跨境旅游合作圈,真正实现这一地区的无障碍旅游。总而言之,随着"一带一路"建设推进,四国关系的向好发展,以长吉图地区为中心的大图们江区域基础设施建设将持续改善,区域次区域经济合作将进一步深入发展。

第七章 "一带一路"建设与西部大开发和沿边地区开发开放

一、"一带一路"与西部大开发

2018 年 8 月 27 日,习近平总书记在推进"一带一路"建设工作 5 周年座谈会上发表的重要讲话,在全国各地引起热烈反响。推进"一带一路"建设的 5 年,是成果丰硕的 5 年。5 年来的"一带一路"建设,推动了西部地区经济社会发展取得了新的历史性成就,西部地区加大向西开放,形成陆海内外联动、东西双向互济的开放新格局,对全国发展起到了重要支撑作用。西部地区是我国发展的巨大战略回旋余地,也是全面建成小康社会、实现现代化的重点难点。当前,面对国内外环境的新变化,西部地区要按照向高质量方向发展、解决发展不平衡不充分问题的要求,紧紧依靠改革开放创新,促进西部地区发展动力增强、产业结构升级、民生不断改善,为全国经济保持稳中向好拓展空间。

1. "一带一路"对西部地区具有重大意义

一是"一带一路"倡议的提出是促进地区协调发展的需要,实现了国内区域均衡发展和共同富裕。从 40 多年的改革开放实践来看,总体呈现东快西慢、海强陆弱的格局。过去,中国经济发展最热的地区主要集中在东部沿海,东向发展是主流,重视向日本、韩国以及东南亚与欧美等方向发展。西部地区较之东部沿海地区,客观上存在着地理区位、发展空间、国家发展政策、经济发展阶段的非均衡性。西部地区的城市无论在经济实力、基础设施、城市管理还是城市文化发展等方面均与东部沿海国际大都市有着较大的差距。西部地区农村经济同东部沿海地区的农村经济相比,差距更大。"一带一路"倡议将西北和西南地区纳入开放的前沿,有利于缩小东西部地区的差距,推动国内各地区的均衡发展和共同富裕。"一带一路"是我国解决东西部经济不均衡问题的"处方",它将构筑我国新一轮对外开放的"一体两翼",在提升向东开放水平的同时,加快向西开放步伐,助推内陆沿边地区由对外开放的边缘迈向前沿。让西部成为改革开放的最前沿,有利于西部打破过去的旧的体系捆绑,推动建立开放型的经济体系,有利于西部发挥自有优势,尤其是和毗邻国家的区位优势,实现自身的发展,这样不仅能解决中国经济发展的东中西发展不平衡问题,也能解决社会、安全、政治等多方面问题。

二是"一带一路"建设有利于促进区域经济一体化,培育参与和引领国际合作竞争新优势。区域一体化是大势所趋,中国需要加强和周边国家联系,加强对外开放。通过"一带一路"建设,有利于中国构建开放型经济新格局,推进新一轮高水平对外开放,向西开放,拓展战略纵深,并在开放中增强发展新动能、增添改革新动力。区域一体化最重要的还是开放,过去西部地区是开放末梢,现在应该成为开放的前沿,有利于西部在区域经济中获取新的增长动力,而且也有利于中国实施服务贸易,推进区域一体化进程,从而在更大范围的区域一体化中,使中国扮演更为重要的角色。笔者认为,区域一体化最重要的助力是"一带一路"。在这个背景下,每个区域扮演的角色是不一样的,发挥各自区域的优势特点有利于"一带一路"倡议的实施。首先,一定要从各个区域的特点出发,确立本地区在"一带一路"中的角色。其次,要更注重服务贸易的开放,服务贸易的开放可能成为新时期"一带一路"主要的推动力。服务贸易市场的开放既是我国转型升级的需求,更是中国市场连接区域市场、连接全球市场的一个新亮点。再次,由于各个区域特点不同,在支持不同区域对外开放方面应该采取更大胆的措施,强化区域在客流、物流、资金流上的互联互通。经过多年的改革开放,西部地区应该有自信将开放的步子迈得更大。

三是"一带一路"建设是形成陆海统筹、东西双向开放格局的需要。从"一带",即丝绸之路经济带建设看,向广阔的西部方向的大力拓展,必将推动欧亚大陆经济的整合,必将提供在经济上拉近中国与南亚、中亚、西亚和包括沙特阿拉伯在内的海湾国家关系的机遇。丝绸之路经济带的建设还与中国国内区域发展战略相辅相成,必将加快中国西部大开发的进程,加强西部边界和各省的安全。从"一路",即21世纪海上丝绸之路建设看,对西部的开发将使中国超越西太平洋海域,向南深入南太平洋,向西开辟进入印度洋通道,这将有利于中国开拓"两洋"出海大通道。"一带一路"倡议的实施将深化中欧、中俄合作,推进被英国地缘政治学家麦金德誉为"世界岛"的欧亚大陆的一体化进程,从而重塑全球地缘政治及全球化版图。从地缘政治角度上看,适合中国地缘政治环境根本特征的、以推进中国陆权、海权建设为目标的、陆海并进的"一带一路"倡议,是中国的地缘政治理论创新。"一带"可加强我国与周边国家的联系,形成以能源和经贸为纽带的国际合作局面,有利于更好地解决政治、外交中遇到的分歧和问题,并带动我西部经济的全面发展。"一路"着眼于建设海上运输通道和海洋强国。在海外选取一批地处战略要冲、建港条件优良的重要港口,通过与"一带一路"沿线国家共建港口和节点城市,进一步繁荣海上合作。

四是"一带一路"建设有利于强化举措,推进西部大开发形成新格局。我国西部地区自然资源丰富,市场潜力大,战略位置十分重要,但由于自然、历史、社会等原因,西部地区经济发展相对落后,迫切需要加快改革开放和现代化建设步伐。同时,我国西部地区边境线长、邻国多,但与邻国之间的经济技术合作和科学文化交流不足,使得西部地区对外延伸的市场空间较为有限,市场吸附能力弱化,从而降低了市场配置资源的效率,阻碍了西部地区经济的发展。在"一带一路"建设的不断推进中,以区域合作新格局为着力点,中国经济发展的再平衡呈现西部大开发的升级版、加强版,深入向西开放,形成中国式的"经济西进、梯度转移"。中国西部将逐渐走向南亚、中亚、东南亚的前沿地,成为铁路、公路、航空等综合立体交通运输体系建设的主战场,成为高新技术的聚集地。从区位上来看,我国西部地区向西、向南、向北方面都具有开放优势:一是向西通过亚欧大陆桥到中亚,进而到达欧洲,二是向南可以加强与巴基斯坦、印度以及南亚和东南亚的国家合作,三是向北可以延伸至俄罗斯,四是通过西南出海大通道,走向太平洋、印度洋。随着国家"一带一路"建设的开展,西部地区将成为我国对外开放的前沿,货物将通过铁路、公路从西部直接运往东南亚、欧洲,通过扩大开放,扩大市场覆盖面,把西部地区特色优势转化为经济优势,有利于推进新时期的西部大开发。

五是"一带一路"建设有利于开启全面建设社会主义现代化国家新征程。如今,在国家深入实施西部大开发战略、西部加速融入"一带一路"建设的背景下,西部大开发正处于加速发展阶段。但按照党的十九大总体要求、战略安排和宏伟目标,西部大开发需要强化举措,需要认真研究西部地区基本实现现代化将大体经历哪几个发展阶段,每个阶段有什么特点,目标和任务是什么,把西部开发同全国产业结构调整和地区经济结构调整结合起来,有步骤、分阶段地逐步实现现代化。我国现代化的困难点不在东部,而在西部,现代化的落脚点最终可能也在西部地区。事实上,我国西部地区开发开放正在发生重大变化,从出口通道而言,西部地区产品不仅可以通过沿海地区连接海外市场,在西部地区纳入丝绸之路经济带后,可以向西(中亚和欧洲)开放,通过欧亚大陆桥出口货物,西部区位优势开始显现。而"一带一路"将打通我国边境通道、东中西部间的物流通道和保障东部与南部资源供应的战略资源通道,将促进西部地区与周边国家的贸易往来,加强东中西之间的联系,降低西部物流成本,发挥西部战略资源优势,密切与东部的经济联系,从而实现双向互动。

2."一带一路"建设是西部地区的重大机遇

2018年,是实施好"十三五"规划、决胜全面小康的重要一年,是供给侧结构性改革的深化之年,也是《西部大开发"十三五"规划》等区域重大规划政策落实推进之年。有了向前进的擘画和新政,各地纷纷表示要"撸起袖子加油干",西部地区无疑会亮点纷呈,"一带一路"建设和改革创新将进一步激发区域经济增长动力,区域发展"洼地"有望探底反弹、加快发展,在稳中向好的基础上更加协调。在四大区域板块中,西部一直是经济增速较快的地区。西部经济快速发展的原因主要在于:一是西部经济外向度不高,受国际大环境影响相对较小;二是扩大内需一系列举措、重大项目开工建设对西部刺激明显;三是通过向西开放,带动西部优势资源的开发,承接沿海加工贸易的转移。上述因素是支撑西部经济隆起的重要力量。当前,我国仍处在可以大有作为的重要战略机遇期,经济运行的基本面也是好的。同时,我们也要看到,国际金融危机深层次影响还在发展,中美贸易摩擦加剧,全球经济发展前景具有很大的不确定性、不稳定性,国内经济运行也面临着不少困难和挑战,政府降负债率、金融去杠杆和强监管,房地产市场调整等方面对西部地区均会产生影响。从西部地区看,西部地区能否成功爬坡过坎,实现转型升级,关键在于能否实施好创新驱动发展战略以及向西开放。西部大开发第一阶段是打基础,第二阶段是特色经济发展,进入第三阶段,重点则在于积极落实"一带一路"倡议,发展外向型经济,西部地区与东部地区都是"一带一路"建设的主战场。西部大开发兼具外向型经济扩大内需的两种功能:一是减少国际大环境对外向型经济的冲击,降低中国经济的对外依赖度;二是开拓外向型通道,与东部地区对外开放互补。西部地区在积极承接产业转移的同时,也在加快培育新动能,比如贵州的大数据产业、重庆的电子信息产业,正处于高速发展时期,有望成为中西部地区转型升级的新样本。

3. 西部地区要深入融入"一带一路"建设

西部地区要坚持长短结合,坚持两手抓,一手抓应对国际金融危机的影响和经济下行压力,落实宏观调控各项措施;一手抓推进"一带一路"建设,扩大对外开放。从后者讲,要重点抓好以下几方面的工作。

加快传统产业转型升级。"一带一路"建设是新时期国家实施对外开放合作的一项重大决策,给沿线各国以及国内相关地区带来了难得的发展机遇。如何准确把握"一带一路"的内涵?"一带一路"倡议带给我们的机遇在哪里?西部地区该如何借势融入"一带一路"建设?要回答以上问题,就要找准西部地区产业发展的对接点,先要认识到西部地区产业发展与"一带一路"沿线国家相比较,我们到底有哪些比较优势。首先,从工业发展阶段来看,与"一带一路"沿线国家总体上处在工业化早期或中期相比,西部地区当前工业化进程处于中前期阶段,以原材料、重工业、装配工业、基础工业为重心,处于资源加工工业化向高深加工工业化转变时期,逐步由低层次劳动、资源密集型产业向以机械制造业为主的资本密集型和技术密集型产业转变。由此可见,西部地区工业发展阶段略先于"一带一路"沿线国家的工业发展阶段。因而西部地区可以充分发挥自身的比较优势,同"一带一路"沿线国家找到对接点,大力实施传统产业改造提升工程。其次,传统产业是西部地区经济增长的"稳定器",要充分运用老工业基地调整改造政策,开辟传统产业成长新空间,重塑传统产业竞争新优势。再次,深入推进国际产能合作,积极承接国内外优势产业,积极探索建设"一带一路"经贸合作园区,打造面向欧亚、对接周边的现代国际贸易聚集平台。

加强交通基础设施建设。融入"一带一路",交通运输要先行,消除发展瓶颈制约,着力建设连接欧亚大陆桥、中国—中南半岛经济走廊的战略通道和沟通西南、西北的交通枢纽。抓紧推进一批西部急需、符合国家规划的重大工程建设。交通网建设,既要充分满足西部地区自身发展需要,也要促进各城市间密切快捷的经济联系要求,同时还必须着眼于与周边省区的联系,公路、铁路、航空统筹考虑,各类运输方式密切衔接,分步推进交通项目建设。加快开工建设川藏铁路、渝昆铁路等大通道,打通公路"断头路",进一步推动电力、油气、信息等骨干网络建设。推进滇中引水、桂中抗旱二期、引黄济宁、引洮二期等重大引调水工程,加快城镇污水、垃圾处理设施建设,发挥改善生态环境和满足民生急需的双重效益。

建设区域商贸物流中心。西部地区很多地方,历史上就是战略要冲、古丝绸之路交通要道和商埠重镇,在中西方经济文化交流中发挥过重要作用,商贸物流是传统优势产业。目前西部地区如西安、成都、重庆等已发展成为区域性的商贸中心和物流基地,市场功能进一步完善。出海大通道、国际交通走廊建设,使得西部地区作为内地与相邻国家商品物流联系的枢纽地位进一步加强。随着一批跨境铁路的建成,西部地区的陆路交通枢纽地位得到新的提高。要结合"一带一路"建设,谋划一批现代物流项目,打造成辐射周边乃至中亚、东南亚、南亚和欧洲的商贸物流中心。

大力发展文化旅游业。西部地区旅游资源丰富,也有重要的旅游景点,包括西部风情游、古丝绸之路文化游、红色旅游、地方特色文化和民族文化旅游等。大力发展文化旅游业,实现旅游升级,建设集西部文化、丝路文化、红色文化、民族文化之大成的西部观光休闲旅游目的地。通过共建"一带一路",传承和弘扬丝绸之路的友好合作精神,推动中国与沿线各国广泛开展文化等多领域的交流合作,在交融往来中实现不同文明的互学互鉴,共同浇灌人类文明这棵参天大树。

加强生态恢复和环境保护。西部地区生态系统多样,具有保持水土、防风固沙、调节气候、水资源和农牧产品供给、生物多样性等重要生态功能,因其特殊的自然地理气候条件对我国其他地区的生态环境有跨区域的影响,这一地区是维持我国整体生态环境稳定的要害地区,加上其本身生态系统相对脆弱,一旦遭到人为的破坏,很难恢复,若不给予特别保护,西部生态环境恶化不仅阻碍当地经济发展,而且直接影响我国中部与东南部地区的全面发展。目前,西部地区由于其区域自身自然地理条件不足、人类活动对区域生态环境的压力以及长期的不合理开发,水土流失、土地沙漠化、水环境恶化和植被破坏等严重问题仍然频发。在西部大开发战略中,生态环境保护与建设被列为重要内容,使得西部生态环境得到了明显的改善,不仅造福西部,而且惠及全国。尽管西部的生态环境保护与建设工程及政策取得了一定的成就,仍要加大保护力度,继续退耕还林、退牧还草,加大三北防护林、天然林保护力度,绝不能松懈。

打造我国向西开放的重要平台。与东部沿海相比,西部内陆地区的开放进程严重滞后,至今仍有不小差距。西部地区很多地方既不靠海,也不靠边,远离东部海岸港口,虽然无法向东部那样借助海运以较低的成本参与国际产业分工,但在向西进入中亚、南亚市场方面,则有陆路交通优势。随着"一带一路"建设推进,中亚、南亚、东南亚地区成为我国产业对外拓展的新兴市场。西部地区是我国中东部地区向西与中亚、南亚、东南亚地区联系的必经之地,有条件承担我国产品进入国际市场的集散地功能,完全可以打造成我国向西开放的重要平台。

二、国家重点沿边开发开放试验区进展情况及经验

为推进沿边地区开发开放,党中央、国务院先后出台了《中共中央 国务院关于构建开放型经济新体制的若干意见》(中发〔2015〕13 号)、《国务院关于加快沿边地区开发开放的若干意见》(国发〔2013〕50 号)、《沿边地区开放开发规划(2014—2020)》(国发〔2014〕24 号)和《国务院关于支持沿边重点地区开放开发若干政策措施的意见》(国发〔2015〕72 号)等重要的关于沿边地区开放开发的意见。这些文件从沿边地区体制机制创新、双边经贸合作、跨境经济合作区建设等方面对我国与周边国家的务实合作做出了具体指导,提升了我国与周边国家的经贸合作水平。

为提高沿边开放水平,2012 年以来,国家先后在沿边地区设立了广西东兴、凭祥、云南瑞丽、勐腊(磨憨)、内蒙古满洲里、二连浩特和黑龙江绥芬河—东宁等 7 个重点开发开放试验区。在一系列优惠政策和创新体制的促进下,试验区在探索沿边开发开放,加快与沿边周边国家互利共赢共同发展等方面取得了重要进展和明显成效,已经成为我国沿边地区经济社会发展的重要支撑和开发开放的排头兵,在区域经济发展过程中起到了引领示范带动作用。多年来,各地方、各部门切实加强组织领导和政策支持,大胆实践,推动试验区建设与发展取得了重要进展和明显成效。试验区体制机制创新取得突破,基础设施互联互通水平明显提升,特色优势产业加快发展,对外贸易规模扩大,民心相通不断深化,正在成为沿边地区经济发展的增长极、全方位对外开放的新高地、"一带一路"建设与周边国家合作交流的重要窗口。

自 2012 年国家在沿边地区布局建设重点开发开放试验区以来,这里成为我国深化与周边国家和地区合作的重要平台,是沿边地区经济社会发展的重要支撑,是确保边境和国土安全的重要屏障,正在成为实施"一带一路"倡议的先手棋和排头

兵,在全国改革发展大局中具有十分重要的地位。(见表 7-1)多年以来,有关地区充分认识沿边开放的特殊性,牢牢把握沿边开放的基本规律和内在要求,坚持把对外开放与对内开放、沿边开放与内陆开放结合起来;坚持正确处理加快发展与动能转换的关系;坚持树立正确的义利观,处理好与周边国家的关系;坚持以改革创新助推沿边开放,坚持把深化改革、扩大开放作为推动试验区发展的活力之源、动力之本,切实加强组织领导,及时出台政策措施,大胆探索实践,试验区建设各项工作有力有序推进,经济社会发展逐步进入快车道,取得了重要进展和明显成效,在体制机制创新、综合经济实力提升、基础设施互联互通、产业发展、经贸合作水平提高等方面步伐不断加快,为沿边开放探索新途径、积累新经验。

表 7-1 七个国家重点开发开放试验区基本情况

名称	获批时间	基本情况
内蒙古满洲里	2012 年 7 月	试验区位于内蒙古自治区东北部,土地面积 732 平方千米,总人口 30 万人。主要分为国际商贸服务区、国际物流区、边境经济合作区、资源加工转化区和生态建设示范区五个区域。
广西东兴	2017 年 7 月	试验区范围包括广西防城港市所辖的东兴市、港口区,以及防城区的防城镇、江山乡、茅岭乡等,陆地面积 1226 平方千米,总人口 48.3 万人。主要分为国际经贸区、港口物流区、国际商务区、临港工业区和生态农业区五个区域。
云南瑞丽	2012 年 7 月	试验区位于云南省西部的德宏傣族景颇族自治州,以瑞丽市全境为核心,两翼包含芒市和陇川县,总面积 1040 平方千米,总人口 35 万人。区内有瑞丽、畹町 2 个国家一类口岸和陇川章凤国家二类口岸,瑞丽、畹町 2 个国家级边境经济合作区,以及与上海自由贸易试验区相近的实行"境内关外"海关特殊监管模式。
内蒙古二连浩特	2014 年 6 月	试验区位于内蒙古正北部的二连浩特市辖区,土地面积 4015.1 平方千米,境内有 72.3 千米边境线,总人口 10 万人。该市北与蒙古国毗邻,并辐射俄罗斯,对外开放条件得天独厚。
云南勐腊(磨憨)	2015 年 7 月	试验区包含磨憨经济开发区(含磨憨镇)和勐腊县勐腊镇、勐满镇等多个乡镇,东、南、西三面与老挝陆地相连,西部与缅甸隔江相望,总面积约 4500 平方千米,总人口 30 万人。是中国与中南半岛乃至东盟国家合作区位条件最优越的地方。
黑龙江绥芬河—东宁	2016 年 4 月	试验区位于黑龙江省东南部,毗邻俄罗斯远东地区,范围为绥芬河市全境和东宁市、绥阳镇、三岔口镇部分区域,土地面积 1284 平方千米,边境线长 139 千米,常住人口 41 万人。是我国对俄开发的重要窗口、参与东北亚合作的重要前沿,战略地位十分重要。

名称	获批时间	基本情况
广西凭祥	2016 年 8 月	试验区规划面积 2028 平方千米,以凭祥市为核心,以"南宁—崇左—凭祥重要对外开放经济带(崇左段),沿边经济合作、重点边境城镇建设示范带"为主线,规划国际经贸商务区、投资合作开发区、重点边境经济区、文化旅游合作区、现代农业合作区、边境村镇建设先行区等六大功能区。

1. 满洲里、二连浩特国家重点开发开放试验区进展情况及经验

满洲里市位于内蒙古呼伦贝尔大草原的西北部,东依大兴安岭,南濒呼伦湖,西临蒙古国,北接俄罗斯,总面积 732 平方千米,总人口 30 万。满洲里口岸承担着中俄贸易约 70% 的陆路运输任务,是我国最大的陆路口岸。1992 年满洲里被国务院批准为首批沿边开放城市。2012 年,被国家批复为首批国家重点开发开放试验区。此后,自治区研究出台了《关于加快推进满洲里重点开发开放试验区建设的若干意见》(内政发〔2012〕124 号),在口岸和通道建设、财税、投融资、产业、土地、公共服务、人才等方面,提出了 38 条具体支持政策,为满洲里试验区提供了政策红利和发展契机。经过多年的开发开放、先行先试,满洲里试验区各项建设有序推进,取得了阶段性成果。二连浩特重点开发开放试验区位于内蒙古正北部的二连浩特市辖区,面积 4015.1 平方千米,境内有 72.3 千米边境线。该市北与蒙古国毗邻,并辐射俄罗斯,对外开放条件得天独厚。这两个试验区的设立,将加快我国向北开放的步伐,为深入推进中蒙两国经贸合作和丝绸之路经济带创造了有利条件。

满洲里试验区取得的成效很多,主要有以下几个方面。一是机制不断创新。创新联检联运监管模式,开展"三互"大通关改革,在公路、铁路口岸旅检查验现场实施关检"一机一屏一台"的联合查验模式,"一次申报、一次查验、一次放行"软件平台正式上线运行,并正式启动满洲里公路口岸旅检通道"单一窗口"。2015 年 6 月,海关总署正式批准满洲里市建设多式联运海关监管中心,这是全区及东北地区第一家多式联运监管中心。创新出入境管理模式。2012 年,公安部赋予满洲里试验区异地办照制证权,率先在全国恢复边境旅游异地办照业务。公安部将边境旅游异地办照审批权、因私出国(境)证件审批权和外国人签证、居留许可审批权下放满洲里市,实现了人员往来便利化,满洲里试验区率先在全国"公铁空"口岸同时开展落地签证业务。创新土地管理体系。内蒙古自治区在安排土地计划指标时均向试验区倾斜并实行计划单列,并根据试验区发展实际给予追加。创新工商服务体系,实行"五证合一、一照一码"商事登记制度改革,允许一址多照,继续实行免收注册登记费的优惠政策,深入推进"先照后证"改革。创新金融服务。2015 年 7 月,

满洲里开展卢布现钞使用试点启动实施后,卢布现钞业务正式纳入了中国银行管理体系,极大地便利了俄罗斯居民在中国境内消费、经商,也有力地推动了中俄边境地区贸易和人文往来,满洲里市与光大银行呼和浩特分行开展融资对接,签订投资协议达 17 亿元,组建满洲里城市发展投资(集团)公司、市中小企业投融资担保服务中心。二是互联互通更加便利。在铁路方面,滨洲铁路电气化改造完成主体项目建设,满洲里—齐齐哈尔客运专线建设项目已列入国家中长期铁路发展规划、内蒙古自治区"十三五"规划、东北振兴三年滚动实施方案(2016—2018 年)。推进跨境铁路运输提速增效,满洲里—俄罗斯赤塔电气化铁路改造已经通到博尔贾。在公路方面,满洲里—阿拉坦额莫勒一级公路于 2016 年年底交付使用。绥芬河至满洲里国家高速公路海拉尔至满洲里段工程于 2016 年 9 月获国家发改委批复立项。满洲里—赤塔高等级公路 2016 年年底前完成后贝加尔至红石公路改造维修。在航空方面,2016 年成功优化了"北京—满洲里、呼和浩特—满洲里"航线,分别缩短航程 210 千米、720 千米,飞行时间和成本大幅下降,开创了中国民航国内航线跨国飞行的先河。三是开放平台更加完善。满洲里综合保税区已于 2016 年 9 月通过国家十部委正式验收,成为内蒙古首家综合保税区,并于年底实现正式封关运营。积极拓展满洲里中俄互市贸易区开放功能,探索实施了"一线放开、二线安全高效管住"监管模式,中俄边民互市贸易免税交易大厅于 2016 年 6 月投入运行,充分发挥 8000 元免税政策优势,促进了民间贸易繁荣发展。同时,积极谋划中俄蒙(满洲里)跨境经济合作区建设。四是经贸旅游进展显著。融入"一带一路",成为中欧班列重要节点。新增"满俄欧""通满欧"等跨境班列,填补了内蒙古自治区没有始发班列的空白。2016 年满洲里被确定为中欧班列东通道出境口岸节点,目前途经满洲里口岸的中欧班列线路多达 29 条,成为自治区沿边开通跨境班列线路最多的口岸,开辟了中蒙俄经济走廊新通道。外贸产业结构日益优化,从产业结构变化情况看,以商贸物流为主的第三产业始终是满洲里市经济发展的主要动力,制造业伴随商贸物流和旅游业的发展而兴盛,其内部重点规划了扎赉诺尔能源重化工基地、进口资源加工园区、综合产业园区三个工业区块,以支撑制造业的发展。(见表 7-2)2016 年 2 月,满洲里被国家质检总局正式批复为进口俄罗斯荞麦、燕麦、葵花籽、亚麻籽落地加工指定口岸。整车进口增长迅速,满洲里口岸整车进口量位居沿边口岸首位。2016 年 3 月,海关总署正式批复同意满洲里恢复国际邮件互换局兼交换站,打通了中断 18 年的中俄国际邮路。跨境电子商务发展迅速,对俄"海淘"成为新亮点,跨境电子商务产业园建成运营,目前,跨境电商交易平台达 16 个、规模电商企业达 40 余家。五是跨境旅游产业蓬勃发展。满洲里中俄边境旅游区成功获批国家 5A 级旅游景区,成为内蒙古自治区第三家、呼伦贝尔第一家 5A 级景区。坚持文化旅游融合发展,组织承办了中俄蒙"茶叶之路"和平之旅、青少年夏令营和环线自驾游等活动,成为自治区对俄蒙旅游交流的重要品牌。同时,积极谋划中俄跨境旅游合作区、边境旅游试验区、全域旅游示范区建设。六是注重全面科学发展。试验区批复以来,试验区主要经济指标高于内蒙古自治区平均水平。同时,满洲里试验区全面推进国家级卫生城市、全国全民健身示范市、全国食品药品安全城市、全国民族团结进步示范市等"五城联创"工作,蝉联全国文明城市荣誉称号,实现了全国双拥模范城"六连冠"。

表7-2 满洲里市主要产业区块及产业导向

产业区块	产业导向
扎赉诺尔能源重化工基地	重点发展以煤、电、化工、高载能和特种金属冶炼为主的能源转换及综合利用产业
进口资源加工园区	重点发展以木材深加工为主的进口资源加工业和新型建材产业
综合产业园区	重点发展对俄出口产品组装加工业、口岸物流业、生产服务业以及无污染工业

二连浩特试验区取得的成效如下。经过多年的建设,二连浩特重点开发开放试验区在体制机制创新、政策和资金争取、基础设施建设、口岸功能提升、产业发展和对外交流合作等方面取得了显著成效。一是体制机制创新成果丰硕。二连浩特重点开发开放试验区自获批以来,始终坚持"以体制机制创新为核心,以形成可推广、可复制经验为基本要求,以探索沿边开发开放新路径、积累沿边开发开放新经验为根本目的"的指导思想,在深化行政体制改革、提升通关便利化水平、完善金融服务等方面积极开展"先行先试",先后开创了21个"第一",形成可推广可复制的制度创新成果24项,正在成为实施"一带一路"倡议和建设中蒙俄经济走廊的先手棋和排头兵。二是政策争取力度日益加大。国家发改委印发了《二连浩特重点开发开放试验区建设实施方案》,内蒙古自治区人民政府印发了《关于支持二连浩特国家重点开发开放试验区建设的若干意见》和《二连浩特重点开发开放试验区建设总体规划》,自治区发改委、国土厅、水利厅、人社厅、旅游局、金融办、边防总队、农牧业厅、财政厅等9个部门出台了支持试验区建设的具体政策,正在配合自治区出台《关于加快满洲里、二连浩特国家重点开发开放试验区建设的若干意见》《内蒙古自治区关于支持沿边重点地区开发开放的实施意见》《内蒙古自治区参与建设中蒙俄经济走廊实施方案》《关于深入实施开放带动战略全面提升开放发展水平的决定》等四个文件。三是资金争取数额逐年提升。据统计,截至2018年,试验区共争取建设专项资金11.8亿元(国家2.4亿元、自治区6亿元、锡林郭勒盟3760万元、银行贷款3亿元)。其中,2014年争取2亿元,2015年3.376亿元,2016年3.4亿元,2017年3亿元。四是加快先导性工程建设。跨境经济合作区经过中蒙双方三

次磋商,商务部与蒙古国工业部正式签署《中蒙二连浩特—扎门乌德跨境经济合作区共同总体方案》,中方一侧基础设施启动建设,并列入亚洲开发银行《国际金融组织贷款 2017—2019 年备选项目规划新补充项目初步安排清单(投向)》中。边民互市贸易区《二连浩特边民互市贸易区暂行规定》获自治区商务厅批准,一期项目于 2016 年 9 月 3 日建成并投入运营。五是互联互通基础设施建设不断深入。深入推进锡二线客货铁路通车运行,与东北区域板块实现了联通联动发展。集二线铁路扩能改造项目列入 2016 年自治区铁路重点建设项目计划和 2017 年国家铁总公司重点建设项目,初步完成可研评审,正在开展土地预审、环评等前期工作。国道 331 线二满一级公路于 2017 年投入运营。二广高速二赛段列入交通部、自治区公路建设“十三五”规划,正在开展土地预审、环评、规划选址等前期工作。机场改扩建项目完工并通过验收,开通二连浩特至乌兰巴托临时航线,国际航空口岸建设列入国家口岸办“十三五”对外开放规划,机场海关监管仓库设立获呼和浩特海关批准。中蒙俄跨境铁路双幅电气化改造、中蒙俄跨境高速铁路中线工程、中蒙跨境高速公路、中蒙俄输油输气管道等互联互通重大项目列入《建设中蒙俄经济走廊规划纲要》《内蒙古自治区参与丝绸之路经济带建设实施方案》和《内蒙古自治区与俄罗斯、蒙古国基础设施互联互通实施方案(2015—2019 年)》。口岸功能进一步完善,铁路口岸、公路口岸先后获批进境粮食指定口岸,公路口岸获得蒙古国熟肉制品、活马及俄罗斯亚麻籽进口许可,获批饲草临时进口资格。开辟了果蔬、水泥出口绿色通道,打通了出口俄蒙货物的快速通道。完成整车进口口岸申报程序,并进入海关总署审核论证阶段。二连口岸成为中欧班列“中通道”唯一出境口岸,相继开通郑欧班列、湘欧班列、渝欧班列、苏欧班列、蒙连欧班列、天津—白俄罗斯班列、天津—俄罗斯班列 7 条线路。六是人文交流进展显著。国家地质公园晋升为 4A 级景区,国门景区被评为 3A 级景区。边境“一日游”恢复开通,与蒙古国东戈壁省、乌兰巴托市等地互办文化周(日),举办“茶叶之路”国际文化旅游节,二连—扎门乌德中蒙国际那达慕纳入自治区特色品牌项目。成功举办“重走茶叶之路”等系列活动,形成中蒙俄自驾旅游环线,开通二连浩特至乌兰巴托临时国际航线、二连浩特至莫斯科旅游专列。启动中蒙跨境旅游合作示范区建设。七是对外交流合作不断深化。建立和创新对蒙俄合作机制,促成国家在扎门乌德设立总领事馆,与蒙古国驻二连浩特领事馆建立定期磋商机制,推动与蒙古国扎门乌德、俄罗斯伊尔库茨克州安加尔斯克、图瓦共和国克孜勒市建立友好城市关系。连续举办八届“二洽会”,并升格为国家贸促会主办展会。累计选派 150 多名学生赴蒙俄高等院校学习,接收蒙古国学生 3000 多名,不断加强对外教育交流合作。成功举办成年人、青少年、幼儿等一系列中蒙俄足球赛事,“伊林杯”“合力杯”“娜荷芽杯”等渐成品牌,中蒙足球交流合作迈出新步伐。

内蒙古二连浩特口岸

满洲里、二连浩特试验区存在的困难和问题有以下几点。其一,政策层面支持不够。国家未能充分赋予试验区相应的自主权,试验区自主创新受到束缚和限制,创新动力明显不足;国家对试验区建设支持力度尚需加强,一些文件的出台给予了试验区新一轮政策举措支持,但很多政策举措仍需相关部委制定详细方案和文件后才能落实。其二,机构设置层面变动频繁。由于试验区管理任务重,需要协调的事情多,试验区内海关、检验检疫、边防等部门领导级别均高于试验区,对外协调推动困难。试验区主要领导任期过短,更换频繁,如2012—2016年,满洲里开发开放试验区调整了五任市委书记、四任市长。领导频繁地更换,工作重点一变再变,不利于试验区按照总体规划落实和科学地发展。其三,园区内未形成集聚效应。如满洲里试验区内有边境经济合作区、互市贸易区、综合保税区,以及国际物流产业园区、扎赉诺尔能源重化工基地、进出口资源加工园区等,还有申建的中俄蒙跨境经济合作区、跨境旅游区等,平台较多,布局分散,没有形成集聚效应,相互合作仍需进一步加强。其四,试验区人才缺乏。人才总量不足,整体素质不高,与经济社会发展要求不相适应。试验区专业人才力量不足,技能型人才较为缺乏;人才结构不合理,高层次人才、优秀企业经营管理人才和高技能人才短缺;人才政策机制不完善,吸引人才的创新举措不够。

2. 瑞丽国家重点开发开放试验区进展情况及经验

瑞丽重点开发开放试验区位于云南省西部的德宏傣族景颇族自治州,是中国面向西南开放的窗口。瑞丽试验区与缅甸联邦接壤,边境线长288.9千米,有4条跨境公路通往缅甸,是中缅边境通道最多、国家级口岸和特殊经济功能区最密集的区域。试验区面积1040平方千米,包括芒市和陇川县。区内有瑞丽、畹町2个国家一类口岸和2个国家级边境经济合作区,陇川章凤国家二类口岸。瑞丽试验区建设按照"一核两翼、联动发展,一区多园、政策叠加"的工作思路,实施瑞丽畹町姐告同城化、芒市瑞丽陇川一体化发展,政策项目覆盖德宏州所有县市。重点规划6个功能区:边境经济合作区,发挥瑞丽、畹町国家级边境经济合作区的区位优势,充分利用国内国外两个市场、两种资源,建设面向缅甸的集边境贸易、加工制造、生产服务、物流采购等功能为一体的经济功能区;国际物流仓储区,依托主要交通干线和口岸,重点发展仓储物流、国际货运、第三方物流等产业,建设现代化国际物流基地;国际商贸旅游服务区,重点发展国际贸易、金融服务、信息服务、教育培训、文化创意、医疗服务、休闲旅游等产业,建立商贸服务基地、国际旅游文化交流平台;进出口加工产业区,建设进出口加工基地,提升珠宝玉石、优质木材、天然橡胶等特色资源深加工产业,重点发展面向东南亚市场的机械制造、家用电器、电子信息、轻纺服装、生物制药等出口加工产业;特色农业示范区,重点发展优质水稻、冬早蔬菜和咖啡、柚子、石斛、柠檬等特色经济作物,大力发展绿色养殖业,壮大特色生物和食品加工业,建设亚热带现代农业产业基地和国家有机食品基地;生态屏障区,加强热带雨林保护和自然保护区建设,保护生物多样性,建设生态屏障区。

瑞丽试验区成立以来,加大互联互通基础设施建设力度。龙瑞高速公路全线贯通,瑞陇高速公路建成通车,建成了畹町口岸至缅甸木姐105码二级公路,芒市—梁河、腾冲—陇川高速开工建设,芒市—普洱市孟连县的沿边高速公路德宏段前期工作进展顺利。瑞丽综合客运枢纽站建成使用、瑞丽口岸国际道路运输管理站正式成立。大瑞铁路建设进展加快。芒市机场改扩建及"一关两检"设施、陇川通用机场等口岸基础设施建设加快推进。芒市机场开通了11条国内航线,航线客座率达89.8%以上,年旅客吞吐量达132万人次。中缅输油气管道建成并投入运营。启动了中国瑞丽和章凤—八莫港的中缅伊洛瓦底江陆水联运大通道建设、瑞丽—缅甸曼德勒公路改造等项目。着力调整产业结构,瑞丽试验区着力用好用足国家和省的优惠政策,招商引资成效明显,自2013年至2017年年底,瑞丽试验区新增入驻企业1900户,主要涉及制造业、金融、批发零售及现代服务等行业。目前,向东南亚、南亚出口的加工制造业从无到有快速发展,新兴装备产业年产20万台的液晶面板、10万部智能手机。后谷咖啡两万吨速溶咖啡粉生产线建成投产,后谷咖啡、橡胶等产业附加值不断提升。加大人文交流力度,成立了中国—东盟教育培训中心、云南民族大学国际职业教育瑞丽培训基地、外籍人员职业介绍中心、银井"一寨两国"边民矛盾纠纷调解中心、边防小学、国门书社等。建成了畹町5A级特色风情旅游小镇、瑞丽江—大盈江国家级风景名胜区,以及姐告国际旅游购物中心、畹町边关文化园、银井"一寨两国"、喊沙旅游文化特色村等国家 3A 级旅游景区。中缅一日游、自驾游启动,中缅自驾游环线荣获"中国国际旅游金途奖"。试验区承办了由中国、缅甸、印度、孟加拉国、巴基斯坦、斯里兰卡、阿富汗、尼泊尔等国家参与的跨喜马拉雅发展论坛和孟中印缅卫生与疾控合作论坛、孟中印缅现代畜牧科技合作论坛,进一步深化了与南亚、东南亚国家各领域的交流合作。健全完善跨境合作的机制,与缅甸商务部、旅游部建立了定期会晤机制,建立了跨境农业合作、边境打拐、禁毒合作、智库合作、应急救援、疫病防控、跨境旅游、生物多样性保护等诸多合作机制,制定出台了《外籍车辆出入境管理暂行办法》《跨国婚姻管理登记办法》等规范性的文件,开展了全方位、多形式、宽领域的合作及政策与机制的创新。加强人才队伍建设,建立人才经费逐年递增机制,创新人才工作机制,采取带编招考公务员和带编招聘(选优)事业单位专业技术人员等措施引进急需的高层次人才;积极开展了聘任制公务员试点工作,吸引各类优秀人才为试验区发展服务;在缅甸曼德勒、内比都成立"中缅科技合作咨询服务中心"并派人驻点开展工作。

近年来,瑞丽试验区坚持先行先试,不断创新体制机制,这是试验区建设不断取得突破的关键。试验区探索出了多个全国首创、全省第一。区内实行"境内关外"特殊监管模式,即在我国境内,海关辟出一个专门区域,进出的货物就相当于进口和出口。专门区域内可以免关税、增值税和减免流通税。在这个区域内企业不出国门,就能享受有关优惠政策,通关速度和便利程度大大提高。比如出口加工区设在我国境内,但在关税等政策上却享受境外企业的优惠。瑞丽试验区以姐告大桥中心横线为海关关境线,出口货物越过关境线即为出口,进口货物在贸易区内免于向海关申报。姐告边境贸易区内实行增值税、消费税暂缓征收和免收部分行政性收费等优惠政策。加大金融创新力度,成立了全国首家中缅货币兑换中心,在全国率先设立了个人本外币兑换特许机构,办理全部经常项目下人民币与缅币兑换业务试点;支持具备条件的银行业金融机构开办对缅非现金跨境结算服务点,进行跨境人民币结算、银行间跨境结算和本外币特许兑换,以及开展欧元直汇缅甸试点改革;对缅籍人员开立账户制定特殊管理政策;创建了边境贸易区刷卡无障碍示范区,打通了中缅银行跨境电子结算通道,实现了中缅边贸网络化跨境电子交易。拓宽经贸合作领域,瑞丽、畹町获批成为粮食进境指定口岸,畹町成为全省唯一的非即食性冰鲜产品进口指定口岸。大力推进互联互通基础设施建设,姐告国际商务核心区、畹町国际产业合作区、芒令国际港务区建设启动。姐告边境贸易区核心区已完成了封闭围网管理,并通过昆明海关验收。畹町经济开发区已完成芒满通道联检大楼及进出口查验货场建设工程。瑞丽市环山进出口装备制造区一期工程建设已完成。芒令国际物流园区正在开展土地收储和整理工作。加强交流平台建设,瑞丽试验区充分利用各种渠道、多种方式,不断拓宽对缅交流合作领域,深化合作内容,德宏州在缅甸设立了仰光、曼德勒、内比都、密支那、腊戍和八莫六个商务代表处,先后组织开展了探访中缅经济走廊、澜沧江—湄公河大学生友好交流周、澜湄合作村长论坛、中缅青年友好会见等活动,连续举办了跨喜马拉雅发展论坛、亚洲咖啡年会、中缅智库高端论坛,成功举办第18届中缅胞波节、第17届中缅边交会、第二届中缅瑞丽—木姐国际马拉松等重大节庆活动。

但是,瑞丽试验区建设也面临一些因素的制约和困难,主要是政策滞后、通道不畅、土地瓶颈等问题亟待破解。加快国家支持试验区政策措施的落实和细化,在边境管理、金融税收、跨境合作、土地利用、行政管理等领域真正做到先行先试,起到示范作用。通道建设有待加强,支持陇川章凤—缅甸八莫公路和畹町芒满—缅甸景东公路项目建设,启动中缅陆水联运大通道谈判,启动章凤口岸—缅甸八莫港高等级公路,改造八莫港及八莫—曼德勒航道。尽快与缅甸商签定中缅双边汽车运输协定,便利跨境客货运输。支持土地差别化管理政策落实,研究规范城乡建设用地城增村减挂钩试点,探索集体预留用地管理、农村集体建设用地管理和试验区土地差别化管理等土地先行先试的相关政策。边境口岸管理需要强化,尽快恢复中缅边境异地办证业务,瑞丽口岸对第三国人员需要进一步开放,探索实行"一口岸、多通道"的监管模式等。

云南瑞丽口岸

3. 勐腊(磨憨)国家重点开发开放试验区进展情况

勐腊(磨憨)位于云南省最南端,隶属西双版纳傣族自治州。东、南、西部与老挝山水相连,西与缅甸隔澜沧江相望,北与江城县毗邻,有着独特的区位优势,是背靠中国大西南,面向东南亚重要的陆路和水路口岸,国境线长740.8千米,国际大通道昆曼公路从这里穿过,有 5 条公路直抵老挝、缅甸边境口岸。勐腊还是素有"东方多瑙河"之美称的澜沧江—湄公河黄金水道的接合部,是中国通向中南半岛的走廊。从关累码头沿澜沧江顺流而下可达缅甸、老挝、泰国、柬埔寨、越南诸国,进而可出太平洋到南亚各国,是云南省实施"中路突破,打开南门,走向亚太"经济发展战略的前沿,是澜沧江—湄公河次区域经济技术合作的门户,是云南建设"两强一堡"的前沿阵地。云南勐腊(磨憨)重点开发开放试验区是中国对中南半岛合作的重要前沿,是中老战略合作的重要平台,也是联通中国与中南半岛各国的综合性交通枢纽,战略地位十分重要。

2013 年 12 月 18 日,国务院下发《关于加快沿边地区开发开放的若干意见》,明确提出要"研究设立云南勐腊(磨憨)重点开发开放试验区"。云南省委、省政府和西双版纳州委、州政府高度重视,在省发展改革委的帮助和指导下,于 2014 年 1 月启动了试验区建设实施方案编制工作,编制完成了《云南勐腊(磨憨)重点开发开放试验区建设实施方案》,并上报省政府审定。2014 年 6 月 19 日,这一方案经省人民政府第 40 次常务会议审议通过并上报国家发展改革委。国家发展改革委西部司先后两次就试验区设立到西双版纳州进行专题调研。2015 年 6 月底,国家发展改革委将试验区建设实施方案上报国务院审批。2015 年 7 月 16 日,国务院批复同意设立云南勐腊(磨憨)重点开发开放试验区。

勐腊(磨憨)试验区战略定位是建设成为中老战略合作重要平台、联通我国与中南半岛各国综合性交通枢纽、沿边地区重要经济增长极、生态文明建设排头兵和睦邻安邻富邻示范区。

勐腊(磨憨)试验区以制度创新为核心,以形成可复制可推广的经验为基本要求,先行先试、深化改革,重点支持特色农业和生物产业、出口加工业、商贸物流业、文化旅游业 4 个产业,着力构建"两带、两核、五区"的空间发展格局。"两带"即:勐仑—磨憨通道经济带,依托昆明—曼谷国际大通道,以磨憨口岸、勐腊镇、勐仑镇为重要节点,对内联动景洪、普洱、玉溪、昆明,对外经磨憨口岸、勐满通道连接老挝、泰国等国家,重点发展陆路运输、仓储物流、国际贸易、进出口加工、文化旅游等产业;景洪—关累沿江经济带,发挥澜沧江—湄公河连接中老缅泰柬越等国家的国际航运优势,以景洪港和关累港为节点,重点发展国际航运、船舶制造、跨境旅游等产业。"两核"即:磨憨经济合作区发展核,依托磨憨经济开发区,充分利用国内国外两个市场两种资源,加快中老磨憨—磨丁经济合作区规划建设,打造面向中南半岛的现代化国际口岸城市,建成中老战略友好合作的先行区;勐腊现代服务集聚区发展核,以勐腊镇为中心,大力发展金融、物流、信息、医疗、休闲度假、健康养老等现代服务业,推进勐腊—磨憨一体化发展,打造国际商贸服务基地、国际文化交流窗口、国际生态休闲度假城市。"五区"即:水港经济功能区,依托澜沧江—湄公河黄金水道,加快发展国际客货运输、商贸物流等产业,打造大湄公河流域综合性国际港口和物流集散中心;进出口加工功能区,以勐满镇、勐捧镇、关累镇为重点,建设集加工、商贸、物流为一体的进出口加工基地;文化旅游功能区,深入挖掘当地独具特色的贝叶文化,突出热带雨林独特生态优势,重点发展民族文化、休闲度假、生态观光、影视传媒等产业,打造国际知名的文化旅游胜地和影视传媒基地;特色农业功能区,大力发展优质稻米、橡胶、茶叶等优势农业,打造特色鲜明的热区生态农业示范基地;生态屏障功能区,加强对西双版纳国家级自然保护区勐腊片区和中老跨境联合自然保护区管护,推进中老边境疫情疫病联防联控体系建设,深入开展生态文明试点示范创建活动,构建生态安全屏障,维护生物多样性。

为推进实验区各项工作的开展,西双版纳州成立西双版纳州勐腊(磨憨)重点开发开放试验区筹建领导小组和办公室,启动了试验区建设各专项规划编制,研究起草了《云南省人民政府关于支持勐腊(磨憨)重点开发开放试验区建设的若干政策》,制定了试验区企业投资项目清单管理意见,梳理准入负面清单、行政审批清单、政府监管清单。加快编制试验区招商引资方案和项目册,做好招商引资工作,及时储备一批重大项目,适时开工建设。新闻媒体做好试验区建设宣传工作,广泛宣传试验区建设的重大意义,为试验区建设营造良好氛围。全力推动磨憨跨境经济合作区建设。

近年来,勐腊(磨憨)试验区紧紧抓住沿边开放这个重点,加大开发开放力度,激发发展动力活力,试验区建设取得了新成效。沿边开发开放迈上新台阶,G213线国道改造项目(基诺山—磨憨)顺利竣工,腊满高速公路、国道213线勐腊过境段、玉磨铁路勐腊段建设项目有序推进,中老交通基础设施互联互通、能源资源等领域合作取得突破性进展,昆曼公路、中老铁路建设和澜沧江—湄公河国际航道疏浚、国际陆水江海联运进展顺利,我国与中南半岛各国的综合性交通枢纽基本畅通,同时大力推动实施勐腊—万象(老挝)跨境光缆项目建设,区域通信网络结构不断优化。磨憨—磨丁口岸货运通道联检查验区、磨憨铁路口岸、澜沧江—湄公河四级航道整治以及口岸联检楼、口岸查验货场、保税仓库、国际物流监管场所建设即将投入使用。大力推进试验区工业园区建设,着力培育壮大面向东南亚的以橡胶精深加工、木材加工等为重点的进出口加工制造业,制糖、水泥制造(勐醒水泥厂)等已通过技术改造和设备更新实现产品优化升级。加大金融创新,境外机构人民币结算账户(NRA账户)办理现金业务实现新突破。试验区率先办理NRA账户现金业务。在老挝磨丁设立两个"金融便民支付服务点",境内银行POS机首次落户老挝。办理首笔货物贸易项下人民币兑泰铢业务,特许兑换业务范围从个人业务发展到贸易项下业务,兑换对象从个人扩大到机构。搭建了非主要国际储备货币对人民币挂牌交易平台,农业银行泛亚业务中心磨憨分中心揭牌成立。勐腊县农村信用社与天津渤海通汇货币兑换公司共同合作办理本外币兑换及退税业务,全国首例"特许机构＋商业银行"的新型兑换模式正式落地磨憨。绿色农业、生态旅游等领域合作成效显著,围绕西双版纳州国家主体功能区建设试点示范,加强自然保护区、风景名胜区、生物多样性保护区生态建设,健全完善了中老跨境联合保护协作机制,加强西南生态屏障建设和保护,打造全国生态文明建设样板区。勐仑植物园提升改造、勐仑特色旅游小镇、长城影视旅游文创园项目、南腊滨河水景观等一大批重点旅游项目推进顺利。深入推进民族团结进步示范区建设,促进边疆繁荣稳定、民族团结进步,深化与周边国家地区经济文化社会领域合作,形成睦邻、安邻、富邻的良好环境。

图 7-3 云南勐腊(磨憨)口岸

但是,勐腊(磨憨)试验区建设中仍存在一些困难。主要有政策落实和争取困难,国发〔2015〕72 号文出台以来,国家相关部委并未出台相关实施细则,目前大部分政策都无法落地实施,同时云南省的支持政策也没有落实到位。招商引资困难,周边国家发育程度不高,国际贸易合作领域不宽,项目前期工作不充分,招商项目储备不足以及物流成本高,以上因素导致来勐腊(磨憨)投资兴业的企业不多。缺乏产业支撑,勐腊虽然区位优势明显、自然资源丰富,但把资源优势和区位优势转化为经济优势、产业优势的基础薄弱,工业太弱。支撑财政收入稳定增长的产业后劲不足。如:跨境经济合作区由于中泰老三个国家存在不同的通关政策、不同的门槛,各国车辆限载标准不统一,中泰老三国尚未签署 GMS 交通运输便利化协议,中泰车辆无法实现直接互通,货物过境老挝存在强制驳货现象,不利于车辆及货物的便捷、高效通关;中泰老出入境人员还没有实现互免签证,通关效率不高;边民互市进口商品品种原产地受限;合作区还没有建立国际结算(清算)中心,国际结算(清算)、跨境人民币结算(清算)不顺畅;合作区(中方区域)面积完全不能满足开发建设的需要;等等。人才缺乏,近几年公务员招聘名额受限,勐腊县不仅缺乏各类高端人才,而且还缺乏各类行政事业编人员,目前县区大部分部门都有编无人,岗位空缺人员总数达 300 多人。

4. 东兴国家重点开发开放试验区进展情况及经验

东兴国家重点开发开放试验区地处广西北部湾经济区和西南、泛珠三角与东盟三大经济圈接合部,位于我国陆地边境线与大陆海岸线西南端交汇处,与越南经济特区——芒街仅一河之隔,是我国与东盟陆海河相连的区域,是我国内陆腹地进入东盟便捷的海陆门户。试验区范围涵盖防城港市所辖的东兴市、港口区全境,以及防城区的防城镇、江山乡、茅岭乡等,总面积 1226 平方千米,人口 48.3 万人,与东盟海陆相连,陆地边境线 100.9 千米,大陆海岸线 537.8 千米,拥有防城港等 5 个国家级口岸和 5 个边贸互市区(点)。2010 年 6 月,党中央、国务院做出重大决策,决定建设广西东兴重点开发开放试验区,以提升沿边开发开放水平。2012 年 7 月,国务院批准了《东兴试验区建设实施方案》,要求"努力把东兴试验区建设成为深化我国与东盟战略合作的重要平台、沿边地区重要的经济增长极、通往东南亚国际通道重要枢纽和睦邻安邻富邻示范区","经过 10 年左右的努力,把东兴试验区建成经济繁荣、生态优美、和谐宜居、睦邻友好的边海新区"。2012 年 8 月,东兴试验区建设正式启动。2012 年 9 月,自治区党委、自治区人民政府决定:组建中共广西东兴国家重点开发开放试验区工作委员会(正厅级),为自治区党委的派出机构;组建广西东兴国家重点开发开放试验区管理委员会(正厅级),为自治区人民政府的派出机构。中共广西东兴国家重点开发开放试验区工作委员会和广西东兴国家重点开发开放试验区管理委员会实行一个机构、两块牌子,与防城港市委、市人民政府合署办公,负责统筹协调推进广西东兴国家重点开发开放试验区的规划、建设和管理工作。同年 12 月,自治区政府印发《加快推进东兴重点开发开放试验区建设的若干政策》,给予东兴试验区 34 条政策支持。2015 年 12 月,国务院出台《国务院关于支持沿边重点地区开发开放若干政策措施的意见》,明确在兴边富民、体制机制、贸易结构、差异化扶持、基础设施建设、财税、金融创新、旅游开放等 31 个方面给予东兴试验区一系列政策支持。

东兴试验区战略定位一是深化我国与东盟战略合作的重要平台,面向东盟、联结东盟,推动中国—东盟交流合作向全方位、宽领域、多层次迈进;二是沿边地区重要的经济增长极,力争用 15 年时间,生产总值突破 4000 亿元;三是通往东南亚国际通道的重要枢纽,在建成亿吨大港的基础上,通过高速公路、高速铁路、国际机场等,把试验区建成连接东盟地区的大通道;四是睦邻安邻富邻示范区,在壮大经济总量,提升产业层次的同时,通过产业合作、贸易往来、金融创新等,以试验区发展带动越南边境地区,惠及整个东盟。

东兴试验区包括国际经贸区、港口物流区、国际商务区、临港工业区、生态农业区等五个功能区。国际经贸区重点发展国际商贸和会展、进出口加工、物流、文化旅游等产业,建设高度开放的国际经贸合作基地和国际旅游基地;港口物流区,以防城港渔㴞港区为主体,重点发展港口运输、国际物流和中转业务,拓展保税业务,建设现代化物流基地;国际商务区,以市行政中心和防城区的主城区为核心,努力打造生态海湾新城、国际商贸服务基地,重点发展商贸、金融、信息等现代服务业;临港工业区,以企沙工业区为主体,重点发展临港特色工业,承接国内外产业转移,形成产业集群,建设先进装备制造基地和能源化工基地;生态农业区,以东兴市北部山区和防城区江山乡北部为主体,重点发展亚热带特色农业、生态旅游、休闲农业等产业,建成边海生态屏障,同时为试验区发展预留建设用地。

近年来,东兴试验区因创新成果丰硕而走在全国前列,取得了显著成效。试验区勇于改革创新,形成了一批可复制可推广的经验。试点注册资本认缴登记制度,先行开展企业登记注册"先照后证"试点,率先实施电子营业执照和全程电子化登记试点,企业足不出户即可办理营业执照。探索出中越"两国一检"通关模式、商事制度改革"一照通"等一批改革成果,为推动中越两国边境地区经济发展,提供了大量可借鉴的经验。积极推进中国东兴—越南芒街跨境经济合作区建设,目前,已经形成国家层面、省级层面、广西东兴试验区管委会和越南广宁省口岸经济区管委会、东兴市和芒街市等多个层面的沟通机制。协同推进基础设施建设、经贸合作、跨境旅游、通关便利化、招商引资等工作,为跨境合作区的加快发展奠定了坚实基础。在跨境经济合作区建设中,中方东兴园区 9.9 平方千米范围总体规划和产业规划已经完成,重点发展加工贸易、跨境商贸、跨境金融、跨境旅游、国家会展、保税仓储、大宗商品交易等跨境产业。同时按照"1+7"产业开发模式,配套 7 个园区,布局进口加工、现代物流等配套支撑产业,规划面积达 80 平方千米,形成较为完备的跨境产业体系。互联互通基础建设加快,中越北仑河二桥竣工,友好大道、沿河大道等一批主干道建成,跨境合作区"两纵一横一环"路网初步成型,与高速公路实现贯通。国门楼、标准厂房一期工程竣工,验货场、标准厂房二期工程、国际商品展示交易中心、商贸旅游服务中心等项目正加快建设,全面配套完善水、电、气等一批市政项目,服务功能进一步提升。2016 年东盟博览会期间,跨境合作区成功签约总金额 700 多亿元的项目,一批跨境汽车服务、电子商务、旅游文化、商贸物流、能源开发等领域项目在跨境合作区安家落户。2017 年东盟博览会期间,跨境合作区继续围绕金融商贸区、深圳电子科技产业园、香港纺织服装产业园、台湾加工贸易与物流综合产业园"一区三园"招商引资,引进了东兴国际金融城、中国—东盟特色商业街、国际商品进口集散中心等多个重大项目,跨境合作区产业集聚效应明显提升。开展个人跨境贸易人民币结算试点,目前东兴边境贸易人民币结算占比高达98％,个人本外币兑换特许机构业务量成效显著。3 家有资质的金融公司在试验区设立兑换机构,成功引进跨境贷款资金。中国(东兴试验区)东盟货币业务中心挂牌运行,已形成独立的人民币与越南盾汇率报价机制。建立了东盟货币服务平台、跨境人民币贷款业务办理、个人本外币兑换特许业务、跨境保险服务中心等多项创新成果,启动了中越跨境劳务试点、跨境自驾游等一批项目。

当前,东兴试验区建设虽然取得了一定的成效,但仍存在不足,如:如何进一步加大开放力度,探索边贸中心"一线放开,二线管住"监管模式;如何巩固金融改革成果,完善沿边金融体制机制,加强金融创新;如何利用国外劳动力"红利",推进跨境劳务合作;如何改善投资环境,加大招商引资力度,探索解决物流产业辐射联动能力不足等问题;如何延伸重大项目产业链,加快重点产业园区建设,发展以龙头企业为核心的特色产业集群;等等。改革创新的空间和潜力仍然很大。

广西东兴口岸

5. 凭祥国家重点开发开放试验区进展情况

凭祥国家重点开发开放试验区位于广西壮族自治区西南部,与越南接壤,是我国对越及东盟开放合作的重要前沿。设立凭祥试验区是推进"一带一路"建设、加快沿边开发开放步伐、完善我国全方位对外开放格局的重要举措,有利于深化与越南政治、经济、文化、科技等方面合作。通过试验区建设,力争把广西建设成为我国面向东盟的国际大通道,打造西南中南开放发展新的战略支点,形成与"一带一路"沿线国家有机衔接的重要门户,促进广西北部湾经济区、珠江—西江经济带建设和左右江革命老区振兴,实现边疆繁荣稳定发展。

凭祥试验区重点构建"一核、三区、三基地"的空间格局,即以凭祥为核心,建设面向东盟高度开放的国际经贸商务中心和跨国企业总部基地,打造沿边经济合作区、国际旅游合作区和边境新型村镇建设先行区,建设国际产能合作示范基地、加工贸易合作基地、临空产业合作基地。近年来,凭祥积极推动一批先行先试政策落地,为试验区发展奠定了良好基础。

加大互联互通力度。南宁—崇左城际铁路、崇左—水口高速公路建设、水口—驮隆二桥开工建设。凭祥红木文博城、中国—东盟(凭祥)农副产品专业市场、中越边境中药材商贸物流中心等项目建设投产。友谊关—友谊口岸国际货运专用通道、浦寨—新清货运专用通道、卡凤边境贸易货物监管中心投入试运行,平而关口岸货物监管中心一期互市贸易区建成投入使用。

推进通关便利化改革。通关查验项目从原来的169项优化成92项,企业办理时间缩短50%以上,全国第一个国检试验区——凭祥(卡凤)国检试验区正式投入使用,凭祥海关平均通关作业时间8个小时。友谊关口岸获批开展签证业务并扩大开放浦寨、弄怀两个通道,水口口岸升格为国际性口岸,爱店口岸升格为国家一类口岸。友谊关——友谊口岸国际货运专用通道的启用,使中越边境陆路通道真正实现了人货分流。中国—东盟边境贸易国检试验区成为全国首个国检试验区。

推进边民互市贸易改革。率先启动边民互市贸易改革试点工作,积极组建合作社和互助组,整合有效资源,通过"党员+村民+贫困户""合作社(互助组)+边民+企业+金融"等模式,组织边民抱团参与边境贸易。加快边民互市贸易改革。利用边民每人每天进口8000元货物免税的优惠政策,组建边民合作社直接和外方签订采购合同和采购结算,进口互市商品到互市贸易交易中心进行仓储展销,鼓励引导企业向合作社购买互市商品。目前已成立7个边民合作社,组建了321个互助组,社员超过10000人。

推进沿边金融综合改革。推动建设边民互市贸易结算中心,跨境人民币结算量保持全区第一。通过与自治区相关职能部门协调沟通,凭祥边贸结算银行与越南银行的合作得到深化,基本解决了越南头寸平盘问题,开办了越南盾现钞兑换调运业务。2015年凭祥跨境人民币结算量超过800亿元,增长14%,已经连续5年在广西排名第一;2016年上半年跨境人民币结算量达480亿元,再创新高。

加快发展产业和跨境电子商务。制定出台一系列试验区招商引资优惠政策,建立招商引资的长效机制,采取小分队招商、驻点招商等形式,全力推动项目落地。目前,试验区入驻企业407家,项目投资涵盖制造业、旅游业、电力、燃气及水的生产和供应业、租赁、商务服务业以及农林牧渔业等领域。中国—东盟汽摩配城二期项目建设进展顺利,口岸开发建设取得新成效。依托与东盟进出口贸易、完善的国际物流基础,大力发展跨境电商,2016年凭祥电子商务的交易额突破50亿元人民币,排在全国电子商务百佳县前列。

积极发展跨境旅游合作。在试验区内的各个口岸发展跨境旅游,培育具有国际影响力的旅游品牌,打造具有一定知名度和影响力的旅游精品路线。同时各地区要抱团取暖,统筹兼顾,共同推进崇左市边境旅游试验区建设。新增6个3A级旅游景区,1个4星级乡村旅游区、1个3星级乡村旅游区,4家3星级农家乐。

探索实施跨境劳务合作。推动自治区人民政府批复同意《广西中越跨境劳务合作试点工作方案》,与越南签订跨境劳务合作协议,中越跨境劳务合作机制正式建立。凭祥重点开发开放试验区正式开展中越跨境劳务合作试点工作,对跨境务工人员进行我国有关法律法规的培训,确保企业在用工的同时,维护社会治安稳定。

广西凭祥口岸

6. 黑龙江绥芬河—东宁重点开发开放试验区进展情况

绥芬河、东宁市位于黑龙江省东南部,毗邻俄罗斯远东地区,是我国对俄开放的重要窗口、参与东北亚合作的重要前沿。绥芬河、东宁是国家一类陆路口岸,也是距日本海直线距离最近的对俄口岸城市。边境线长139千米,距俄对应口岸波尔塔夫卡不足3千米,距俄十月区24千米,距俄远东最大铁路编组站乌苏里斯克53千米,距俄远东最繁华城市符拉迪沃斯托克(海参崴)153千米,是国内距此最近地区,居中俄朝三角交界地带的中心,是连接东边道、打通陆海联运出海口的重要关节点和东北亚大通道上的交通枢纽,也是中国东北和俄远东互动大开发的黄金节点和前沿平台。2016年4月19日,国务院批复同意设立黑龙江绥芬河—东宁重点开发开放试验区(国函〔2016〕71号)。建设黑龙江绥芬河—东宁重点开发开放试验区是加快沿边开发开放步伐、完善我国全方位对外开放格局的重要举措,有利于深化中俄全面战略协作伙伴关系,扩大我国同东北亚周边国家的经贸往来与务实合作,促进东北老工业基地振兴,实现边疆繁荣稳定发展。

自成立以来,绥芬河—东宁试验区建设紧紧抓住推进"一带一路"建设的重大机遇,充分发挥对东北亚开放合作的综合优势,解放思想、先行先试,深化改革、扩大开放,加快培育新的发展动能,着力推进基础设施互联互通,深化投资贸易合作,发展特色优势产业,加快新型城镇化建设,保障和改善民生,加强生态建设和环境保护,优化发展环境,努力将试验区建设成为中俄战略合作及东北亚开放合作的重要平台、联通我国与俄罗斯远东地区的综合性交通枢纽、沿边地区重要的经济增长点、睦邻安邻富邻的示范区,形成沿边开发开放可复制可推广的经验。为进一步加强区域合作,中俄两地相关领导与部门积极对接,频繁开展互访和交流,为两地协同发展奠定了良好基础。经过前期的对接合作,旅游、电商、机场建设等多个合作项目正在扎实推进,并取得了突出成绩。

深入探索先行先试新模式,推动绥东试验区在投资贸易、政策体系、园区建设、协同发展等方面改革创新,努力建成开放发展最活跃的经济区,不断形成可复制可推广的经验模式,充分释放"试验田"发展活力。着力打造国际物流新格局,深入对接俄"滨海1号"国际交通走廊和冰上丝绸之路,推动"哈(绥)俄亚"陆海联运大通道提效率增效益,形成面向俄罗斯、辐射环日本海经济区、连接长三角和珠三角的集疏运物流体系,打通横贯欧亚、纵连南北的国际经贸通道。加快构建跨境合作新体系,坚持贸工联动,振兴实体经济,依托产业园区扩大进口资源落地加工规模,建设中俄绥—波跨境经济合作区和一批境外园区,形成境内外联动、上下游衔接的跨境产业合作基地。大力创新自由贸易新机制,统筹利用两种资源、两个市场、两类规则,复制推广国内自贸区创新制度,对接海参崴自由港制度,打造国际化、市场化、法治化营商环境,实现贸易领域向多边合作拓展、贸易结构向多元支撑转变、贸易往来向便利通关提升,为建设黑龙江(中俄)自由贸易区探索经验、夯基垒台,在黑龙江对外开放新格局中干在实处、走在前列。深化合作交流。绥芬河综合保税区与东宁工业园区围绕共同制定产业扶持政策、组织宣传招商活动等达成一致意见;在通关一体化合作中,初步达成了整合两地口岸资源、提高货物报关效率的合作意向;两地政府办公室建立了信息交流机制,明确了具体的信息联络员,并已向东宁市报送了俄方发展动态、区域合作项目进展、绥芬河重点项目建设等信息;两地发改委建立了按月联系通报制度,共享经济社会发展相关信息;双方水务局共同研究对寒葱河流域实施整体规划、分段建设等工作,寒葱河二期防洪工程列入了省"十三五"规划;对宽轨接入绥阳镇项目,两地加大推进力度,争取纳入中俄两国高层会谈内容;绥芬河机场项目已完成行业评估,东宁市政府已批复水保方案,建设工作稳步进行中。在旅游产业合作方面,两地旅游局已经合作开通了绥芬河—符拉迪沃斯托克—东宁出境游线路;在五花山水库环境治理及生态旅游景区开发工作中,双方环保局建立信息共享机制,对问题源头进行调查;两地商务局共同利用跨境电商"三台联动"优势,以及两地境外园区闲置厂房,招引电商企业向绥东两地集聚,推进跨境电商"海外仓"项目建设。

黑龙江绥芬河口岸

三、"一带一路"建设促进跨境经济合作区发展

国家发改委、外交部、商务部联合发布了《推动共建丝绸之路经济带和21世纪海上丝绸之路的愿景与行动》,其中明确提到要探索投资合作新模式,鼓励合作建设境外经贸合作区、跨境经济合作区等各类产业园区。2015年12月24日,国务院印发的《国务院关于支持沿边重点地区开发开放若干政策措施的意见》明确指出,重点开发开放试验区、沿边国家级口岸、边境城市、边境经济合作区和跨境经济合作区等沿边重点地区是我国深化与周边国家和地区合作的重要平台,是沿边地区经济社会发展的重要支撑,是确保边境和国土安全的重要屏障,正在成为实施"一带一路"倡议的先手棋和排头兵,在全国改革发展大局中具有十分重要的地位。可见,跨境经济合作区的建设已然成为"一带一路"倡议的重要抓手,是推动我国边境地区发展的重要方式。

中国沿边开发开放最早的经济合作模式是边境经济合作区。国家级边境经济合作区是指经国务院批准设立的国家级边境经济合作区,具体包括:内蒙古、广西、云南、新疆、黑龙江、吉林、辽宁等省(自治区)。目前,我国已在沿边地区建设了17

个边境经济合作区,与哈萨克斯坦合作设立了中哈霍尔果斯国际边境合作中心,正在与老挝、越南、蒙古等国推进跨境经济合作区建设。随着"一带一路"倡议的推进,跨境经济合作的重要性也愈发凸显。目前,中国跨境经济合作区主要以东北边境地区与东北亚国家,西北边境地区与中亚五国,西南边境地区与东南亚开展的跨境经济合作为主。

1.中国跨境经济合作区发展状况

中俄绥芬河—波格拉尼奇内贸易综合体。中俄绥芬河—波格拉尼奇内贸易综合体位于黑龙江绥芬河市公路口岸与俄罗斯滨海边疆区波格拉尼奇内边境线,区域总面积4.53平方千米,是1999年6月经中俄两国外交换文确立的第一个全封闭式跨国边境贸易区,也是中俄边境地区最大的经济合作项目。2002年,黑龙江省政府与俄滨海边疆区政府签署《建设中俄绥芬河—波格拉尼奇内贸易综合体协议》。2004年3月,世茂集团与俄滨海公司达成《合作开发中俄绥芬河—波格拉尼奇内贸易综合体框架协议》。2004年8月,贸易综合体建设全面启动,总投资100亿元人民币。随着绥芬河综合保税区和绥芬河—东宁国家重点开发开放试验区正式得到国务院的批准,这些项目将进一步推动东北边境地区跨境经济合作进程。

中哈霍尔果斯国际边境合作中心。中哈霍尔果斯国际边境合作中心是上海合作组织框架下区域合作的示范区。合作中心沿界河跨中哈两国边境线,实际规划面积5.28平方千米。同时,中方还在霍尔果斯规划了9.73平方千米的配套区。根据2004年9月24日《关于建立中哈霍尔果斯国际边境合作中心的框架协议》,2005年7月4日《中哈霍尔果斯国际边境合作中心活动管理的协定》,中国政府于2006年3月7日正式批准霍尔果斯国际边境合作中心设立。中方于2006年开工建设。哈方成立了由工贸部直接领导的国家股份公司。合作中心建成后,霍尔果斯将成为新疆最大口岸,同时也是中国通往中亚、西亚、欧洲的重要枢纽。

中越凭祥—同登跨境经济合作区。中越凭祥—同登跨境经济合作区以中国—东盟自由贸易区为合作框架,位于中国广西凭祥的普寨边贸区与越南谅山同登的新青口岸区交界处,合作区总体规划面积17平方千米。2007年年初,广西与越南谅山两省区共同签署了《中国广西壮族自治区与越南谅山省建立中越边境跨境经济合作区合作备忘录》。2007年10月,联合国开发计划署援助中国—越南跨境经济合作区项目启动工作动员会在南宁举行,标志着中越边境经济合作区项目正式启动。2008年,越南谅山省商贸旅游厅上报同登边境经济合作区方案得到谅山人民委员会审批。2008年12月19日,广西凭祥综合保税区得到国务院批准设立,标志着中越跨境经济合作区中方项目启动。2015年,凭祥市与越南同登—谅山口岸经济区管理委员会共同签署了《关于建立凭祥(中国)—同登(越南)跨境经济合作区定期会晤机制的备忘录》。凭祥市紧紧抓住"一带一路"建设的重大机遇,全力推进中越凭祥—同登跨境经济合作区建设。双方建立定期会晤机制，共同协商推进中越凭祥—同登跨境经济合作区建设；互相通报中越凭祥—同登跨境经济合作区各自区域发展规划及建设情况；加强在经济、贸易、投资、旅游、文化、教育等领域的交流；互相通报各自有关进出口贸易、投资引资等方面的政策及调整情况；及时商谈解决双方合作关系中存在的重大问题；等等。实现优势互补，互利共赢。

中国东兴—越南芒街跨境经济合作。2013年10月，李克强总理访越期间，中越两国达成共识，决定在北仑河的两岸，两国各规划10平方千米左右的特殊监管区，建设中国东兴—越南芒街跨境经济合作区，双方共同确定跨境经济合作区的空间布局、产业规划、基础设施安排等，各自负责实施本方区域的开发与建设。中国东兴—越南芒街跨境经济合作区规划总面积为84.2平方千米，由中方区域围网区及围网区外功能协调区两部分构成，其中：围网区规划面积10.2平方千米，西起兴悦大道，南至北仑河北岸现状国防栏，东至竹山进港大道及竹山村，北至罗浮大道及防东一级路，围网区面积2.1平方千米；配套区74平方千米，包括七大产业园区。跨境经济合作区内的路网、供水、污水处理、口岸联检等基础设施总投资约50亿元，计划用三到五年时间开发完成。合作区内实行"两国一区、境内关外、自由贸易、封关运作"的管理方式，实现"一线放开、自由流动，二线管住、高效运行"。目前，中方园区产业开发模式、功能布局规划、片区开发时序等顶层设计已经确定；完成"一区两园"（金融商贸区、香港纺织服装产业园、深圳电子科技产业园）的布局；北仑河二桥（中方侧）已交工验收，国门楼主楼已封顶，一批路网项目加快建成，起步区环形路网基本成形；标准厂房已开工；东兴利嘉国门商务中心、东兴国际金融城等总投资额近60亿元的项目基本建成。

中国龙邦—越南茶岭跨境经济合作区。广西百色市靖西县，边境线长152.5千米，与越南高平省茶岭、重庆、河广三县接壤；其境内龙邦口岸是集商贸、旅游、生产加工为一体的公路、铁路的国际性一类口岸。2007年，广西和越南相关省份签署备忘录，规划建立中国龙邦—越南茶岭跨境经济合作区。中国龙邦—越南茶岭跨境经济合作区越方一侧交通条件较差。茶岭口岸距离河内市300千米，其中河内市至太原省段的100千米已开通高速公路，太原到茶岭口岸的200千米还是三级路，从茶岭至河内通行时间需要6个小时以上，由于公路等级低，交通不畅，运输时间长、物流成本高，在口岸之间的竞争中处于不利地位。2007年，广西百色市与越南高平省多次互访，共同商议推进跨境经济合作区申报建设，签署了《中国广西百色市与越南高平省加快中国龙邦—越南茶岭跨境经济合作区试点项目建设的协议》。越南总理阮春福、相关部委和高平省领导多次到项目区考察指导。2013年10月，中国商务部和越南工贸部签署《关于建设跨境经济合作区的谅解备忘录》，2015年，我国编制完成《中越跨境经济合作区建设共同总体方案》中方草案。2015

年年底,广西百色开发投资集团有限公司与广西靖西万生隆投资有限公司建立合作伙伴关系,共同开发、建设、运营万生隆国际商贸物流中心。2017 年修订的《中越跨境经济合作区建设共同总体方案》中方草案已经考虑将中国龙邦—越南茶岭跨境经济合作区列入其中。百色市于 2016 年 7 月委托新加坡邦城规划顾问有限公司负责编制中国龙邦—越南茶岭跨境经济合作区(中方区域)总体规划,该规划于 2017 年 4 月在北京通过专家评审。中方区域以龙邦分园(14.6 平方千米)为核心,以岳圩分园(5.6 平方千米)、湖润分园(2.5 平方千米)、平孟分园(4.2 平方千米)、靖西分园(25.2 平方千米)、德保分园(13.9 平方千米)与百东分园(61.1 平方千米)等六个园区为配套,按"一区七园"布局,总规划用地面积 126.96 平方千米。与越方共同建设跨合区围网区域约 28.6 平方千米,其中中方区域 14.57 平方千米,越方区域 14.1 平方千米。重点发展跨境商贸、跨境电商、跨境物流、铝锰铜精深加工、跨境金融和跨境旅游业,以及进出口加工、高新技术产业、会展、教育培训、商业零售、酒店、休闲娱乐业。按照"一线放开,二线管住"的原则,实现海关特殊监管;实行"三个一"通关模式,即一次申报、一次查验、一次放行,落实"三互"大通关,即通过信息互换、监管互认、执法互助的方式来推进口岸大通关建设,最终实现"一区两国、自由贸易、境内关外、封闭运行"的运营模式。

广西龙邦边民互市贸易区

中国红河—越南老街、中国磨憨—老挝磨丁、中国瑞丽—缅甸木姐跨境经济合作区。这些合作区地处中国—东盟合作前沿的云南省。自 2005 年起,云南省多次向国家提出加快推进中国红河—越南老街、中国磨憨—老挝磨丁、中国瑞丽—缅甸木姐等三个跨境经济合作区构想。2011 年 5 月国务院出台了《关于支持云南省加快建设面向西南开放重要桥头堡的意见》后,当年 12 月 20 日正式启动建设云南临沧边境经济合作区,规划面积 3.5 平方千米,分为孟定核心园区、南伞园区和永和园区;2017 年 5 月又启动了云南保山腾冲边境经济合作区的建设。腾冲边境经济合作区是孟中印缅经济走廊的重要节点,由境内腾冲猴桥口岸的黑泥塘片区(1 平方千米)、下街片区(35.5 平方千米)、中和片区(33.4 平方千米)和境外的曼德勒缪达经济贸易合作区(313.8 英亩,约合 1.4 平方千米)组成。云南省红河州作为中国的一级口岸,建设中国红河—越南老街跨境经济合作区,是中国云南省积极参与实施中国和越南"两廊一圈"的战略构想、大湄公河次区域经济合作和中国—东盟自由贸易区建设的重要措施。这些边境经济合作区与沿海经济开放区一样,主要是吸引中国东部沿海地区企业和国外企业在沿边投资兴业,与周边国家开展进出口贸易和投资合作。此后,中国和老挝于 2015 年 8 月 31 日就边境口岸云南磨憨—老挝磨丁建设中国磨憨—老挝磨丁经济合作区建设总体方案达成协议,决定共建跨境经济合作区。2017 年 5 月 16 日北京"一带一路"国际高峰论坛期间,中国与缅甸政府达成《中缅边境经济合作区谅解备忘录》,探索边境经济融合发展的新模式。

2. 中国跨境经济合作区的特点

跨境经济合作区是近年来兴起的一种新型的次区域经济一体化模式。这种经济合作模式,较之于传统的区域经济一体化形态,具有一些自身的一些特征,比如:跨境经济合作区只覆盖相邻国家特定的毗连区域而非整个国家疆域;合作的主体是毗邻区域的地方政府而非中央政府;合作的内容以贸易和投资为主,并可以根据需要扩展到交通、通信、旅游、环境等领域。中国河口—越南老街、中国磨憨—老挝磨丁、中国瑞丽—缅甸木姐三个跨境经济合作区,仍处在建设的初期,其法律框架的形成和管理机制的建立正在探索中。目前中国跨境经济合作区发展主要具有五个方面特点:

从地缘特殊性来看,主要是"一区跨两国"模式,具有突破地缘政治与地缘经济边界的特点。在全球日益紧密的联系和相互影响下,毗邻国家边境地区的政治、经济、军事等领域的安全扩展到生态、能源、金融、环境等各方面。跨境经济合作区以实现边境区域由安全防御功能为主逐步向经济功能为主转化,形成跨境次区域范围内的生产要素集聚并进一步加快边境城市经济发展。但由于国家间政治、法律、文化、经济发展水平、管理体制等方面的差异,一定程度上阻碍了其发展,边界屏蔽效应仍然存在。

从地方政府的自主性看,地方政府的自主权相对薄弱,这势必造成其在进行相关事务操作时受到掣肘。一方面,由于地方政府提出的跨境经济合作计划需要经过中央政府的严格审批,程序复杂、周期较长,容易延误边境地区的发展时机;另一方面,我国幅员辽阔,各边境地区在地理、历史、经济、文化、风俗等方面相去甚远,在参与跨境经济合作时具有各自的特殊性。在发挥中央政府的宏观调控作用的同时要发挥地方政府自主性,优化各跨境合作区的经济资源配置,全方位推动我国跨境经济合作的发展。

从构建共同治理机制看,建立跨境合作区往往涉及主权让渡问题。中国周边的大多数邻国国力较弱、经济水平较为落后,易对中方构建跨境经济合作区的动机产生疑虑,导致中国与周边国家的跨境经济合作呈现出中方"一头热"的状况。为了打消周边国家的疑虑,可由两国中央政府或两国边境地区政府的代表联合组建执行、管理、监督、审计等一系列跨境合作机构,并以此为基础构建一套行之有效的运行机制,这样既确保了边境地区的主权不向任何一方让渡,又能够促进跨境合作各方的交流与合作。

从特殊政策的倾向性看,跨境经济合作区目前尚没有可执行的特殊优惠政策,几乎都存在土地、金融、财税政策等支持不足的问题,项目缺乏推动力,从而使合作区功能发挥受到限制。与现有位于边境的互市贸易区、出口加工区、综合保税区和边境经济合作区等区域相比,跨境经济合作区所拥有的经济优势、产业功能和发展前景尚不明确,特别是如何实现与上述区域的错位发展仍需进一步准确的定位和分析。

从开发开放角度看,跨境经济合作区是一个具有封闭综合和复合开放双重性的统一体。就封闭综合性而言,在各自边境区域的划定范围内实行封闭管理,各参与主体在资源优势互补与利用中,共谋经济发展、共同应对挑战,促进毗邻国家经济一体化发展;就复合开放而言,如果成功则可向本国其他地区推广,反之则将不利影响限制在最小的范围内,以降低政治和经济的风险成本。跨境经济合作区可以说是封闭边界经济体与开放边界经济体的"连接通道",也是推动边境地区经济增长的"变压离合器"。

建设跨境经济合作区在我国仍是新生事物,没有可复制的范例。跨境经济合作区作为当今世界经济发展中的新兴经济合作模式,因跨越了双方领土边界,在开发过程中可能产生域外影响,与国内经济开发区在规划、建设和管理等方面存在着较大的差别,并涉及众多的外交、法律、经济、管理和技术难题以及如何实现经济利益最大化的问题,仍处于摸索阶段。但从总体而言,这些问题都是跨境经济合作区建设前进中的问题。

3. 跨境经济合作区发展对策建议

随着"一带一路"建设的推进,区域次区域经济合作已成为当今世界经济发展的主题之一,加大中国边境地区对外开放是"一带一路"建设的题中应有之义,对与周边国家建设命运共同体及经济发展具有重要而深远的影响。

加快边境自由贸易区建设。推进自由贸易区合作进程。2003 年以来,中国积极推进自贸区建设进程,目前正与五大洲的 31 个国家和地区建设 14 个自贸区。其中已生效的 7 个自贸协定中,涉及中国与毗邻国家的主要包括:与东盟签署的《货物贸易协议》和《服务贸易协议》;与巴基斯坦签署的《自贸协定》和《服务贸易协定》。这意味着自由贸易区已经成为加入 WTO 之后,中国及其边境地区对外开放、对外贸易与投资的新途径。《国务院关于加快实施自由贸易区战略的若干意见》(国发〔2015〕69 号)中明确提出"加快构建周边自由贸易区,力争与所有毗邻国家和地区建立自由贸易区,不断深化经贸关系,构建合作共赢的周边大市场"。建设边境自由贸易试验区充分体现了"一带一路"倡议的要求,可以加强与周边国家的合作,构建开放型经济体系,促进区域次区域经济一体化向更高层次、更宽领域发展,在"一带一路"建设中率先实现重点突破。

加强次区域经济合作政策沟通。目前,中国几乎与每个周边国家都开展了次区域经济合作,如:东北亚地区包括俄罗斯、朝鲜、蒙古、韩国参与的图们江地区经济合作;中亚地区包括中亚五国以新亚欧大陆桥为纽带的新丝绸之路地区开发;东南亚地区包括越南、老挝、缅甸、泰国等国共同参与的澜沧江—湄公河次区域经济技术合作和泛北部湾经济合作。而东北亚和东南亚地区作为世界地缘经济领域最为活跃的两个次区域合作地区,在次区域合作新形势下,一方面要总结经验,推进中俄绥芬河—波格拉尼奇内贸易综合体和中哈霍尔果斯国际边境合作中心后期建设,另一方面要立足于中国东北和西南边境地区跨境经济合作区的拓展与推广,成立由政府部门、立法机构、科研院所等部门组成的联合专家组,共同研究跨境经济合作区的整体规划、产业布局和相关政策,实现规划、产业、政策的有效对接,真正成为边境合作示范区。

建立完善多层级协调机制。要通过国家间的不断沟通,增强彼此政治互信,设立从中央到地方的对等协调机制,建立双方政府间合作对话机制,及时了解双方经济发展状况和经济合作发展方向,协商解决合作区建设中出现的重大问题。打破边境区域经济合作制度障碍,在中国与毗邻周边国家"多点、多极、多元"化合作中开拓创新。要在口岸点、边境线、贸易区、产业带与文化网等合作的基础上,根据两地区地缘、资源禀赋、产业结构等具体情况,在统一的领导机构和协调机制下,在交通、能源、贸易、投资、科技、农业、环保、教育、文化等领域确立重点开发项目,推进跨境区域经济合作一体化进程。

研究建立跨境经济合作区基金。跨境经济合作区的繁荣发展势必需要各参与国的密切配合,这不仅包括管理上的配合,也包括资金上的支持。欧盟通过欧盟委员会运作的结构基金以及聚合基金对欧洲区域发展基金资助的旨在促进欧盟内部区域合作的共同体倡议(INTERREG)计划予以资助,而结构基金和聚合基金的资金又来源于欧盟各成员国。这种聚流成河的资金运作方式,不仅维持了资金来源的可持续性,而且确保了资金使用效用的最大化。在中国与周边国家的跨境经济合作的实践中,各国政府可以通过签订相关协议,共同出资组建跨境经济合作基金,沿边合作开发银行,对跨境经济合作区的资助资金进行统一分配和管理。此举一方面能够促进跨境合作的双边或多边加强合作、建立共同治理机制,另一方面则能最大化利用有限的资金,有效推动各跨境合作区项目建设。此外,考虑到周边国家与中国的经济实力相差较大,在建立跨境合作基金时提供资金的能力有限,共同基金有时可能不足以支持整个跨境合作区的运作。为了走出这一困境,同处于"一带一路"上的中国与周边国家各跨境合作区可以联手,通过宣传已取得的成果及目标效果,向亚洲基础设施开发银行或丝路基金申请设立跨境经济合作专项基金,以填补潜在的资金缺口。

跨境经济合作区作为中国边境自由贸易区推进的前沿阵地,不仅开创了区域经济一体化在边境地区发展的新路径,也将开创中国边境地区、内陆地区及沿海地区对外贸易的新格局。可见,深入开拓中国跨境区域经济合作,不仅有利于深化次区域经济合作,提升边境地区对外开放程度和边境贸易水平,还有利于"一带一路"建设、西部大开发、振兴东北老工业基地发展,促进民族团结、经济发展、边疆稳固。

第八章　我国次区域经济合作取得的成效

"一带一路"建设提出以来，我国国际次区域经济合作，呈现了蓬勃发展的趋势，取得了显著成效。

一、加强战略对接合作

中国有句古话："物之不齐，物之情也。"每个国家都有符合自己利益的发展战略规划，而好的发展战略之间应该是"道并行而不相悖的"。习近平总书记指出，"'一带一路'建设不应仅仅着眼于我国自身发展，而是要以我国发展为契机，让更多国家搭上我国发展快车，帮助他们实现发展目标"[①]。中国提出的"一带一路"倡议是一个开放体系，其目的不仅是实现自身发展，更考虑和照顾了其他国家的利益，最终实现共赢共享发展。在许多外事场合，习近平曾多次与他国元首谈及"一带一路"的战略对接问题。"加强战略对接，共商发展大计"，这是自"一带一路"倡议提出以来，中国外交彰显的一大特色。目前，中国已就"一带一路"与蒙古国、巴基斯坦、尼泊尔、缅甸等很多国家及地区进行战略对接，签署了政府间"一带一路"合作谅解备忘录。

1. 西南地区情况

"一带一路"建设与东盟互联互通总体规划 2025 实行战略对接，与越南"两廊一圈"、老挝"变陆锁国为陆联国"以及与印度"季风计划"对接，塑造中国与周边国家共创"一带一路"的良好开局。

东盟互联互通总体规划 2025。2018 年 9 月 6 日，东盟在老挝万象通过了《东盟互联互通总体规划 2025》(MPAC 2025)。该规划主要涉及五个方面战略领域：可持续基础设施建设、数字创新、物流、进出口管理和人员流动。在可持续基础设施建设方面，东盟每年至少需要 1100 亿美元的基础设施投资以支持未来增长。MPAC 2025 志在帮助投资者通过完善项目准备，提高基础设施生产力，实现可持

---

① 2016 年 4 月 29 日，习近平在中共中央政治局第三十一次集体学习上的讲话。http://world.people.com.cn/n1/2017/0412/c1002-29205867.html.

续发展。在数字创新方面的主要措施是建立数字服务的配套监管体制，并搭建基于数字技术的开放平台，便于小微企业及中小企业更好地使用这些技术。在物流方面，提高物流的竞争力，降低物流成本并为东盟民众创造更多的商业机会。MPAC 2025 将解决东盟贸易过程中所遇到的物流瓶颈。在进出口管理方面，东盟的成员国已大幅降低关税，使消费者获益。MPAC 2025 重点关注统一标准，相互认证，规范技术以及应对贸易扭曲的非关税措施等。在人员流动方面，东盟的境外游客数量在 2025 年可能达到 1.5 亿。MPAC 2025 将整合旅游信息并简化签证申请流程。

越南的"两廊一圈"构想。"两廊一圈"指"昆明—老街—河内—海防—广宁"和"南宁—谅山—河内—海防—广宁"经济走廊以及环北部湾经济圈。合作范围包括中国的云南、广西、广东、海南四省区和越南的老街、谅山、广宁、河内及海防五省市，总面积 86.9 万平方千米，两条走廊总跨度 14 万平方千米，总人口 3900 万。2017 年越南和中国签署了关于共同实施"一带一路"和"两廊一圈"计划的合作文件。

中国已经连续 13 年是越南最大的贸易合作伙伴。2016 年起，越南超过马来西亚成为东盟国家里中国最大的贸易合作伙伴。近年来越南经济一直保持较快增速，外商在越投资逐年上升，而且劳动人口年轻，劳动力成本相对较低，在生产制造、对华贸易等方面都有着巨大优势。越南国民统计总局数据显示，2017 年越南完成及超额完成 13 个既定经济社会发展指标。其中，GDP 增幅达 6.8％，超额完成国会 6.7％的既定目标，并创下 6 年来的新高。2018 年越南的 GDP 增长率达到7.1％。这样的数字也高出了政府 6.7％的原定目标，也是自 2008 年以来越南经济增速最快的一年。中越间有 1500 多千米的边境线，越南有七个省与中国的广西、云南接壤，边贸合作大有可为。2017 年越南吸引外资额近 360 亿美元，同比增长近 45％，创 9 年来的新纪录。中国企业在越南注册的就有 1500 多家，累计投资超过 100 亿美元，涉及电力、纺织、钢铁、化工等众多领域。按照越南"两廊一圈"构想，越南计划到 2020 年基本建成现代化的工业国。而这个目标的实现需要在释放经济要素资源优势、升级现有产业结构、开拓国内外消费市场等多领域共同发力。当前中国正在推进"一带一路"建设，积极促进对外贸易、推动海外投资等，与越南谋求经济社会发展的需求高度吻合。中越两国产业互补性强，通过"一带一路"和"两廊一圈"的对接，中越在建材、工业配套、装备制造、电力、可再生能源等领域的产能合作具备较大潜力。

老挝变"陆锁国"为"陆联国"战略。老挝作为东南亚国家唯一的内陆国，有"印度支那屋脊"之称，其境内 80％为山地高原，有着丰富的森林、矿产和旅游资源。但是，长期以来，封闭的交通和落后的基础设施阻碍了老挝的对外贸易和交流，使其成为世界上最不发达的国家之一。同时,交通不便还使这个位于中国、越南、泰国和柬埔寨中央的国家,这个原本拥有得天独厚地理位置的交通枢纽沦为了"陆锁国"。为了突破发展困境,老挝积极响应中国"一带一路"倡议。老挝政府制定了到2020年摆脱最不发达国家行列的战略规划,提出了变"陆锁国"为"陆联国"的战略,即让老挝通过互联互通成为连接周边国家的枢纽,特别是成为中国与东盟地区互联互通的关键节点。近年来,随着澜沧江—湄公河合作机制的建立,中老铁路、中泰铁路都开始加快建设。而中老铁路项目将极大改善老挝的交通,这对于老挝与周边国家的连接有利,交通便利和贸易通达也将带动各国人民之间的交往,推动各国经济的共同发展。不仅增强了老挝吸引外资的能力,也可以带动当地旅游业的发展,中国与老挝在交通、旅游、经贸、电力、教育等多个领域的合作不断加深。

印度"季风计划"。"季风计划"中的季风(Mausam)一词出自阿拉伯语,意为天气、气候、季节。中文译成"(印度洋)季风计划"。"季风计划"由莫迪在2014年提出。在当年6月联合国教科文组织第38届世界遗产委员会上会议上,印度正式提出"季风计划:海上航路与文化景观"。"季风计划"规划了一个"由印度主导的海洋世界"。但不能忽视的是,印度提出"季风计划"相当大程度上就是为了反制中国。中国提出"一带一路"倡议后,印度并没有清晰而明确地支持"一带一路"倡议。"季风计划"是印度莫迪政府尝试"借古谋今"的一种外交战略新构想,设想在从南亚次大陆到整个环印度洋的广大区域内,打造以印度为主导的环印度洋地区互利合作新平台。"季风计划"以深受印度文化影响的环印度洋地区以及该地区国家间悠久的贸易往来历史为依托,以印度为主力,推进环印度洋地区国家间在共同开发海洋资源、促进经贸往来等领域的合作。莫迪政府的"季风计划"经历了从最初的文化项目定位发展成为具有外交、经济功能的准战略规划。印度是古代"海上丝绸之路"的重要驿站,也是中国共建共享"一带一路"的重要伙伴。"季风计划"与"一带一路"在结构和本质上并不具有天然的对抗性,反而能实现相互对接甚至融合。

2. 西北、东北地区情况

"一带一路"建设与哈萨克斯坦"光明之路"计划、蒙古"草原之路"倡议、俄罗斯欧亚经济联盟等对接。

哈萨克斯坦"光明之路"计划。2014年11月11日哈萨克斯坦总统纳扎尔巴耶夫11日宣布"光明之路"新经济计划,即通过一系列投资促进哈萨克斯坦经济结构转型,实现经济增长。"光明之路"新经济计划的一个核心是基础设施建设,将加强运输基础设施建设,以重点口岸带动周边地区发展,加强地区间公路、铁路和航空运输能力。其中包括在2015年完成霍尔果斯口岸经济特区基础设施第一期工程,以及阿克套等地油气设施建设。此外,国家基金投资重点是推动经济结构转型,促进企业发展并创造就业。"光明之路"计划主要内容包括:一是完善交通道路

基础设施。国内所有区域要与首都高速公路以及铁路航空线路紧密相连。完成
"西欧—中国西部"交通走廊,修建努尔苏丹—阿拉木图、努尔苏丹—赛梅、努尔苏
丹—阿克托别—阿特劳、阿拉木图—奥斯卡曼、卡拉干达—杰兹卡兹甘—克孜勒奥
尔达、阿特劳—阿斯特拉罕公路。继续建设东部物流枢纽,西部里海的港口设施。
二是加快工业基础设施建设。基础设施建设项目将带动建材、交通、通信、能源、公
共事业及服务业的发展。完成现有的经济特区的基础设施建设。在各地建设新的
工业区,以推动中小企业的发展,促进招商引资工作。三是发展能源基础设施建
设。推动耶克巴斯图兹—赛梅—奥斯卡曼和赛梅—阿克托海—塔勒迪库尔干—阿
拉木图高压电网建设,实现全国各地区均衡的能源供应格局。四是升级公共事业
和供水系统基础设施。每年投资将不低于 2000 亿坚戈,总投入达 2 万亿坚戈。五
是加强住房建设。建设公共租赁住房,供居民购买或者选择长期租赁。促使房价
下降,零首付和低利率抵押贷款的形式将使中低收入者得到更多实惠。六是加强
社会事业基础设施建设。解决一些学校的危房和三班次轮流上课问题。七是进一
步支持中小型企业和商业的发展。"光明之路"新经济计划将投资 5000 亿坚戈用
于支持中小企业发展、解决银行坏账、基础设施建设等。"一带一路"倡议同"光明
之路"新经济计划目标高度契合,得到哈萨克斯坦的积极响应。哈方希望以此为契
机加速本国经济转型和多元化。哈萨克斯坦驻华大使努雷舍夫表示,两大构想的
互补性将促进哈中经贸和投资合作全方位发展。双方要稳步推动产能和投资合
作,加强信息沟通和政策协调,推动更多竞争力强、附加值高的项目落地。要积极
发展经贸合作,优化贸易结构,落实大型合作项目,拓展融资渠道,促进贸易增长。
要深化能源资源合作,扩大人文合作,加大安全合作力度。

　　蒙古"草原之路"计划。2014 年 11 月,蒙古提出基于地处欧亚之间的地理优
势,实施"草原之路"计划,旨在通过运输和贸易振兴蒙古经济。"草原之路"计划由
五个项目组成,总投资需求约为 500 亿美元,具体包括:建设长达 997 千米的高速
公路直通中俄,同时新建输电线路 1100 千米,并在蒙古现有铁路基础上进行扩展,
对天然气和石油管道进行扩建。蒙古政府认为,"草原之路"计划将为蒙古新建交
通干道沿线地区带来更多的商机,并可带动当地各类产业的升级改造,促进能源产
业和矿业得到新的腾飞。中蒙两国领导人多次表示,"一带一路"与"草原之路"高
度契合,符合双方共同发展利益。通过丝绸之路经济带与蒙古"草原之路"、俄罗斯
跨欧亚大铁路的对接,打造一条贯通三国、横跨亚欧大陆的合作新通道,为各国共
同发展搭建新的平台。在中国古代"丝绸之路"的通商历史上,"草原丝绸之路"是
其中最为典型的中西方商贸通道之一。古代"草原丝绸之路"的历史彰显了陆地草
原商路的辐射力,也昭示着草原通商之路对现代中蒙两国合作的重要意义。中国
与蒙古接壤的草原地带正是古代"草原丝绸之路"的核心地带。如今,中国与蒙古

都尝试进一步扩展区域性战略合作的广度和深度,推动中蒙乃至整个东北亚地区的经济发展。

俄罗斯欧亚经济联盟。欧亚经济联盟(EAEU)成立于2015年,成员国包括俄罗斯、哈萨克斯坦、白俄罗斯(简称白)、吉尔吉斯斯坦和亚美尼亚,五国均是“一带一路”建设的重要合作伙伴。2014年5月29日,欧亚经济委员会最高理事会会议在哈萨克斯坦首都阿斯塔纳举行。俄罗斯总统普京、白俄罗斯总统卢卡申科、哈萨克斯坦总统纳扎尔巴耶夫在会上正式签署《欧亚经济联盟条约》。欧亚经济联盟于2015年1月1日正式运行。联盟建立后将保障商品、服务、资本和劳动力在三国境内自由流通,并推行协调一致的经济政策。之后又吸收亚美尼亚、吉尔吉斯斯坦加入欧亚经济联盟。2015年5月8日,中俄两国元首签署《关于丝绸之路经济带建设和欧亚经济联盟建设对接合作的联合声明》,开启“一带一路”与欧亚经济联盟对接进程。2015年以来,对接合作初见成效,中俄在能源、交通、航空航天等领域的大项目合作硕果累累,哈萨克斯坦成为“一带一路”产能合作的典范,中白最大经贸合作项目“巨石”工业园建设顺利推进,中吉、中亚的发展战略对接也呈现出新面貌。目前,欧亚经济联盟承诺探索与中方建立更为便捷有效的机制,促进货物、服务、劳动力和资本的自由流动,进而在欧亚大陆发展更高水平、更深层次的经济合作关系。

塔吉克斯坦2030年前国家发展战略。塔吉克斯坦是中亚地区东部的山地国家,曾是苏联时期最困难的加盟共和国之一。1991年后,塔吉克斯坦经历五年的内战,原本脆弱的经济雪上加霜。1999年时,83%的塔吉克斯坦民众生活在贫困线以下。为走出经济困境,塔吉克斯坦制定了“实现能源独立、摆脱交通困境、保障粮食安全”的三大国家发展战略。中国作为塔吉克斯坦的传统友好邻邦,高度重视与塔吉克斯坦的关系,一直致力于帮助塔吉克斯坦实现稳定和发展。2013年9月,中国国家主席习近平提出建设丝绸之路经济带的倡议后,立刻得到了塔吉克斯坦的积极支持和响应。塔吉克斯坦官员多次表示,塔全力支持建设丝绸之路经济带,将参与“一带”作为本国实现能源独立、摆脱交通困境和保障粮食安全和的重要契机。2016年9月,塔吉克斯坦通过《至2030年塔国家发展战略》文件,确立了“确保能源安全和高效使用电力能源”“将塔吉克斯坦从交通死角转变为重要交通枢纽国家”“确保粮食安全和为公众提供高品质食物”,以及“扩大生产性就业”四个战略发展目标。并愿将塔方发展战略与中国“一带一路”倡议对接。目前,塔吉克斯坦正在积极推动将本国至2030年前国家发展战略与“一带一路”倡议对接。近年来,一大批重大项目在塔吉克斯坦落地,集中在矿业开采、电力、交通通信基础设施、农业生产等领域,这与塔吉克斯坦“实现能源独立、摆脱交通困境、保障粮食安全”的国家战略高度契合。中国公司援建的杜尚别2号热电厂已于2016年顺利竣工。中国公司承建的"瓦赫达特—亚湾"铁路项目已于 2016 年 8 月完工。中塔合资公司——泽拉夫尚黄金公司已经成为塔吉克斯坦最大的黄金开采加工企业,年产黄金超过 3 吨,占塔黄金年产量的三分之二。中国公司在塔吉克斯坦哈特隆州建设的"中泰新丝路塔吉克斯坦农业纺织产业园"项目进展顺利,一期项目已经竣工投产,产品远销埃及、土耳其等国,整个项目建成后将年产棉纱 2.5 万吨、棉布 5000 万米,可解决当地 3000 余人的就业问题。此外,中国公司在塔吉克斯坦修建的水泥厂使塔由水泥进口国变为出口国,中国—中亚天然气管道 D 线塔境内段(约 410 千米)已经顺利开工。中塔准备合作开发塔吉克斯坦境内帕米尔高原的旅游资源,将包括高山滑雪、探险、狩猎、温泉等项目。

总之,中国同域内外许多国家实现政策和发展战略对接,同有关国家提出的发展规划协调衔接起来,建立政策协调对接机制,相互学习借鉴,并在这一基础上共同制定合作方案,共同采取合作行动,形成规划衔接、发展融合、利益共享局面,产生"一加一大于二"的效果,促进经济要素有序自由流动、资源高效配置、市场深度融合。泰国朱拉隆功大学安全与国际问题研究所资深研究员卡维·钟吉塔翁认为,"一带一路"不仅会影响东南亚地区,而且将使欧亚大陆受益。韩国国立外交院教授金汉权认为,中韩战略对接,不仅意味着经济发展受益,而且有利于地区和平和稳定的未来。俄罗斯独联体研究所高级研究员叶夫谢耶夫认为,丝绸之路经济带与欧亚经济联盟的对接,中俄两国向"双赢"迈出了一大步,对整个欧亚大陆都有着举足轻重的意义。

二、促进基础设施互联互通

基础设施互联互通是"一带一路"建设的优先领域,其进展事关"一带一路"建设全局。"一带一路"建设以基础设施(包括高速公路、大桥、高铁、港口、电厂、通信设施等)建设带动经济发展的实践,可以说是中国改革开放 40 多年经济建设一条极为重要的成功经验的国际运用。基础设施对经济社会发展具有基础性、先导性、全局性作用。早在 1776 年,著名经济学家亚当·斯密(Adam Smith)就写下了这样一句名言:"良好的道路、运河和通航河道有助于降低运输费用,使一国偏远地区与城镇周边地区更接近于同一水平。因此,这是最重要的改善。"但我国区域次区域的基础设施,无论在质量上还是数量上,都存在明显不足,在运输和能源网络上尤其如此,基础设施仍然是区域一体化融合的瓶颈。数据表明,区域内多数国家每年用于基础设施的公共支出不足 GDP 的 3%,用于基础设施的私营部门投资不足 GDP 的 1%。亚洲开发银行副行长格罗夫(Stephen Groff)以基础设施联通对印支半岛区内贸易的"溢出效应"为例,认为沿"东西走廊"横穿泰国和越南之间的老挝,用时已从 12 小时左右降至 3 小时。从老挝边境到越南沿海岘港市的时间从 6 小时降至 4 小时。泰国"朱拉全球网络"主任素提攀认为,在亚行支持下,大湄公河次区域展开基础设施互联互通建设,在内陆国家和地区进行了大量的基础设施投资和建设项目,并在此基础上不断加强生产网络和供应链建设,推动了当地经济发展,进一步释放了该区域的贸易潜力。中国要推动与区域、次区域国际和地区合作,基础设施互联互通是务实有效的切入点。

从发展经济的角度看,交通基础设施的完善能帮助当地把各种产品输送到世界各地市场去,促进当地经济发展。近年来,中国工程建设项目较多,实践经验越来越丰富,在技术上不断创新和突破。中国工程建设经验和施工技术已在许多方面走到世界的最前列,工程造价也极具竞争力。中国应利用自己的优势,为"一带一路"建设中的基础设施互联互通做出更大贡献,助推"一带一路"沿线国家和地区经济发展。

1. 基础设施互联互通现状

我国与周边国家通道以口岸为起点,呈扇面西向分布,可抵达欧洲(波罗的海、鹿特丹)、波斯湾(北非)和印度洋;海上可经太平洋、印度洋抵达各大洲。"一带一路"区域内铁路网总里程约 56.9 万千米,公路 1800 万千米,机场总数为 3695 个,内河航道里程约 33.3 万千米,天然气管 56 万千米,原油管道 19.5 万千米。

铁路。从我国新疆的阿拉山口和霍尔果斯铁路口岸出境,接哈萨克斯坦铁路,经阿斯塔纳(哈萨克斯坦)、莫斯科(俄罗斯),到达欧洲波罗的海(赫尔辛基、鹿特丹),线路全长约 11000 千米;还可经阿拉木图(哈萨克斯坦)向南,到达中亚、西亚、波斯湾、北非。

公路。自我国新疆、云南经公路口岸出境后,接入亚洲公路网,并分别在莫斯科、保加利亚与欧洲公路网相连通,可到达中亚、西亚、欧洲、北非、印度洋。公路均可连通但等级较低,中巴喀喇昆仑公路北段局部路段近年因受堰塞湖影响中断。

民航。基本实现与沿线国家首都和较大国家中心城市的通航,与周边国家建立航空搜救协议。

通信。目前,我国与沿线国家均开通了国际固定长途和移动网国际漫游业务,与其中五个国家实现跨境陆地光缆直连(哈萨克斯坦、吉尔吉斯斯坦、越南、老挝、缅甸),八个国家实现海底光缆直连(越南、缅甸、泰国、马来西亚、新加坡、文莱、菲律宾、印度尼西亚),与其他国家的通信业务可通过第三国进行转接。

基础设施与周边国家和地区互联互通存在问题主要有四大方面。

其一,骨干通道不贯通,存在断头路情况。"一路一带"多数通道中尚存缺失路段,运输能力低。如我国与吉尔吉斯斯坦、塔吉克斯坦、巴基斯坦、缅甸、印度、阿富汗等国家至今尚无铁路相连。中吉乌铁路有 500 千米(含我国境内 170 千米)待建,孟中印缅经济走廊瑞丽至腊戍段140千米缺失、马奎至皎漂220千米缺失,尚不能实现全线有效贯通。我国与中东欧六个国家尚未签署航空运输双边协定,与已签订协定国家的航线航班开通也较少,直航航线运营存在困难和阻力。

其二,通道多处通而不畅状态,互联互通作用难以发挥。既有通道中,低等级的公路居多,与我国接壤的中亚、南亚、东南亚国家的口岸公路技术等级也普遍较低,仅相当于我国公路三级、四级标准,还有大量等外公路,路况差,抵御自然灾害能力弱,安保设施不足,通行能力低。我国与不相邻国家之间的陆地光缆需经第三国转接,多国过境光缆涉及国家协调。跨境运输涉及双边或多边运输协定,通关和过境运输环节较多、手续复杂、协调困难,造成通关效率低下,通而不畅,影响通道系统能力的充分发挥。

其三,通道技术标准差异大,运输效率不高。通道内技术标准不一、道路等级多样,如铁路有四种轨距,我国和西亚的伊朗、土耳其、部分欧洲国家采用准轨(1435mm),俄罗斯和中亚国家铁路采用宽轨(1520mm),巴基斯坦、印度和孟加拉国以宽轨(1676mm)为主,缅甸为米轨(1000mm)。通道内列车运行需经多次换装,增加了口岸站作业量,延长了在途时间,运输效率低。我国与周边国家公路运输在车辆轴重、排放标准、荷载、标识等方面的技术标准及法规也不一致,此外,我国与对方国家现有口岸站总体装备水平较低,也使得通道运输效率不高。

其四,建设资金需求量大,运营盈利预期低。通道沿线国家大多是发展中国家或欠发达国家,资金与技术短缺,基础设施建设资金需求普遍超出政府的财政能力,难以独力推进通道设施建设,普遍希望我国参与融资。通道所经地区自然环境恶劣、地质条件复杂、建设里程长、工程难度大、建设周期长、投资规模大,项目自身盈利预期低,现行政策难以满足通道建设需要,多数项目进展缓慢。

此外,还存在通道沿线国家之间地缘政治复杂,陆路运输通道往返运量差异大等问题。

2.基础设施互联互通取得成效

对接规划。中国与"一带一路"沿线国家对接基础设施建设规划,建立由主管部门牵头的双多边互联互通政策协商和对话机制,同时重视发展互联互通伙伴关系,将加强基础设施互联互通纳入共建"一带一路"合作协议。中国政府部门与欧盟委员会签署谅解备忘录,启动中欧互联互通平台合作。中国、老挝、缅甸和泰国等四国共同编制了《澜沧江—湄公河国际航运发展规划(2015—2025)》。2016年9月,《二十国集团领导人杭州峰会公报》通过了中国提出的建立"全球基础设施互联互通联盟"倡议。

对接标准。中国在尊重相关方主权和关切的基础上,推动与"一带一路"相关国家在标准、计量和认证认可体系方面的合作。中国政府部门发布了《标准联通

"一带一路"行动计划(2015—2017)》《共同推动认证认可服务"一带一路"建设的愿景与行动》《"一带一路"计量合作愿景和行动》,推进认证认可和标准体系对接,共同制定国际标准和认证认可规则。中国将与"一带一路"沿线国家共同努力,促进计量标准"一次测试、一张证书、全球互认",推动认证认可和检验检疫"一个标准、一张证书、区域通行"。

对接法规。中国与"一带一路"沿线 15 个国家签署了包括《上海合作组织成员国政府间国际道路运输便利化协定》《关于沿亚洲公路网国际道路运输政府间协定》在内的 16 个双多边运输便利化协定,启动《大湄公河次区域便利货物及人员跨境运输协定》便利化措施,通过 73 个陆上口岸开通了 356 条国际道路运输线路。与"一带一路"沿线 47 个国家签署了 38 个双边和区域海运协定,与 62 个国家签订了双边政府间航空运输协定,民航直航已通达 43 个国家。中国政府有关部门还发布了《关于贯彻落实"一带一路"倡议加快推进国际道路运输便利化的意见》,推动各国互联互通法规和体系对接,增进"软联通"。

对接项目。中老铁路、匈塞铁路、中俄高铁、印尼雅万高铁、巴基斯坦白沙瓦至卡拉奇高速公路、中巴喀喇昆仑公路二期升级改造、比雷埃夫斯港、汉班托塔港、瓜达尔港等标志性项目建设取得进展。埃塞俄比亚的亚的斯亚贝巴—吉布提铁路建成通车,这是非洲第一条跨国电气化铁路。哈萨克斯坦南北大通道 TKU 公路、白俄罗斯铁路电气化改造,以及中国企业在乌兹别克斯坦、塔吉克斯坦实施的铁路隧道等项目,将有效提升所在国运输能力。中国愿与有关国家一道,继续打造连接亚洲各次区域以及亚非欧之间的交通基础设施网络,提升互联互通水平和区域、次区域物流运输效率。

能源设施。中国积极推动与相关国家的能源互联互通合作,推进油气、电力等能源基础设施建设,与相关国家共同维护跨境油气管网安全运营,促进国家和地区之间的能源资源优化配置。中俄原油管道、中国—中亚天然气管道 A/B/C 线保持稳定运营,中国—中亚天然气管道 D 线和中俄天然气管道东线相继开工,中巴经济走廊确定的 16 项能源领域优先实施项目已有 8 项启动建设。中国与俄罗斯、老挝、缅甸、越南等周边国家开展跨境电力贸易,中巴经济走廊、大湄公河次区域等区域电力合作取得实质性进展,合作机制不断完善。中国企业积极参与"一带一路"沿线国家电力资源开发和电网建设改造,中兴能源巴基斯坦 QA 光伏发电项目建成后将成为全球规模最大的单体光伏发电项目,吉尔吉斯斯坦达特卡—克明输变电、老挝胡埃兰潘格雷河水电站、巴基斯坦卡洛特水电站等项目有助于缓解当地电力不足的矛盾。

信息网络。"一带一路"沿线国家共同推进跨境光缆等通信网络建设,提高国际通信互联互通水平。目前,中国通过国际海缆可连接美洲、东北亚、东南亚、南亚、大洋洲、中东、北非和欧洲地区,通过国际陆缆连接俄罗斯、蒙古、哈萨克斯坦、吉尔吉斯斯坦、塔吉克斯坦、越南、老挝、缅甸、尼泊尔、印度等国,延伸覆盖中亚、东南亚、北欧地区。中国政府有关部门还与土耳其、波兰、沙特阿拉伯等国机构签署了《关于加强"网上丝绸之路"建设合作促进信息互联互通的谅解备忘录》,推动互联网和信息技术、信息经济等领域合作。

　　从我国与周边国家基础设施互联互通情况看,在我国与周边国家发展战略对接框架下,具体的互联互通项目已绘出美好的画卷,这是"一带一路"建设的优先领域,非常重要。"一带一路"以交通基础设施建设为重点和优先合作领域,契合亚欧大陆的实际需要,尤其是亚洲许多国家和地区的基础设施亟须升级改造。加强对基础设施建设的投资,不仅本身能够形成新的经济增长点,带动区域内各国的经济,更可以促进投资和消费,创造需求和就业,为区域各国的未来发展打下坚实的基础。根据基础建设的乘数效应,每投入 10 亿美元的基础建设投资,将新增 3 万～8 万个就业岗位,GDP 增加 25 亿美元。总体看,我国基础设施互联互通围绕三大方向。即:一是中国—中亚—俄罗斯—中东欧—波罗的海,二是中国—中亚—西亚—波斯湾/北非,三是中国—东南亚—南亚—印度洋。海运通道已十分成熟,其关键点是马六甲海峡,还有印尼的巽他海峡和龙目海峡可与马六甲海峡共同构成沟通太平洋与印度洋的重要海上通道。基础设施互联互通建设采取的主要措施,包括健全政府对话、企业合作、民间互动的多层次、多领域合作机制;按照"共商、共建、共享"的原则,构筑全方位立体化开放大通道,建设"一带一路"交通、商贸、快递物流中心;创新航空港、陆港联动发展机制;完善运输体系,加密航线航班,增加国际货运航线航班;促进地区互联互通,造福广大民众。重点落实中国与周边国家签署共建"一带一路"合作备忘录,启动编制双边合作规划纲要。推进中越陆上基础设施合作,启动澜沧江—湄公河航道二期整治工程前期工作,开工建设中老铁路,启动中泰铁路,推动泛亚高铁建设,促进基础设施互联互通。2014 年 3 月,习近平主席在杜伊斯堡港见证渝新欧班列到达。随着渝新欧、汉新欧、义新欧等班列相继开通,中欧班列发展进入加挡提速新阶段,效益不断提高,中欧之间互联互通的故事愈加丰满生动。2017 年中欧班列建设发展取得重要阶段性成果,开行数量迅猛增长,全年开行 3673 列,同比增长 116%,超过过去 6 年的总和。目前,国内开行城市 38 个,到达欧洲 13 个国家 36 个城市,较 2016 年新增 5 个国家 23 个城市,铺画运行线路达 61 条;运行效率提升,铺画了时速 120 千米中欧班列专用运行线,全程运行时间从开行初期的 20 天以上逐步缩短至 12～14 天;运行成本不断降低,整体运输费用较开行初期下降约 40%。中老铁路老挝段开工建设。这是第一个以中方为主投资建设并运营、与中国铁路网直接连通的境外铁路项目,承载着老挝从内陆"陆锁国"到"陆联国"的转变之梦。中哈跨境公路铁路、边境口岸与国际合作中心、石油天然气管道等构筑起立体交叉的互联互通网络,有力支撑中哈合作全面发展与深化。

我国与周边国家和地区基础设施互联互通突出成效是抓住关键通道、关键节点和重点工程,突出中亚、东南亚、南亚等战略方向的骨干通道建设,做实关键节点,加快形成陆海相连的国际大通道。加强与次区域相关国家和地区交通建设规划、技术标准体系的对接,共同推进国际骨干通道建设。

在铁路、公路、水运建设方面,我国已与沿线 15 个国家签署了 16 个双边及多边道路、过境运输和运输便利化协定,通过 73 个公路和水路口岸开通了 356 条国际道路客货运输线路;建成 11 条跨境铁路,中欧班列往返穿梭于广袤的亚欧大陆;开展国际铁路运邮合作,已初具国际物流品牌影响力。重点推进重大项目,完善基础设施联通网络。比如,2014 年 12 月,中泰两国签订《铁路合作谅解备忘录》,以建设中泰铁路为契机,中国有望与次区域国家建成以(高速)铁路网、(高速)公路网为核心的互联互通网络。同时把交通走廊和经济走廊建设有机融合,充分释放互联互通振兴经济、改善民生的潜力。我们愿与各国一道,加强政策、规制和标准对接协调,落实跨境运输便利化协定,尽快补足"软联通"的短板,形成全方位、复合型互联互通网络。推进建立统一的全程运输协调机制,推动口岸基础设施建设,促进国际通关、换装、多式联运有机衔接,形成统一的运输规则,实现国际货物运输便利化。畅通陆水联运通道,推进港口合作建设,参与斯里兰卡汉班托塔港、巴基斯坦瓜达尔港等 34 个国家 42 个港口的建设经营。近年来,我国与"一带一路"沿线 62 个国家签订了双边政府间航空运输协定,与东盟签订了首个区域性的航空运输协定。2018 年夏秋航季,共有 29 家中方航空公司运营自中国至"一带一路"沿线国家 81 个城市的往返定期航线,每周 2849 班。拓展建立了民航全面合作的平台和机制,扩大航权安排,增加空中航线,与沿线国家建立和完善双边航空运输的法律框架。

在能源基础设施合作方面,加强与中亚、西亚、东南亚、俄罗斯等能源通道建设合作,共同维护输油、输气管道等运输通道安全。推进跨境电力与输电通道建设,积极开展区域电网升级改造合作。巩固和扩大西北、西南、东北和海上油气运输战略通道,加强了我国与中亚、西亚能源通道建设合作,加快推进中国—中亚天然气管道 D 线建设,扩大中亚天然气管网覆盖范围,夯实陆上能源供应安全通道。中缅原油管道投入使用,实现了原油通过管道从印度洋进入我国。中俄原油管道复线正式投入使用,中俄东线天然气管道建设按计划推进。中巴经济走廊萨西瓦尔、卡西姆等燃煤电站顺利投产,标志着走廊能源合作取得快速发展。瓜达尔东湾快速路及 30 万千瓦燃煤电站项目正式启动建设。

在通信基础设施合作方面,双边跨境光缆、洲际海底光缆项目取得了进展,完

中铁国际集团承建磨万铁路果有村二号隧道出口

善了空中（卫星）信息通道，扩大了信息交流与合作。各方共同推进区域通信干线网络建设，力求大幅度提高国际通信互联互通水平，打造畅通便捷的信息丝绸之路。推动跨境光缆等通信干线网络建设，中缅、中巴等跨境光缆建设，扩容中国—东盟跨境陆缆 CSC 系统基本完成，打造了信息丝绸之路。

在国际大通道建设方面，一是建设南向出海大通道。中新互联互通南向通道是在中新（重庆）战略性互联互通示范项目框架下，以重庆为运营中心，以广西、贵州、甘肃为关键节点，中国西部相关省区市与新加坡等东盟国家通过区域联动、国际合作，共同打造的有机衔接"一带一路"的国际陆海贸易新通道。南向通道与"渝新欧"通道相衔接，向北连接丝绸之路经济带，向南经北部湾港出海连通 21 世纪海上丝绸之路和中南半岛，形成"一带一路"经西部地区的完整环线。中新互联互通示范项目是中国和新加坡两国间第三个政府间合作项目。南向通道是在该项目框架下，我国西部相关省区市与东盟国家合作打造的国际贸易物流通道，旨在实现"一带一路"的无缝衔接。前期重点打造南向铁海联运通道和南向跨境公路通道两条线路。2018 年，四川已开通 17 条连接东南亚、南亚国家的航线，航线网络基本覆盖东南亚重要枢纽城市；重庆 2016 年开通了跨省公路班车，2017 年在全国率先开通并常态化运行"渝黔桂新"铁海联运通道班列；贵州推进"加强多式联运国际大通道建设"、"构建口岸＋海关特殊监管区域＋多式联运新格局"；云南泛亚中线中老泰铁路全线开工建设，预计 2022 年建成通车，泛亚西线中缅铁路境内段大理—瑞丽铁路正在加快建设中。南向通道有助于提升珠江水运通道进出口效率，缓解北向欧亚大陆桥通道的压力，辐射并带动周边省市发展，促进次区域经济合作和西部各省区在新一轮西部大开发中抢抓发展机遇，布局协同发展。在云南省规划的

15 条出境高速公路中,面向缅甸的有 9 条,目前经瑞丽出境的中缅通道已经开通。对于中方的倡议规划,缅孟两国的反应和态度较为积极。缅甸方面,昂山素季领导的民盟上台后明确表示支持"一带一路"倡议,也对中国外长王毅提出的建设"中缅人字型经济走廊"倡议表示认同,提出"缅甸目前亟须解决交通、电力落后问题,希望通过中缅经济走廊建设,优先在上述领域与中方开展合作"。二是中巴互联互通深入发展。中国与巴基斯坦的互联互通项目也在近年获得重大进展。喀喇昆仑公路升级改造二期(塔科特—哈维连段)、卡拉奇—拉合尔高速公路(苏库尔—木尔坦段)及拉合尔橙线项目稳步推进。双方就 1 号铁路干线升级改造及新建哈维连陆港项目(ML1)签署了有关协议,完成了初步设计。三是中尼互联互通项目扎实推进。作为中国与南亚互联互通的关键环节和"西藏通道"的重要组成部分,中国与尼泊尔的基础设施联通建设近年来也取得显著进展。尼政府逐渐升级连接樟木口岸至加德满都的阿尼哥公路,并在中尼口岸附近修建集装箱运输站,以此推动中尼贸易中转体建设进程。中国援助的沙夫鲁比西—拉苏瓦加蒂公路项目(Syafrubesi—Rasuwagadhi,简称沙拉公路)交接证书在尼签署,该公路连接西藏自治区的吉隆口岸热索桥项目,将进一步促进尼中互利合作和跨境经贸关系。中尼两国已经决定启动青藏铁路延伸至尼泊尔境内的相关调查工作,尼渴望利用中国的铁路线和港口体系,强化中尼关系,发展尼与全亚洲,甚至欧洲的贸易,使尼对外贸易和交往渠道更加多元化。四是推动中蒙俄、新亚欧大陆桥、中国—中亚—西亚等经济走廊陆上运输通道建设,扩大早期收获成果,尽早实现更多早期收获,尽快惠及沿线国家经济发展与民生福祉,发挥示范引领作用。将中欧班列作为深化我国与沿线国家经贸合作的重要载体,促进中欧国际铁路货物联运,深化国际铁路运邮合作。在中国—中亚—西亚经济走廊方向,进一步促进中亚区域运输与贸易便利化,确保国际道路运输便利化联委会充分发挥职能。目前已开行连云港、天津港、青岛港等东部地区经霍尔果斯出境,发往哈萨克斯坦、乌兹别克斯坦等国家的中亚班列,以及在乌鲁木齐集结经霍尔果斯出境发往德国汉堡、杜伊斯堡、黑尔纳等地的西行班列。

三、加强国际产能合作

开展国际产能和装备制造合作,扩大相互投资,是共建"一带一路"的另一优先合作方向。中国是世界制造业大国,一些产业具有较强的国际竞争力。近年来,中国同"一带一路"沿线国家和地区推动产能合作,取得了丰硕成果,建立了广泛的合作机制。截至 2018 年 10 月,中国已同 38 个国家建立了产能合作机制,与 10 个发达国家开展第三方市场合作,与东盟等区域组织开展多边产能合作。与周边一些国家签署了产能合作有关文件,把产能合作纳入机制化轨道。同东盟等区域组织进行合作对接,开展机制化产能合作。与东盟十国发表《中国—东盟产能合作联合声明》,与湄公河五国发表《澜沧江—湄公河国家产能合作联合声明》,开展了规划、政策、信息、项目等多种形式的对接合作。2017 年,中国累计对湄公河五国投资超过 420 亿美元,贸易总额达到 2200 亿美元,人员往来达到 3000 万人次。与俄罗斯在总理定期会晤机制下成立了中俄投资合作委员会,协调两国非能源产业的投资合作。在形成共识的基础上,中国按照市场主导和互利共赢原则,与有关国家围绕原材料、装备制造、轻工业、清洁能源、绿色环保和高技术产业等,实施了一系列合作项目,提升东道国产业发展水平,创造税收和就业岗位。

1. 多种方式合作

从产能合作方式来看,我国企业积极探索开展"工程承包＋融资""工程承包＋融资＋运营"的合作新模式。产能合作大部分采用 EP(设计—采购)、EPC(设计—采购—建设)、BOT(建设—运营—移交)、BOO(建设—拥有—运营)、PPP(公私合营)、并购和融资租赁等多种形式。如 2017 年中企在乌兹别克斯坦实施的最大单体工程承包项目——乌兹别克斯坦聚氯乙烯项目、缅甸密支那经济开发区项目等。我国企业在继续发挥传统承包优势的同时,充分发挥资金、技术优势,与"一带一路"沿线国家的产能合作方式日益多样化,推进同沿线国家和地区多领域的产能合作,实现国际共享发展双赢乃至多赢。

从产能结构来看,目前"一带一路"产能合作模式形成了贸易的双向溢出板块、主溢出板块、经纪人板块和主受益板块。"双向溢出板块"中的成员都是掌握一定优质产能和优势产能的核心要素国家,该板块对于板块内外的国家,通过优势产能合作,能够发挥优势产能,消化富余产能,构成贸易双向溢出效应;阿联酋、沙特阿拉伯、约旦等 16 个国家则属于"主溢出板块",这些国家主要以发出贸易为主,也就是以优质产能或优势产能输出为主;"经纪人板块"主要包括俄罗斯、克罗地亚、以色列等 20 个国家,他们处于"一带一路"沿线中间地带,在国际产能合作中担任了"中介"角色;"主受益板块"的 8 个国家中,缅甸、老挝、文莱、柬埔寨等虽然有优势产能,但由于富余产能显著,其国际产能合作贸易参与度较低,参与性约束条件凸显。

从富余优势产能转出去方式看,大量富余优势产能是中国开展对外产能合作的产业基础。中国 200 多种工业产品产量位居世界第一,既有钢铁、水泥、平板玻璃、工程机械、电解铝等传统产业的产能合作,也有多晶硅、光伏电池、风电设备等新兴产业产能的合作,还有对外开展铁路、公路、航空、电网、电信等领域的互联互通。以天合光能泰国工厂为例,2015 年 5 月奠基,当年 12 月首批组件出货,实现从 0 到 700 兆瓦电池和 650 兆瓦组件的产能只用了 241 天。目前泰国天合已全面转入正常运营,为当地创造超过 1000 个就业岗位,年销售额约达 3.5 亿美元。天合光能在土耳其等国家都占据了良好的市场份额,在当地本土光伏产业的发展中扮演着不可或缺的角色。比如中兴能源巴基斯坦 900 兆瓦光伏发电项目,项目位于巴基斯坦旁遮普省巴哈瓦尔布尔市真纳光伏产业园,占地面积 4500 英亩(约合18.21 平方千米),总规模为 900 兆瓦,全部建成后将成为全世界单体最大光伏发电项目,每年可提供清洁电力近 13 亿度。如南方电网斥资近 20 亿美元在越投资电力项目。越来越多的中国企业前往越南,开展光伏、纺织、装备制造等领域的合作,其中中国在越投资额累计 125 亿美元,在越南外资来源地中排名第八。中国瑞峰公司在柬埔寨发展甘蔗种植和建造制糖厂,将帮助柬埔寨从糖净进口国一跃变成净出口国。柬埔寨首相洪森称赞这"不只是一个工业项目"。柬国务部长兼工业和手工艺部部长占比塞认为,这是在"创造更加甜蜜的未来"。

中兴能源巴基斯坦 900 兆瓦光伏发电项目

2.共建合作平台

中国充分调动各方积极性,结合自身特点,与有关国家积极探索建设产能合作示范园区,打造面向中亚、东南亚,对接周边的现代国际贸易聚集平台。鼓励区内龙头绿色低碳企业在境外建设国际产能合作绿色产业园区,使其成为国际产能合作的亮点。建设产业园区帮助周边国家更好融入国际贸易体系,促进经济发展,将惠及其民生,解决发展瓶颈难题,助力脱贫致富。截至 2017 年年底,中国企业在"一带一路"沿线 20 个国家正在建设的 56 个经贸合作区中,累计投资金额超过185 亿美元,这些合作区是深化投资合作、移植复制中国发展经验的重要载体。广西壮族自治区在推进国际产能合作方面成效显著,开创"两国双园"产能合作新模式,形成可复制推广经验。中马钦州产业园区和马中关丹产业园区开创了中马两国政府跨国产业合作新模式。中马两国政府专门组建了由中国商务部和马来西亚贸工部牵头的中马"两国双园"联合合作理事会,完善司局级的联络机制,定期开展会晤协商,解决双方重大事项。中马"两国双园"在建设、管理和发展中相互借鉴和分享先进经验,在产业链协作、资源开发、市场开拓、港口互通、海关特殊监管等方面合作优势突出,充分实现互利共惠。比如,正在推动的中巴经济走廊瓜达尔自由经济区、面向阿拉伯国家的中国—沙特(吉赞)产业园、中国—阿曼(杜库姆)产业园等与"一带一路"沿线国家的产能合作机制建设,积极探索"两国双园"模式。沿线国家已经成为中国企业对外投资的重要目的地,成为中国基建、装备、技术、服务和品牌的重要市场,也为沿线国家完善基础设施、提高生产能力、加快产业发展、扩大就业机会、改善民生福祉做出了实实在在的贡献。

3. 促进贸易便利化

中国与"一带一路"沿线国家共同推进海关大通关体系建设,与沿线海关开展"信息互换、监管互认、执法互助"合作。启动国际贸易"单一窗口"试点,加快检验检疫通关一体化建设,实现"进口直通、出口直放"。在口岸开辟哈萨克斯坦、吉尔吉斯斯坦、塔吉克斯坦农产品快速通关"绿色通道"。发布《"一带一路"检验检疫合作重庆联合声明》《"一带一路"食品安全合作联合声明》《第五届中国—东盟质检部长会议联合声明》。与"一带一路"沿线国家和地区签署了78项合作文件,推动工作制度对接、技术标准协调、检验结果互认、电子证书联网。中国还与"一带一路"沿线54个国家签署了避免双重征税协定,共同为企业享有税收公平待遇、有效解决纠纷创造了良好的税收和法律环境。

4. 加大政策支持

中国的国际产能合作在不少领域取得了突破性进展。如中国通过不断深化简政放权、放管结合改革,95%以上的外商投资项目和98%以上的境外投资项目已实现网上备案管理,企业跨境投融资和对外贸易便利化程度持续提高。中国充分发挥政策性、开放性和商业性金融作用,设立产能合作基金等金融平台,推动各类金融机构采取多种方式支持产能合作项目,为企业开展产能合作提供有力支撑。据了解,国家开发银行于2017年对"一带一路"项目承诺贷款额为2500亿美元,已贷款金额1100亿美元。中国出口信用保险公司承保沿线国家出口和投资总额超过3200亿美元,对产能合作重大项目应保尽保;9家中资银行在沿线26个国家设立62家一级分支机构。中方与沿线22个国家签署了总额超过9000亿元人民币的本币互换协议,推动产能合作与人民币国际化相互促进。突出金融对"一带一路"经济合作的推动作用,引入社会资本推动设立"走出去"发展引导基金,引导企业集群式"走出去"。例如在大湄公河区域,中国对相关国家的投资也在不断上升,已成为老挝、缅甸等国的第一大外资来源国。中国发起成立的亚洲基础设施投资银行,次区域国家目前已全部成为亚投行的成员国,也必将是主要受益方。中国政府出资 400 亿美元新设立的丝路基金,也为沿线国家的基础设施建设、产业合作等提供了投融资支持。此外,GMS 还每年举办金融合作论坛,为次区域国家间的金融合作与货币自由流通创造了良好条件。

5. 扩大投资合作

改革开放以来,中国在国际产业分工调整中抓住有利时机,把中国的市场和劳动力优势与发达国家的资金和技术优势结合起来,承接来自发达经济体的产业转移,实现了经济快速发展。将这些宝贵的实践经验,与中国目前的资金优势、产能优势和技术优势结合起来,转化为对外合作优势,全面提升对外开放和对外合作水平,让"一带一路"共建成果惠及更广泛的区域,外溢效应惠及更多国家。"一带一路"建设必将为世界经济增长注入新的动力,为世界和平发展增添新的正能量。在中越"两廊一圈"的对接中,借助"一带一路"和"两廊一圈"带来的机遇,中越不断加强在建材、辅助工业、装备制造、电力、可再生能源等领域的产能合作,越南的劳动力成本较低,吸引纺织、服装、鞋类和箱包等企业到当地设厂。截至 2017 年 7 月,中国内地对越新增投资协议额累计 12.2 亿美元,在越南外资来源地中排名第四。中印缅孟经济走廊连接了一个近 30 亿人口,经济总量超过 12 万亿美元的庞大市场,四国间的经济互补性强于竞争性,合作空间和潜力巨大。随着中国经济实力的不断提升,加上印度、孟加拉国和缅甸也开始转向吸引投资的政略,中印缅孟地区正成为中国优势产业"走出去"的重要地区之一。印度是中国重要的海外工程承包市场之一。双向投资合作呈现良好态势,印度正在成为中国企业海外投资的重要目的地。事实上,中国和印度分别是全球制造业和服务业大国,两国各具特色,优势互补。尽管双边关系和地缘政治存在分歧,但两国间的双边贸易和经济合作一直在稳步增长,且中国对印投资快速增长。2017 年中国对印投资总额约为 20 亿美元,一年内增长了近 3 倍。中国也是印度最大的贸易伙伴,同时印度是中国公司在南亚的最大工程承包市场。中印双边贸易 2017 增至 844.4 亿美元,比上年增加 18.6%。由中国投资的古吉拉特邦特变电工电力产业园正式投产、马哈拉斯特拉邦福田汽车产业园破土动工,万达、华夏幸福等企业也纷纷赴印考察设厂,园区合作已成为中印经贸合作的亮点之一。缅甸方面,近年来中国始终保持缅第一大贸易伙伴、第一大出口市场和第一大进口来源国的地位。孟加拉国方面,2016 年中国领导人访孟期间,中孟双方签署 27 个合作协议和谅解备忘录,涵盖了贸易投资、海洋经济、路桥建设、电力能源、海事合作、通信技术等国民经济的各个领域。孟加拉国央行统计数据显示,2017 年中国对孟直接投资(FDI)净流入达 6858 万美元,较 2016 年的 6140 万美元小幅上升 718 万美元。2017 年中国对孟 FDI 总额为 10628 万美元,其中纺织业投资额为 1375 万美元,为最主要投资来源。在大图们江次区域合作中,中俄两国的经济体量比较大,边境互联,资源互补,而韩国的制造业和国际贸易能力非常强,东北又是一个老制造业基地,面临转型升级。中韩俄多边联动合作,对中国东北的振兴、对俄罗斯远东发展以及对韩国拓展国际市场都起到了不可替代的作用。中韩自贸协定签署生效之后,各地都在积极寻求扩大中韩合作的领域和空间。2017 年韩国对华投资 1627 个项目,同比减少 19.4%;我国实际使用韩国资金 36.7 亿美元,同比减少 22.7%。韩国在吉林省投资企业数已经达到了 700 家,排在投资国的第一位。长春市以及延边州等地的中韩产业园建设也具有了一定的规模。吉林省从比较优势和自身特点上考量,正在积极向中央政府申报建立中韩国际合作示范区。而俄罗斯积极加快实施远东大开发战略,规划在远东地区设立 14 个跨越式经济发展特区,特别是实施国际自由港政策。与俄罗斯的远东开发建设对接,长吉图正在谋划建立中俄长(春)珲(春)—哈(桑)跨境合作区,依托俄哈桑跨境物流园、长春综合保税区、珲春出口加工区这三个特殊功能区,建立联动机制,加快集聚发展。其中,珲春国际合作示范区是中国国务院批准的国内唯一的国际合作示范区,距俄远东经济特区投资建设重点符拉迪沃斯托克市仅 180 千米。两市利用地区特殊政策与互补优势,开展经贸投资合作,为俄远东开发战略提供人力、资金、技术等必要支持,2017 年,延边对俄贸易占到吉林全省的 76%。麦肯锡咨询公司的研究显示,"一带一路"有望为全球经济贡献 80% 的地区经济增长,并在 2050 年前,将 30 亿人口带入中等收入行列。

四、加强贸易技术合作

贸易合作是推进"一带一路"建设的传统领域,是大有可为的重中之重,也是"压舱石",需要各方着力消除贸易壁垒,构建良好的营商环境,共同商建自由贸易区,激发释放合作潜力,做大做好合作"蛋糕"。

1. 扩大经贸合作

中国与"一带一路"沿线国家贸易规模与结构持续优化,货物贸易平稳增长,服务贸易合作出现新亮点。在全球贸易持续低迷的背景下,据中国商务部的信息,2017 年中国对外货物进出口贸易总额为 41045 亿美元,同比增长 11.4%(进出口总额超过美国,为世界第一)。其中,2017 年中国出口额为 22635.2 亿美元,中国进口额为 18409.8 亿美元,贸易顺差总额为 4225.4 亿美元。2017 年,我国与沿线国家贸易额为 7.4 万亿元人民币,同比增长 17.8%,增速高于全国外贸增速 3.6 个百分点。其中,出口额为 4.3 万亿元人民币,增长 12.1%,进口额为 3.1 万亿元人民币,增长 26.8%;我国企业对沿线国家直接投资 144 亿美元,在沿线国家新签承包工程合同额 1443 亿美元,同比增长 14.5%。例如,在中越"两廊一圈"经济区,贸易往来是"重头戏"。近年来,越南已成为中国在东盟十国中最大的贸易伙

伴,而中国亦已连续 15 年成为越南最大贸易国。2017 年,中越双边贸易额达 982
亿美元。

2. 创新技术合作

在科技创新合作领域,中国与南亚在小水电、地理地质等领域共建了联合实验
室。云南省于 2014 年成立了中国—南亚技术转移中心,目前,已与阿富汗、孟加拉
国、尼泊尔、巴基斯坦、斯里兰卡共建了分支中心,为各国创新主体提供专业化服
务。2018 年,作为第五届中国—南亚博览会的重要活动之一,第三届中国—南亚
技术转移与创新合作大会于 6 月 14—16 日在昆明举行。中国科技部副部长、国家
外国专家局局长张建国表示,中国愿与南亚国家共同推进“一带一路”科技创新合
作,重点加强在科技人文交流、共建联合实验室、科技园区合作、技术转移等方面的
合作与交流,共享科技发展的经验和成果,推进建设创新共同体。中国和南亚国家
人口约占全人类的 40%,通过各种努力和创新塑造了人类文明的历史。当前我们
面临的挑战是如何保持在 AI、机器人和绿色技术等新技术上的创业、创新和研发
动力。中国和南亚国家都拥有巨大的人口红利,新兴技术的发展空间巨大。

3. 构建自贸区网络

中国倡导更具包容性的自由贸易,与“一带一路”沿线经济体积极开展贸易协
定谈判。中国—东盟自贸区升级、推进中国—海合会、中国—斯里兰卡以及中国—
巴基斯坦自贸区第二阶段谈判,推动中国—尼泊尔、中国—孟加拉国自贸区联合可
行性研究。

4. 加强多边贸易合作

中国与印度、孟加拉国、缅甸之间的贸易额呈现出快速增长之势,双边贸易产
品呈现出很强的互补性,中国制造业带动了对该区域的机械设备、轻工产品出口,
而主要从该区域进口原材料等资源性产品,贸易互补性强为中印缅孟经济走廊建
设奠定了坚实的相互需求基础。中国与印度、孟加拉国、缅甸贸易总额分别从
2000 年的 29.1 亿美元、9.2 亿美元和 6.2 亿美元上升为 2017 年的 845.4 亿美元、
150 亿美元和 55 亿美元。中国对印度出口的主要商品包括电机、电气、音像设备、
锅炉、机械器具及零件、有机化学品、肥料、钢铁制品、塑料及其制品、钢铁、光学、照
相机、医疗等设备及零附件等;中国自印度进口的商品主要包括棉花、矿砂、矿渣及
矿灰、铜及其制品、有机化学品、石灰及水泥、矿物燃料、矿物油及其制品和塑料及
其制品等。中国对孟加拉国出口的主要商品有纺织品、机械设备、化学药品、化肥、
种子和日用消费品;中国自孟加拉国进口的主要商品有天然黄麻、黄麻制品、生皮
及皮革、冷冻食品等。中国对缅甸出口的主要商品有核反应堆、锅炉、机械器具及
零件、车辆及其零附件、电机、音响设备、钢铁及钢铁制品;中国自缅甸进口的商品

有矿产品、农产品、水产品、木材、珠宝等原材料。

在环阿尔泰山次区域经济圈合作中,经济贸易合作始终处于主导地位。中国与区域内各国进出口贸易规模逐渐扩大。其中,中蒙两国进出口贸易增长较快,但双方贸易规模相对较小;中哈两国贸易规模扩大较快,且进口贸易增长明显快于出口;中俄两国进出口贸易规模最大,但增长较慢。不论是总量还是增速,中国与区域内各国的贸易合作关系都较为紧密,主要是因为中国是制造业大国,与区域内其他伙伴相比,中国在农业、食品、轻工、机电、医药、建材、电信等方面具有产业优势,而俄哈蒙三国更多的是能源资源等优势,经济结构的互补性为区域内各方合作提供了广阔的空间,同时也说明中国在环阿尔泰山次区域经济圈中具有不可替代的重要地位,发展空间巨大。

5. 加快跨境电商发展

总体上说,跨境电商整体仍处于起步阶段,但世界各国的投资者正将目光锁定此处的商业机会,中国电商巨头近日也动作频频,加快布局的步伐。2018 年 5 月 8 日,巴基斯坦电商公司 Daraz 宣布被阿里巴巴集团全资收购。Daraz 在孟加拉国、缅甸、斯里兰卡和尼泊尔等国都开展业务,这五个市场的总人口超过 4.6 亿,而其中 60% 的人口的年龄在 35 岁以下。从南亚市场看,南亚拥有庞大的消费市场,印度有 13 亿人口,巴基斯坦有 2 亿人口,人口结构相对年轻,消费十分活跃,年轻人能更好地接受新的消费方式。因此南亚是一个十分值得看好的电商市场。

巴基斯坦在电商领域的快速发展十分引人注目。有报道称,当前巴基斯坦电子商务市场年增长率达 72%。2017 年巴基斯坦电子商务销售额为 6.2 亿美元,预计 2020 年将破 10 亿美元。巴基斯坦创新科技公司 ExD 高管 Jawad Farid 称,巴基斯坦每月 7 万件货物中,大约有 35% 是送达卡拉奇、拉合尔和伊斯兰堡以外的地方的,这表明,尽管网购者大多来自城市地区,但农村消费者也愿意上网购买当地没有的商品。电子商务研究中心 B2B 与跨境电商部主任、高级分析师张周平接受记者采访时称,电子商务的发展与基础设施(包括通信、网络速度)以及产业链条是否完善,包括物流、支付、营销、融资环境、人才的配套等相关。今天的中国在电子商务领域处于领跑的状态,阿里巴巴、京东等中国电商巨头拥有强大实力,能为这些南亚国家带来更多资本,提供更多商业模式的选择以及运营层面的帮助。南亚地区,尽管斯里兰卡、巴基斯坦等国智能手机的消费增长速度很快,但支付系统发展速度相对缓慢。货到付款是巴基斯坦主流的支付方式,占所有交易的 90%。为抢占市场先机,中国金融科技巨头加快了南亚的布局速度。2018 年 3 月,蚂蚁金服宣布将出资 1.85 亿美元投资巴基斯坦排名第一的移动支付平台 Easypaisa,后者拥有两千多万用户;4 月,蚂蚁金服与孟加拉国最大的移动支付公司 bKash 达成战略合作,打造本地版"支付宝";蚂蚁金服此前还投资了印度最大的移动支付和商务平台 Paytm。在南亚市场,支付宝的主要落地形式是"合作小伙伴＋技术输出"模式,即赋能本地钱包模式。印度 Paytm 的用户量从 2015 年的 2300 万提升到了 2018 年的 2.5 亿,跻身全球第三大电子钱包,中国常见的二维码也出现在印度街头。在巴基斯坦,Easypaisa 虽然还在功能机时代,但也能让没有银行账户的人用作电子工资卡。在孟加拉,支付宝将让 bKash 从功能机时代升级到智能机时代。

五、拓展金融领域合作

"一带一路"建设需要大量的融资支持,经贸合作也将形成大量的货币流转,因此,资金融通是推进"一带一路"建设的重要支撑。一方面,要深化金融合作,推进亚洲货币稳定体系、投融资体系和信用体系建设。扩大沿线国家双边本币互换、结算的范围和规模,推动亚洲债券市场的开放和发展,共同推进亚洲基础设施投资银行建设,推进金砖国家开发银行、上海合作组织银行筹建,加快丝路基金建设。深化中国—东盟银行联合体、上合组织银行联合体务实合作,以银团贷款、银行授信等方式开展多边金融合作。充分发挥丝路基金以及各国主权基金作用,引导商业性股权投资基金和社会资金共同参与"一带一路"重点项目建设。

1. 加大金融支持

2015 年 12 月 25 日,中国倡议的亚洲基础设施投资银行正式成立,法定资本1000 亿美元,重点支持地区互联互通和产业发展。截至 2017 年年底,亚投行在 12个成员中开展了 24 个基础设施投资项目,项目贷款总额 42 亿美元,撬动了 200 多亿美元的公共和私营部门资金。投资项目涵盖东亚、东南亚、南亚、中亚、中东、西亚 11 个成员,辐射亚洲全境。有 23 个域内投资的具体情况是:印度 5 个项目10.7 亿美元;巴基斯坦 2 个项目 4 亿美元;塔吉克斯坦 2 个项目 8750 万美元;孟加拉国 2 个项目 2.3 亿美元;缅甸 1 个项目 2000 万美元;等等。中国出资 400 亿美元设立丝路基金,首期注册资本金 100 亿美元,通过以股权为主的多种方式为共建"一带一路"提供资金支持。截至 2017 年年底,丝路基金已经签约 17 个项目,承诺投资总额约 70 亿美元,支持的项目所涉及的总投资额达 800 多亿美元。项目覆盖俄罗斯、蒙古国以及中亚、南亚、东南亚等地区,涵盖基础设施、资源利用、产能合作、金融合作等领域。丝路基金还出资 20 亿美元设立了中哈产能合作基金。中国提出中国—中东欧协同投融资框架,包括 100 亿美元专项贷款、中东欧投资合作基金在内的多种融资机制共同发挥作用,为中东欧地区提供融资支持。中国工商银行牵头成立了中国—中东欧金融控股有限公司,并设立中国—中东欧基金。

2017 年"一带一路"国际高峰论坛提出加强金融合作,促进资金融通,加大支持力度。一是丝路基金新增资金1000亿元人民币。丝路基金与上海合作组织银联体同意签署关于伙伴关系基础的备忘录。丝路基金与乌兹别克斯坦国家对外经济银行签署合作协议。二是中国鼓励金融机构开展人民币海外基金业务,规模初步预计约3000亿元人民币,为"一带一路"提供资金支持。三是中国国家发展和改革委员会将设立中俄地区合作发展投资基金,总规模1000亿元人民币,首期100亿元人民币,推动中国东北地区与俄罗斯远东开展合作。四是中国财政部与亚洲开发银行、亚洲基础设施投资银行、欧洲复兴开发银行、欧洲投资银行、新开发银行、世界银行集团6家多边开发机构签署关于加强在"一带一路"倡议下相关领域合作的谅解备忘录。五是中国财政部联合多边开发银行将设立多边开发融资合作中心。六是中哈产能合作基金投入实际运作,签署支持中国电信企业参与"数字哈萨克斯坦2020"规划合作框架协议。七是中国国家开发银行设立"一带一路"基础设施专项贷款(1000亿元等值人民币)、"一带一路"产能合作专项贷款(1000亿元等值人民币)、"一带一路"金融合作专项贷款(500亿元等值人民币)。八是中国进出口银行设立"一带一路"专项贷款额度(1000亿元等值人民币)、"一带一路"基础设施专项贷款额度(300亿元等值人民币)。九是中国金融机构与沿线国家金融机构开展融资、债券承销等领域务实合作。十是中国进出口银行与马来西亚进出口银行、泰国进出口银行等"亚洲进出口银行论坛"成员机构签署授信额度框架协议,开展转贷款、贸易融资等领域务实合作。

2. 扩大本币互换与跨境结算

截至2016年年底,中国与"一带一路"沿线22个国家和地区签署了本币互换协议,总额达9822亿元人民币。与越南、蒙古国、老挝、吉尔吉斯斯坦签订了边贸本币结算协定,与俄罗斯、哈萨克斯坦、白俄罗斯、尼泊尔签署了一般贸易和投资本币结算协定。人民币业务清算行已有23家,其中6家在"一带一路"沿线。通过中国银行向外汇市场开展人民币对21种非美元货币的直接交易。建立人民币跨境支付系统(CIPS),为境内外金融机构从事人民币业务提供服务。

3. 推动商业银行开展网络化服务

为贸易和投资提供更好的金融服务。"一带一路"建设涉及大量配套金融服务。无论是促进贸易融通还是更好地服务对外投资,均需要加快推进金融机构和金融服务的网络化布局,提高对贸易的金融服务能力,形成金融和经济相互促进的良性循环,进而盘活整盘棋局。据不完全统计,截至2017年年末,已有10家中资银行在26个"一带一路"国家设立了68家一级分支机构。"一带一路"倡议提出以来,中资银行共参与了"一带一路"建设相关项目2600多个,累计发放贷款超过了2000亿美元。同时,截至2017年年末,共有来自21个"一带一路"国家的55家银行在华设立了机构。

4. 推动股票和债券市场等资本市场发展

扩大股权、债券融资市场的连通性,通过发行长期稳定的债券筹集稳定资金,包括发行绿色金融债券等,为基础设施建设提供多样和不同期限的金融服务。此外,股权投资能够在"一带一路"建设中发挥杠杆作用。通过增加中长期项目资金投入,降低项目主体的债务负担,提升项目自身的抗风险能力,从而带动更多资金进入,促进合作各方形成真正的利益共同体。推动形成更加合理的金融合作体系。

5. 加强金融监管合作

推进在区域内建立高效监管协调机制。积极与有关国家共同完善风险应对和危机处置制度安排,构建区域性金融风险预警系统。加强征信管理部门、征信机构和评级机构之间的跨境交流与合作。

六、密切人文交流合作

人文交流在推进"一带一路"建设中具有重要作用,有助于推进民心相通、增强政治互信、深化经贸合作,发挥国家关系稳定锚、务实合作推进器、人民友谊催化剂的作用。自"一带一路"倡议提出以来,我国在次区域合作中秉持丝绸之路精神,积极与"一带一路"沿线国家开展人文交流与合作,有力推进了科技、教育、文化、卫生、旅游、政党、智库、青年、城市、社会组织等各领域的合作,不断拓展人文交流的宽度和深度,系牢人文交流纽带,强化"一带一路"人文交流的要素支撑,夯实"一带一路"建设的民意基础。

1. 加强教育合作

近年来,中国有关部门在"一带一路"教育合作方面,取得了显著成效。第一,加强教育政策沟通。有关部门和地区开展"一带一路"沿线国家教育法律、政策协同研究,探索构建沿线各国教育政策信息交流通报机制,为沿线各国政府推进教育政策互通提供决策建议,为沿线各学校和社会力量开展教育合作交流提供政策咨询。签署了双边、多边和次区域教育合作框架协议,制定了沿线各国教育合作交流国际公约,实现学分互认、学位互授联授,协力推进教育共同体建设。第二,畅通教育合作渠道。推进"一带一路"沿线国家间签证便利化,扩大教育领域合作交流,形成往来频繁、合作众多、交流活跃、关系密切的携手发展局面。举办沿线国家校长论坛,推进学校间开展多层次多领域的务实合作,建立产学研用结合的国际合作联合实验室(研究中心)、国际技术转移中心,推进"一带一路"优质教育资源共享。第三,促进沿线国家语言互通。积极拓展政府间语言学习交换项目,联合培养、相互培养高层次语言人才。发挥外国语院校人才培养优势,推进基础教育多语种师资队伍建设和外语教育教学工作。扩大语言学习国家公派留学人员规模,倡导沿线各国与中国院校合作在华开办本国语言专业。支持更多社会力量助力孔子学院和孔子课堂建设,加强汉语教师和汉语教学志愿者队伍建设,全力满足沿线国家汉语学习需求。第四,推动学历学位认证标准连通。推动落实联合国教科文组织《亚太地区承认高等教育资历公约》,支持教科文组织建立世界范围学历互认机制,实现区域内双边多边学历学位关联互认。共商共建区域性职业教育资历框架,逐步实现就业市场的从业标准一体化。探索建立沿线各国教师专业发展标准,促进教师流动。第五,充分发挥国际合作平台作用。发挥上海合作组织、东亚峰会、亚太经合组织、亚欧会议、亚洲相互协作与信任措施会议、中阿合作论坛、东南亚教育部长组织、中非合作论坛、中巴经济走廊、孟中印缅经济走廊、中蒙俄经济走廊等现有双边多边合作机制作用,增加教育合作的新内涵。借助联合国教科文组织等国际组织力量,推动与邻国围绕实现世界教育发展目标形成协作机制。充分利用中国—东盟教育交流周、中俄大学联盟等已有平台,务实开展教育合作交流。支持在共同区域、有合作基础、具备相同专业背景的学校组建联盟,不断延展教育务实合作平台。2013 年来,我国每年向"一带一路"沿线国家公派留学生 2500 人,每年资助 1万名沿线国家新生来华学习或研修。中国与"一带一路"相关国家教育交流合作以招收来华留学生为主要形式,这些地区是中国来华留学生主要来源地。截至 2017年年底,中国在"一带一路"沿线国家设立了 30 个中国文化中心,新建了一批孔子学院。举办"丝绸之路(敦煌)国际文化博览会""丝绸之路国际艺术节""海上丝绸之路国际艺术节"等活动。中国与哈萨克斯坦、吉尔吉斯斯坦联合申报世界文化遗产"丝绸之路:长安—天山廊道的路网"获得成功。实施柬埔寨吴哥古迹茶胶寺、乌兹别克斯坦花剌子模州希瓦古城等援外文化修复项目,向尼泊尔、缅甸提供文化遗产震后修复援助。推动海上丝绸之路申报世界文化遗产,弘扬妈祖海洋文化。

　　相关省、自治区充分发挥区位优势,加强教育合作。云南地处中国西南边陲,与越南、老挝、缅甸三国接壤,是面向东南亚、南亚的重要门户。云南通过中国—南亚企业家交流会、中国—南亚商务论坛青年分论坛、东盟青年企业家云南行、中越青年大联欢、魅力云南—中老青年友好交流、第十届中泰青年友好交流等活动,以及各边境地区开展的"边交会""胞波节""手拉手、心连心"活动,共邀请和接待来自欧美、南亚、东南亚国家以及港澳台地区的 1000 余名青年代表赴云南省各地开展考察交流活动。在工作中,针对不同国家和地区的青年特点,组织参观企业、学校、社区、博物馆、创客空间、重点项目现场和特色乡村,通过开展座谈会、经贸考察、技术培训、民俗体验、体育比赛等活动,突出云南优势和特色,充分展示云南的历史文化、经济社会发展成就和当代云南青年热情友好、务实开放的形象,使国外青年形成对滇的情感认同,不断扩大知华友华朋友圈。举办云南省国际留学生文化交流周活动,邀请来自 20 余个国家近 2000 名留学生代表和 500 余名中国学生代表参加,在留学生群体中影响深远。在湄公河次区域合作中实施了一系列民生项目,覆盖教育、文化、卫生、减贫等多个领域。近年来,超过 1.2 万名次区域国家学生获得中国政府奖学金,3000 多位在职人员赴华参加短期研修培训。开展"汉语桥"世界中学生中文比赛、滇西边境山区英语教师出国研修项目以及云南民族大学"云南省中国—东盟语言文化人才培养基地"。2011 年以来,广西防城港市相继成功举办或承办的重大涉外活动达 10 项之多。例如:2011—2016 年海上龙舟节;2011 年国际文化交流活动;2012 年国际友城交流活动、中越跨境经济合作金滩论坛;2013 年 6 月承办的以"和平促发展、合作求共赢——中国和东南亚人民的共同心声、共同梦想"为主题的中国—东南亚民间高端对话会在防城港的系列活动;第七届"中国—东盟社会发展与减贫论坛";2013 年 11 月承办的第二届中越青年大联欢防城港市分会场活动;2014 年 6 月承办的"魅力东盟·走入中国"文化之旅活动;2015 年 5 月承办的"沿着胡伯伯足迹的红色之旅"暨"中越边民大联欢活动";等等。此外,东兴市定期举办中国东兴—越南芒街元宵足球友谊赛、中越(东兴—芒街)国际商贸旅游博览会、京族哈节、中国—东盟国际青少年足球邀请赛等活动。通过大型涉外活动的成功举办,充分发挥了沿边沿海优势,推动形成中国—东盟尤其是与越南交流合作的重要平台。全面提高了防城港市的知名度和影响力,为服务国家关于"巩固睦邻友好"周边外交战略,促进广西与东盟国家民间友好往来,深化传统友谊发挥了重要作用。再比如,在巴基斯坦,中国红十字援外医疗队进驻瓜达尔港,由新疆克拉玛依市政府捐助的气象站也已建成使用。走廊民心相通建设取得积极成效,2013 年以来,走廊联委会双方秘书处为巴政府公务员及一线职工举办了五期共计 200 多人的培训,不但提升了巴方官员和工人的业务能力,也增进了两国人民的深厚友谊。

2. 加强科技合作

近年来,中国政府部门、科研院所与相关企业积极行动,科技部、发展改革委、外交部、商务部会同有关部门编制了《推进"一带一路"建设科技创新合作专项规划》,科技人文交流、共建联合实验室、科技园区合作、技术转移等四项行动顺利推进。作为科技创新的"国家队",中国科学院着力建设平台、项目、人才相结合的"一带一路"科技创新合作体系,先后实施了"发展中国家科教合作拓展工程"、"一带一路"科技合作行动计划等,累计投入合作经费超过 15 亿元,为"一带一路"建设参与国培养各类专业技术人才和科研管理人才超过 2500 人,培养硕士、博士留学生超过 1500 名,资助"一带一路"国际科技合作项目 100 余项。首先,中国政府与"一带一路"沿线国家签署了约 60 项政府间科技合作协定,涵盖农业、生命科学、信息技术、生态环保、新能源、航天、科技政策与创新管理等领域;设立了联合实验室、国际技术转移中心、科技园区等科技创新合作平台。双方建设了中国—东盟海水养殖技术联合研究与推广中心、中国—南亚和中国—阿拉伯国家技术转移中心等一批合作实体,发挥科技对共建"一带一路"的提升和促进作用。强化科技人文交流机制,仅 2016 年就通过"杰出青年科学家来华工作计划"资助来自印度、巴基斯坦、孟加拉国、缅甸、蒙古国、尼泊尔等国 100 多名科研人员在华开展科研工作。其次,北斗导航创新服务,随着两颗北斗三号导航卫星以"一箭双星"方式成功发射,"组团"遨游太空的北斗三号系统组网卫星达到了 10 颗,这也意味着中国北斗系统朝着 2018 年年底服务"一带一路"建设参与国、2020 年服务全球的目标又迈进了扎实的一步。2018 年 6 月,在进入雨季的老挝,中国政府援助老挝的示范建设项目——老挝国家水资源信息数据中心实时监控湄公河水位,并利用北斗、物联网等先进技术对灾害进行预警,防范气象灾害风险;北斗系统从巴基斯坦的交通运输到老挝的精细农业、港口管理,从缅甸的土地规划到文莱的城市建设已大显身手,惠及当地百姓。

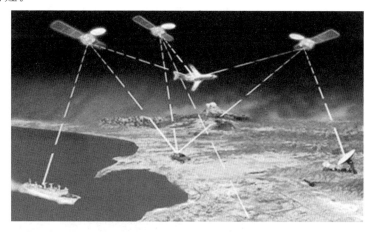

北斗卫星导航系统示意图

3. 加强科技服务工农业合作

2016 年 11 月,为积极响应"一带一路"倡议,西北农林科技大学发起成立了由 14 个国家 76 所涉农大学、研究机构和企业组成的"丝绸之路农业教育科技创新联盟",并先后与哈萨克斯坦 3 所高校签订了科技人才长期合作协议。哈萨克斯坦现有耕地面积 3 亿多亩,小麦约占全国粮食总产量的 85%。这里的小麦无污染、品质优,但同时也存在生产动力不足、管理粗放、产量低等问题。为此,西北农林科技大学与哈萨克斯坦赛福林农业技术大学的什维钦克、加他耶夫小麦育种团队联合组建了中哈春小麦育种协作攻关团队。通过引进中国小麦品种的高产抗病基因,并采用常规育种与现代生物技术相结合的方法,改造和提升了哈萨克斯坦小麦的产量和抗病性，目前已取得阶段性成果。东南亚地区是全球生物多样性保护的热点地区之一，但近年来受威胁状况十分严重。为了改变这种状况，中国科学院东南亚生物多样性研究中心与缅甸自然资源和环境保护部等建立了合作关系。在此之前，缅甸没有一部科学完整的动植物名录，给生物多样性保护和资源的可持续利用带来了较大障碍。2014 年 11 月，受缅甸自然资源和环境保护部邀请，中国科学院东南亚生物多样性研究中心首次在缅北无人区开展了为期 1 个月的中缅大规模联合野外生物多样性考察。研究中心此后又相继开展了多次科考，记录和采集的物种从近千种增加到近万种。他们不仅记录到彩云兜兰、白腹鹭、马来熊、羚牛等珍稀濒危物种，发现的新物种也达 330 多种，在国际重要期刊上发表研究论文近 150 篇，还编写了动植物新类群及相关研究成果专刊两部。这些成果为缅甸北部的一座国家公园和一处国家野生动物自然保护区联合申请世界自然遗产提供了科学依据，也为当地生物多样性研究提供了宝贵材料，受到了缅甸自然资源和环境保护部的高度赞赏。

哈萨克斯坦杨凌现代化农业示范区

4. 加强旅游合作

中国与“一带一路”沿线国家互办“旅游年”，开展各类旅游推广与交流活动，相互扩大旅游合作规模。举办世界旅游发展大会、丝绸之路旅游部长会议、中国—南亚国家旅游部长会议、中俄蒙旅游部长会议、中国—东盟旅游部门高官会议等对话合作，初步形成了覆盖多层次、多区域的“一带一路”旅游合作机制。中国连续三年举办“丝绸之路旅游年”，建立丝绸之路（中国）旅游市场推广联盟、海上丝绸之路旅游推广联盟、中俄蒙"茶叶之路"旅游联盟,促进旅游品牌提升。体育合作也在蓬勃发展。"十三五"期间,预计中国将为"一带一路"沿线国家输送1.5亿人次游客,为当地创造2000亿美元的旅游收入。在环阿尔泰山次区域经济圈,自古以来民族相连、风俗相近、文化相通,形成了多元文明、包容互鉴、和谐共存的独特人文区域,时至今日,环阿尔泰山地区各国在文化、传媒、教育、体育、旅游等领域的人文交流合作更加密切频繁,为区域开展经贸合作以及边境安全、长治久安奠定了良好的社会基础。2013年首届环阿尔泰区域经济圈经贸合作论坛成功举办,2015年"大阿尔泰"国际体育旅游节在富蕴圆满举行。中印缅孟地区拥有丰富多彩的旅游资源,各国因国情不同、制度不同、宗教信仰也不同,在语言、习俗、传统服饰、饮食及地域方面存在巨大差异,正是各国独特的地域文化、历史文化遗产、自然人文资源,使得该地区的旅游资源互补性较强。该地区喜马拉雅山、雅鲁藏布江、伊洛瓦底江、湄公河等滋养了古代遗址,森林体系和野生动物多种多样;佛教庙宇和圣地遗址、部落和民族多样,孟加拉湾5000米的海岸线资源为周边国开展旅游合作奠定了良好的基础。依托中国—南亚博览会、中国—南亚商务论坛、孟中印缅地区合作论坛(BCIM论坛)、中印孟缅四国联合举办的汽车集结赛等国际文化交流平台,近年来中国与南亚东南亚的文化交流合作进一步加强,极大地丰富了对外文化交流的多样性,对四国合作构建陆上贸易大通道可行性进行了有益的探索,很大程度上推动了本土优秀文化品牌走向世界,并将跨境合作次区域逐渐打造成为国际人文交流融合的基地。在大图们江区域,图们江三角旅游合作区的中国图们—朝鲜稳城跨境文化旅游合作区、中国珲春—朝鲜柳多岛跨境经济合作区等项目正在积极推进。现已开通中俄朝环形跨国旅游、延吉—平壤—金刚山包机等11条旅游线路。随着中国东北最美高铁即长春—珲春高铁的开通,珲春口岸的边民交往进一步扩大,每天经由珲春口岸赴俄旅游的游客络绎不绝。2016年,珲春口岸总出境人数达8.7万人次,较2015年同期增长89%。

5. 加强卫生健康合作

中国重视通过共建"一带一路"推动传染病防控、卫生体制和政策、卫生能力建设与人才合作以及传统医药领域合作。发表《中国—东盟卫生合作与发展南宁宣言》,实施中国—东盟公共卫生人才培养百人计划等项目。推动与"一带一路"周边国家在传统医药领域扩大交流合作,设立中医药海外中心。中国政府与世界卫生组织签署《关于"一带一路"卫生领域合作备忘录》,携手打造"健康丝绸之路"。在新疆维吾尔自治区设立丝绸之路经济带医疗服务中心,为中亚等周边国家提供医疗服务。中国参与联合国、世界卫生组织等人道主义行动,长期派遣援外医疗队赴周边国家和非洲开展医疗救助。积极参与国际防灾减灾,派遣国家救援队及医疗队参与尼泊尔地震救援。实施湄公河应急补水,帮助沿河国家应对干旱灾害。向泰国、缅甸等国提供防洪技术援助。开展中非减贫惠民合作计划、东亚减贫合作示范等活动,提供减贫脱困、农业、教育、卫生、环保等领域的民生援助。中国社会组织积极参与"一带一路"沿线国家民生改善事业,实施了一系列惠及普通民众的公益项目。

第九章　中国跨境次区域经济合作的经验启示与存在的主要问题

总结中国跨境次区域经济合作的进程,我们积累了一些促进合作的经验,同时也存在一些亟须解决的突出问题。

一、中国沿边地区开发开放历史阶段回顾

根据不同时期的国内外形势,国家对沿边地区政策导向呈现出的不同特点,经过梳理归纳,总体来看,沿边开发开放大体经历了三个大的发展阶段。

第一阶段是从 1978 年到 2000 年,以党的十一届三中全会召开和设立深圳等经济特区为标志,对外开放航船正式扬帆起航。从沿海特区率先开放,到沿江、沿边和内陆中心城市开放全面推进。这一阶段又可以划分为 1992 年前的改革开放初期和 1992 年邓小平同志视察南方后对外开放进一步扩大两个时期。1982 年,我国政府和苏联政府换文批准黑龙江恢复同苏联的边境贸易,指定绥芬河作为通商口岸,1983 年将黑河也作为通商口岸,恢复苏联与内蒙古的边境贸易。1984 年,国家出台《边境小额贸易暂行管理办法》,国家加大了改革开放力度,边境贸易获得了更大的发展空间。1986 年,中国政府批准新疆开展地方边境贸易。1988 年,国家出台了加快和深化对外贸易体制改革若干问题的决定,进一步扩大了我国的进出口贸易,边境贸易得到了积极发展。1990 年和 1991 年,国家先后出台进一步改革和完善对外贸易体制若干问题的决定和积极发展边境贸易,加强经济合作,促进边疆繁荣稳定的意见,边疆口岸相继恢复,同时相关边疆贸易政策的出台,为沿边开放奠定了良好基础。1992 年,国家沿边开放政策进一步加大力度,为边境贸易创造了良好的营商环境,边境贸易得到了快速发展,1993 年边境贸易出现高潮。1996 年,国务院出台了关于边境贸易有关问题的通知,规定除烟、酒、化妆品以及国家规定必须照章征税的其他商品外,进口关税和进口环节税按法定税率减半征收。1998 年,国务院又出台了进一步发展边境贸易的补充规定的通知,调整了边民互市贸易进口商品上限,强化了政策的优惠力度。边境贸易得到了恢复性增长。

第二阶段是从 2001 年到 2012 年,以中国成功加入世界贸易组织为标志,对外

开放进入以规则为基础的新阶段。我国由有限范围、地域、领域内的开放,转变为全方位、多层次、宽领域的开放。国家实施西部大开发战略和兴边富民行动计划,在政策措施上给予边境地区更大的倾斜。同时,颁布了边境贸易外汇管理办法,还调整了部分商品边境贸易进口税收政策,对边境贸易的健康稳定发展起到了极大的推动作用。党的十七大报告指出,在新的历史时期,我国要拓展对外开放的广度和深度,提高开放型经济水平。在开放的区域战略上,要深化沿海开放,加快内地开放,提升沿边开放,实现对内对外开放相互促进。新疆、内蒙古、云南、广西等沿边省区,是我国在更大范围、更广领域、更高层次扩大对外开放的战略要地。在坚持向东开放的同时,加大向西、向南、向北开放的力度,构筑海上开放与路上开放相结合、对内开放与对外开放的相互促进的全方位大开放新格局。为提升沿边开放水平,促进沿边地区开放进程,国家又将边民互市进口的生活用品免税额度提高到每人每日人民币 8000 元。同时,国家出台了为进一步减轻边贸企业负担,对涉及边境贸易企业的行政事业性收费项目进行清理和规范,取消不合法、不合理的收费项目,一般贸易以人民币结算办理出口退税等政策,国家投资对边境一类口岸查验设施给予补助,扩大支持范围,加大投资支持力度,边境贸易取得了快速稳定发展。2009 年 9 月 30 日,国务院办公厅下发《关于应对国际金融危机保持西部地区经济平稳较快发展的意见》,提出要积极推动广西东兴、云南瑞丽、新疆喀什、内蒙古满洲里进一步扩大开放,加强与周边国家和地区的资源能源开发利用合作,建成沿边开放的桥头堡。2010 年 4 月 10 日,国家发改委发布《关于 2009 年西部大开发进展情况和 2010 年工作安排的通知》,指出要充分发挥沿边优势,推动与周边国家的经济贸易文化交流。2010 年 6 月 29 日,中共中央、国务院下发《中共中央、国务院关于推进新疆跨越式发展和长治久安的意见》(中发〔2010〕9 号),明确提出,在新疆喀什、霍尔果斯两地分别设立特殊经济开发区,实行特殊的经济政策,逐步把其建设成为推动新疆跨越式发展的新的经济增长点、我国向西开放的窗口、沿边开发开放的重要示范区。2010 年 6 月 29 日,中共中央、国务院下发《关于深入实施西部大开发战略的若干意见》(中发〔2010〕11 号),指出扩大对内对外开放,建设国际陆路大通道,构筑内陆开放与沿边开放新格局。积极建设广西东兴、云南瑞丽、内蒙古满洲里等重点开发开放试验区。同时,贯彻落实"睦邻、安邻、富邻"的外交方针,深化我国与周边国家的政治互信和友好合作,确保国家的长远战略利益。

第三阶段是自 2013 年至今,以"一带一路"建设和国务院出台的关于加快沿边地区开发开放的若干意见为标志,沿边开发开放踏上新征程。特别是党的十九大提出推动形成全面开放新格局,以"一带一路"建设为重点,坚持引进来和走出去并重,遵循共商共建共享原则,加强创新能力开放合作,形成陆海内外联动、东西双向互济的开放格局。提出构建开放型世界经济和人类命运共同体,中国更加积极主动参与全球经贸治理,展现大国责任和担当,中国对外开放进入新时代。沿边地区充分发挥"一带一路"建设的引领带动作用,加大西部开放力度,加快建设内外通道和区域性枢纽,完善基础设施网络,提高对外开放和外向型经济发展水平。加快培育发展符合西部地区比较优势的特色产业和新兴产业,增强产业竞争力。加强生态环境建设,筑牢国家生态安全屏障。2013年,国务院先后出台了《国务院关于支持沿边重点地区开发开放若干政策措施的意见》和《国务院关于加快沿边地区开发开放的若干意见》等文件,相继批准设立广西东兴和凭祥、云南瑞丽和勐腊(磨憨)、内蒙古满洲里和二连浩特、黑龙江绥芬河(东宁)7个沿边重点开发开放试验区。同时,国家加大了沿边重点地区开发开放政策措施支持力度,具体措施包括:深入推进兴边富民行动,实现稳边安边兴边;改革体制机制,促进要素流动便利化;调整贸易结构,大力推进贸易方式转变;实施差异化扶持政策,促进特色优势产业发展;提升旅游开放水平,促进边境旅游繁荣发展;加强基础设施建设,提高支撑保障水平;加大财税等支持力度,促进经济社会跨越式发展;鼓励金融创新与开放,提升金融服务水平,进一步支持沿边重点地区开发开放,构筑经济繁荣、社会稳定的祖国边疆。随着"一带一路"建设加快推进,边疆地区在区域发展格局中的重要性日益凸显。要进一步加快边疆发展,提升沿边开发开放水平,加强边境地区基层治理能力建设,巩固和发展民族团结进步事业,确保边疆巩固、边境安全。

二、中国跨境次区域合作的新态势

目前,我国次区域经济合作和沿边地区开发开放已经形成你追我赶的态势,掀起了融入"一带一路"建设和加快沿边地区开发开放的热潮,并形成了广西建设成为中国—东盟战略合作新高地、西南中南地区开放发展新的战略支点;云南打造国际重要战略通道和桥头堡;新疆建设丝绸之路经济带的核心区和向西开放的前沿地带;内蒙古打造中国北疆开放窗口;黑龙江实施"大沿边"开放战略;吉林主动融入"一带一路"建设,加实施长吉图战略;辽宁沿海、沿江、沿边、内陆开放等开放新模式。

广西以防城港市防城区、东兴市、凭祥市、靖西县等沿边重点地区为开放枢纽,依托南宁、钦州、北海、百色和越南同登、芒街、下龙、朔江、河内等城市,积极建设面向东盟国家的南宁—防城—东兴—芒街边海联动经济合作带、南宁—崇左—凭祥—同登沿边经济合作带、百色—靖西(那坡)—茶岭(朔江)沿边经济合作带以及边境口岸经济合作圈,逐步形成以"一圈三带"为核心,海陆联动、优势互补、区域分工、共同发展的边境地区开发开放空间布局。进一步优化口岸发展布局,形成以国家一类口岸引领示范、二类口岸功能提升、边民互市创新升级的层级发展态势。加快推进东兴、凭祥国家重点开发开放试验区建设,在管理体制、边贸机制、投融资体制、海关监管、检疫监管等方面先试先行,积极推进凭祥—同登、东兴—芒街、龙邦—茶岭等中越跨境经济合作区建设,构建"通江、达海、出边、连全国"的综合交通运输体系。充分发挥广西与东盟国家陆海相邻的独特优势,构建面向东盟区域的国际通道,打造西南、中南地区开放发展新的战略支点,形成21世纪海上丝绸之路与丝绸之路经济带有机衔接的重要门户。打好"东盟牌",做好与东盟深化开放合作的文章,加快建设成为中国—东盟战略合作的新高地。

云南正在充分发挥其在"一带一路"建设和对外开放战略中的区位优势,深化与周边国家各个领域的合作。加速构建向西南开放的重要桥头堡,深化大湄公河次区域合作,推动连接东南亚、南亚的国际大通道建设,推进泛亚铁路建设,推进中缅经济走廊、孟中印缅经济走廊等经济走廊建设,同时,积极参与长江经济带建设,推动中外经济合作区等开放型平台建设,与周边国家合作建设一批产业园区,推进国际产能合作。力争将云南建设成为面向西南周边国家开放的试验区和西部省份"走出去"的先行区、辐射带,打造大湄公河次区域经济合作新高地,并将其建设成面向南亚、东南亚的辐射中心。

西藏正在充分发挥区位优势,主动融入丝绸之路经济带和"孟中印缅经济走廊",推进"环喜马拉雅经济合作带"建设,促进基础设施互联互通,拓展南亚市场,构建国家面向南亚开放重要通道,提升西藏在国家对外开放格局中的战略地位。要进一步促进西藏与尼泊尔、印度、不丹、缅甸的经贸往来和文化交流,加强与周边省区互联互通,促进对内交流合作,构建扩大开放、合作共赢的新格局。

新疆正在以促进"一带一路"国家战略实施为目标,加快新疆沿边经济带发展,着力打造霍阿(霍尔果斯—阿拉山口)、喀阿(喀什—阿图什)、阿北(阿勒泰—北屯)、中哈国际经济合作示范区等区域经济增长极,构建沿边地区全方位开发开放新格局。加强口岸基础设施建设,加快重点口岸城镇化建设,推动边境口岸经济发展,大幅度提升新疆沿边开放程度。深化中亚区域经济合作,加速打通连接亚欧的运输大通道,推进国际能源大通道建设,推动丝绸之路经济带和中巴经济走廊建设。积极推动新疆沿边经济带上升为国家战略,把沿边经济带建设成为丝绸之路经济带重要的战略支撑、国家安全的重要战略屏障。未来要发挥独特的区位优势和向西开放重要窗口作用,深化与中亚、西亚等国家交流合作,打造丝绸之路经济带核心区,形成丝绸之路经济带上重要的综合交通枢纽中心、国际商贸物流中心、金融中心、旅游中心、文化中心以及国家大型油气生产加工和储备基地交通枢纽。

内蒙古正在抓住国家"一带一路"倡议下基础设施建设的机遇,加强交通基础设施互联互通建设,建好"亚欧大陆桥",逐步形成交通运输网络。打造成为向北开放的重要桥头堡和充满活力的沿边经济带,加快建设中蒙能源资源战略通道和储备基地,推进中蒙俄经济走廊建设。依托内蒙古重点口岸和合作园区,加快国际通道、对外窗口及沿边开发开放实验区建设,全面提高开放型经济水平,全面扩大对外开放,努力推动内蒙古口岸工作再上新台阶,为构建自治区"北上南下、东进西出、内外联动、八面来风"的对外开放新格局奠定坚实的基础,为内蒙古自治区经济社会发展做出新的贡献。

黑龙江正在打造向东北亚开放的重要枢纽,将全省范围面向俄罗斯开放,实施"大沿边"开放战略,加快建设"两带一区",即:沿边开发开放先导带、沿边开发开放支撑带、沿边开发开放带动区。同时也在推进中俄陆海国际通道建设,正在加快亚欧大陆桥国际经济走廊和北部沿江(河)边境经济走廊建设。

吉林正在主动融入"一带一路"建设,加强与沿线国家交流与合作。加快建设中国图们江区域(珲春)国际合作示范区,深化大图们江区域国际合作,推动中朝陆海国际大通道建设,推进图们江出海通道建设,推动图们江区域国际经济走廊建设。深入实施长吉图战略,启动中国图们江区域合作开发规划纲要修编工作。大力培育边境贸易、服务贸易等新业态,推进国际贸易"单一窗口"业务,推动口岸升级开放。深化开发区改革创新,抓好延龙图新区、与俄共建"滨海2号"国际运输走廊、对俄口岸通关通道及过境运输便利化建设,做好扎鲁比诺万能海港等项目前期工作。精准搞好招商引资,搭建综合信息服务平台,提高项目履约率、资金到位率,建立各地抓项目落地开工投产协调服务机制。

辽宁正在推进"一带一路"综合试验区建设,以辽宁沿海经济带开发开放为支撑,以大连东北亚国际航运中心和沈阳东北亚科技创新中心为龙头,以全方位、全领域、全时空开放为依托,加快建设东北亚开放大门户,全力构建内外联动、陆海互济的全面开放新格局;以高水平开放新理念构建"三核三区、两廊两沿、七港七路、双园双融、一网一桥"的空间布局,把辽宁建设成为推进"一带一路"建设先行区、东北亚国际合作先导区、全面开放引领全面振兴示范区。推动中朝黄金坪、威化岛经济区合作开发,打造面向朝鲜半岛开放的桥头堡,建设面向朝鲜的国际经济合作带。

总体上看,目前全国沿边各省区都立足于沿边的区位优势、资源优势和人文优势,在全国新一轮沿边开放中,积极探索各具特色的次区域经济合作新路子,突出自身特色,找准自身定位,理清发展思路,明确主攻方向,采取新的举措,坚持先行先试,坚持以对外合作带动对内合作,以对内合作支持对外合作,打造开发开放合作平台,大力发展特色优势产业,创新合作方式,拓展合作领域,完善合作机制,积极参与和推动我国与周边国家的国际大通道建设、基础设施互联互通、国际经济走廊、自由贸易区、区域或次区域经济合作、贸易与投资合作、人文交流合作,着力提升与周边国家合作水平,力求在国家新一轮沿边开放中谋求跨越式发展。

三、中国跨境次区域经济合作取得的经验启示

第一，坚持扎实推进"一带一路"建设引领是次区域经济合作内在要求。沿边重点地区是推进"一带一路"建设的先手棋和重要支点。我国陆地边境从广西北部湾至辽宁鸭绿江口，长达2.28万千米，分布着9省(区)，开放潜力很大。沿边重点地区是我国深化与周边国家和地区合作的重要平台，是体现我国与邻为善、与邻为伴、睦邻安邻富邻的重要窗口，是古老丝绸之路沿线的重要区域。加快沿边开放步伐，推进沿边重点地区与周边国家深化合作是推进"一带一路"建设的重要内容，也是构建东西共济、海陆并举的全方位对外开放新格局的内在要求。沿边重点地区与周边国家长期友好往来，有着良好的合作基础和巨大的合作潜力，正在成为推进"一带一路"建设的先手棋和排头兵。近年来，"一带一路"建设逐渐从理念转化为行动，从愿景转变为现实。遵循共商共建共享原则，我国积极促进"一带一路"国际合作，努力实现政策沟通、设施联通、贸易畅通、资金融通、民心相通，打造国际合作新平台，增添共同发展新动力。抓好加强同周边国家发展战略对接，增进战略互信，寻求合作的最大公约数，将"一带一路"建成和平之路；以"六廊六路多国多港"为主体框架，大力推动互联互通和产业合作，拓展金融合作空间，将"一带一路"建成繁荣之路；与相关国家商谈优惠贸易安排和投资保护协定，全面加强海关、检验检疫、运输物流、电子商务等领域合作，将"一带一路"建成开放之路；加强创新能力开放合作，将"一带一路"建成创新之路；建立多层次的人文合作机制，推动教育、科技、文化、体育、卫生、青年、媒体、智库等领域合作，夯实民意基础，将"一带一路"建成文明之路。

第二，坚持强化政治互信是次区域合作的坚实基础。战略互信对于加强中国与周边国家合作和发展至关重要。中国领导人高度重视同周边国家的关系，一直把准周边外交的有效方向，即周边是首要。把推动基于共同发展的我国与周边国家利益共同体和命运共同体的建设，作为"一带一路"建设的地缘战略的首要选择。无论从地理方位、自然环境还是相互关系看，周边对"一带一路"建设都具有极为重要的战略意义。其一，我国与周边国家相互关系总体上说是好的，但由于各方面差异、历史纠葛以及发展重点的不同，不同国家之间在"一带一路"建设上难免有不同看法或做法，甚至出现矛盾和冲突。其二，中国要与之打交道的国家多执行政党政治，执政党在台上执政，反对党在野"监督"。在政党政治不是很发达或很不发达的国家中，许多重大的内政外交政策缺乏延续性，也将在不同程度上产生消极的影响。其三，从地缘政治上看，区域次区域合作需要东亚、南亚、中亚、东北亚等不同区域国家的共同构建。因此，不可避免的要受到不同区域之间的分歧、矛盾和冲突

的制约。据此,一方面要进一步坚持在"一带一路"建设、次区域合作建设中与周边国家的良性互动,为"一带一路"建设营造良好的周边地缘政治环境。另一方面,更要重视与全球大国、地区强国和其他众多类型国家的关系,妥善处理好与非国家组织的关系,进一步巩固与周边国家的良性互动关系,达到事半功倍的地缘政治营造效果。

第三,坚持体制机制创新是区域次区域合作的强大动力。我国沿边地区自然条件、社会人文、资源禀赋、经济基础差异明显,加快沿边地区开发开放是有效解决发展不平衡不充分的一项重要任务。党的十八届三中全会提出的推动内陆沿边开放的要求,有针对性地提出了新的重要内容,加快推动和落实这一要求,将进一步激活内陆和沿边地区的经济发展活力,结合我国周边外交的发展重点,通过开放实现体制和机制的创新,全面提升内陆和沿边开放性经济水平。建设"一带一路"可以成为扩大沿边地区开放、打造西部经济升级版的主引擎。通过加强次区域经济合作,推动区域间充分发挥比较优势,创新体制机制,在区际分工中促进要素有序自由流动,实现优势互补,在更加广阔的范围内利用和配置资源,形成区域发展的增长点。其一,经过长期的摸索与实践,我国与周边国家已经形成了一套比较完整的对话机制,上至政府首脑定期会晤,下至专门机构的具体磋商,不但包括领导人会议、部长级会议机制、工作层面对话协商机制,而且拥有外交、经济、交通、海关、卫生、电信、新闻、青年事务和打击跨国犯罪等各层级会议机制,如东盟形成了中国—东盟互联互通合作委员会、中国—东盟联合合作委员会、中国—东盟经济贸易合作联合委员会等机构。还有一批半官方机构和民间合作机构。其二,创新合作机制寻求共赢。近年来,中国积极寻求与周边国家共同应对贸易保护主义。周边不少国家都有发达的出口导向型产业,是欧美贸易保护主义的共同受害者。中国通过创新区域合作机制,加强贸易政策沟通,避免了以邻为壑相互伤害,协调统一立场应对国际贸易领域不利变化;同时努力消弭国际舆论恶意炒作,以加强合作代替相互竞争。比如:东盟地区的经济发展受到了其他国家国内政治因素的威胁,这些国家正在转向反对贸易自由化,东盟愿与中国一道,共同应对贸易保护主义给整个地区经济增长带来的不利影响。从实践看,成功经验是想方设法地帮助企业开拓多元化市场,及时与企业沟通,传达有关反倾销案件的进展情况,分享有关规避及应对反贸易壁垒的做法。其三,创新外贸促进政策。以加快转变外贸发展方式、优化对外贸易结构为着力点,逐步建立健全了符合我国国情和国际规则的外贸促进政策体系。引导沿边企业调整进出口产品结构和市场结构,鼓励中小企业开拓国际市场;进一步发挥了金融对外贸发展的支撑功能,鼓励金融机构开发更多支持贸易发展的金融产品;发展国际贸易社会化服务体系,鼓励行业协会、进出口商会管理体制和运行机制改革,完善和强化其在信息服务、行业自律、维护企业权益等方面的功能和作用;完善外贸公共服务平台建设,推进外贸诚信体系建设。其四,提高贸易便利化水平。完善涉外活动管理制度,进一步清理、修改、完善现有政策和各类法规,建立稳定、规范和可预见的政策环境以及与国际通行做法相适应的法制环境。创新涉外经济和管理机制,提升和完善涉外管理和服务功能,创造良好的营商环境。其五,完善配额许可证管理制度和加工贸易管理制度。推进"大通关"建设,完善区域通关合作机制,支持港口功能向内陆地区延伸。提升电子口岸功能,推进与贸易有关的政务信息共享和业务协同。完善海关企业分类管理办法和进出口企业检验检疫信用体系,提高通关效率。清理、撤销进出口环节的不合理收费和不合理限制。进一步简化对外经贸人员出入境审核程序,争取与更多国家达成互免签证协议。其六,国家重点沿边开发开放试验区体制机制不断创新。各试验区将体制机制创新作为核心任务,不断深化重点领域改革,在多个领域成功先行先试。东兴试验区试行 4 个"全国第一"和 15 个"广西第一",在口岸开放、货币兑换业务、跨境人民币结算和贷款业务、城乡医疗保险统筹和工商登记注册方面推陈出新。瑞丽试验区不断创新口岸通关方式,海关平均无纸化通关率达到 90% 以上,平均通关时间降低为 5 分钟。绥芬河深入探索先行先试新模式,推动试验区在投资贸易、政策体系、园区建设、协同发展等方面改革创新,努力建成开放发展最活跃的经济区,不断形成可复制可推广的经验模式,充分释放"试验田"发展活力。

第四,坚持搭建多样化合作平台是次区域经济合作的必要条件。目前我国与周边国家正在积极开展"中国—东盟自由贸易区""上海合作组织""澜沧江—湄公河次区域经济合作开发""图们江经济合作开发"等区域性经济合作,其目的是通过一系列贸易投资自由化和便利化措施,促进贸易与经济技术合作的开展,发展本地区各国的经济。云南作为中国参与大湄公河次区域合作的主体省份,不断探索出符合各国利益的双边合作机制。云南已经与次区域国家相关地区先后建立了"云南—泰北合作工作组""云南—老北合作工作组""中越五省市经济走廊合作会议""滇越边境五省协作会议""滇缅经贸合作论坛"等双边合作机制。通过定期轮流召开会议,协商解决相关问题,促进交流,增进友谊。随着合作的不断深入,合作机制和合作平台日趋健全和完善,成为优势互补、深化合作、扩大开放、创新合作模式的重要平台。比如:云南通过中国昆明出口商品交流会(简称昆交会),让其与多个国家建立了稳定的进出口商品交易平台,并惠及周边多个省(区、市);旅游交易会向世界展示出云南这片七彩热土,吸引海内外的游客纷至沓来;将南亚国家商品展升级为中国—南亚博览会,云南与印度洋彼岸的联系变得更为直接和顺畅。多年来,澜沧江—湄公河流域各国艺术家在文化艺术节上,通过摄影、音乐、舞蹈、服饰、电影、美食、跨境民族传统文化等形式展示各国风采,也让文化艺术节成为各国文化艺术交流展示平台、经贸合作平台和助力澜湄合作的区域性文化品牌。再比如,广西的中国—东盟博览会已经成为我国和东盟经贸合作的重要平台。中国—东盟博览会是中国和东盟共同主办的博览会，作为一个区域性的国际博览会，每一届博览会都主题突出，重点问题比较明确，办出了特色，办出了实效。新疆高校努力深化"一带一路"国际教育交流合作，搭建包括中国—中亚国家大学联盟、新丝路国际商学院在内的国际教育合作交流平台，为促进"一带一路"沿线国家高校间的师生交流、学术合作提供保障。目前，新疆高等教育对外开放呈现"引进来"和"走出去"同步增长局面。2011 年至 2016 年间，新疆大学累计接收各类留学生 4353 人，已经形成涵盖多专业、多学科、多层次的留学生教育体系。与此同时，新疆高校在周边国家建设的孔子学院数量已达 10 所。"十三五"期间，新疆还计划在现有基础上再建 10 所孔子学院，使其与周边国家合作共建的孔子学院达到 20 所。在边境地区实施"一区多园"的开发模式，进一步创新边境经济合作区的开放模式，支持边境经济合作区率先扩大物流、旅游、会展等服务贸易领域的对外开放；支持边境经济合作区在条件成熟的情况下申请设立出口加工区、保税物流园区、保税仓库、综合保税区等海关特殊监管区域。

第五，坚持加快培育竞争新优势成为次区域经济合作的发展方向。经过 40 多年改革开放，从全国看，我国经济发展进入新常态，劳动力成本持续攀升，资源约束日益趋紧，环境承载能力接近上限，开放型经济传统竞争优势受到削弱，传统发展模式遭遇瓶颈。但从西部地区和沿边地区看，沿边开放仍落后于沿海开放。自 1992 年国家实施沿边开放战略、设立 14 个边境经济合作区以来，随着我国对外开放的不断深入，西部地区开放程度不断扩大，开放水平不断提高。但是，由于受到位置偏远、基础条件差、历史欠账多、周边环境影响大等多方面因素制约，沿边重点地区的经济社会发展与东部沿海地区甚至很多内陆地区相比仍有较大差距，西部的开放水平落后于东部，沿边的开放水平落后于沿海。我国进出口总额中沿海地区占比超过 80%，近 20 年来，沿海地区对外贸易年均增速超过 20%，几乎是沿边的 2 倍，我国对外开放总体上呈现出"东强西弱、海强边弱"的状况。人才匮乏、基础设施建设滞后、特色优势产业体系尚未形成、投资贸易便利化水平不高、对外贸易总体规模偏小等突出问题，影响了沿边重点地区辐射带动作用的发挥。随着"一带一路"建设的推进和全方位对外开放格局的逐步形成，沿边地区正由开放的末梢变为开放的前沿。推进"一带一路"建设，完善东西共济、海陆并举的全方位对外开放新格局，必须补上沿边开放这块短板。加快沿边地区开发开放，不仅是全方位对外开放的要求，而且对于保障国家安全、深化次区域合作、促进民族团结和边疆稳定具有特殊重要的意义。目前，沿边地区在严峻复杂的国内外环境倒逼下，加工贸易加快转型升级，外贸新产品、新业态、新模式不断涌现，次区域合作呈现新的亮点，在国际分工中的地位逐步提升。如何因势利导、乘势而上，推动开放型经济加快由要素驱动向创新驱动转变,由规模速度型向质量效益型转变,由成本、价格优势为主向以技术、标准、品牌、质量、服务为核心的综合竞争优势转变,从而实现质量变革、效率变革、动力变革,是沿边地区对外开放工作必须把握的主攻方向。

第六,坚持兴边富民、维护边疆稳固是次区域经济合作的重中之重。改革开放以来,我国边境地区取得了迅速发展,当今的边疆更是呈现出蒸蒸日上的繁荣景象,但其复杂性亦超过以往任何历史时期。边境地区新情况、新问题层出不穷,如何科学应对新形势下边境地区的诸多问题,乃是我国边境治理在当前和今后一段时间里面临的主要课题。未来国家治理的成效在很大程度上取决于边疆治理的效果。我们要顺应时代的发展,以习近平总书记系列重要讲话精神为指导,牢固树立符合当前时代趋势和世界形势的边境治理新理念,推动边疆地区经济社会发展,促进边疆地区安定团结。我国沿边省区是少数民族聚集区,也是中国安全的战略屏障。要维护边疆稳定、国家统一和民族团结,发展是总钥匙。邓小平同志指出,沿海地区要加快对外开放,使这个拥有两亿人口的广大地带较快地先发展起来,从而带动内地更好地发展,这是一个事关大局的问题。内地要顾全这个大局,反过来,发展到一定的时候,又要求沿海拿出更多力量来帮助内地发展,这也是一个大局。那时沿海地区也要服从这个大局。沿边地区多为少数民族地区,但由于深居内陆、交通不便等原因,经济发展比较落后。长期的落后状态不仅影响到沿边地区的和谐稳定,而且不利于民族团结。发展沿边地区经济,关乎全国改革发展稳定的大局,关乎民族团结、国家安全,关乎中华民族的伟大复兴,在我国发展全局中具有特殊重要的战略地位。西部大开发以来,党中央对边疆和少数民族地区发展稳定工作十分重视,先后做出一系列重要决策和重大部署。当前党中央又出台加大支持沿边地区开发开放政策措施意见,深入推进兴边富民行动,扩大对内对外开放,加强基础设施建设,促进特色优势产业发展,促进经济社会跨越式发展,进一步支持沿边重点地区开发开放,构筑经济繁荣、社会稳定的祖国边疆。

第七,坚持互联互通建设是次区域经济合作的重要支撑。基础设施互联互通是推进"一带一路"建设的重要领域,也是沿边开发开放的重要保障。近年来,我国沿边大部分地区交通虽然实现了"通"和"达",但距离"快速""大能力"的要求还很远。许多口岸互市点公路等级过低或没有与国外公路接通,不少口岸出入境运输仍以口岸换装接驳运输为主,直达运输的比例较低,部分口岸及互市贸易区设施落后,仓储装卸能力低。为提高基础设施互联互通水平,国家采取了很多措施,加大了政策之力度,加快推动互联互通境内外段项目建设。将我国沿边省区与周边国家基础设施互联互通境内段项目优先纳入国家相关规划,进一步加大国家对项目建设的投资补助力度,加快推进项目建设进度。重点推动了中南半岛通道、中缅陆水联运通道、孟中印缅国际大通道、东北亚多式联运通道以及新亚欧大陆桥、中蒙俄跨境运输通道、中巴国际运输通道建设。支持边境城市合理发展支线机场和通用机场,提升军民双向保障、客货机兼容能力;推进边境城市机场改扩建工程,提升既有机场容量;加强边境城市机场空管设施建设,完善和提高机场保障能力。支持开通"一带一路"沿线国际旅游城市间航线;支持开通和增加国内主要城市与沿边旅游目的地城市间的直飞航线航班或旅游包机。支持在沿边国家级口岸建设多式联运物流监管中心。统筹使用援外资金,优先安排基础设施互联互通所涉及的口岸基础设施、查验场地和设施建设。建立和完善、更新边境监控系统,实现边检执勤现场、口岸限定区域和重点边境地段全覆盖,打造"智慧边境线"。在霍尔果斯、喀什、瑞丽等重要节点兴建中哈、中巴、中缅油气管道和运输线,打通从阿拉伯海、印度洋、中亚地区、非洲、俄罗斯等连接到中国内陆的陆上能源资源通道(管道、公路、铁路),确保国家能源资源的战略安全。

第八,坚持推进人文交流是深化与周边国家合作的纽带桥梁。"一带一路"的实践证明,"一带一路"建设是促进人文交流的桥梁,而非触发文明冲突的引线。"一带一路"跨越不同区域、不同文化、不同宗教信仰,但它带来的不是文明冲突,而是各文明间的交流互鉴。沿边地区在开发开放合作中,在推进基础设施互联互通建设,加强产能合作与发展战略对接的同时,也将"民心相通"作为工作重心之一。通过弘扬丝绸之路精神,开展智力丝绸之路、健康丝绸之路等建设,在科学、教育、文化、卫生、民间交往等各领域与周边国家广泛开展合作,奠定了次区域合作的民意基础,打牢了社会根基。法国前总理德维尔潘认为,"一带一路"建设非常重要,"它是政治经济文化上的桥梁和纽带,让人民跨越国界更好交流"。因而,沿边开发开放就是要以文明交流超越文明隔阂、文明互鉴超越文明冲突、文明共存超越文明优越,为与毗邻国家民众加强交流、增进理解搭起了新的桥梁,为不同文化和文明加强对话、交流互鉴织就了新的纽带,推动与邻国相互理解、相互尊重、相互信任。文化交流与合作有助于夯实我国同周边国家合作的民意基础,是开展经贸合作的前提。通过文化交流与合作,才能让发展程度各异、历史文化不同的各国人民产生共同话语、增强相互信任、加深彼此感情。近年来,我国与周边大部分国家都签署了政府间文化交流合作协定及执行计划,高层交往密切,民间交流频繁,合作内容丰富,与不少沿线国家都互办过文化年、艺术节、电影周和旅游推介活动等,在不同国家多次举办了以"丝绸之路"为主题的文化交流与合作项目。比如,云南同南亚及东南亚国家之间的人文交流合作得到广泛开展,成果丰硕。云南高校留学生人数和中小学校招收国际学生人数达到 2 万多人,建立了 10 多所孔子学院(课堂)。云南文化产业投资控股集团针对柬埔寨打造的一台全方位展示柬埔寨吴哥王朝的大型文化旅游驻场演出《吴哥的微笑》已演出 2000 多场,成为云南乃至中国文化"走出去"的重要典范。在学术、科技、人才、智库、体育、媒体等交流方面,云南与南亚及东南亚国家也进行了深度合作,构建了多个平台。强调文化先行,通过继续深化与周边国家的文化交流活动,促进区域合作,实现共同发展,让命运共同体意识在沿线民众心里落地生根,构筑坚实的民意基础和社会基础。

第九,坚持政府多层下组织协调管理是次区域经济合作的可靠保证。沿边地区开发开放取得的一切成就都离不开中国共产党的坚强领导,离不开我们党强大的组织体系和组织能力。这些成就都是在党的领导下所取得的,必须有坚强的组织保障。比如,广西加强组织体系建设,以提升组织能力和政治功能为重点,不断提升党组织的政治功能,坚持分类别分领域推进基层党建工作,不断加强带头人队伍建设。加快推进沿边开发开放工作厅际联席会议制度建设,由自治区发展改革委作为牵头单位,自治区相关部门和设区市作为成员单位,统筹协调沿边开发开放重大方针、政策、规划的制定和执行以及项目实施,研究解决相关政策落地和项目推进过程中遇到的重大问题。联席会议下设办公室,办公室设在自治区发展改革委,负责联席会议的日常工作。各相关设区市参照建立相应机构,负责统筹协调本市沿边开发开放工作,进一步整合优化沿边地区行政、事业机构设置,合理配置编制资源。广西在管理体制上,实现一般贸易、边境小额贸易、边民互市贸易与特殊经济合作区建设的统筹管理。政府、研究机构与高校发挥各自优势,加大沿边语言、外贸、管理类人才培养力度,鼓励高层次人才到沿边地区工作,支持咨询代理、信息服务、法律援助等高端服务业发展。同时,落实了提高基层待遇的各项政策,招录的公务员符合当地人才引进政策条件的,可由当地出台具体办法,享受当地人才引进优惠政策。年度机关绩效奖励、考核评优、表彰奖励等向沿边地区基层公务员倾斜,支持沿边县(市、区)党委、政府申报设立评比达标表彰项目。继续加大招募"三支一扶"大学生的力度,在指标分配上向沿边地区倾斜,并提高相关待遇。在沿边地区开发开放的发展中,有关部门要加强协调,为开发开放提供坚强有力的组织保障。比如,国家发展改革委在组织协调上,按照"多协调,重落实,抓重点,出经验"的工作思路推进西部地区开放型经济发展工作。多协调——全面加强中央和地方的协同推进、部门之间的统筹配合,避免出现"两头热"和"中梗阻"。重落实——贯彻落实好国务院《关于支持沿边重点地区开发开放若干政策措施的意见》,督促有关方面出台具体专项政策措施,加强预判分析与跟踪检查,进一步加大对试验区建设的支持力度。抓重点——积极争取中央预算内投资,把基础设施建设放在优先领域,打通关键节点,带动投资和经贸往来。坚持重点培育特色优势产业,在基本公共服务建设领域下功夫。出经验——进一步解放思想,打破现有的体制机制障碍,在重点领域和关键环节先行先试、率先突破,在其他条件成熟的沿边地区适时推广,探索和创新经济合作、地区发展、兴边富民的新途径。

第十,坚持加强法律体系建设是次区域经济合作的法治保障。改革开放以来,我国形成了以中外合资经营企业法、外资企业法、中外合作经营企业法为主的外商投资法律制度体系,为扩大对外开放、积极利用外资提供了有效的法律保障。多年的实践证明,我国要加强区域次区域合作,必须尽快加强我国与周边国家在投资领域的法律建设,通过"立、改、废"的办法,与周边国家开展区域经济合作的相关立法。在资金流动方面,与周边国家签订有关货币自由兑换流动的协议;在货物运输方面,支持沿边地区与周边国家进行公路、铁路建设和空中航线开辟方面的合作,支持沿边地区率先实现公路、铁路、民航运输工具的出入境自由;建立健全有关境外投资的法律保护制度和避免对投资者的双重征税的法律法规;与周边国家和地方相关部门建立沟通联系机制,深入研究沿线国家法律法规和国际法规则,增强保障"一带一路"建设的整体合力。

四、中国跨境次区域经济合作面临的困难与挑战

目前,我国跨境区域次区域合作主要存在以下几个方面的突出问题。

在理论研究层面。理论层面研究不足,缺少完整的理论架构,缺乏理论指导。目前,我国的理论研究还缺乏深度,对政策实践的指导意义不强。其一,跨境次区域经济合作需要科学的理论做指导。"一带一路"倡议提出后,如何阐释中国在跨境次区域经济合作中地缘政治思想的独特性与和平特质,如何充分体现"一带一路"建设秉持和平合作、开放包容、互学互鉴、互利共赢的理念,坚持共商共建共享的原则,强调与周边国家的和平共处?我国一直把自己的安全界定为他国不对自己构成直接的威胁,而西方则将其理解为扩大生存空间和势力范围。"一带一路"是基于古代丝绸之路概念在当代国际政治经济与地缘环境下的多方面合作的升级版,是一个经济地理上覆盖亚欧大陆甚至全世界的顶层设计,也是中国政府统筹国内、国际两个方面格局,审时度势提出的一种新型开放模式。我国学者要运用马克思主义理论方法进行研究阐释,马克思主义是宏观上把握世界格局和历史发展形势的科学理论。无论从政策理论研究、意识形态合法性论证、国内思想动员还是从国际的思想及政治储备看,都需要运用马克思主义理论方法来研究推动"一带一路"倡议实施,厘清中国在"一带一路"沿线各个国家和地区的地缘风险分布,深究风险成因,提出有效应对和化解风险的管理办法。其二,需要研究我国与毗邻国家战略利益和契合点对接需求,如在与东南亚合作方面,针对我国在东南亚的战略利益与目标是什么,我国与东盟需要构建一种什么样的地区秩序和经贸规则,区域治理合作模式应如何进行,等等,要深入研究适合中国—东盟区域合作的经贸规则和区域治理模式。我国理论界要对次区域经济合作机制与治理的理论与实践进行深入研究,对次区域经济合作产生的动因、制约因素、政治经济效应、治理模式、法律

框架、政策措施做深入细致的调查研究,提出完整的理论架构。同时,要加强对世界其他区域与次区域合作的做法与经验案例进行研究。其三,若要妥善解决次区域发展难题与安全困境,就要高度重视研究我国与周边关系。对一个主权国家而言,绝对的、理想化的国际安全环境是不存在的,任何一个国家都要面临不同的安全困境。相比其他大国,中国的周边关系十分复杂。美国仍然是影响我国家安全的重要因素。在东北亚,中日在东海能源开发、钓鱼岛、历史等问题上的分歧和矛盾很大,还有朝鲜核问题、日韩问题;在南部,由于历史的原因和文化、政治上的差异,我国同东南亚各国在领土、边界、资源开发等问题上的分歧仍然存在;在西南部,南亚局势不稳,潜伏着相当大的危机;在西北部,由于民族、宗教等各种原因,"三股势力"在中亚仍然拥有较强的势力,我国新疆地区的"三股势力"与他们有着千丝万缕的关系。在与他国的交往中兼顾对方的国家利益,才能避免或缓解双方的安全困境,有助于维持和完善我国和谐的周边安全环境,为我国的发展创造有利的国际环境。特别是在世界重心向亚太转移的过程中,东南亚占有独特的地缘优势,可以说,得东盟者得天下。这些年,由于我们重视改善周边关系,长期与东南亚发展友好关系,东盟整体上对我国友好,即便个别国家与我国对峙,但不会出现一边倒的情况,东盟不赞成在多边机制下讨论双边领海问题,总体上起到了以多边影响双边的效果。因此,深入研究我国国家安全政策发展与和谐周边构建至关重要。

在制度机制层面。其一,纵观国际关系史,新兴大国往往借助制度平台缓和权力竞争,提升国际影响力,最具代表性的便是二战后美国创建的制度霸权与德国在欧盟架构内的稳步发展。近年来,中国广泛融入亚太各类区域合作机制,拓展合作空间,提升合作层次,取得了一定成效,但离预期差距甚远,无法有效缓和周边国家的不安感,化解域外大国的干扰,其主要原因是体制机制缺乏创新和制度整合,现有制度安排不仅无法缓和权力竞争,而且不利于地区稳定。当前,制度整合是塑造亚太秩序的关键所在,也是中国周边外交的重要切入点。目前,主要战略力量围绕国际格局调整转换中的权力重新分配展开激烈博弈,发达国家与新兴大国及发展中国家在国际金融体系改革和温室气体减排方面的较量空前激烈。尽管现存的国际秩序是以西方发达国家为主导的,有着不合理和不公正的地方,并不能完全适应国际格局多极化和世界经济全球化的发展需要,但这一体制仍对世界和地区安全及世界经济的发展起着一定的重要作用,因此不能推倒重来和"另起炉灶",而应该积极参与,推动改革。对中国来说,要认识到建立国际新秩序的必然性,并善于抓住机遇,以建设性的方式推进变革,确保变革过程的稳健和结果的合理性,以最大限度地获取参与国际事务的话语权和决策参与权。其二,跨境次区域经济合作则主要依靠领导人访问推进,合作的深度和广度完全取决于领导人的意愿,区域合作推进机制则完全根据双方的协商确定,沿边省区缺乏对外交流的主动权。其三,在制度设计层面,次区域经济合作制度性框架约束力较弱,如中国—东盟区域合作主要是通过非制度化晤商协商制度来推进,约束力不强,制度化建设不够,机制有效性不足。中国—东盟区域与次区域经济合作机制制度化水平与组织化程度较低,许多次区域经济合作机制没有正式的国际组织和国际机制,即便是《中国—东盟全面经济合作框架协议》,目前也仍然没有为落实该协议建立起必要的组织机构。由于没有强有力的组织约束,成员国相关地区之间的协调较难,影响合作的整体进程。如泛北部湾经济合作论坛、孟中印缅经济走廊、中南半岛经济走廊仍然停留在工作组级别和民间智库论坛性质阶段,缺乏约束力,难以对区域合作与区域治理发挥作用。从实践来看,中国与东盟次区域经济合作的制度建设仍然跟不上实践的发展,影响了中国—东盟经济合作的发展。其四,在区域次区域层面,《中国—东盟全面经济合作框架协议》及其货物贸易、服务贸易与投资协定未能跟上区域价值链生产分工体系的发展,由于港口海关通关制度与边境内规制不一致阻碍了双边经贸合作的深化。中老缅泰四国政府间虽已签订《澜沧江—湄公河商船通航协定》,因各国航运管理与航道维护、港口的边境通关设施和制度、动植物的检验检疫、货币汇兑等一系列制度没有建立起来,湄公河"黄金水道"的航运功能受到限制。由于没有制度保障,泛亚铁路和公路的互联互通也困难重重,滇缅铁路项目的搁浅以及中越边境铁路和公路难以对接等因素都影响区域经济合作的展开。比如由于中泰车辆不能直达运输,昆曼公路对中老与中泰间贸易贡献率极低,只有区区0.4%,在滇泰贸易中也仅占1.6%。因此,未来在处理我国与"一带一路"周边国家战略对接、与区域组织协调合作的过程当中,我国应坚持共商共建共享原则,在全球化和区域合作背景下,加大公共产品的提供力度,对接毗邻国家发展战略。其五,合作机制协调性不够。东盟国家对外实行大国平衡外交,构建了众多的合作机制,不仅体现在东盟与美、日、澳、新、印度之间,也体现在中国与东盟之间。这种多层次的、部分重叠的合作机制不仅体现了东南亚地区内部高度复杂的政治、经济关系,也反映了域外大国的利益博弈。如何协调这些相关次区域经济合作之间的关系,建立相关的协调机构与制度是一个需要引起关注的问题。

在政治法律层面。其一,政治互信欠缺。政治互信是国际合作的重要前提,中国虽然加入了《东南亚友好合作条约》,试图消除所谓的"中国威胁论"对东盟国家的影响,但仍然难以消除东南亚国家的警惕与恐惧。比如东南亚国家一些政府和民众对中国倡议的"一带一路"充满狐疑,对加强与中国的互联互通建设项目充满不安全感,这些疑虑已经影响到"一带一路"建设项目的落实。越南对中南半岛经济走廊的建设意愿不强,缅甸和印度对孟中印缅经济走廊建设动力不足,与中国存在海洋争端的越南和菲律宾希望降低对中国的经济依赖,实现对外经济关系多元化,以降低经济安全风险。其二,各国安全疑虑的问题。安全问题是中国与东盟之间最为敏感的问题,中国与越南、菲律宾等国存在南海争端和海权冲突,中南半岛国家虽然与中国解决了边境问题,但仍然对中国充满安全疑虑,同时存在毒品走私、恐怖主义、非法移民(偷渡)等非传统安全隐患。一旦与邻国的争端爆发,跨境经济合作就将终止、搁置而让位于边境安全。沿边地区开发开放是把双刃剑,对沿边地区政府的治理水平和控制能力仍然是一个重大考验。其三,法律制度缺失且缺乏国际组织的推动。没有法律的约束,区域合作效果不明显,这尤其体现在中国—东盟次区域经济合作领域。中国云南和广西边境地方政府与越南边境地方政府签署的跨境经济合作区协议,由于没有双方中央政府的授权和肯定,仍然不具有国际法的性质,因而难以执行。比如,从 2008 年开始,广西与越南边境的高平、谅山、广宁、河江 4 省建立了联合委员会,就职能部门互访、经贸投资、跨境经济区建设、边境旅游合作、科技教育交流、边境口岸、互市点建设、边境管理合作进行磋商,为合作事项制定发展规划和相关制度,就中越跨境经济合作区的合作模式、合作领域、产业重点、协调管理机制等提出总体设想,签署了《备忘录》等机制化安排,但至今没有建成跨境经济合作区。其四,地缘政治中的大国博弈。东南亚地区是太平洋与印度洋的交通枢纽,是世界上主要大国利益与矛盾交汇之地,中、美、日、俄、印等国利益都在此交汇,特别是中、美、日、印都在争夺对东南亚地区的合作主导权,区域合作构想的背后都存在大国博弈的影子。而我国与发达国家间政治制度存在差异,改革开放以来我国经济快速崛起,"中国威胁论"在东南亚地区也很有"市场"。如西方和东南亚一些国家的媒体宣称开通湄公河航线只会给中国带来实惠,澜沧江修建大型梯级电站将会给该流域其他国家带来环境灾难,宣称中国的互联互通计划会威胁东南半岛国家的安全,中国在东盟的投资合作区将成为中国的卫星城,等等。这些舆论具有一定的煽动性,增加了部分跨国工程和跨境经济合作的难度。其五,东南亚一些国家强烈的民族主义情绪使跨境经济合作过程中部分主权的让渡变得十分困难。虽然中国与东南亚国家都属于发展中国家,但除了华人社会外,各国之间的差异性比共同性更加明显。各国民族主义情绪强烈,超越国家界限的共识比较薄弱,这是影响区域一体化的一大障碍。由于跨境经济合作区建设需要合作双方出让部分主权,尽管只是小范围的出让,但东亚国家的主权意识强烈,使得这些国家在出入境签证政策简化、财税政策制定、争端解决机制建设方面步履艰难。

在经济因素层面。其一,跨境基础设施建设滞后,路况差、运输能力严重不足;口岸过客过货能力不足,查验慢,设施落后且发挥受限;部分毗邻国家没有相对规范的查验制度和通过制度,通关效率低。其二,边贸区经济功能单一,层次不高。我国沿边的开放合作基本以边境贸易为主(其中以边境小额贸易和边民互市贸易为主),缺乏投资、生产加工等功能,对外经济合作层次低,缺乏规模和品牌。应积极探索如何实现由边境小额贸易和边民互市贸易向综合贸易功能区拓展,支持符合条件的边贸区扩大规模和调整定位,配套设立综合保税区或与现有海关特殊监管区进行整合;如何加强跨境工业合作区的建设,让中国沿边地区与沿边国家加强合作与共建,积极推动不同国家之间互补性强的产业向沿边合作区转移集聚,吸引有实力的大型生产企业和贸易公司入驻,形成贸易、产业、投资、技术开发、信息咨询等多种功能兼备的合作开发区。其三,我国沿边地区对外开放总体水平存在差距。如综合反映对外开放水平的外贸依存度指标,近几年沿边地区平均为 $13\%\sim$ 14%,低于沿海地区 $40\sim50$ 个百分点,实际也低于内陆。从对外开放相对水平存在差距看,沿海和内陆地区对外开放上升的幅度大部分高于沿边地区。从对外开放的绩效存在差距看,自 1992 年我国实施沿边开放以来,地区生产总值年均增长速度均低于同期内陆和沿海地区。"一带一路"建设将为沿边开放提供巨大的资源、市场、政策和环境机遇,在提升向东开放水平的同时加快向西开放步伐,提升其开放质量,实现沿海、内陆与沿边区域协调发展,提升全国开放型经济发展的整体水平。其四,次区域整体经济实力不强,各国发展水平参差不齐,周边国家大部分是发展中国家,有的仍处于贫穷国家行列,自身发展能力差,市场发育程度低,远远不能适应区域开发开放和国际经济技术合作的开展。

大国博弈的影响。由于次区域特殊的地缘政治特点,围绕合作开发,区域内国家和区域外国家、地区、国际组织纷纷以各种方式进入,形成了多方介入、竞争激烈的局面。美国强化"亚太再平衡"战略导致中美关系麻烦不断;日本奉行对华对抗、遏制与孤立政策,致使中日关系虽有缓和但举步维艰;大国干涉导致海洋领土争端日益复杂和棘手;地区热点、敏感难点问题频繁爆发削弱了中国周边环境的稳定性。虽然周边环境总体保持相对稳定,冲突并没有代替合作成为主流趋势,但是新时期中国维护周边和平稳定的难度仍在加大。

第十章　新时代加强跨境次区域 经济合作的重大意义

对于"一带一路"建设,周边是首要。应把推动基于共同发展的我国与周边国家利益共同体和命运共同体的建设,作为"一带一路"建设的地缘战略的首要选择。无论从地理方位、自然环境还是从相互关系看,周边对"一带一路"建设都具有极为重要的战略意义,应积极推动"一带一路"建设与周边国家的良性互动。坚持与邻为善、以邻为伴,坚持睦邻、安邻、富邻,突出亲、诚、惠、容的理念,优化和改善与周边国家的关系,为"一带一路"建设营造良好的周边地缘政治环境,从而推动"一带一路"建设;以开放的思维与合作的理念来推进"一带一路"建设,将进一步优化中国同周边国家的关系。同时,经略周边不仅要重视搞好周边外交,特别是处理与全球大国、地区强国和其他众多类型国家的关系,也要妥善处理好与各种非国家行为体的关系,致力于构建周边国家命运共同体。维护周边和平稳定,事关"一带一路"建设的大局,也是中国周边外交的重要目标。在今后较长一段时期内,中国周边外交将在加快国内经济体制改革的基础上,统筹国内发展与对外开放,打造周边地缘经济圈,形成横贯东中西、联结南北方的对外经济走廊。要通过经略周边,加强次区域经济合作,为"一带一路"充当开路先锋,通过推动互联互通和合作共赢,把实现中华民族伟大复兴的中国梦同周边各国人民过上美好生活的愿望、地区发展前景对接起来,让命运共同体意识在周边国家落地生根,开辟中国周边外交的美好未来,使中国发展更好惠及周边国家。这不仅符合中国和平发展的需要,也符合周边国家和整个国际社会的共同利益。将合作共赢、亲诚惠容的外交理念与共商共建共享的中国方案充分运用到与次区域经济合作机制与合作模式创新中。

一、加强跨境次区域经济合作,有利于满足"一带一路"建设的战略需求

首先,周边对中国的发展具有极为重要的战略意义。周边外交工作是中国整体对外工作中居于首要地位的重要部分,有其自身的基础体系和战略架构,又与中国外交的其他层面有着交叉重叠和密切的互动关系。党的十八大以来,中国外交

从周边开局,从周边出发。截至 2019 年 12 月,国家主席习近平和国务院总理李克强的出访足迹已经覆盖 12 个陆上邻国,已经访问了俄罗斯、蒙古、哈萨克斯坦、吉尔吉斯斯坦、塔吉克斯坦、巴基斯坦、印度、缅甸、越南、老挝等邻国。在此期间,习近平还赴菲律宾出席了亚太经合组织(APEC)第 23 次领导人非正式会议,李克强出席了在首尔举行的中日韩领导人会议。习近平总书记在周边外交工作座谈会上讲话强调,走和平发展道路,是我们党根据时代发展潮流和我国根本利益做出的战略抉择,维护周边和平稳定是周边外交的重要目标[①]。坚持合作共赢,强调通过双赢、多赢,实现共赢;突出"亲、诚、惠、容"理念,使中国和周边国家"更友善、更亲近、更认同、更支持";提出构建命运共同体和"一带一路"合作倡议,从中国—东盟到中国—周边国家命运共同体,再到亚洲命运共同体、人类命运共同体,中国与周边国家和世界各国共处共生,走向共同发展、共同繁荣。积极倡导共同、综合、合作、可持续安全,共同开创安全合作新局面的亚洲安全观。国家主席习近平明确提出,安全应该是普遍、平等、包容的;亚洲各国都是安全主体,安全利益都应得到尊重和保障,同时又需要安全责任共担;统筹维护传统安全和非传统领域安全,协调推进安全治理;通过对话合作,促进各国和地区安全。

其次,周边对我国区域经济发展具有重大意义。当前,我国正处在全面深化改革、经济转型、产业结构调整的重要时期,要进一步推进"一带一路"建设,加强次区域经济合作。一方面,我国的富余产能可以通过这一途径向其他国家进行输出,为相关行业提供巨大的市场;另一方面,这一倡议可以有效推动亚太经济一体化,使我国与欧洲、中亚地区的联系更加紧密。这样,我国经济的发展也能更加趋于平衡,同时还可以扩大我国在亚欧广大地域的影响力。加强次区域经济合作,加大向西开放,有利于西部地区沿边开放、向西开放与沿海开放、向东开放一起,形成遥相呼应的全方位开放格局;有利于东部地区创新引领率先实现优化发展,促进东部地区经济进行产业升级,加快高新技术和制造业集聚,打造对外开放的高地;有利于发挥优势推动中部地区崛起,发挥枢纽的战略作用,成为中国经济协调发展的助推器;有利于强化举措推进西部大开发形成新格局,形成对外开放的新门户。西部地区资源丰富,是我国重要的原材料产业基地。我国与周边国家和地区的经济合作日趋紧密,国家正在西部构建起一张由公路、铁路、航空、管道等共同组成的运输网络,以支撑多方的经济合作,这也将成为西部大开发进一步发展的重要推动力。党的十九大报告明确指出,要以"一带一路"建设为重点,坚持"引进来"和"走出去"并重,遵循共商共建共享原则,加强创新能力开放合作,形成陆海内外联动、东西双向

---

① 2013 年 1 月 28 日,习近平在第十八届中共中央政治局集体学习上的讲话。http://opinion.people.com.cn/n1/2018/0314/c1003-29866045.html.

互济的开放格局。我国要全力推动开放型经济新体制的建设,深化改革开放,提高对外开放的广度和深度,积极参与到国际市场中。这将使我国的西部地区变为开放的前沿阵地,最大限度地减少地理位置因素的限制,促进东西两大区域的协调发展,形成对外开放的新格局。

最后,跨境次区域经济合作对形成互利共赢、共同发展局面具有重大意义。回顾历史,2000 多年前,各国人民就通过海陆两条丝绸之路开展商贸活动。从 2100 多年前张骞出使西域到 600 多年前郑和下西洋,海陆两条丝绸之路把中国的丝绸、茶叶、瓷器等等输往沿途各国,带去了文明和友好,赢得了各国人民的赞誉和喜爱。如今"一带一路"这条世界上跨度最长的经济大走廊,发端于中国,贯通中亚、东南亚、南亚、西亚乃至欧洲部分区域,东牵亚太经济圈,西系欧洲经济圈。它是世界上最具发展潜力的经济带,无论是从发展经济、改善民生,还是从应对金融危机、加快转型升级的角度看,沿线各国的前途命运,从未像今天这样紧密相连、休戚与共。通过"一带一路"建设,无论是"东出海"还是"西挺进",都将使我国与周边国家形成"五通"。"一带一路"倡议中,经贸合作是基石。遵循和平合作、开放包容、互学互鉴、互利共赢的丝路精神,中国与沿线各国在交通基础设施、贸易与投资、能源合作、区域一体化、人民币国际化等领域,必将迎来一个共创共享的新时代。在中国国内近年实行西部大开发战略的形势下,中国和中亚乃至向西更多国家的经贸合作也成为发展的必然趋势。而中国的发展经验和成果,可以为周边各国所借鉴。"一带一路"建设契合周边国家发展的现实需求。命运共同体首先是利益共同体,加强双方发展战略对接,推动优质产能走出去,把中国与周边国家更加紧密地连接起来,可以帮助其实现发展振兴。在政策沟通上,我国积极推动同周边国家开展政策协调,寻求利益共同点,得到积极响应。在设施联通上,我国积极推进跨境通道建设,为经济长远发展奠定基础。目前中国已通过 73 个公路和水路口岸,与周边国家开通国际道路客货运输线路 356 条。在贸易畅通上,据统计,2017 年,"一带一路"国家对外贸易总额为 9.3 万亿美元,占全球贸易总额的 27.8%,在全球贸易版图中占有重要的地位。

二、加强跨境次区域经济合作,有利于维护我国边疆稳定和国家安全

加强次区域经济合作有利于周边睦邻友好。党的十四大报告提出"我们同周边国家的睦邻友好关系处于 1949 年以来的最好时期"。党的十五大报告提出"睦邻友好"和"搁置争议,求同存异"的周边外交原则。党的十六大报告将"与邻为善、以邻为伴,加强区域合作"加入中国的周边外交政策。党的十七大报告进一步强

调："将继续贯彻与邻为善、以邻为伴的周边外交方针,加强同周边国家的睦邻友好和务实合作,积极开展区域合作,共同营造和平稳定、平等互信、合作共赢的地区环境。"党的十八大报告提出："我们将坚持与邻为善、以邻为伴,巩固睦邻友好,深化互利合作,努力使自身发展更好惠及周边国家。"党的十九大报告提出"优化区域开放布局,加大西部开放力度"。2013 年 10 月习近平主席提出"一带一路"倡议之后,中央召开的周边外交工作座谈会提出了"亲、诚、惠、容"的外交理念,并将做好周边外交工作提升到是"实现'两个一百年'奋斗目标、实现中华民族伟大复兴的中国梦的需要"的战略高度上来。"亲、诚、惠、容"是新形势下中国坚持走和平发展道路的一份生动宣言,是对多年来中国周边外交实践的精辟概括,也反映了中国领导人外交理念的创新发展。这一新的外交理念折射出中国正从强调与周边的互惠互利转向注重对后者的利益"惠及"和"溢出",体现了中国在和平发展过程中所具有的负责任大国的角色担当。这是通过"一带一路"建设及加强次区域经济合作来"稳定周边、和谐周边"的战略之举。

加强次区域经济合作有利于沿边地区开发开放。沿边地区与相邻国家在地理上相互接壤,历史文化传统与民风民俗相似,政治、经济、文化交往频繁,具有开放合作的区位优势。西部沿边地区积极参与区域次区域合作,在充分利用国内外资源的同时,也将推动地区加快市场化改革步伐,朝着规范化与国际化的方向努力,提高服务能力和水平,营造更加公平的市场竞争环境。积极推动区域间要素、商品市场的融合,大力发展特色优势产业,重点发展农产品深加工、矿产深加工等行业。此外,根据周边地区对机电、基础设施等具有较多需求的现状,积极发展汽车零部件制造、机电产品制造、新材料、新能源等产业。加强国际产能合作,促进经济结构的调整与产业优化升级,有效解决中国产能过剩、市场疲软等问题,促进供给侧改革。通过各国产业互补、务实合作的开展,构建强大的国际产能合作机制,在增强民心相通与发挥中国软实力的基础上,努力打造更为"亲、诚、惠、容"的周边环境,进一步推动沿边开放升级,巩固和拓展中国对沿线国家在商业、市场和文化上的影响力,促进新的欧亚商贸通道和经济发展带的形成,最终达到"一带一路"与欧亚经济联盟全面衔接的目标。

加强次区域经济合作有利于我国边疆稳固。我国少数民族中有 50 个主要分布在西部地区,西部地区少数民族人口占全国少数民族人口的 70％以上。136 个陆地边境县市区中,有 54 个为国家扶贫开发重点县,沿边地区经济相对落后,基础设施仍然薄弱,人民的生活水平较低,脱贫任务繁重。同时西部地区民族文化多元,宗教问题复杂,特别是沿边地区民族社情复杂,周边局势内外关联,发展上的差距容易触发民族宗教和边疆稳定问题,为境外敌对势力所利用,沿边地区是反分裂、反渗透、反颠覆的重点地区和前沿阵地。近年来,西方一些国家插手西藏、新疆事务,支持和怂恿达赖分裂主义集团和"三股势力"加紧进行分裂和破坏活动,对我国国家安全和核心利益构成现实威胁。中央第五次西藏座谈会和中央新疆工作座谈会提出,西藏和新疆存在两个基本矛盾,主要矛盾和全国一样,同时还存在一个特殊的矛盾,就是分裂与反分裂的斗争,这种斗争是长期的、尖锐的、复杂的,有时甚至是很激烈的。实施"一带一路"倡议和深入推进西部大开发,改变了边疆的空间地位,重塑了边疆的形态,促进了边疆的稳定与发展,特别是着力改善民生,为稳定打下了坚实的物质基础。加强次区域经济合作,扩大沿边开放有利于构建和谐周边环境,同周边国家共织利益纽带,增强战略互信,实现互利共赢,也有利于促进民族团结、稳边兴边。

加强次区域经济合作有利于共建命运共同体。"一带一路"倡议的宗旨,就是不搞地缘政治对抗,契合"和平合作、开放包容、互学互鉴、互利共赢"理念,促进世界与亚太区域的人文交流及和平发展,为构建全球命运共同体这一新的国际秩序奠定基础。其一,为了处理好政治领域中的睦邻友好关系,为保障中国安全与社会稳定,营造一个公平、民主与开放的国际环境。其二,"一带一路"倡议通过加强同区域组织合作,从非传统安全问题入手,创建一种共商共建共享的新国际关系和新安全框架,以积极应对灾害、反恐及紧急危机事件的处置,从而有效化解安全需求与安全资源不足的矛盾,弥补中国在东海、南海与西部地区安全方面的短板。其三,与周边国家建立互利共赢的产能合作机制,在世界经济低迷疲软的状态下,坚持同舟共济的原则,构建强大的利益共同体。其四,坚持睦邻亲善、共同发展原则,让沿途各国人民获取巨大福祉。

三、加强跨境次区域经济合作,有利于增强中国在区域国际合作中的主导权

近些年来,中国始终是全球贸易和投资便利化的坚定支持者,积极参与和推动多边贸易体制建设和区域贸易合作进程,通过与有关国家和地区签署和实施自由贸易协定,促进区域经济融合和经贸关系发展。2017 年,中国的进出口总额达到 4.1 万亿美元,约占全球贸易总额的 12%,中国已经成为 120 多个国家的第一大贸易伙伴。在对外投资上,近些年来,中国境外直接投资年均增长 12% 以上,2017年,境外直接投资额为 1200.8 亿美元,已经成为世界第三大对外投资国,中国对周边地区国家乃至世界的经济影响力已经显著增强。在 2014 年博鳌论坛上,习近平主席表示,中国将继续倡导并推动贸易和投资自由化、便利化,加强同各国的双向投资,打造合作新亮点。中国致力于缩小南北差距,支持发展中国家增强自主发展能力。依托"一带一路"建设、跨境次区域经济合作,其一,可以在产业发展上积极

发挥中国的带动作用。随着中国沿海地区劳动密集型制造业渐趋饱和，加之受土地、劳动力、产能过剩等因素的限制，可以推进钢铁、服装、纺织、塑料制品、金属与非金属制品、电子信息等部分产业向沿线周边国家转移，提升周边国家制造业的发展水平。其二，可以在扩大双边投资和贸易上发挥中国的引领作用。发挥中国的资金、技术等优势，依托双边投资和贸易协定，扩大对沿线周边国家的贸易进口和投资额度，弥补沿线周边国家经济发展在资金、技术、外汇缺口及发展经验上的不足，如中国在高铁方面拥有世界最领先的技术手段、低廉的价格成本和国内基础设施建设运营的丰厚经验，能有效地弥补周边国家在大型铁路网络建设初期的资金、技术等方面的缺口。同时，依托"一带一路"建设及相关跨境次区域经济合作，可以积极鼓励周边国家产品进入中国服务业与制造业市场，扩大对华贸易投资，分享中国改革发展的新机遇。其三，可以在开放经济制度安排上发挥引领作用。在与"一带一路"沿线国家及跨境次区域经济合作国家双边或区域性贸易投资制度构建中，既要顺应世界贸易投资自由化、便利化及高标准、全面性的发展新趋势，又要适应相关国家经贸发展的具体国情及发展需要，构建起互惠双赢的地区性贸易投资安排。截至 2017 年年底，国家开发银行向沿线国家累计贷款总额达 1100 亿美元，丝路基金累计投资总额达 40 多亿美元，周边国家都是优先受惠对象。因此，依托"一带一路"建设及跨境次区域经济合作，积极发挥中国在区域经济合作中的引领作用，有利于助力沿线国家经济发展，推进国际区域经济的分工、合作与融合，形成以中国为主导的国际区域经济合作的新局面。

四、加强跨境次区域经济合作，有利于提升中国开放经济的质量

改革开放以来，中国形成了外资主导型的加工贸易模式。跨国公司在中国投资，主要实行的是资本和劳动力要素结合的方式，通过产业的隔代或梯度转移，将其母国的夕阳产业和淘汰技术转移至中国。近年来，虽然跨国公司在中国众多地区也建立了地区总部和研发中心，但也只是配合母国公司总部或进行配套研发，中国并没有真正成为跨国公司的运营和战略中心。在贸易出口结构上，中国出口的商品集中于劳动密集型和资源密集型产品，"两高一资"产品比重较高，技术含量较低，处于价值链底端环节，产品的附加值不高。同时，从中国区域开放格局来看，受对外开放次序、政策及地理等因素，中国的外贸、外资和对外投资主要集中于东部沿海地区。2017 年，西部 12 省区市在全国进出口总额中仅占 3.4%，外商投资企业注册数和投资总额占全国的比重分别为 8% 和 7.2%，西部 12 省区市非金融类对外投资存量占全国的比重为 12%，而东部沿海地区非金融类对外投资存量占全

国的比重为 75％，进出口总额为 86.4％，外资企业注册数和投资总额分别为 66.2％和 80.8％。近些年来，随着人民币升值、国内生产成本上升、人口红利的逐步消失以及"刘易斯拐点"的到来等，中国出口产品的竞争力在不断被削弱，转型升级已经成为外贸竞争力重塑的必然之路。

加强次区域经济合作，积极融入"一带一路"建设，一要利用新一轮国际产业转移的新机遇，为中国内陆、沿边地区提升利用外资规模和质量、扩大对外开放创造新的外部条件。可以有效促进资源要素自由流动，提高资源要素的配置水平和利用效率；可以推动东部地区产业向中西部地区有序转移，既为东部地区产业结构提升腾出空间，又延伸拓展中西部地区产业链条；可以推动形成合理的区域分工格局，增强区域经济竞争力。二要通过与沿线及周边国家在政策、基础设施、法律规章和文化等领域的对接，为中国企业及个人扩大对外投资，推动过剩产业和劳动密集型产业向外转移，在更大范围内配置和利用资源提供良好的基础条件。还可以推动基础设施建设、贸易投资的便利化及经济增长等，使得次区域经济合作方式更加切实可行。三要通过与周边国家和地区签署双边或区域性贸易投资协定，帮助中国规避与其他国家的贸易摩擦，通过双边或区域协定建立起安全保障合作机制，确保中国在海陆两方面对外经贸交往的安全性和稳定性，提升政治经济影响力，同时可以逐步构建符合社会主义市场经济要求、有利于区域联动发展的管理体制和运行机制，促进全国统一大市场的形成和完善。

五、加强跨境次区域经济合作，有利于促进区域经济一体化、培育引领国际合作竞争新优势

区域一体化是大势所趋，中国需要加强和周边国家的联系，加强对外开放。"一带一路"建设，有利于中国构建开放型经济新格局，推进新一轮高水平对外开放，向西开放，拓展战略纵深，并在开放中增强发展新动能、增添改革新动力。区域一体化最重要的还是开放，要把西部地区从开放末梢转变成为开放的前沿，在区域经济合作中获取新的增长动力，这也有利于中国实施服务贸易，推进区域一体化进程，从而在更大范围的区域一体化中，使中国扮演更为重要的角色。在"一带一路"建设大背景下，每个区域扮演的角色是不一样的，发挥各自区域的优势特点有利于"一带一路"倡议的实施。比如西北可能会成为丝绸经济带的重要组成部分，可以加快矿产资源的自由贸易进程，因为新疆、内蒙古、甘肃矿产资源相关产业做得很好，矿产资源的加工贸易可以带动当地经济发展，还可以发展国际化旅游产业。首先，一定要从各个区域的特点出发，确立本地区在"一带一路"中的角色。其次，要更注重服务贸易的开放，服务贸易的开放可能成为新时期"一带一路"主要的推动

力。服务贸易市场的开放既是我国转型升级的需求,更是中国市场连接区域市场、连接全球市场的一个新亮点。再次,由于各个区域特点不同,在支持不同区域对外开放方面应该采取更大胆的措施,强化区域在客流、物流、资金流上的互联互通。经过多年的改革开放,中国应该有自信在开放的步子上迈得更大。最后,注重发挥企业主体作用。"一带一路"建设从愿景转化为现实,企业作为市场的主体,取得了丰硕成果,逐步形成了面向全球的贸易、生产和服务网络,越来越多的国家和地区从中受益。发挥企业"一带一路"建设的"主力军""领头羊"作用,在"一带一路"沿线国家生根发芽。

第十一章 中国跨境次区域经济合作面临的新形势

2019年是中华人民共和国成立七十周年,是决胜全面建成小康社会第一个百年奋斗目标的关键之年。做好2019年经济工作,要以习近平新时代中国特色社会主义思想为指导,统筹推进"五位一体"总体布局,协调推进"四个全面"战略布局,坚持稳中求进工作总基调,坚持新发展理念,坚持推进高质量发展,坚持以供给侧结构性改革为主线,坚持深化市场化改革、扩大高水平开放,加快建设现代化经济体系,继续打好三大攻坚战,着力激发微观主体活力,创新和完善宏观调控,统筹推进稳增长、促改革、调结构、惠民生、防风险工作,保持经济运行在合理区间,进一步稳就业、稳金融、稳外贸、稳外资、稳投资、稳预期,提振市场信心,提高人民群众获得感、幸福感、安全感,保持经济持续健康发展和社会大局稳定,为全面建成小康社会收官打下决定性基础,以优异成绩庆祝中华人民共和国成立七十周年。2018年是中国宏观经济值得高度关注的一年。经济运行稳中有变、变中有忧,外部环境复杂严峻,经济下行压力加大。2018年西部地区有喜有忧,喜的是"一带一路"建设和改革创新将进一步激发区域经济增长动力,区域发展"洼地"有望探底反弹、加快发展,在稳中向好的基础上更加协调。在四大区域板块中,西部一直是经济增速较快的地区。西部经济快速发展的原因主要在于:一是西部经济外向度不高,受国际大环境影响相对较小;二是扩大内需系列举措、项目对西部刺激明显;三是通过向西开放,带动西部优势资源的开发,承接沿海加工贸易的转移。上述因素是支撑西部经济发展的重要力量。但是西部地区经济运行也面临着不少困难和挑战,最突出的表现为经济增长下行压力突出,特别是西北地区,2018年上半年西北地区除陕西外,投资均出现负增长,宏观调控的难度明显加大。

一、从世界经济形势看

当前和今后一段时期,国际经济和国际秩序进入大调整时代,世界经济格局正在发生深刻变化,我国全方位对外开放也进入关键时期。从全球看,出现五个新变化。

1. 世界经济增长格局出现新变化

所谓世界经济格局,就是世界各国或国家集团相互作用而形成的世界经济内在结构的外在表现(一种结构和状态)。国际金融危机改变了世界经济格局,经济呈全球化、多极化趋势不可逆转。其一,自苏联解体后,西方国家的政客和思想家就认为他们已经制定了世界各国的游戏规则,也就是世界秩序。在这个世界秩序中,美国是世界的中心和统治者。中国近年的快速发展,不经意间已经成为"世界秩序"的"搅局者",已经对原有的"世界秩序"构成了威胁。其二,新兴经济体保持快速增长趋势,在全球经济治理中发挥重要的作用,中国等新兴市场国家保持了相对稳定的经济快速增长趋势,在全球贸易中所占比重增加,对全球经济的影响力逐渐加大。在WTO谈判中,新兴市场国家的声音加强,这对欧盟与美国在多边贸易谈判中的主导地位产生了强烈冲击。如果按照这种趋势发展下去,若干年后,原来的发达国家都会被"新兴经济体"国家边缘化。其三,以中国为代表的新兴经济体成为世界经济增长新引擎,亚洲在未来全球经贸发展中是最富有活力和最有增长前景的地区,中国正在走向世界舞台的中心,在重塑全球经济治理结构中有了更大的话语权,也将承担更多的责任。美国国家情报委员会在2013年发布的《2030年全球趋势:可能的世界》报告中指出,如果目前的趋势能够保持下去,亚洲的实力很快就将超越北美和欧洲。

2. 国际贸易投资领域出现竞争加剧新趋势

美国前总统奥巴马提出了"两洋"战略协议,即《跨太平洋伙伴关系协定》(简称为"TPP")、《跨大西洋贸易与投资伙伴关系协定》(简称为"TTIP")。所谓"两洋战略",即通过控制分别位于美洲大陆两侧的太平洋和大西洋的制海权,进而主导欧亚大陆的政治经济秩序,最终实现称霸全球的战略目标。"两洋战略"不仅是冷战后美国全球战略的核心,也是整个20世纪美国全球扩张战略的一条主线,目标就是围堵中国,保住美国霸权。美国前总统奥巴马说得非常直白,"国际秩序的规则是由美国制定的,中国只能在规则内进行选择,别妄想去改变规则"。美国不仅能够在未来全球贸易发展中有效地控制全球主要的经贸市场空间,而且能够继续牢牢地占据国际经济事务中的主导地位。这些协议的目的是阻滞中国与东亚、东南亚区域的合作步伐,压制中国在东亚、东南亚经济合作中的影响力,削弱中国在全球经济治理中的地位和作用。当今世界,贸易保护主义倾向抬头,"逆全球化"思潮涌动,地区动荡持续,恐怖主义蔓延肆虐。全球化处于一个新的转折点,美国作为全球化第一大国,现在成了"逆全球化"的领头羊。"逆全球化"思潮凸显了少数资本主义国家主导的经济全球化所包含的深刻矛盾,暴露了西方国家社会矛盾不断加剧的现实,以及西方民主政治的弊端。美国扯起保护主义的大旗,高喊反对全球化的口号,甚至到处寻找替罪羊,无端指责发展较快的国家,试图掩盖国内经济发展和利益分配存在的问题,把民众注意力从国内引向国外。从历史经验看,20世纪二三十年代的"逆全球化"导致了第二次世界大战,而20世纪七八十年代的逆全球化导致了布雷顿森林体系的崩溃和两次石油危机,全球经济下一步是不是会出现新的危机?可能是金融危机,可能是货币危机,也可能是经济危机。正如习近平总书记所说,"和平赤字、发展赤字、治理赤字"的严峻挑战正摆在全人类面前。

3. 全球能源版图出现重心转移新调整

一方面,美国实现页岩气革命,对中东油气资源依赖程度明显下降,减轻了其对全球能源格局及地缘政治主动施加影响的后顾之忧。国际能源署预测,美国已取代俄罗斯成为最大的天然气生产国,到2035年能源自给率将达到90%。这巩固了美国全球霸主地位,使其战略重心逐渐从中东抽离。中东重大的战略地位有所下降,美国可能会腾出更多的力量致力于重返亚洲。另一方面,到2030年,中国近80%的石油都将依赖进口,这说明我国在增加能源供给渠道的同时,也相应增加了风险,这就要求我们加快构建海陆能源安全通道,提升国家能源安全水平。

4. 科技革命和产业变革呈现新一轮兴起

世界范围内新一轮科技革命和产业变革正在兴起。以信息技术为引领,生物技术、新材料技术、新能源技术等技术群广泛渗透,交叉融合,带动以绿色、智能、泛在为特征的群体性技术突破,重大颠覆性创新不时出现。2013年3月4日,习近平总书记在全国政协科协、科技界委员联组会上发表重要讲话时指出:"现在世界科技发展有这样几个趋势:一是移动互联网、智能终端、大数据、云计算、高端芯片等新一代信息技术发展将带动众多产业变革和创新,二是围绕新能源、气候变化、空间、海洋开发的技术创新更加密集,三是绿色经济、低碳技术等新兴产业蓬勃兴起,四是生命科学、生物技术带动形成庞大的健康、现代农业、生物能源、生物制造、环保等产业。"[①]这反映了中央领导对世界科技创新发展革命引发新一轮产业变革的深刻洞见。科技部部长王志刚概括新一轮科技革命和产业变革呈现主要特征包括:重要科学领域从微观到宏观各尺度加速纵深演进,科学发展进入新的大科学时代;前沿技术呈现多点突破态势,正在形成多技术群相互支撑、齐头并进的链式变革;科技创新呈现多元深度融合特征,人—机—物三元融合加快,物理世界、数字世界、生物世界的界限越发模糊;科技创新的范式革命正在兴起,大数据研究成为继实验科学、理论分析和计算机模拟之后新的科研范式;颠覆性创新呈现几何级渗透扩散,以革命性方式对传统产业产生"归零效应";科技创新日益呈现高度复杂性和不确定性,人工智能、基因编辑等新技术可能对就业、社会伦理和安全等问题带来重大影响和冲击。科学新发现、技术发明创新可能会产生什么,未来在科学和技术

---

① 中共中央文献研究室.习近平关于科技创新论述摘编[M].北京:中央文献出版社,2016:75.

上的价值几何,对产业、经济、社会乃至国家安全到底有什么影响,还存在很大的不确定性。但是有一点是肯定的,科技创新一直是支撑经济中心地位的一个强大力量,领先的科技和尖端的人才流向哪里,发展的制高点和经济竞争力就转向哪里。今天的科技已成为一种社会建制,成为整个人类社会发展的一个重要动力和指引发展的一个主要方法论,对整个经济、社会发展和结构调整起到一种校正、支撑和引领的作用。

5.中美关系发生新变化

世界格局出现的新变化,带动中美关系也在发生变化。新兴大国与守成大国之间的合作分量在减轻,竞争分量在加大;保护主义、单边主义抬头,多边主义和自由贸易体制受到冲击;新一轮科技革命和产业革命蓄势待发,但增长新旧动能转换尚未完成,各类风险加快集聚;全球治理体系加快变革,但治理滞后仍然是突出挑战,发展失衡未有根本转变。中美外交关系、经贸关系进入一个曲折和摩擦加剧期,美国的目的就是遏制中国,打压中国特色社会主义道路和制度,企图迫使中国放弃自己选择的道路和制度,屈从于美国。在未来2年至3年内,美国的贸易战不会罢休,我们要有长期作战的思想准备,立足于打持久战的心理预期。

欧洲方向,德国进入政治转换的阶段,法国的改革举措与公众情绪碰撞导致社会动荡,英国深陷脱欧困境,进入一段调整期。

二、从我国周边地区看

我国经济发展的周边环境出现新变化,近年来围绕东亚、东南亚特别是我国周边的政治、经济、外交、军事的博弈日益激烈,美国实施"亚太再平衡"战略,加强与日本、韩国等盟国的军事关系,与印度、越南等加强安全合作,力图对我国形成围堵的多重岛链。中俄相邻,有着共同的利益,这无疑是有利的。2016年,习近平主席和普京总统发表一份"关于加强全球战略稳定"国家元首联合声明,声明明确指出,影响全球战略稳定的消极因素正在世界各地增加,我们对此感到担忧。在政治领域,反对干涉他国政治生活。在军事领域,所有国家应将军事能力维持在保证国家安全需要的最低水平。声明还以不点名方式多次批评美国及其盟友在南海、朝鲜半岛、乌克兰等问题上对地区事务的干涉。中俄领导人此次不仅重申了对对方领土以及核心利益的相互支持,而且重申了在国际领域反对霸权主义、反对单边主义。至于中印关系,虽有所缓和,但双方难以摆脱边界争端的阴影,而印度要建立南亚地区霸权的野心也是不符合中国利益的。印度的"西进战略",所谓"西进"主要针对巴基斯坦、阿富汗、西亚国家和中亚国家等,与"东进战略"(又称"印—太战略",针对印度洋和太平洋地区)一起构成印度"大国崛起"的战略支撑。印度将中亚视作"战略利益攸关方",主要基于可挤压巴基斯坦的战略空间,影响中国西北稳定和发展。同时可通过中亚国家满足印度国内天然气需求,构建通往俄罗斯和欧洲的重要走廊。美国和印度关系的走近,无疑是想借印度遏制中国。中日既是近邻,而且两国历史关系复杂,又在现实利益中有着直接的冲突。美国把日本作为亚洲地区的支柱盟友,通过所谓安全保障条约来制约中国。美国正殚精竭虑地阻遏中国的发展。

三、从国内经济形势看

我国已成为世界第二大经济体、第一大货物贸易国、第三大对外投资国和第一大外汇储备国,正在加速向现代化强国迈进。2018 年我国经济总量首次突破 90 万亿元(约 13.7 万亿美元),人均 GDP 约 9520 美元。可以说,一举一动,举世瞩目。随着我国经济体量的不断增大,经济发展与能源资源短缺、环境承载力弱的矛盾将更加突出,市场需求约束也将日趋明显。这就要求我们,在全面深化改革,努力转变自身经济发展方式的同时,必须注重更加有效地利用国际市场和国际资源,积极拓展发展空间。

当前和今后一个时期,我国已经从以"引进来"为主,进入"引进来"与"走出去"并重的阶段。从国际经验看,我国正处在从吸引外商直接投资(FDI)转向扩大对外直接投资(ODI)的窗口期。2008 年以来,我国对外直接投资呈快速增长之势,年均增速达 10%,2016 年呈爆发式增长,正在从资本输入国转变为资本输出国,从吸引外资转向扩大对外直接投资国,标志着我国正从商品出口国转向资本出口国,这对长期将吸引外资放在重要地位的中国来说,是个巨大的转变。预计未来 10 年,我国对外直接投资总额累计将超过 1.5 万亿美元,有望成为世界第一大对外投资国,这标志着我国将在更大范围、更宽领域、更深层次上融入全球经济体系。

当前,我国经济运行稳中有变,经济下行压力有所加大,部分企业经营困难较多,长期积累的风险隐患有所暴露。当前我国经济形势是长期和短期、内部和外部等因素共同作用的结果。外部环境也在发生深刻变化,一些政策效应有待进一步释放。2018 年我国经济整体保持稳健,GDP 同比增长 6.6%;高技术制造业、装备制造业投资比上年分别增长 16.1% 和 11.1%,分别比制造业投资高 6.6 个和 1.6 个百分点;居民收入与经济增长实现了基本同步增长的良性局面;居民消费增幅逐步加快,消费动力正在逐步强化;消费结构继续升级。通胀保持温和水平,居民收入与就业保持稳健;财政收入加快,财政支出仍有积极空间。总体来看,国民经济继续运行在合理区间,实现了总体平稳、稳中有进。但值得注意的是,经济运行稳中有变、变中有忧,外部环境复杂严峻,经济面临下行压力,前进中的问题仍需有针对性地解决。

四、从西部地区看

第一，区域经济增长相对差距缩小，但绝对差距呈现扩大趋势。我国从 20 世纪末开始逐步实施区域协同发展战略，2007—2017 年，西部地区 GDP 增速连续 11 年超过东部地区和全国平均水平，经济增长动力的空间来源趋于多元化，西部地区 GDP 增速持续领跑和我国西部大开发战略政策倾斜息息相关。相较于东部，中西部地区经济数据基数相对小，近些年承接了多项产业转移，并且得到国家政策倾斜，这些因素都会促进西部经济的发展。2017 年东部地区 GDP 总量占全国的比重为 57.0%，上海、北京、天津、江苏、浙江、广东已达世界中等发达国家中城市发展的水平，城镇化发展水平也很高。西部地区与同期东部相比，绝对差距呈扩大趋势。

第二，西部地区产业结构呈现高度化趋势，但内部结构不合理。西部大开发实施以来，西部工业化进程推动产业结构的不断高度化。但工业化水平差异较大，贵州、云南、甘肃和广西处于工业化中期的前半阶段，西藏和新疆处于工业化前期的后半阶段。西部地区存在第一产业占 GDP 比重高于全国平均水平，第二产业和第三产业低于全国平均水平的现象。三次产业的结构偏离现象，表现为重工业比重偏高，第二产业吸纳就业不足，第一产业存在隐形失业现象。

第三，西部地区对外开放程度较低，与东部地区存在较大差距。按照国家统计局公开的数据，2018 年前 7 个月中国东部地区的出口总额为 11597 亿美元，进口总额为 10485 亿美元，贸易总额为 22082 亿美元，贸易顺差为 1112 亿美元，东部地区的贸易总额占全国货物贸易进出口总量的比值为 84.7%。中部地区前 7 个月对外贸易总额为 1979 亿美元，其中出口总额为 1140 亿美元，进口为 839 亿美元，贸易顺差为 301 亿美元，中部地区的贸易总额占全国货物贸易进出口总量的比值为 7.6%。西部地区在 2018 年前 7 个月对外贸易进出口总额为 2021 亿美元，其中出口总额为 1134 亿美元，进口总额为 887 亿美元，贸易顺差为 247 亿美元，西部地区的贸易总额占全国货物贸易进出口总量的比值为 7.8%。从进出口总额的绝对量来看，东西部地区存在极大的差距，说明东西部地区在区域经济发展方式、产业结构和竞争优势方面差距较大，西部地区亟待扩大对外开放水平，提高经济外向度。

第四，西部地区基础设施建设发展较快，但仍相对薄弱。西部大开发以来，西部地区的全社会固定资产投资由 2003 年的 1.1 万亿元增长到 2017 年的 16.7 万亿元，占全国的比重分别为 19.9% 和 26.4%。西部地区基础设施建设发展较快，但与发达地区相比仍相对薄弱。2017 年西部地区一些省区市城市用水和燃气普及率仍低于全国平均水平,在公共交通车辆、人均城市道路面积以及公园绿地方面也存在低于全国平均水平的现象。一些省区市的污水处理率和生活垃圾处理率也低于全国平均水平,亟待强化基础设施建设水平,提高西部地区城镇对经济社会发展的承载能力。

第五,生态环境脆弱、区域经济发展面临生态风险。从生态承载能力的角度来看,相较于东部地区,我国西部地区虽然资源富集、环境优美,却存在生态环境脆弱的劣势,宁夏、西藏、青海、甘肃、贵州等西部省区生态环境属于极强度脆弱型,西部省区如四川、云南和内蒙古属于生态环境强度脆弱区,生态环境脆弱的现实使得区域经济发展面临更大的生态风险。

西部地区能否成功爬坡过坎,实现转型升级,关键在于能否实施好创新驱动发展战略以及向西开放,积极融入“一带一路”建设。西部大开发第一阶段是打基础,第二阶段是发展特色经济,进入第三阶段,重点则在于积极落实“一带一路”倡议,发展外向型经济,西部地区与东部地区都是“一带一路”建设的主战场。西部大开发兼具外向型经济扩大内需的两种功能:一是减少国际大环境对外向型经济的冲击,降低中国经济的对外依赖度;二是开拓外向型通道,与东部地区对外开放互补。西部地区在积极承接产业转移的同时,也在加快培育新动能,比如贵州的大数据产业、重庆的电子信息产业,正处于高速发展时期,有望成为中西部地区转型升级的新样本。

西部沿边地区既是贫困地区,又是多民族交汇融合地区,是内地联系周边国家和地区的桥梁和纽带,对保障国家生态安全,促进西北地区民族团结、繁荣发展和边疆稳固,具有不可替代的重要作用。西部沿边地区既是西部大开发的重点区域,也是发展的难点区域。随着“一带一路”深入推进,西部地区与周边国家的全面合作,国家战略重心将进一步西进,加强西部边疆地区与周边国家的合作成为未来方向,边疆省份将成为西部大开发的重点。

五、从沿边地区看

2018 年,在稳中有变的经济形势下,沿边地区各试验区经济增速保持稳健,有力地稳定了西部地区经济发展形势。东兴、凭祥、瑞丽、勐腊(磨憨)试验区地区生产总值增速均在 8.5% 以上,各试验区城镇和农村居民人均可支配收入增速均保持在 7% 左右。但从全国经济发展态势看,经济下行压力加大,不仅存在工业投资和民间投资下降,工业增长速度放缓和战略性新兴产业发展不足以对冲传统产业增速下滑的压力等供给侧的困难,还存在出口难以控制,消费市场短期内难以扩大等需求侧的突出问题,这些沿边地区带来的滞后效应,将在今后更加显现,将对经济发展产生更大的影响,也有很大的不确定性。不确定性主要体现在以下方面:一是政策效应对经济增长的推动作用有望增强。"一带一路"建设深入推进,将会为沿边地区发展提供难得的政策机遇,有助于扩大开放,加强次区域经济合作,增强结构调整和动能转换的动力,促进沿边地区经济增长。二是化解地方债务风险,企业去杠杆,金融紧缩,可能造成沿边地区经济困难、企业倒闭、金融坏账等,影响经济增长速度。三是投资环境变化和投资热点消退,对投资增长的拉动力可能减弱。随着经济下行压力加大,企业的投资意愿不强,投资信心不足,新投资热点尚未形成,后续投资增长压力依然较大。四是受美国贸易保护主义、国际金融危机影响,东部沿海地区逐步开始由打"外需牌"转为打"内需牌",在一定程度上会挤占沿边地区的市场空间。五是生态文明建设和环境保护力度加大,沿边地区以资源开发和加工为主的产业结构,节能减排任务比其他地区更为艰巨。六是新时期西部大开发的关键在于经济转型。在全球新一轮工业革命方兴未艾的背景下,国际市场对传统能源及原材料的依赖程度大大减弱,使沿边地区以传统能源及原材料为主的工业面临更大挑战。如果沿边地区无法尽快完成经济转型升级,将进一步拉大与全国平均水平的差距。抓住"一带一路"倡议实施的历史机遇,充分发挥沿边地区的比较优势,实施更加主动的开放政策,加强东中西部的互动合作和次区域经济合作可以有效促进国内各地区开放型经济协同发展,以此获得经济增长新动力。

　　总的来看,西部地区和沿边地区机遇大于挑战,机遇主要体现在以下五个方面:一是世界经济格局正在深刻变化,外需增长速度可能放缓,要保持经济社会发展一定的增长率,必须始终坚持扩大内需的基本方针,西部地区市场潜力大、战略资源丰富的优势显得更加突出。二是推进"一带一路"建设,贯彻"周边首要"的方针,与周边国家在经济、技术、文化等方面交流合作不断向纵深推进,沿边开放潜力很大,正处在跨台阶、上水平的关键时期,可能会为西部大开发带来新变化,注入新活力。三是实施"一带一路"倡议,有利于充分挖掘西部本身的发展潜能,特别是发挥与沿线国家及地区接壤的区位优势,提高自身发展水平,从而有效解决我国经济发展东西不均衡的问题,也能够进一步加快经济结构调整步伐,转变发展方式,提高西部核心竞争力。四是随着世界经济格局变化和国内经济结构战略性调整,国际国内产业转移步伐加快,为西部地区调整产业结构、壮大产业规模创造了条件。五是经过西部大开发的建设,西部地区的基础条件、投资环境、综合实力有了大幅度提高,为进一步发展奠定了比较坚实的基础。

第十二章　加强跨境次区域经济合作的总体思路建议

我国陆地边境地区开放潜力很大,是我国深化与周边国家和地区合作的重要平台,是体现我国与邻为善、与邻为伴、睦邻安邻富邻的重要窗口,是古老丝绸之路沿线的重要区域。加快沿边开放步伐,推进沿边重点地区与周边国家深化合作是推进"一带一路"建设的重要内容,也是构建东西共济、海陆并举的全方位对外开放新格局的内在要求。沿边地区与周边国家长期友好往来,有着良好的合作基础和巨大的合作潜力,正在成为推进"一带一路"建设的先手棋和排头兵。重点在以下几个方面下功夫。

一、沿边地区开发开放的政策导向

积极融入"一带一路"建设,争做"一带一路"建设桥头堡。党的十九大报告指出,要以"一带一路"建设为重点,构建陆海内外联动、东西双向互济的开放新格局。沿边地区融入"一带一路"建设的过程中,要更加充分地发挥地区比较优势,从自身实际出发,把比较优势做得更强、更突出。同时,"一带一路"建设的深入推进,为西部大开发战略注入更多资源和资本,不仅可以解决中国经济发展的东中西发展不平衡问题,而且对我国经济社会发展有重大意义。沿边地区在实施次区域合作的过程中,要深刻理解"一带一路"对拉动沿边地区经济发展的现实意义,遵循"和平合作、开放包容、互学互鉴、互利共赢"的丝路精神,充分利用自身区位优势、生态环境、多元的文化生态,打造以丝路为特色的拳头产品,进一步提高在"一带一路"中的核心竞争力。

加强沿边地区与"一带一路"沿线国家产能合作。加强能源资源开发利用、资源深加工技术、装备与工程服务合作,加大煤炭、油气、金属矿产等传统能源资源勘探开发合作,积极推动水电、核电、风电、太阳能等清洁、可再生能源合作,推进能源资源就地就近加工转化合作,形成能源资源合作上下游一体化产业链。推进能源矿产资源项下自由贸易区建设。能源矿产资源开发和深加工是西部地区的比较优势。中亚国家具有丰富的石油、天然气、矿产等自然资源,但开发能力有限,更需要与我国合作开发。例如,哈萨克斯坦目前可再生能源利用率不到 1%,但哈萨克斯坦政府重视发展绿色能源,出台了《可再生能源法案》,计划到 2020 年将可再生能源利用率提高到 3% 以上。可以预见,未来几年,西部地区与中亚国家能源合作的空间巨大。尽快启动能源矿产资源项下自由贸易区建设是与中亚合作比较务实的选择。以能源矿产资源项下的自由贸易为起点,连接陕西、新疆、青海、宁夏,促进大西北跨区域经济协作,推动区域经济一体化,强化大西北地区与中亚五国能源矿产资源领域的合作与交流,通过 3～5 年的努力,逐步扩大与中亚各国多方面的经贸合作领域,奠定中国—中亚自由贸易区的重要基础。鼓励西部地区有竞争力的企业积极"走出去",参与沿线国家基础设施建设和产业投资,在沿线国家主要交通节点城市和港口合作建设境外经贸合作区、跨境经济合作区等各类产业园区,在园区内实行多种形式的自由贸易政策,力争率先打造成产业示范区和特色产业园,促进产业集群发展,形成区域产业协同融合、资源互补共享的良好发展格局。

加强基础设施建设,提升西部区域互联互通水平。西部地区特别是沿边地区在"一带一路"建设中具有重要和独特的区位优势,应统筹推进铁路、公路、航空、油气管道、城市轨道交通等多元化运输手段,逐步形成连接沿线国家和地区之间的基础设施网络,构建全方位、多层次、复合型的国际骨干通道网络,构建联通中国与中亚、西亚、南亚以及欧洲和非洲的综合交通运输体系。比如,新疆可以利用中巴经济走廊建设契机,完善交通软硬件设施,积极推动面向中亚、西亚、南亚和欧洲的物流通道、能源通道、信息通道建设。加快沿边地区的机场升级,建设航空港物流园区,以及联通内外的国际大通道。大力推动西部地区部分铁路枢纽建设,支持中俄等货运班列实现常态化运转,大力建设西部地区主要城市口岸到欧洲的货运列车,提高口岸基础设施建设水准,全面优化口岸布局,大力实施升级改造工程,加强贸易通道建设,推动口岸建设实现新突破。同时,加快西部地区基础设施规划与沿线国家及地区的技术标准、建设规划的对接,加快亚洲、亚非欧各地区间的基础设施建设。不断加强基础设施建设、提高基建水平,构筑强大的铁路、公路、机场以及产业园区的强大网络,为西部地区更好融入"一带一路"提供强大的支持。

加快沿边开发开放,打造"一带一路"次区域经济合作示范区。其一,加快重点开发开放试验区建设。为提升沿边地区开放水平,中共中央、国务院《关于深入实施西部大开发战略的若干意见》(中发〔2010〕11 号)提出积极建设广西东兴、云南瑞丽、内蒙古满洲里等重点开发开放试验区;2013 年 12 月国务院出台《关于加快沿边地区开发开放的若干意见》(国发〔2013〕50 号),对试验区建设进行了全面部署,提出研究设立广西凭祥、云南勐腊(磨憨)、内蒙古二连浩特、黑龙江绥芬河(东宁)、吉林延吉(长白)、辽宁丹东等重点开发开放试验区。截至 2020 年 4 月,国家共批准设立了广西东兴、凭祥、百色,云南瑞丽、勐腊(磨憨),内蒙古满洲里、二连浩特,黑龙江绥芬河等8个重点开发开放试验区。其二,加强沿边国家级口岸建设。截至2016年4月,我国沿边口岸共有72个:铁路口岸11个,包括广西凭祥、云南河口、新疆霍尔果斯、内蒙古二连浩特等;公路口岸61个,包括广西东兴、云南天保、西藏樟木、新疆红其拉甫等。其三,加快边境城市建设。我国陆地边界共有28个边境城市,分别为黑龙江黑河市、绥芬河市、虎林市、密山市、同江市、穆棱市,吉林集安市、临江市、图们市、珲春市、龙井市、和龙市,辽宁丹东市,内蒙古满洲里市、额尔古纳市、阿尔山市、二连浩特市,广西东兴市、凭祥市,云南景洪市、瑞丽市、芒市,新疆哈密市、博乐市、伊宁市、阿勒泰市、塔城市、阿图什市。其四,加快边境经济合作区和边境自由贸易区建设。主要包括边境经济合作区和跨境经济合作区两种。自1992年至2016年,经国务院批准的边境经济合作区共计17个,分别为黑龙江黑河边境经济合作区、绥芬河边境经济合作区,吉林珲春边境经济合作区、和龙边境经济合作区,辽宁丹东边境经济合作区,内蒙古满洲里边境经济合作区、二连浩特边境经济合作区,广西东兴边境经济合作区、凭祥边境经济合作区,云南瑞丽边境经济合作区、畹町边境经济合作区、河口边境经济合作区、临沧边境经济合作区,新疆伊宁边境经济合作区、博乐边境经济合作区、塔城边境经济合作区、吉木乃边境经济合作区,总面积达97平方千米。截至2016年,已建设的跨境经济合作区有1个,即中哈霍尔果斯国际边境合作中心。其五,建议启动沿边自由贸易区建设,给予沿边自由贸易区建设特殊政策扶持,完善配套制度与措施。要为沿边自贸区建设提供法律保障。建议提请全国人大常委会授权调整实施相关法律规定,并制定出台相关法律,支持沿边自贸区建设。理顺地方性法规与国家法律、行政法规的关系,逐步建立并完善自贸区法律体系。要建立有力高效的统筹协调和沟通机制。建议由国家发展改革委员会牵头,各相关部委、有关省市、中央金融机构和大型企业参加的统筹协调机制,加强部际和部省协调,对沿边内陆自贸区建设给予指导和支持,协调解决实施过程中所遇到的困难和问题。建立与周边国家高层次、常态化的联系协调机制。建议加强对沿边自贸区的研究。由国家组织力量,加强对沿边自贸区建设的研究,明确战略定位、基本目标、总体布局、重点任务、产业发展和体制政策保障等内容,尽快组织实施。

全力推动优质旅游,促进文化和旅游融合发展。将旅游作为增进边境各国人民友好交流、促进民众增收的重要途径。以边境旅游试验区和跨境旅游合作区为示范,大力推进边境旅游发展。我国边境地区旅游资源独具特色、十分丰富,发展旅游业具有得天独厚的条件。经过改革开放40多年的发展,边境旅游已逐步成为与出国旅游、港澳台旅游并驾齐驱的三大出入境旅游市场之一,对扩大入境旅游发挥着越来越重要的支撑作用。党的十八届三中全会提出:"加快沿边开放步伐,允许沿边重点口岸、边境城市、经济合作区在人员往来、加工物流、旅游等方面实行特殊方式和政策。"之后,在《国务院关于支持沿边重点地区开发开放若干政策措施的意见》(国发〔2015〕72号)、《国民经济和社会发展第十三个五年规划纲要》、《兴边富民行动"十三五"规划》等文件中都明确指出要建设边境旅游试验区。国务院同意设立内蒙古满洲里和广西防城港两个边境旅游试验区,重点改革创新人员、自驾车、团体旅游便利化等制度,形成推动边境旅游蓬勃发展的制度保障;利用边境特色旅游资源,打造边境新型旅游产品,鼓励发展特色餐饮、文化演艺、旅游商品研发、土特产加工销售等产业,提高旅游资源利用率和产业附加值;完善边境全域旅游服务设施。试点试验时间到2020年年底。设立边境旅游试验区,有利于解决边境出入境不够便利、边境旅游产业发育不充分、边境旅游管理体制机制滞后等突出问题。通过强化政策集成和制度创新,可以推进沿边重点地区全域旅游发展,打造边境旅游目的地,从而对全国旅游业的改革创新发挥先行示范作用。在内蒙古满洲里、广西防城港开展试点试验的基础上,根据改革举措落实情况和试验任务需要,适时选择不同类型、具有代表性的边境地区开展试验,对试点效果好、风险可控且可复制可推广的成果,及时复制推广,推动建设一批边境旅游目的地。建议统筹谋划,扩大边境旅游试验区范围,再遴选出一批边境旅游试验区试点。按照提高层级、打造平台、完善机制的原则,深化与周边国家的旅游合作,支持满洲里、绥芬河、二连浩特、黑河、延边、丹东、西双版纳、瑞丽、东兴、崇左、伊利、阿勒泰等有条件的地区研究设立跨境旅游合作区或旅游特区。通过与对方国家签订合作协议的形式,允许游客或车辆凭双方认可的证件灵活进入合作区游览。支持跨境旅游合作区利用国家旅游宣传推广平台开展旅游宣传工作,支持省(自治区)人民政府与对方国家联合举办旅游推广和节庆活动。鼓励省(自治区)人民政府采取更加灵活的管理方式,实行更加特殊的政策,与对方国家就跨境旅游合作区内旅游资源整体开发、旅游产品建设、旅游服务标准推广、旅游市场监管、旅游安全保障等方面深化合作,共同打造游客往来便利、服务优良、管理协调、吸引力强的重要国际旅游目的地。继续推动跨境旅游合作区建设,争取在跨境旅游合作区建设方面实现新突破。依托边境城市,强化政策集成和制度创新,研究设立边境旅游试验区(以下简称试验区)。鼓励试验区积极探索"全域旅游"发展模式。允许符合条件的试验区实施口岸签证政策,为到试验区的境外游客签发一年多次往返出入境证件。推行在有条件的边境口岸设立交通管理服务站点,便捷办理临时入境机动车牌证。鼓励发展特色旅游主题酒店和特色旅游餐饮,打造一批民族风情浓郁的少数民族特色村镇。新增建设用地指标适当向旅游项目倾斜,对重大旅游项目可向国家主管部门申请办理先行用地手续。积极发展体育旅游、旅游演艺,允许外资参股由中方控股的演出经纪机构。加强沿边重点地区旅游景区道路、标识标牌、应急救援等旅游基础设施和服务设施建设。支持旅游职业教育发展,支持内地相关院校在沿边重点地区开设分校或与当地院校合作开设旅游相关专业,培养旅游人才。

深入推进兴边富民行动,实现稳边安边兴边。沿边地区大多是民族地区,改革开放特别是实施西部大开发战略以来,沿边地区经济社会虽然获得了长足发展,但是由于地处偏远、发展基础薄弱、建设成本高等多方面原因,发展水平不仅与东部沿海地区相差甚远,就是与其他沿边地区相比差距也十分明显。建议加大对边境地区民生改善的支持力度,通过扩大就业、发展产业、创新科技、对口支援稳边安边兴边。其一,树立"边防一线的每一户群众都是一个哨所、每一个人都是一个哨兵、每一个村庄就是一个堡垒"的理念,在边民安家就业方面下功夫,要降低创新创业门槛,对于边民自主创业实行"零成本"注册,符合条件的边民可按规定申请 10 万元以下的创业担保贷款;国家要给予资金支持,鼓励边境地区群众搬迁安置到距边境 3 千米范围内,省级人民政府可根据实际情况建立动态边民补助机制;加大边境村危房改造和抗震加固工作力度,加大对边境回迁村(屯)的扶持力度,提高补助标准;对建档立卡贫困人口实施精准扶贫、精准脱贫。2017 年,习近平总书记给西藏隆子县玉麦乡卓嘎、央宗姐妹回信,对长期守边固边忠诚奉献的干部群众,给予充分肯定,勉励西藏广大干部群众继续传承爱国守边精神,做神圣国土的守护者、幸福家园的建设者。习近平总书记在回信中阐发守边固边、爱国守边的重大意义,是对以习近平同志为核心的党中央治边稳藏重要战略思想的丰富和深化,是习近平新时代中国特色社会主义思想在西藏工作具体而生动的体现。其二,加大对边境地区居民基本社保体系的支持力度,对于符合条件的边民参加新型农村合作医疗的,由政府代缴参保费用;提高新型农村合作医疗报销比例,按规定将边境地区城镇贫困人口纳入城镇基本医疗保险。以边境中心城市、边境口岸、交通沿线城镇为重点,加大对边境基层医疗卫生服务机构对口支援力度;在具备条件的地方实施12 年免费教育政策;实行中等职业教育免学费制度;选派教师驻边支教,支持当地教师队伍建设。加大教育对外开放力度,支持边境城市与国际知名院校开展合作办学。其三,加快边境基础设施建设,借助"一带一路"建设契机,加大对互联互通基础设施的建设力度,改善通关条件和便利化水平等软硬件环境;实现通村公路硬化工程,构建边境地区公路网;加快完善电信普遍服务,提高信息网络覆盖水平;加快推进电子政务、电子商务、远程教育、远程医疗等信息化建设,为当地居民提供医疗、交通、治安、就业、维权、法律咨询等方面的公共服务信息。其四,大力发展边境特色优势产业,包括推进边境地区特色优势农业、特色加工制造业、特色服务业以及产业园区的发展。其五,加大边境地区国际执法合作投入,支持边境地区公安机关与周边国家地方警务、边检(移民)、禁毒、边防等执法部门建立对口合作机制,进一步加强在禁毒禁赌以及防范和打击恐怖主义、非法出入境、拐卖人口、走私等方面的边境执法合作,共同维护边境地区安全稳定。其六,加速当地的城镇化进程,按照沿边集聚、合理布局、集约发展和适度超前原则,以边境市为引领,构建以边境重要节点城市和小城镇为支撑、临边集镇为节点、抵边村寨为支点,沿边境线辐射延伸的城镇带。总之,要坚持屯兵与安民并举、固边与兴边并重,加快边境小康村建设,促进边民一心戍边、安居乐业。

深化体制机制创新,促进要素流动便利化。要进一步深化行政审批制度改革,加大简政放权力度,该下放的下放,该取消的坚决取消,不断优化审批程序、提高审批效率,加快项目审批和建设速度。先要理顺各级政府部门的管理职能,建立干部权力、责任和问责清单,推进政府办事规范化,让问责有法可依,解决部门间“推诿扯皮”、干部苦乐不均的问题。进一步优化沿边国家级口岸通关及进出口环节行政审批事项的审批流程,减少审批环节,压缩审批层级,缩短审批时限。完善海关行政审批网上办理平台,将网上预受理、预审批工作流程转变为网上直接受理、网上直接审批。加大沿边口岸开放力度,简化口岸开放和升格的申报、审批、验收程序以及口岸临时开放的审批手续,简化沿边道路、桥梁建设等审批程序,推进边境口岸的对等设立和扩大开放。扩大投资领域开放,支持具备条件的沿边重点地区借鉴自由贸易试验区可复制可推广试点经验,试行准入前国民待遇加负面清单的外商投资管理模式。落实商事制度改革,推进沿边重点地区工商注册制度便利化。鼓励沿边重点地区与东部沿海城市建立对口联系机制,交流借鉴开放经验,探索符合沿边实际的开发开放模式。创新口岸监管模式,通过属地管理、前置服务、后续核查等方式将口岸通关现场非必要的执法作业前推后移。深化海关、检验检疫管理协作,提升关检“三个一”(一次申报、一次查验、一次放行)协作应用水平。创新口岸监管模式,加快推进口岸查验部门之间信息互通、监管互认、执法互助,推动口岸“合作查验、一次放行”。落实商事制度改革,全面实行“三证合一”(工商营业执照、组织机构代码证、税务登记证)“一照一码”(营业执照、社会信用代码)商事登记模式。在沿边重点地区有条件的海关特殊监管区域深化“一线放开”“二线安全高效管住”的监管服务改革。推进沿边口岸国际贸易“单一窗口”建设,实现监管信息同步传输。加强与“一带一路”沿线国家口岸执法机构的机制化合作,推进跨境共同监管设施的建设与共享,加强跨境监管合作和协调。加强与毗邻国家的协商与合作,推动两国边境居民持双方认可的有效证件依法在两国边境许可的范围内自由通行,对常驻沿边市(州、盟)从事商贸活动的非边境地区居民实行与边境居民相同的出入境政策。探索联合监管,推广旅客在同一地点办理出入境手续的“一地两检”查验模式。提高对外宣介相关政策的能力和水平。加强与周边国家协商合作,加快签署中缅双边汽车运输协定以及中朝双边汽车运输协定议定书,修订已有的双边汽车运输协定。授予沿边省(区)及边境城市自驾车出入境旅游审批权限,积极推动签署双边出入境自驾车(八座以下)管理的有关协定,方便自驾车出入境。

推进跨境运输车辆牌证互认,为从事跨境运输的车辆办理出入境手续和通行提供便利和保障。加大对陆地口岸查验配套设施建设的投入力度,按照公安部边检执勤现场设施建设标准,规划建设出入境车辆检查现场配套设施。要以改革创新助推沿边开放,允许沿边地区先行先试,大胆探索创新跨境经济合作新模式、促进沿边地区发展新机制、实现兴边富民新途径。

大力调整贸易结构,推进贸易方式转变。有序发展边境贸易,完善边贸政策,支持边境小额贸易向综合性多元化贸易转变,探索发展离岸贸易。建议国家出台边境小额贸易进口促进政策,充分调动企业扩大边境小额贸易进口的积极性。在条件具备的商贸物流集散中心试点"市场采购"贸易方式。支持沿边重点地区开展加工贸易,扩大具有较高技术含量和较强市场竞争力的产品出口,创建出口商品质量安全示范区,建立边境加工贸易示范区。支持具有比较优势的粮食、果蔬、橡胶等加工贸易发展,对涉及配额及进口许可证管理的资源类商品,在配额分配和有关许可证办理方面给予适当倾斜。支持沿边重点地区发挥地缘优势,推广电子商务应用,发展跨境电子商务。建议设立国家跨境电子商务综合试验区,发展跨境电子商务进出口业务、跨境旅游电子商务业务、跨境电子支付和"互联网+边贸"特色跨境电子商务。支持对外贸易转型升级,优化边境地区转移支付资金安排的内部结构,重点用于建立边民补助机制、保障口岸正常运转、支持边境贸易和边境小额贸易企业能力建设以及与边境事务有关的其他民生支出。有序发展边境贸易,落实国家支持边境贸易发展要求,推动发展边民互市贸易、旅游购物贸易、市场采购贸易等综合性多元化贸易方式。开展进出口商品质量提升活动,创建出口产品质量安全示范区,实现优进优出。发挥财政资金的杠杆作用,引导社会资金加大投入,支持沿边重点地区结合区位优势和特色产业,做大做强旅游、运输、建筑等传统服务贸易。逐步扩大中医药、服务外包、文化创意、电子商务等新兴服务领域出口,培育特色服务贸易企业加快发展。推进沿边重点地区金融、教育、文化、医疗等服务业领域有序开放,逐步实现高水平对内对外开放。支持沿边重点地区服务业企业参与投资、建设和管理境外经贸合作区。

实施差异化扶持政策,促进特色优势产业发展。优先布局进口能源资源加工转化利用项目和进口资源落地加工项目,发展外向型产业集群,形成进口煤炭、木材、农畜产品、铁矿石、重油、有色金属、粮油和出口果蔬、电子产品、大型机械对外开放基地,鼓励具有优势的钢铁、建材、矿山机械、农畜产品加工等产能、装备、技术走出去。支持沿边重点地区大力发展特色优势产业,对符合产业政策、对沿边市县经济发展带动作用强的项目,在项目审批、核准、备案等方面加大支持力度。支持在沿边重点地区优先布局进口能源资源加工转化利用项目和进口资源落地加工项目,支持资源加工项目利用沿边口岸进口国外矿产资源。大力发展外向型产业集群,形成各有侧重的对外开放基地,鼓励优势产能、装备、技术"走出去"。支持沿边重点地区发展风电、光电等新能源产业,在风光电建设规模指标分配上给予倾斜,优先给予上网等优惠政策。推动移动互联网、云计算、大数据、物联网等与制造业紧密结合。研究整合现有支持产业发展方面的资金,尽快设立中国沿边产业发展(创业投资)基金,发挥财政杠杆作用,吸引投资机构和民间资本参与基金设立,专门投资于沿边重点地区具备资源和市场优势的特色农业、加工制造业、高技术产业、服务业和旅游业,支持沿边重点地区承接国内外产业转移。国家发改委要建立沿边地区重点产业项目储备库,储备优良项目,对符合国家产业政策的重大基础设施和产业项目,在建设用地计划指标安排上予以倾斜。对入驻沿边重点地区的加工物流、文化旅游等项目的建设用地加快审批,优先将其列入土地利用年度计划,在新增建设用地计划指标安排上予以倾斜。积极开展与毗邻国家跨境劳务合作,允许沿边市县企业按规定招用外籍人员。

　　加大政策支持力度,促进经济社会跨越式发展。要逐步增加中央财政转移支付规模、强化中央专项资金支持、实行差别化补助政策、加大税收优惠力度。加大中央财政转移支付支持力度,逐步缩小沿边重点地区地方标准财政收支缺口,推进地区间基本公共服务均等化。支持边境小额贸易企业能力建设和弥补地方财政减收,促进边境地区贸易发展。建立边境地区转移支付的稳定增长机制,完善转移支付资金管理办法,支持边境小额贸易企业能力建设,促进边境地区贸易发展。中央财政加大对沿边重点地区基础设施、城镇建设、产业发展等方面支持力度。提高国家有关部门专项建设资金投入沿边重点地区的比重,提高对公路、铁路、民航、通信等建设项目投资补助标准和资本金注入比例。国家专项扶持资金向沿边重点地区倾斜。中央安排的公益性建设项目,取消县以下(含县)以及集中连片特殊困难地区市级配套资金。积极争取中央财政对重点开发开放试验区补助资金保持稳定,地方财政给予配套补助。积极支持对边境经济合作区以及重点开发开放试验区符合条件的基础设施项目给予贷款贴息。继续对边境经济合作区以及沿边重点开发开放试验区符合条件的公共基础设施项目贷款给予贴息支持。国家在沿边重点地区鼓励发展的内外资投资项目,进口国内不能生产的自用设备及配套件、备件,继续在规定范围内免征关税。根据跨境经济合作区运行模式和未来发展状况,适时研究适用的税收政策。加强与相关国家磋商,积极稳妥地推进避免双重征税协定的谈签和修订工作。通过拓宽融资方式和渠道、完善金融组织体系、鼓励金融产品和服务创新等多种形式,鼓励金融机构加大对沿边重点地区的支持力度,服务当地经济发展,提升金融服务水平。如:支持沿边重点地区具备条件的民间资本依法发起设立民营银行,探索设立金融租赁公司等金融机构;探索发展沿边重点地区与周边国家人民币双向贷款业务;等等。加快建立中国沿边地区产业发展基金。

二、沿边地区开发开放的原则

第一,集中力量,重点突破。我国边境线长,不同区域段的边境线自然条件相差很大,其中既有自然条件相对较好、适宜产业发展和开展贸易的区域,也有自然条件比较恶劣、不适宜发展经济的区域。在我国推进国际次区域经济合作的过程中,不可能全面开花,而是要集中力量,根据我国次区域经济合作的实际和未来的发展潜力,在沿边重点地区构建次区域经济合作平台,实施重点突破。从我国推进次区域经济合作的实践和未来发展潜力来看,要重点推进以中国—东盟自贸区、大湄公河国际次区域、中亚国际次区域、中蒙俄次区域、图们江国际次区域等重点区域的合作,通过建设区域次区域经济合作平台,不断完善区域次区域合作机制,促进区域次区域经济合作健康发展。

第二,搭建平台,完善功能。合作平台对于推进国际次区域经济合作具有非常重要的促进作用,它既是区域次区域经济合作的有效机制,也是区域次区域经济合作的重要引擎和助推器。目前,我国重点次区域经济合作区的平台建设还比较滞后,功能还很不完善,特别是在资源产品的精深加工、专业化市场建设、金融服务等关键领域还有很大的提升空间。为了进一步推进次区域经济合作,今后需要瞄准次区域经济合作中亟须完善的薄弱环节,不断完善次区域经济合作平台的功能,提高次区域经济合作平台的综合能力,尤其是完善专业化市场建设、资源精深加工能力、区域金融服务能力、贸易便利化服务、信息服务等相关功能。

第三,集中布局,集聚发展。依托重点城镇,集中布局,提高集聚辐射能力。次区域内的重要城镇是推进次区域经济合作的主要依托。城镇的区位条件比较优越,基础设施相对完善,具备较高的资源环境承载能力,是集聚人口和产业的主要区域,也是构建次区域经济合作平台的主要依托。推进我国次区域经济合作,就要依托我国次区域经济合作中的重点城市和城镇,不断提升和完善功能,增强其集聚要素的能力和对区域的辐射带动能力。

第四,打开窗口,引领开放。推进次区域经济合作,不断完善次区域经济合作平台的功能,可以进一步发挥次区域在促进贸易和投资便利化方面的桥头堡作用,进一步发挥次区域外通内联的作用。通过推进次区域经济合作,可进一步完善我国对外经济合作环境,不断消除各种影响次区域经济合作的壁垒,包括行政壁垒、技术壁垒、关税壁垒等,畅通次区域合作通道,发挥次区域经济合作外通内联的作用,将其建设成为我国对外经贸合作的门户和桥头堡。

三、加强次区域经济合作的重点任务建议

1. 牢牢把握"一带一路"合作重点方向,打造开发开放重要窗口

根据习近平总书记"一带一路"的倡议和新形势下推进国际合作的需要,结合古代陆海丝绸之路的走向,综合历史渊源、现实基础,特别是国家长期战略需要等因素,统筹结合深入西部大开发等重大战略,与推进由东向西梯度发展、培育区域经济支撑带相衔接。共建"一带一路"确定了六大方向。丝绸之路经济带有三大走向:一是从中国西北、东北经中亚、俄罗斯至欧洲、波罗的海;二是从中国西北经中亚、西亚至波斯湾、地中海;三是从中国西南经中南半岛至印度洋。21世纪海上丝绸之路有三大走向:一是从中国沿海港口过南海,经马六甲海峡到印度洋,延伸至欧洲;二是从中国沿海港口过南海,经印尼向南太平洋延伸;三是从中国沿海至北冰洋方向。根据"一带一路"中的六大合作方向,按照共建"一带一路"的合作重点和空间布局,中国提出了"七廊六路多国多港"的主体框架。"七廊"是指新亚欧大陆桥、中蒙俄、中国—中亚—西亚、中国—中南半岛、中巴、孟中印缅、中缅等七大国际经济合作走廊。其中新亚欧大陆桥、中蒙俄、中国—中亚—西亚经济走廊经过亚欧大陆中东部地区,不仅将充满经济活力的东亚经济圈与发达的欧洲经济圈联系在一起,更畅通了连接波斯湾、地中海和波罗的海的合作通道,为构建高效畅通的欧亚大市场创造了可能,也为地处"一带一路"沿线、位于亚欧大陆腹地的广大国家提供了发展机遇。中国—中南半岛、中巴、孟中印缅、中缅经济走廊经过亚洲东部和南部这一全球人口最稠密地区,连接沿线主要城市和人口、产业集聚区。区域内澜沧江—湄公河国际航道和在建的地区铁路、公路、油气网络,将丝绸之路经济带和21世纪海上丝绸之路联系到一起,经济效应辐射南亚、东南亚、印度洋、南太平洋等地区。

(1)新亚欧大陆桥经济走廊。新亚欧大陆桥经济走廊由中国东部沿海向西延伸,经中国西北地区和中亚、俄罗斯抵达中东欧。新亚欧大陆桥经济走廊建设以中欧班列等现代化国际物流体系为依托,重点发展经贸和产能合作,拓展能源资源合作空间,构建畅通高效的区域大市场。

建设新疆丝绸之路经济带核心区。将新疆建成区域性的交通枢纽,其中主要是建设北、中、南三条跨越新疆的交通通道,经新疆通向中亚、西亚、南亚和俄罗斯等。新疆北通道,自京津唐经山西、内蒙古,进入新疆后,经伊吾、布尔津等地西出哈萨克斯坦至俄罗斯;新疆中通道,从"长三角"地区,沿第二座亚欧大陆桥横穿中原地区,进入新疆后经哈密、吐鲁番、乌鲁木齐,然后分别从阿拉山口和霍尔果斯出境通向中亚至欧洲;新疆南通道,从"珠三角"地区,经湖南、重庆、四川、青海,进入

新疆后,经若羌、和田、喀什,通往塔吉克斯坦,然后南下至印度洋沿岸。

推进伊宁—霍尔果斯一体化建设。建设以伊宁市为核心,涵盖霍尔果斯、伊宁、霍城、察布查尔县的一小时经济圈,统筹产业布局、基础设施、社会服务、市场体系、生态环境一体化建设,形成经济协作、分工合理、布局科学的区域新格局,建设国际旅游谷、区域交通重要节点和对外开放的窗口。

设立塔城沿边重点开发开放试验区。塔城位于新疆维吾尔自治区西北部、准噶尔盆地西北边缘的塔城盆地,总面积 4356.6 平方千米,西北部与哈萨克斯坦共和国接壤。塔城与中亚和欧洲有着互联互通的优势,5 个县市与哈萨克斯坦国接壤,国家一类陆路口岸巴克图距塔城市中心只有 12 千米,是全疆离城市最近的口岸。2013 年,国家质检总局确定巴克图口岸为进口哈萨克斯坦小麦和其他进口粮食指定口岸。塔城市边境经济合作区、乌苏国际物流园和阿里巴巴·塔城产业带等已经建成。由中方企业在哈萨克斯坦东哈萨克斯坦州投资的三宝国际境外粮油工业园区、境外蛋鸡场和中塔工业园区也即将建成。设立塔城重点开发开放试验区,以塔城市主城区为主体,打造国际商贸服务区;以边境经济合作区和巴克图口岸为依托,打造国际仓储物流区;以塔额盆地及周边区域丰富的旅游资源为依托,大力发展边贸旅游和边境旅游,打造国际休闲旅游区;以塔城地区所辖县市的工业园区为依托,打造国际产能合作区;以塔城特色农产品主产区和兵团特色农业发展基地为依托,打造特色农业发展示范区;以巴克图口岸城市为依托,打造新疆兵团融合示范区;以库鲁斯台草原生态保护工程建设为依托,打造国家生态建设示范区。在塔城设立重点开发开放试验区,有利于构建南有喀什、中有霍尔果斯、北有塔城的三足鼎立开放新格局;利于深入实施互联互通和合作共赢,深化与周边国家交流合作,实现兴边富民、睦邻友好,推动边疆少数民族地区实现经济社会科学发展、和谐进步。

建设库尔勒国际物流枢纽。库尔勒市是新疆公路、铁路的交汇处,是连接南疆北疆、自治区与外省的枢纽,是丝绸之路上中国与中亚、中国与欧洲连通的关键节点。库尔勒市人口规模 100 万,经济较为发达,产业体系较为完善。要建设"一带一路"库尔勒国际物流枢纽,充分发挥和利用好新疆维吾尔自治区独特的区位优势和向西开放重要窗口优势,建设中巴经济走廊、新欧亚大陆桥国际物流区、国际化企业库存商品交易区、丝绸之路商品储仓区、电子商务及综合配套区、农产品冷链物流区等,着力将其打造成为"一带一路"上的国家级国际物流园、库存商品交易集散中心、西北地区的农产品冷链交易中心,推动巴音郭楞蒙古自治州成为新疆对外交往,特别是促进与中亚、南亚、西亚等国的经贸往来重要窗口,为融入国家一带一路战略做出新贡献。

研究设立"中国—中亚自贸区"。建设面向全球的高标准自由贸易区网络,完善沿线的自贸区布局是推动"一带一路"的重要抓手。"一带一路"倡议对打破贸易保护主义,促进沿线区域一体化发展,进而推动新一轮全球化意义深远。中亚经济带位于亚洲中心位置,也是丝绸之路经济带的核心区域,丝绸之路经济带有助于深化中国与中亚地区的能源资源合作,促进区域内部的和平发展和繁荣稳定,最终实现与中亚地区贸易一体化的目标。在"一带一路"建设中,新疆要与中亚、西亚、欧洲的市场紧密对接,把对外开放与深化改革结合起来,把对内开放与对外开放结合起来,把重点突破与全面发展结合起来,依托面向中亚、南亚、西亚乃至欧洲的独特地缘优势和口岸及综合交通运输网络优势,充分发挥国际大通道的重要作用,扩大经贸合作的规模,落实双边多边经贸合作纲要的"措施计划"。

建设环阿尔泰山次区域经济圈。该经济圈是以阿尔泰山区域为核心,由中国阿勒泰地区、俄罗斯西西伯利亚地区、哈萨克斯坦东部和蒙古国西部组成的经济圈,该区域拥有丰富的矿产资源和其他自然资源,能组合为各类自然景观,从而具有丰富的生态旅游资源。环阿尔泰山区域具有开展跨国生态旅游合作的巨大潜力。具体而言,俄罗斯的阿尔泰边疆区拥有大量的矿产资源,包括铁、黄金、汞、有色金属和稀有金属等;林业资源总储量达 7.5 亿立方米,主要分布在萨拉伊尔山西坡、阿尔泰东北部山麓以及鄂毕河右岸的大片松林中;库兹巴斯煤田是苏联的第二大煤炭基地,地质储量达 7250 亿吨;水资源方面,分布着比亚河、卡通河两大支流,捷列茨科耶湖是其境内最大的淡水湖泊;拥有切马尔、乌斯季科克萨—别卢哈、乌拉干、捷列茨科耶湖、丘亚大草原等自然风光旅游区。哈萨克斯坦的东哈萨克斯坦州也拥有丰富的矿产资源,拥有丰富的自然景观,其境内的别卢哈山是整个西伯利亚地区的最高山,具有发展旅游经济的较大潜力。蒙古国的巴彦乌列盖省和科布多省同样具有丰富的矿产资源和旅游资源。夭尔特、木什古、塔尔吉尔、奴林戈尔、克依兹儿—塔乌等矿区都位于阿尔泰区域内;呼尔刚湖位于阿尔泰山附近,有潜力发展为旅游和登山的重点区域。阿尔泰区域"四国六方"合作在获得自身经济社会发展的同时也增进了彼此在政治、文化等方面的交流和了解,可为阿尔泰区域的整体发展营造良好、和谐的社会环境,也为中、俄、哈、蒙联手打击"三股势力"奠定了坚实的物质和人文基础。

(2)中蒙俄经济走廊。2014 年 9 月 11 日,中国国家主席习近平在出席中国、俄罗斯、蒙古国三国元首会晤时提出,将丝绸之路经济带同"欧亚经济联盟"、蒙古国"草原之路"倡议对接,打造中蒙俄经济走廊。目前,建设中蒙俄经济走廊规划纲要已经出台,这是共建"一带一路"框架下的首个多边合作规划纲要。在三方的共同努力下,规划纲要已进入具体实施阶段。我国与蒙古国陆上相邻 4710 千米,对蒙开放一类口岸 13 个,其中 12 个公路口岸,1 个铁路口岸。对蒙口岸位于新疆的有 4 个,内蒙古有 9 个。我国与俄罗斯边界线长约 4300 千米,对俄开放一类口岸

27个,铁路口岸4个,公路口岸8个,水运口岸15个。对俄口岸位于内蒙古的有4个,黑龙江有21个,吉林有2个。各口岸中,二连浩特是我国最主要的对蒙口岸;满洲里、绥芬河、黑河和珲春是我国对俄主要口岸,其中满洲里是我国最大的对俄口岸,占我国对俄贸易量的60%以上。在中蒙俄经济走廊建设中,二连浩特、满洲里、绥芬河、黑河、珲春是中蒙俄经济走廊中最为关键的口岸节点,是带动我国东北沿边经济发展和对外开放、促进东北亚区域合作的重要窗口。

研究设立"海赤乔"国际经济合作区。中俄蒙接壤构成了"海赤乔"金三角。以内蒙古呼伦贝尔海拉尔区、俄罗斯外贝加尔边疆区首府赤塔市、蒙古国东方省首府乔巴山市为支点,通过加强基础设施互联互通、深化多层次合作、建立健全合作机制,打造"海赤乔"国际合作金三角,辐射俄罗斯三个州区、蒙古国东部三省区和我国东北地区,成为我国"一带一路"中蒙俄经济走廊建设的有力支撑。研究设立"海赤乔"国际经济合作区,有利于"一带一路"建设,在唯一的三国交界处内蒙古呼伦贝尔市建设中俄蒙合作先导区,充分发挥先导区在欧亚大陆桥上外接俄蒙联通欧洲、内接东北通达华北腹地和沿海口岸的重要枢纽作用,加快沿边地区的开发开放,对于丝绸之路经济带同俄罗斯跨欧亚大铁路和蒙古国"草原之路"对接与协作具有重要意义;有利于打造向北开放升级版,习近平总书记视察内蒙古时指出,内蒙古要通过扩大开放促进改革发展,完善同俄蒙两国合作机制,深化各领域合作,把内蒙古建成我国向北开放的重要桥头堡;有利于东北振兴,在东北地区,以呼伦贝尔市为节点建设中俄蒙合作先导区,充分发挥先导区的内引外联和辐射带动作用,积极参与东北亚地区产业分工,向东连接哈大齐工业走廊,向南衔接长吉图经济区、沈阳经济区和辽宁沿海经济带,为东北地区和俄蒙间要素资源流动提供综合服务,探索面向东北、服务内地的沿边经济发展新模式,对于提升东北地区的对外开放水平和进一步推动东北地区全面振兴具有现实意义;有利于建设欧亚经贸大通道,"中蒙俄经济走廊"是"一带一路"西出北上的重要一翼,后发优势强劲,通过参与"中蒙俄经济走廊"建设,抓住基础设施互联互通这一关键环节,依托经满洲里口岸的欧亚经贸大通道,内连大连港、秦皇岛港和东北经济区,延伸至内陆腹地,外接俄罗斯欧亚大铁路至欧洲腹地,促进内蒙古东北部地区开发开放;有利于深化能矿合作,多年来内蒙古作为资源型产业地区,基本形成了能源、现代化工、装备制造、有色金属冶炼加工等相对比较完善的产业体系,而毗邻俄罗斯和蒙古国的地区,资源富集,能矿资源合作开发条件好,为发挥互补优势,提升各国产业发展层次,构建特色优势产业链,密切上下游产业合作,拓展双向投资,特别是加快建立境外产业园区,发展深加工产业,实现产业融合发展创造了有利条件;有利于边境地区和谐稳定,俄罗斯和蒙古国是我国北方重要邻国,推进中蒙俄经济走廊建设,一方面将加快边远、贫困地区的发展,不断缩小与发达地区的差距,提高内蒙古经济社会事业水平,改善各族人民生产生活条件,实现稳边、固边、兴边、富边,筑牢我国北方安全屏障,另一方面,也必将深化与俄蒙的睦邻友好和务实合作。依托跨境(边境)经济合作区,加快推进沿边开发开放。按照"两国一区"、境内关外、封闭运行、政策优惠的运行模式,共同完善跨境交通口岸和边境通道等基础设施,推动建立呼伦贝尔中俄合作加工园区,额尔古纳中俄边境经济合作区、满洲里市中俄跨境经济合作区,重点发展国际贸易、加工贸易、商务服务、现代会展、现代物流、旅游和进出口加工制造等,构建陆桥经济合作走廊,使这一区域成为区域性国际综合经济和特色资源型产业集中度高的进出口加工型产业基地、区域性国际商贸物流中心、区域性国际现代化服务业合作平台。依托呼伦贝尔中俄蒙合作先导区建设,着力构筑海赤乔国际合作金三角。呼伦贝尔市毗邻蒙古国东方省、肯特省、苏赫巴特省,毗邻俄罗斯后贝加尔边疆区、布里亚特共和国、伊尔库茨克州等东西伯利亚地区,要在已经缔结的友好关系的基础上,发挥交通运输通道网络、产业合作、人文交流和能源资源合作优势。以呼伦贝尔与俄罗斯和蒙古国的毗邻区域中心城市为载体,加强发展互动和密切交流,深化清洁能源、新型化工、新型建材、装备制造、商贸物流等领域合作,将呼伦贝尔市建设成为欧亚大陆桥的重要枢纽、沿边开放合作的重点发展区域、体制机制改革创新的先行区、睦邻友好的边疆稳定示范区。依托产业园区,加快产业合作开发,按照优势互补、互利共赢的原则,全方位、多层次发展内蒙古与俄罗斯、蒙古国的产业合作,围绕农牧业合作、能矿和制造业合作、物流合作、跨境旅游合作、生态合作、金融合作等重点领域,推动上下游产业链和关联产业协同发展,扩大同各地区的利益会合、互利共赢,形成更完善、更具活力的开放型经济体系。

　　研究设立中蒙二连浩特—扎门乌德跨境经济合作区。2014 年 8 月习近平总书记访蒙演讲中提出"双方同意研究在中国二连浩特—蒙古国扎门乌德等地建立跨境经济合作区",在两国元首见证下,中国商务部与蒙古国相关部委签署了《关于建立中蒙经济合作区的谅解备忘录》。同年 6 月份,二连浩特获批国家重点开发开放试验区。为贯彻落实好习总书记访蒙成果,加快启动国家重点开发开放试验区建设,二连浩特市委市政府顺势而为,将建设跨境经济合作区确定为加快开发开放试验区建设、先行先试改革创新、扩大向北开放的重要载体与先导性项目。中蒙二连浩特—扎门乌德跨境经济合作区规划面积为 18 平方千米,中蒙双方各自规划 9 平方千米土地实现跨境对接。我方项目选址,东临货检通道,北侧以中蒙两国边境线为界,西至呼嘎查,南侧以边境缓冲网围栏北 100 米处平行线为界。蒙方一侧扎门乌德跨境经济合作区即现有的扎门乌德自由区。中蒙双方两区相聚 2 千米,规划通过通道进行连接互通。通过"两国一区、境内关外、封闭运行"的模式,致力于在基础设施、商贸、投资、加工、金融、人文和监管等领域开展全方位合作,利用国内海关特殊监管区域政策、类似中哈合作中心政策、蒙古国自由区法、欧美赋予蒙古国的普惠制政策等，打造政策洼地，吸引生产要素聚集，实现加工制造业和服务业融合发展，将中蒙跨境经济合作区建设成集国际贸易、物流仓储、进出口加工、电子商务、旅游娱乐及金融服务等多功能于一体的综合开放平台，使之成为合作领域全面、产业结构合理、投资贸易便利、监管高效便捷、文化交流深入的中蒙双边友好合作的示范区，为建设祖国北疆亮丽风景线增光添彩。

设立黑河沿边重点开发开放试验区。黑河市地处我国东北边陲，黑龙江省西北部，小兴安岭北麓，是全国首批沿边开放城市、中俄友好示范城市、国家一类口岸，素有"中俄之窗""欧亚之门"之称。市区以黑龙江主航道中心为界，与俄罗斯远东地区第三大城市阿穆尔州首府布拉戈维申斯克市隔江相望，最近距离仅700米，是中俄边境线上唯一地级对应城市，两市同处于东北亚经济圈中心地带，是中俄经贸合作和东北亚区域合作的战略支撑点，被形象地称为"中俄双子城"。黑河交通网络完备，建有4C级国际机场，已开通至哈尔滨、北京、上海、漠河等的多条航线。五大连池机场已建成试飞，正在筹备开通至深圳航线。铁路通过哈北、齐北线可与全国铁路网连接，吉黑、绥北高速公路道贯穿全市。中俄黑龙江公路大桥、跨江索道项目已开工建设。黑河口岸年货物吞吐能力150万吨，旅客年运输能力300万人次，出入境旅客连续8年超百万人次，居黑龙江省各边境口岸之首。建成了黑龙江浮箱固冰客、货运输通道，实现了四季通关。逊克口岸被国家交通部批准为江海联运国际航运港口。黑河市拥有国家级边境经济合作区、中俄边民互市贸易区和黑河、逊克国家一类口岸，实现了过境货物"入港申报，口岸验放"。黑河市产业发展承载基础良好，有产业园区8个，总规划面积163平方千米。其中省级园区6个，县级园区2个。黑河具有国内外巨大市场需求和充足的资本、技术、人才等生产要素支撑，内引外联的区位优势十分明显。实施沿边地区开发开放和东北老工业基地振兴战略，特别是党的十八大以来，黑河市经济社会快速发展，经济结构调整成效显著，生产总值、人均可支配收入多年稳定在两位数的增速水平上，主要经济指标年均增速高于全省平均水平，对外开放不断深化，改革开放进入了新阶段，站在了新起点。随着经济全球化深入发展和国内经济运行压力增大，黑河也面临着一些亟待解决的矛盾和问题，如基础设施建设相对滞后、产业结构不尽合理、人才短板亟须加强，同时，俄罗斯方面政策变动性大，双方合作存在较大的风险和不确定性。破解这些矛盾和问题，保持与俄长期稳定合作，必须进一步改革创新，加大开发开放力度。随着"一带一路"建设和中蒙俄经济走廊建设的全面推进，黑河市作为东北亚区域中心，加快对内发展和对外开放是黑河的主要任务，培育新的经济增长点和建设中蒙俄经济走廊是黑河的重要抓手和切入点。面对经济新常态，黑河市抓住历史机遇，以中蒙俄经济走廊建设为重点，以黑龙江省参与"一带一路"

实施方案为引领,打造沿边开发开放实验区,对于推动"一带一路"建设和构建繁荣稳定的祖国北疆意义重大。建设黑河开发开放试验区,有利于形成融入国家战略、顺应全球化趋势的经济发展格局,有效破除阻碍黑河开发开放的体制机制因素;有利于发挥黑河市独特的区位优势,打造中蒙俄经济走廊建设的重要节点和关键枢纽,下好先手棋,当好排头兵;有利于推进沿边重点地区与周边国家深化合作,构建东西共济、海路并举的全方位对外开放格局;有利于创新发展理念,深化改革开放,闯出一条新形势下东北老工业基地振兴发展新路。

设立吉林延吉(长白)重点开发开放试验区。2014年,国务院印发的《关于近期支持东北振兴若干重大政策举措的意见》明确提出,研究设立绥芬河(东宁)、延吉(长白)、丹东重点开发开放试验区。这是继国务院下发《关于加快沿边地区开发开放的若干意见》之后,明确提出研究设立延吉(长白)等重点开发开放试验区,再次把延吉(长白)重点开发开放试验区列入国家重大政策范畴。这标志着国家层面全力推进延吉(长白)等重点开发开放试验区建设的坚定决心,充分体现了中央领导集体对东北振兴和沿边地区繁荣稳定的高度重视,对东北沿边地区加快开放发展具有重大意义。在沿边开发开放战略中,吉林省把"长吉图"作为吉林改革开放的一面旗帜,推进长吉腹地、延龙图前沿和珲春门户建设。目前,延边州延吉市和白山市长白县积极争取国家相关部门和专家的支持与重视,正按有关程序积极开展各项基础性工作,拟订并上报延吉(长白)重点开发开放试验区建设实施方案,按"区域先行建设和分步实施"的思路,争取早日建立延吉(长白)重点开发开放试验区。建设延吉(长白)开发开放试验区,对促进延边经济社会发展、民族团结、边疆稳定具有重要的意义。

建设长吉图开发开放先导区。加速推进长吉图地区一体化进程,并将其作为一个整体参与国际合作,有利于发挥长吉支撑图们江区域合作开发的直接腹地作用,是我国推进图们江区域开发开放的需要,是实现东北地区等老工业基地全面振兴的需要,也是加强东北亚区域各国合作的需要。要按照统筹规划、分步推进的原则,优化空间布局、明确重点任务、加大政策支持,加快先导区建设。第一,进一步发挥珲春开放窗口作用。研究赋予珲春更加灵活的边境贸易政策,探索双边、多边合作的有效方式;加快珲春与俄、日、韩工业园区建设,增强边境经济合作区经济实力;推进与毗邻边境地区基础设施的合作建设,推进投资贸易和人员往来便利化。适度扩大城市规模,提升国际合作竞争力,把珲春开放窗口建设成为集边境区域性出口加工制造、境外资源开发、生产服务、国际物流采购、跨国旅游等多种对外合作形式于一体的特殊经济功能区,使其成为图们江区域合作开发桥头堡。第二,加快提升延龙图开放前沿功能。大力推进延龙图城市整合进程,强化长吉腹地与窗口之间的纽带传导功能。加快生产要素集聚,打造先进加工制造业、现代物流、旅游及高技术等产业为主体的产业体系;发挥口岸群优势,扩大经贸合作,建设延边国家级经济技术开发区;深化对日、韩、俄科技合作,加快延吉高新技术产业开发区的建设和发展,积极推进其升级为国家级高新区。把延龙图建设成为图们江区域重要的物流节点和国际产业合作服务基地。第三,强化长吉直接腹地支撑能力。发挥科技、人才、产业优势,打造"长东北"新区和吉林北部工业新区,加快建设长吉国家重点开发区域,让这里成为图们江区域的资源要素集聚高地、产业和科技创新高地、国际物流枢纽中心和东北亚国际商务服务基地。长吉地区要发挥支撑图们江区域合作开发的直接腹地作用,有选择地将相关配套产业向前沿和窗口地区转移,支持和鼓励企业利用对外通道开展国际物流业。

继续推进大图们江区域合作。加快大图们江次区域范围内开发开放合作,是我国东北地区"开放带动"战略的重要体现。以吉林省为例,该地处于辽、黑两省之间,边境贸易以对朝贸易为主,没有自己的出海口,贸易总量小、品种少。图们江地区的开发开放,为吉林省、东北地区乃至整个东北亚的中心地带打开一个对外开放的大通道,可以在东北全境形成大连、珲春遥相呼应,全盘皆活的对外开放新格局。因此,加快图们江地区的跨境次区域经济合作,特别是推进中俄"路港关一体化"项目和中朝"路港区一体化"等合作项目建设,是我国实现"开放带动"战略的重要选择。建议在图们江下游地区中俄朝三国交界处辟建跨国自由经济贸易区,依托东向中朝、中俄两条出海通道与西向中蒙国际大通道,以外向型经济为目标,吸引日韩先进技术与管理经验以及充裕的资金,结合本地区富足的劳动力资源与丰富的自然资源,促进东北亚六国间的经济合作,促进区域经济增长。加快图们江地区开发开放,有利于增强我国在东北亚区域国际合作中的主导权,推动中朝、中俄、中蒙合作。日本与韩国是中国重要的对外贸易伙伴,中日韩三国都主要以进出口为导向,中间产品贸易流量较大,贸易结构具有一定的趋同性和互补性,推进中日韩自贸区建设,能够进一步提升三国之间的竞争水平和效率,提升三国间贸易的垂直分工和水平分工水平,加速促进三国产业结构的调整。

建议建设"一带一路"中韩朝俄经济走廊。东北亚地区无论是对于亚洲地缘政治安全,还是对于中国周边经济合作,都是极为重要的地区,更是"一带一路"建设不能回避的重要区域。大图们江开发开放是发展东北亚区域合作及连接"一带一路"关键所在。东北亚的中日韩三国不仅是亚洲最重要的国家,而且是推动世界经济发展的火车头国家。中国和日本已成为世界第二、第三大经济体,韩国也在世界经济中占有重要地位,中日韩三国的人口总数超过15亿,三国GDP占全球经济总量的17%。目前,中日韩三国都积极推进和参加了"东亚共同体"的建设,在金融、贸易、环保、能源、旅游等领域都建有磋商机制,中日韩自由贸易区谈判有待重启。为了实现"一带一路"与中国周边合作全覆盖,建议建设"中朝韩俄经济走廊",带动中朝关系改善和发展,加大对朝开展经济合作与交流,促进中朝韩俄的经济合作与东北振兴实现联动,有利于东北亚与世界的经济交流与合作,带动朝鲜融入国际社会,同时推动日本参与"一带一路"合作圈,有利于东北振兴和长吉图、丹东沿江发展战略实施,开通图们江入海通道,中朝韩俄实现互联互通、优势互补、合作共赢,促进东北亚区域合作和朝鲜半岛稳定,打造新的经济增长点。

加强东北亚的节点性城市建设。面向东北亚的城市网络主要包括长吉图城市群、哈牡绥城市群、沈大城市群以及呼包鄂城市群。长吉图城市群主要是指围绕长春的吉林和图们江,主要是强化其在汽车及汽车零部件制造、装备制造等方面的优势,建设以汽车和装备制造为特色的产业基地。哈牡绥城市群主要是围绕哈尔滨的牡丹江和绥芬河,要强化其在农林产品加工、旅游服务、商贸物流等方面的产业优势,建设以农林产品、旅游集散、商贸物流方面的产业基地。沈大城市群主要包括围绕沈阳的大连、鞍山、抚顺、本溪、营口、辽阳、铁岭等相关城市,要发挥这些城市在钢铁、机械、石油化工等方面的产业基础和优势,打造钢铁、机械、石油化工方面的生产基地。呼包鄂城市群主要是指围绕呼和浩特的包头和鄂尔多斯,主要是要发挥其在煤电、钢铁、服装、畜牧产品方面的优势,将其打造成为煤电、钢铁、羊绒及羊绒制品基地。

(3)中国—中亚—西亚经济走廊。中国—中亚—西亚经济走廊是世界主要能源生产和出口基地之一,已探明的石油、天然气储量分别占全球的45%和23%。中亚地区包括哈萨克斯坦、吉尔吉斯斯坦、乌兹别克斯坦、塔吉克斯坦和土库曼斯坦五国,也是世界上石油和天然气资源蕴藏量极丰富的地区之一。当前,海湾地区和中亚地区均以能源的出口作为国家经济增长的主要途径,均面临着产业结构单一,基础设施薄弱和加工业、服务业不强的困境。中国作为此类地区能源资源出口的重要市场,随着"走出去"战略的实施,该类地区也有引进中国资本参与其工业发展的迫切愿望,因此,依托"一带一路"建设,加快中亚自由贸易区谈判进程,早日开启中国中亚自由贸易区谈判,有利于推进中国与上述地区国家在能源、工业园区建设、基础设施建设方面的深层次合作,助力这些国家经济的转型和发展。

建设中国—中亚经济圈。在中亚国家中,从国力上看,哈萨克斯坦和乌兹别克斯坦相对发达。哈萨克斯坦北靠俄罗斯,东邻中国,工农业基础较好,矿产资源丰富,还是著名的"粮仓"。乌兹别克斯坦位于中亚的中心,与其他四国及阿富汗接壤。乌兹别克斯坦是世界产棉大国,籽棉年产量居世界第五,皮棉的出口量为世界第二。另外,其黄金自然储量占世界第四,开采量为世界第七。其他三个中亚国家相对比较落后,但也各有优势。吉尔吉斯斯坦黄金产量高,水力资源丰富。塔吉克斯坦铝矿和水力资源丰富。土库曼斯坦拥有丰富的石油和天然气资源,棉花产量也十分可观。虽然大部分自然资源尚待开发,但由于拥有巨大潜力,中亚在国际政治经济格局中占据了特殊的位置。例如蕴藏丰富石油和天然气资源的里海地区，将是21世纪全球最具能源开发前景的地方。据预测，在不久的将来，哈萨克斯坦每年有能力出口1亿吨原油和1000亿立方米天然气，土库曼斯坦和乌兹别克斯坦每年的天然气出口也有望达到1000亿和200亿立方米。中亚诸国相互之间也在不断寻求多种合作方式，"中亚经济论坛"就是其相互合作的形式之一。在未来8～10年内，中亚国家国民经济进入快速发展期，一些高新技术和轻工业领域将会进入快速增长期，第三产业将会成为中亚各国今后经济发展的重点领域。中亚各国也在寻求与中国的更广泛的合作机会，希望通过喀什的陆、空通道，与中国内地及东南亚国家和印度洋港口相连接，求得较近和便利的出海口，以利其扩大对外开放。其一，扩大合作规模。除着眼能源领域外，应努力扩大双边合作领域，诸如农业、制造业、金融、人力资源合作等，充分利用中亚、西亚广阔的市场。如西亚沙特阿拉伯，它进口的农产品主要是谷物、乳蛋、蜂蜜及其他食用动物产品、活动物、食用水果及坚果等。其中，谷物是沙特进口最多的农产品，占全部农产品进口额的30％左右。中国农产品在西亚各国市场占有率较低，排名靠后，双方农业领域的合作也相对滞后。因此，中国需要详细了解西亚各国的食品法律、标签要求和市场准入限制。在西亚国家，一些商品的进口因宗教、卫生和安全等因素而被加以禁止，如法律禁止进口不符合伊斯兰教规定的产品及含酒精类饮料、酿酒设备、肉类产品。还要求家禽和家畜肉类产品装载时附带额外的健康证明，以说明出口到该地的屠宰动物并没有喂食促进生长的激素。此外，双方在水产养殖、防治土地沙漠化等领域合作潜力巨大，要继续加强农产品信息、科技研发、人员管理等方面的交流。另外，日用消费品也是中国与西亚各国可以进一步关注的热点。除了石油及石油衍生产品，西亚各国其他大量商品大都依赖进口。中国经济这些年快速发展，由于价格优势，原来以消费欧美产品为主的西亚阿拉伯国家消费者已渐渐地接受中国商品，比如家具、鞋子、服装、文具、箱包、袜子、小五金、电动工具、大小家电、强化地板、洁具等。其二，加强企业合作。中国—西亚已经签订了一系列协议文件，要采取各种措施，把合作落到实处。具体来说，影响中国—西亚经贸关系发展的一个重要因素是双方经济合作机制还不完善，只是官方层面达成某些共识，但并没有在企业层面得到落实。因此，必须采取切实措施，加强双方企业的长期合作，进一步创新机制、制定政策，推动双方企业合作向纵深发展。中国与西亚经济互补性强，要大力推动经济技术合作，加大横向和纵向信息交流和协调力度，加强技术交流和合作，这样，才能真正建立起紧密联系、相互依赖的丝绸之路经济带关系。其三，加强人文交流。一方面，要加强双方官方和民间多层次、多领域的交流，增进相互了解，使丝绸之路经济带建立在雄厚的经济、政治和社会基础上。新闻媒体要加强舆论宣传力度，讲好中国故事，打消西亚各国公众的疑虑，使西亚各国的人民了解中国的真实情况,为双方整体关系进一步稳定发展做出贡献。中国政府应积极与西亚各国政府加强政策沟通协调,对当前无序的民间交流进行引导,有组织、有计划地输送人员到对方国家进行交流与学习,在彼此深入了解和相互学习的基础上,培养热衷于发展友好关系的青年群体。另一方面,双方还应采取有效措施推动和落实地方城市间的合作,更加积极地开展多层次的交流,逐步建立起一个具有广泛基础的多层次、形式丰富多样、稳定而繁荣的交流机制,以确保双方关系在稳定和可预见的环境中发展。其四,完善合作机制。中国与西亚共建丝绸之路经济带有着一定的基础和良好的机遇,但在发展过程中,存在利益差异及对机制发挥作用的认识不对称等问题。这些问题都可能影响其发展走向,因此,双方应从大局出发,从战略高度着眼,互谅互让,妥善处理分歧。目前,"中阿合作论坛"参与的层次主要是部长级会晤机制,这同中国与亚太经合组织成员、上海合作组织成员国、东盟成员国、欧盟成员国集体会晤已经上升为元首或首脑峰会级别并以机制化固定下来的情况相比,明显不足。建议部长级升级为政府首脑级甚至国家元首级,包括元首级(首脑级)、部长级和高官级的多层次多边磋商机制,以适应中国与西亚共建丝绸之路经济带的需要。

加强天山北坡经济带建设。天山北坡经济带作为国家西部大开发战略的重要一环,对新疆的发展具有重要意义。天山北坡经济带规划出台后,将进一步加强天山北坡经济区建设,发挥北疆既有的产业优势,具体包括:吐鲁番、哈密地区的风能、太阳能、石油天然气与无机盐;石河子、玛纳斯、沙湾地区的农业;奎屯、克拉玛依、乌苏地区的石油化工与轻工业;博乐、精河、阿拉山口地区的陆路货物贸易。大力发展资源加工业及深加工,可进一步提高市场竞争力。天山北坡城市主要是指围绕乌鲁木齐周边的昌吉市、克拉玛依市、石河子市、奎屯市、伊宁等相关城市,要进一步强化这些城市在石油天然气化工、纺织、机电、煤电、煤化工等方面的产业优势,将其打造成为我国面向中亚的资源进口的国际大通道,建设以石油天然气化工、机电、纺织为特色的产业生产基地。

(4)中国—中南半岛经济走廊。中国—中南半岛经济走廊以中国西南为起点,连接中国和中南半岛各国,分别经老挝、越南、柬埔寨,连通泰国、马来西亚,抵达新加坡,是中国与东盟扩大合作领域、提升合作层次的重要载体。

打造中国—东盟自贸区升级版。在第十届中国—东盟博览会和商务与投资峰会上,国务院总理李克强提出打造中国—东盟自由贸易区升级版的倡议,建议双方可进一步降低关税,削减非关税措施,开展新一轮服务贸易谈判,推动投资领域的实质性开放,提升贸易和投资自由化、便利化水平,使中国—东盟自贸区在更广领域、更高质量上打造升级版。把广西建设成中国—东盟区域性国际物流枢纽、区域性金融中心、人文交流合作示范区、宜居宜业首选地。

　　加快北部湾沿海三市一体化发展。广西沿海三市(北海、防城港、钦州)一体化要着力调整优化城市布局和空间结构,发挥各自比较优势,立足现代产业分工要求,打造具有较强竞争力的沿海经济新的增长极;着力构建现代化交通网络,发挥沿海三大港口的整体规模优势,破除互联互通瓶颈,打造基础设施升级版;着力扩大环境容量与生态空间,强力整改突出的环境问题,加大环境保护基础设施建设,打造蓝色生态美丽宜居湾区;着力推动公共服务共建共享,统筹教育事业发展,加强医疗卫生联动协作,逐步提供均等化的公共服务;着力加快市场一体化建设步伐,加快破除制约协调发展的体制机制障碍,推进要素市场一体化改革,建立区域一体化发展制度体系,努力形成优势互补、互利共赢的一体化发展新局面。围绕北部湾经济区总体定位,沿海三市加快在以下发展定位上实现突破:第一,研究设立中国—东盟特别经济合作区。北部湾是南向开放的重要门户,南向通道是我国西部相关省份与东盟国家合作的国际贸易物流通道,沿海三市则是其重要枢纽。充分发挥沿海三市与东盟陆海相连的独特优势,通过整合港口、优化航线,强化北部湾港口群国内国外交通连接作用,推动21世纪海上丝绸之路与丝绸之路经济带的交汇对接、衔接互动。强化北部湾三市与东盟国家合作的战略支点作用,建设中国—东盟特别经济合作区,与中国—东盟自由贸易区升级版对接,推进中国—东盟特别经济合作区与中国—东盟自由贸易区的有机融合,实行高水平的贸易和投资自由化、便利化政策,对外商全面实现准入前国民待遇加负面清单管理制度,在对接国际高标准投资贸易规则、完善新时代中国特色社会主义市场经济体制、推进国家治理体系和治理能力现代化等方面先行先试,进一步调整和完善中国改革开放空间布局。加快与东盟加工制造业对接,推进与东盟国家互联互通、产能合作,在更高层面参与东盟产业分工领域取得更明显的拉动效益,提升区域经济竞争力。第二,研究设立全国向海经济创新发展试验区。实施海洋战略,推进湾区与沿线国家在海洋生态保护、海洋资源开发、海洋经济发展等方面的深化合作,作好向海经济大文章。优化海洋经济发展格局,促进临港工业、海洋新兴产业等集聚发展,建设油气勘探开发保障基地,服务国家南海资源开发战略。合理利用海岛和岸线,科学开发特色旅游资源,建设国际知名的滨海旅游休闲目的地;保护和修复海岸带生态环境,促进集中集约用海,将沿海三市打造成为全国海洋经济发展示范区的示范基地和经略南海的战略支撑。第三,建设北部湾广西国家重要港口群。充分发挥与东盟国家海陆相连优势,强化中国—中南半岛陆上国际大通道建设,推进北部湾区域性国际航运中心建设,提升港口综合竞争力,大力推动三市港口分工合作与错位发展,进一步加密航线,完善以北部湾港口群为起点的海上运输大通道。加快推进跨境铁路、公路建设,打通陆上东盟通道;加快推进北向高铁建设,打通南北国际新通道,加快建设合湛铁路,融入沿海高铁大通道。构建中国—东盟国际信息通道,打造与东盟国家便捷联系的国际大通道枢纽,加强与"一带一路"沿线国家重要港口合作,共建友好港口和物流园区、产业园区。第四,建设陆海统筹发展示范区。统筹推进陆域基础设施建设、产业和城镇布局、人口分布等与自然岸线利用、海洋环境保护,统筹入海河流治理与近岸海域保护,统筹近海开发与远海资源利用,促进陆域经济和海洋经济良性互动发展,建设南海开发利用服务保障基地,探索陆海协调、人海和谐的发展新模式。充分发挥三市在海陆两维国际大通道的地缘优势,探索"一带一路"建设新模式、新路径,打造西南中南地区开放发展新的战略支点,形成丝绸之路经济带和21世纪海上丝绸之路有机衔接的重要门户。深入推进国际产能合作,打造双向投资贸易新高地。

设立广西防城港、云南瑞丽沿边自由贸易试验区。鼓励云南、广西等地整合沿边开放资源,设立具有国际贸易、转口贸易、国际物流功能的"沿边自由贸易试验区",全面实施贸易投资自由化政策。创新贸易投资体制机制。在促进自由贸易、放宽产业准入等方面破除制约中缅贸易与投资合作的体制机制障碍,进一步扩大双边贸易投资规模。扩大人民币结算和交易范围,为人民币周边化、区域化创造有利条件。加强中缅双边在市场准入、海关监管、检验检疫等方面的管理体制创新与政策协调。发展跨境、边境旅游合作区。鼓励省(区、市)人民政府采取更加灵活的管理方式和施行更加特殊的政策,与对方国家就跨境旅游合作区内旅游资源整体开发、旅游产品建设、旅游服务标准推广、旅游市场监管、旅游安全保障等方面深化合作。创新跨境协调合作机制。将"一线放宽,二线安全高效管住"的分线管理模式复制推广到其他跨境经济合作区,进一步提高通关便利化水平。创新人才保障机制。推行公务员聘任制试点,突破身份限制,积极探索人才"飞地",实现跨地区、跨行业、跨部门吸引紧缺急需的人才,形成人才集聚效应。

建设广西百色重点开发开放试验区。百色试验区位于中国西南边陲、广西西北部,东南连南宁,西邻云南,北接贵州,南与越南高平省、河江省接壤,边境线长359.5千米,是著名的革命老区、边境地区、民族地区和集中连片贫困地区。试验区范围覆盖百色市全域,包括右江区、靖西市、田阳区、田东县、平果县、德保县、那坡县、凌云县、乐业县、田林县、西林县、隆林各族自治县等12个县市区,总面积3.6万平方千米。百色试验区区位优势显著,地处中越"两廊一圈"接合部,拥有龙邦、平孟2个国家级一类口岸,岳圩二类口岸和新兴、岳圩、龙邦、孟麻、平孟、百南、那布等7个互市点,是我国对越南和东盟开放合作的重要前沿,是"一带一路"的重要节点。试验区交通条件便利,公路、铁路、水运、航运、口岸"五位一体"综合立体交通网络基本形成,是我国西部地区经越南通往东南亚距离最短的陆路大通道。建设百色试验区,有利于加快落实习近平总书记赋予广西的"三大定位"新使命和"五个扎实"新要求,推动广西形成"南向、北联、东融、西拓"全方位开放发展新格局;有利于深入推进"一带一路"建设,打通西部地区经广西出境抵达东盟距离最短的互联互通南向大通道,加快建设中国—东盟自由贸易区升级版,构建更为紧密的利益共同体、责任共同体、命运共同体;有利于优化区域开放布局,加大西部大开发力度,以开放促开发、促发展、促创新,培育新的经济增长点;有利于促进革命老区振兴,打赢边境地区精准扶贫攻坚战,加快边境民族地区经济社会发展。

研究设立中国—东盟特别经济合作区。抓紧编制南向开放特别经济合作区规划并将其上升为国家战略,争取尽早上报审批。从经济全球化背景看,中美贸易摩擦加剧,美国贸易保护主义和民粹主义抬头等一系列问题的出现,不仅影响国内的和谐发展,也同时影响世界的和谐发展,应对中美贸易摩擦最好的办法是要把自己的事情做好,继续加大改革开放的力度;从地缘政治角度来看,东盟与南亚是我国睦邻政策的落脚点,这些国家,无论是地缘、政治还是文化,与我们的关系都十分密切,也是我们发展区域合作的重要组成部分,国际区域经济特别合作区的建立,就是为了解决与这些国家的共赢与发展问题;从国内国外的开放态势来看,地区的新一轮发展总要寻找到一个新的增长点、新的开放平台,才能带动整个区域的健康快速发展。我们发展的成功经验,第一波浪潮是特区,接着扩展到沿海,继而到浦东,继而天津滨海新区,均从沿海启动。中国改革开放成功的经验,都是用开放与增长极来带动国家发展。设立中国—东盟特别经济合作区,在标准上更高一层,在时间上先行一步,在路径上更优一些,立足北部湾、服务"三南"(西南、华南和中南)、沟通东中西部、面向东南亚,着力推动劳动密集型、技术密集型等领域产业合作,聚焦新材料、高端装备、能源化工等重点优势产业,采取多种方式分类推进国际产业合作,将建成中国—东盟开放合作的物流基地、商贸基地、加工制造基地和信息交流中心,推动上游、中游、下游的产业链集群发展,围绕制造业形成生产性服务业和制造业集群,促进东南亚国际区域协调发展,使合作区加速成为国际区域经济合作新高地和我国沿海经济发展新一极。探索建设国际合作园,吸引沿线国家和地区跨国公司、研究机构在沿海三市设立经济研发中心和分支机构,组建大数据、智能装备、智能家电等产业联盟,打造国际产业合作示范平台。谋划建设"一带一路"职业教育合作办学基地、产教协同创新中心和国际交流教育中心,打造"一带一路"国家职业教育合作综合试验区。加强"一带一路"智库建设,推动与沿线国家和地区智库交流互访。

积极推进大湄公河次区域合作。中国积极参与该区域的合作与开发,发展与湄公河流域国家的友好关系,对这一地区的和平、稳定与发展,对保障中国尤其是中国西南地区的安全都有重大意义。大湄公河次区域地理位置优越,正处于太平洋与印度洋、亚洲和大洋洲海上交通的"十字路口",战略地位重要;同时拥有优越的自然条件,矿产、森林、水利和土地资源相当丰富,原材料价格低,土地租金、劳动力成本低廉,湄公河流经众多国家,港口优势突出,航运便利。湄公河是中国西南地区走向东南亚最便捷的通道,也是连接中国和东盟一条天然的纽带。中国与次区域国家合作开发这一地区的丰富资源,并铺设经过缅甸或泰国到达中国西南的油气管道,就可以绕过马六甲海峡,这对于中国利用外部资源、保障石油安全具有重要的战略意义。同时,区域内自然景观绚丽独特,民族文化多姿多彩,农业、水利、物流、航运、旅游业等开发潜力巨大。流域国家与中国文化相近,区域相连,人员往来频繁。云南地处中国西南部,是西部大开发战略的重点地区之一,发展潜力巨大。"一带一路"建设为云南的经济起飞插上翅膀,同时也进一步带动与相关国家经贸往来、人文交流与产业协作。尤其是次区域范围内水陆交通的三大动脉(泛亚铁路、昆曼公路、澜沧江—湄公河水路)的建成,把六个成员国市场连接起来,相互贸易更加便捷,有效带动旅游、农业、采矿业、加工业等的发展,市场需求潜力巨大。具体来说,湄公河区域的泰国、越南、柬埔寨、老挝和缅甸五国基础设施尚不完善,许多地区甚至不通水、不通电。亚洲开发银行估计,从2016年到2030年,亚太地区基础设施总投资额预计将达到26万亿美元,平均每年1.7万亿美元,主要集中在能源、交通、通信设施、用水和卫生设施方面,这就意味着湄公河区域的基础设施建设具有非常大的投资潜力。在湄公河次区域合作中,从经济上看,这一区域是中国西部大开发战略和"走出去"战略的重叠区,中国与这些国家尤其是与缅甸、老挝、泰国合作的潜力巨大,前景广阔。各国之间要素禀赋各异,经济发展水平不一,比较优势差异明显,贸易、产业投资互补性很强,而且这些国家发展经济和改善民生的愿望强烈,普遍制定了面向未来的发展规划。以开放谋发展,以合作促繁荣成为各国共同的选择,对中国大西南开发和经济腾飞起着重要的推动作用。澜沧江—湄公河为次区域六国提供了一条天然的交通水道。中国西南地区的商品以昆明为起点运至东南亚各国,通过澜沧江—湄公河运输的距离比绕道华南海港转运缩短了1500~3000千米,节约了六分之五的时间,运输成本降低了60%以上。另外,该地区自然资源极其丰富,有色金属和珍贵宝石享誉全球,还是富饶的鱼米之乡;森林覆盖率高,出产许多名贵树木;自然风光旖旎迷人,旅游资源非常丰富,是一条贯穿寒带、温带、亚热带、热带的水上黄金旅游线。中国可以充分利用这个已有的平台,发挥其邻近东南亚的地域优势,使西南地区从内陆边疆、发展滞后的地区成为中国连接次区域及东南亚的国际通道和经贸合作的前沿。

建设沿边重点城市。建设面向东南亚及南亚开放的沿边重点城市,主要包括滇西城市群和北部湾城市群。滇西城市群主要包括保山、腾冲、芒市、瑞丽等,要不断推进专业化分工协作,重点发展摩托车及配套、加工业、冶金、生物、现代农业等产业,打造成为次区域合作中的专业化生产基地。北部湾城市群主要包括围绕南宁的北海、钦州、防城港、崇左,要结合城市的区位和产业基础,促进北海、钦州、防城港在临港物流方面的分工协作,推进崇左在农副产品加工、矿产资源开采及加工等优势产业上的发展。

(5)中巴经济走廊。中巴经济走廊是"一带一路"六大国际经济合作走廊之一,是"一带一路"建设的重要组成部分,也是"一带一路"建设的重要抓手。"一带一路"提出的"政策沟通、设施联通、贸易畅通、资金融通、民心相通"符合中巴两国的共同需求。加快建设中巴经济走廊,具有十分重要的战略意义,不仅有利于中巴经济联动,凝聚合力,拓展开放共享,打造中巴命运共同体,而且有利于维护两国能源安全,促进两国参与全球化和市场化进程空间,同时还有利于带动两国经济发展,维护两国边疆社会稳定以及促进地区互利共赢、共同发展。因此,建设中巴经济走廊,利在中巴,惠及南亚及周边,对整个地区的和平稳定和经济融合都会产生深远影响。为了进一步加快中巴经济走廊建设,中巴双方还需从以下几个方面做出努力。第一,继续深化战略合作。由于中巴经济走廊建设战略意义重大,双方都希望将其打造成"一带一路"建设的旗舰项目和样板工程。要继续保持高层频繁互访和会晤,加强战略沟通与协调,把中国倡议的"一带一路"与巴国内经济发展规划及发展进程更加紧密地结合在一起,以帮助巴实现国家经济发展的目标,从而把两国高水平的政治关系优势转化为实实在在的务实合作成果,造福两国人民。第二,强化舆论引导。中巴经济走廊作为当前两国推动的重大合作项目,需要得到中巴两国、两国人民及国际社会的理解和认同,才能更加有效地推进。目前,虽然巴政府部门、议会、军方以及各智库机构普遍对中巴经济走廊给予积极支持,但在长期合作过程中难免会出现一些问题和不同意见。在此背景下,中巴双方要不断巩固传统友谊,加强舆论引导,排除干扰,深化务实合作,既坚定信心,使双方对走廊建设保持巨大热情,充分发挥中巴经济走廊的引领作用,又要看到建设的长期性和艰巨性,深入进行各层面沟通协调交流,推动两国关系不断迈上新台阶。第三,加强安全合作。经济走廊建设面临的最大挑战是安全问题。随着中巴经济走廊建设的推进,其安全压力将增大。特别是俾路支省的分裂势力及塔利班,给中巴经济走廊建设带来了巨大的安全隐患。这需要中巴进一步加强安全反恐方面的合作,共同严厉打击"三股势力",防止其蔓延,以便为走廊建设提供更加安全稳定的社会环境。第四,加强互联互通。基础设施和通道是建设经济走廊的基础。目前,巴基础设施落后,公路、铁路、航空、港口布局失衡,运输能力较差,每年基础设施瓶颈给巴带来的经济损失占 GDP 的 4%～6%。今后中巴要继续完善合作机制,协调各方利益和矛盾,加快推进公路、铁路、油气管道、光缆"四位一体"的通道合作,努力改善交通运输条件,增强吸引力和带动力。第五,深化产能合作。要加大投资合作力度,广泛开展优势互补的产能合作。中巴经济走廊建设要与巴城镇建设、港口建设、工业园区建设、经济特区建设等相结合,形成产业布局合理、优势特色明显的互补性产业体系,推动巴潜在优势向现实优势转变。要继续用好两国签署的自由贸易协定,加强互利合作,不断拓展经贸往来,促进优势互补,让双方人民得到更多实实在在的利益。加快瓜达尔港区建设,进一步扩大瓜达尔港集装箱吞吐能力,加快建设连接港口区的交通系统,建设瓜达尔物流和能源基地,延伸产业链,带动更多地区发展。要进一步发挥市场的作用,让更多企业参与中巴产能合作,促进产能合作方式多样化,不断拓宽产能合作范围,提升合作效果。

建设好喀什经济特区。喀什地区位于中国西陲,东临塔克拉玛干沙漠,南依喀喇昆仑山与西藏阿里地区,西靠帕米尔高原,东北与阿克苏地区柯坪县、阿瓦提县相连,西北与克孜勒苏柯尔克孜自治州的阿图什市、乌恰县、阿克陶县相连,东南与和田地区皮山县相连。喀什是中国的西大门,与五国接壤,有 6 个国家一类口岸对外开放,区位优势明显。2010 年 5 月,中央新疆工作会议上明确设立喀什经济开发区,给予特殊政策,这对实现喀什地区乃至新疆经济的跨越式发展具有重要战略意义。喀什经济开发区目前已采取了多项措施促进其经济繁荣发展,如加大基础设施建设、鼓励招商引资、大力培育引进科创企业、鼓励上海浦东银行、广东发展银行等相继落户等。喀什经济开发区另一头连接瓜达尔港,瓜达尔港建设不仅会带动贫困落后的俾路支省乃至整个巴基斯坦的经济发展,还将成为阿富汗、乌兹别克斯坦、塔吉克斯坦等中亚内陆国家最近的出海口,担负起这些国家连接斯里兰卡、孟加拉国、阿曼、阿联酋、伊朗和伊拉克等国甚至与中国新疆等西部省份的海运任务,成为地区转载、仓储、运输的海上中转站。

建设好瓜达尔港和自由经济区。瓜达尔港是巴基斯坦的重要港口,位于巴基斯坦俾路支省西南部瓜达尔城南部,为深水港。地区面积 14637 平方千米,人口8.5 万人。2013 年,中国海外港口控股有限公司(下称"中国港控")取得了瓜达尔港口及自由区运营权。2015 年 4 月瓜达尔港投入运营。2015 年,中巴双方确定以中巴经济走廊建设为中心,以瓜达尔港、能源、交通基础设施、产业合作为重点,开启了中巴经济走廊建设新局面。瓜达尔港的建成通航,不仅拉近了中国与中东地区的距离,而且会彻底激活中国和中东乃至非洲的贸易。从地图上看,原来通往中东要绕道马六甲海峡才能达到,整个路线属于半圆形,现在直接通过霍尔木兹海峡可以到达中东。目前,瓜达尔港自由经济区起步区建设也在稳步推进,已有 20 多家中巴企业入园。入驻企业全部投产后,年产值将超过 50 亿元人民币,为这座人口不足 10 万的渔业小城居民创造了大量工作的机会。当地百姓已从港口建设中直接受益。中国公司安装的日处理能力达 550 万加仑的海水淡化设施,不仅能满足港口内生产和生活的需要,每月还能向附近居民提供免费淡水。在支持当地教育发展上,中国港控更是一年一个台阶:2013 年,为瓜达尔小学捐献 3 辆校车;2014 年设立中国港控奖学金,资助当地学生来华学习、研修;2015 年,全力支持中国和平发展基金会在瓜达尔建设中巴法曲尔小学。中国港控还是首个服务"一带一路"建设的专项公益基金"丝路博爱基金"的捐赠企业之一,为中巴急救走廊建设提供用地支持。2017年5月,中巴急救走廊首个急救单元——瓜达尔中巴博爱医疗急救中心在瓜达尔顺利落成。目前,急救中心所需的医疗设备及急救车辆已运抵瓜达尔港,并完成设备安装和调试。同时,中国红十字援外志愿医疗队12名队员已入驻瓜达尔港,开展为期两年的医疗服务。2017年11月,由新疆克拉玛依市政府援建的中巴经济走廊首座多要素自动气象站在瓜达尔建成并投入使用。气象站不仅将为瓜达尔港区提供实时气象服务,还将为后期开展海运、航空、环境等全方位气象服务奠定基础。当月,瓜达尔港东湾快速路启动仪式顺利举行。该项目将有助于便利港口货物运输,增强港口同其他区域的联通,提高进出口物流能力。

(6)孟中印缅经济走廊。南亚国家是中国的近邻,是历史上中国外交影响力相对薄弱的地区,是中国践行"亲、诚、惠、容"周边外交理念的重要方向之一,也是推进21世纪海上丝绸之路的关键节点。印度、中国、孟加拉和缅甸四国的山水相依,文化、经贸往来源远流长。孟中印缅经济走廊连接东亚、南亚、东南亚三大次区域,沟通太平洋、印度洋两大海域。中国提出"一带一路"与孟中印缅经济走廊,与南亚国家的经济社会发展战略高度契合,也为南亚国家实现经济社会发展提供了重要机遇。但是,由于地区安全形势、区域内主要国家间的互相关系、印度的地区影响以及中印互信等因素,孟中印缅经济走廊的推进面临一些挑战,需要逐步应对和化解。其一,进一步完善中缅关系。中缅关系总体上发展平稳,双方在经贸、能源、文化等各个方面展开了深入的交流与合作。但是随着缅甸民主化进程的加快、西方国家与缅甸关系的改善与缅甸北部的问题等都会影响到中缅关系的进展。其二,加快孟中印缅交通基础设施的建设。虽然中国与孟印缅三国相邻,但孟中印缅国家间互联互通程度不高和落后的基础设施都影响了该地区对外资的吸引力,也影响了该地区生产、消费和市场的进一步扩大。建设互联互通基础设施是推动孟中印缅经济走廊发展的优先领域。孟中印缅经济走廊的互联互通包括公路、铁路、水路、航空、人员交流、制度及互联网等方面的连接。要加强交通领域的双边、多边合作,积极推进孟中印缅区域的公路、铁路、水路、航空等通道建设,构建综合立体的交通运输体系。其三,建立孟中印缅交通协调机制。发挥中国在交通基础设施上的技术优势,建立互联互通合作委员会,研究确定优先项目,协调各类资源,为合作项目的建设和运营管理提供支持。其四,加强区域联动,通过共同建设产能合作示范基地等形式为企业打造良好合作平台,在区域发展前景、优先合作领域等方面加强信息交通联系,为企业合作牵线搭桥,共同为推动地区经济发展做出积极的贡献,实现互利共赢。

建设中国猴桥—缅甸甘拜地边境经济合作区。2017年5月,中国商务部与缅甸商务部签署了关于建设中缅边境经济合作区的谅解备忘录。2018 年 7 月,缅方主动提出要将掸邦的木姐、清水河和克钦邦的甘拜地打造为国家开放口岸,分别对接中国的瑞丽市瑞丽口岸、耿马县孟定(清水河)口岸和腾冲市猴桥口岸。无论是从历史还是从现实看,中国腾冲市与缅甸克钦邦山水相依、民间往来频繁、经贸关系密切,推动中国猴桥—缅甸甘拜地边境经济合作区的建设对建设孟中印缅经济走廊有重大意义。通过边境经济合作区建设,重点面向缅北克钦邦地区,积极加强与瑞丽—木姐边境经济合作区、孟定—清水河边境经济合作区的分工与合作,打通中国腾冲—缅甸密支那—印度雷多的国际大通道,形成中缅边境深度友好合作新格局,推动形成中缅边境城市合作典范(中方:瑞丽—腾冲—盈江—耿马等。缅方:密支那—曼德勒—八莫—腊戍等),形成更加紧密的区域次区域合作、协同发展关系。

　　建设缅甸密支那经济开发区。2017 年 5 月,北京"一带一路"国际合作高峰论坛期间,中、缅两国商务部签署了《中国商务部与缅甸商务部关于建设中缅边境经济合作区的谅解备忘录》,两国首脑通过此次盛会达成的一系列共识及成果,标志着两国新时期全面战略合作进入了一个新的阶段。2018 年 9 月,云南省腾冲市工商业联合会与缅甸曼德勒省工商联合会合作备忘录的签署,2018 年 10 月 1 日起,缅甸当局对从国际机场入缅的中国游客给予落地签待遇等,一系列行动举措都加速了中缅开放合作的进度。密支那工业园区项目高度契合了中缅两国深化合作促发展的战略内容。该项目地处缅甸北部政治经济中心密支那,总用地面积约 4751英亩(约合 19.2 平方千米),此区域地势平坦、土地肥沃、资源丰富,与密支那主城区距离 8 千米。密支那工业园区规划发展的重点产业包括:农资、农林畜产品生产及加工、工艺品、轻工业、旅游、物流等产业。除了基础设施建设和产业集聚发展功能外,开发区长期规划还包括居住与公共服务设施建设。该项目一期规划 1178 英亩(约合 4.8 平方千米),主要建设开发区服务中心、水电道路与垃圾污水处理等基础设施建设,以及物流园区、农林畜产品生产园区、轻工产品生产园区等功能型园区建设。缅甸密支那工业园区由保山市腾冲边境经济合作区与云南保山恒益实业集团强强联合共同出资成立的缅甸恒荣投资开发有限公司进行投资开发,缅甸方面的合作方是缅甸克钦邦政府。加快推进缅甸北部境外经济贸易合作区—缅甸密支那经济开发区建设,有利于孟中印缅经济走廊和中缅经济走廊建设取得实质性进展,有利于搞活口岸经济和深化周边交流合作,有利于沿边地区脱贫攻坚和缅甸本地脱贫致富。加快推进密支那经济开发区建设,对于落实国家"一带一路"倡议,扎实推进孟中印缅经济走廊、中缅经济走廊和云南"辐射中心"建设,助力缅甸和平发展和中国与南亚、东南亚互利发展,激活中缅边境口岸经济与云南沿边开放发展具有重大意义。

(7)中缅经济走廊建设。2018年9月9日,国家发展和改革委员会主任何立峰和缅甸计划与财政部部长吴梭温分别代表两国政府签署了《中华人民共和国政府与缅甸联邦共和国政府关于共建中缅经济走廊的谅解备忘录》。此前,中国外交部部长王毅于2017年11月19日在缅甸首都内比都与缅甸国务资政兼外交部部长昂山素季共同会见记者时表示,中方提议建设"人字型"中缅经济走廊,打造三端支撑、三足鼎立的大合作格局。随着中缅经济走廊的推进,中缅两国的双向交流不断强化,贸易通道建设进一步完善,贸易政策沟通更加顺畅,贸易往来持续深化,经商贸易环境继续改善。据数据统计,2017年中缅两国贸易总额135.4亿美元,中国对缅甸非金融类直接投资存量达51亿美元,中国是缅甸最大的贸易伙伴国和最大的外资来源国。两国合作内容不断丰富,在农业、畜牧业、加工制造业、能源资源开发、基础设施建设、旅游等领域的合作进一步深化,合作方式逐渐向纵深方向发展。缅甸基础设施相对薄弱,作为中国"一带一路"倡议的重要组成部分,中缅经济走廊的建设将把缅甸最贫穷的地区和最发达的地区连接起来,构建缅甸的经济发展新的格局。重点建设好缅甸皎漂港和经济特区。皎漂港位于缅甸若开邦的兰里岛北端城镇皎漂经济特区,在孟加拉湾东北部,朝向印度洋,自然条件优越,皎漂半岛是天然避风避浪的良港,自然水深18米左右。马德岛位于缅甸若开邦皎漂经济特区的东南方,是孟加拉湾东北部缅甸若开邦兰里岛和大陆构成的一个南北向的狭长海港,岛上建设的主要工程包括30万吨级原油码头、工作船码头、65万立方米水库、38千米航道、120万立方米原油罐区以及马德首站、中缅天然气管道阀室等。皎漂经济特区位于缅甸西部若开邦,濒临孟加拉湾,是继仰光迪洛瓦经济特区、缅南土瓦经济特区之后的缅甸第三个经济特区。皎漂经济特区包括深水港、工业园和住宅区三个项目。其中深水港项目包含马德岛和延白岛两个港区,共10个泊位,计划分四期建设。2018年11月8日,中缅双方签署了皎漂深水港项目框架协议,中缅双方股权占比由原来的"85%∶15%"调整为"70%∶30%",即皎漂深水港项目将由缅中双方共同投资的缅甸公司以特许经营方式开发建设和运营,其中中方占股70%,缅方占股30%,缅方股权将先由皎漂管委会持有,在条件成熟时管委会将把30%的股权转让给政府指定实体。皎漂特区工业园占地约1000公顷,项目计划分三期建设,2016年2月破土动工,规划入园产业主要包括纺织服装、建材加工、食品加工等;还规划有综合住宅区,包括住宅及综合配套用房。

2. 提升经贸合作水平,大力促进国际产能合作

"一带一路"倡议作为一项有效实现东向与西向战略平衡的机制,不仅可以起到维护中国国家安全的有力作用,而且在促进各国经济互补、实现产能合作方面意义重大。提升贸易合作水平,促进国际产能合作是"一带一路"建设的重中之重,其能否加快中国产业的转型升级与结构调整,结合区位、资源、文化、产业优势,形成海陆统筹、东西互济、南北贯通的开发新格局,打造对外合作交流的广阔平台,直接关系到"一带一路"建设的成败。我国周边国家贸易发展迅速,但是贸易不平衡问题突出,贸易结构不够合理,贸易便利化水平不高。"一带一路"建设的宗旨是开放合作、互利共赢,使得各国经济互补、产能合作的内容丰富多彩,各具特色。与沿线各国开展产能合作,不仅可促进我国产业结构调整,进一步优化产业布局,而且能化解产能过剩困局,拓宽贸易渠道,使"一带一路"建设在全球产业链和经济合作网络中占据更加有利的位置。一般来讲,国际产能合作的具体内容可以从企业、产业和国家三个层面来解读。第一,企业是次区域经济合作的主体。从企业层面来讲,这些企业主体主要包括国有及非国有的大型企业,也包括民营企业为主的中小型企业。尤其是中小型企业中的民营企业在次区域经济合作过程中具有一定优势,它们通常以灵活、分散的形式"走出去",这样更易于被东道国所接受,民营企业在国际产能合作中扮演着重要的角色。第二,从产业层面来讲,国际产能合作是针对某个特定的领域,不同国家根据分工协助及技术的复杂程度不同而进行的合作过程。第三,从国家层面来讲,国际产能合作事实上已经超越了国际上单一、传统的合作模式,其在不同领域的分工协作已超越了传统的跨国地域的边界,这种跨国合作可以提升某个行业在国际事务中的话语权。同时政府可以针对中国海外投资、贸易等行为制定相适应的法律法规,以此为依据来规范中国的海外企业。中国所倡议的国际产能合作,完全体现"开放包容""互利共赢"及"合作双赢"等中国特色。"一带一路"倡议所倡导的理念,就是要在国际产能合作中坚持互利共赢和共同发展原则,不仅通过构建国际产能合作机制,解决中国产能过剩问题,同时还要帮助国际产能合作国提高其制造能力,从而为他们构建完备的工业体系、实现社会现代化奠定坚实的基础。一般来说,国际产能合作的路径与措施是:第一,做好政策沟通工作,在尊重与维护国际经济秩序基础上,把周边国家作为国际产能合作的重点国家,同时,不断积极拓展其他发达国家的市场,从而建立新的世界经济增长点。第二,做好统筹谋划工作,在"一带一路"建设中,学会创造和抓住战略机遇期,要有耐心与定力,用独特的眼光与智慧,把握国际产能合作领域,加强重点国别合作平台建设,搞好项目对接,分类实施,循序推进。第三,做好政策支持与服务咨询工作,让中国企业在"一带一路"建设中,抓住历史机遇,发挥主观能动性,便于在国际产能合作中,从不同角度完成自己的目标和任务。在大力推进国际产能合作的基础上,进一步拓展境外投资等。第四,做好生态环境保护工作,积极倡导国际产能合作国从各国工业化发展的国情出发,通过成本收益进行分析计算,制定出提升国际产能合作的环保新标准。同时注重研究开发能力及制造能力的培养,建立知识产权的保护、环境标准等具体制度,在帮助东道国完善自身工业体系的同时,承担起应有的社会责任。第五,建立健全统筹协调机制。建议由国家发改委牵头,建立健全国际产能合作统筹协调机制,形成分工明确、运转顺畅、协调高效的日常工作秩序,研究制定重大政策,组织推动重大项目,协调解决重大问题。

(1)发展沿边出口加工区。鼓励沿边地区充分利用周边国家的资源优势和劳动力低成本优势,承接沿海地区加工制造业转移,建设跨境产业合作基地,形成以出口加工为主,以国际贸易、储运服务、国际旅游为辅,面向东南亚和南亚、中亚市场、具有自由贸易试验区功能的出口加工区。例如,加快建设中—老产业合作基地,承接沿海加工制造业转移,创新加工贸易模式,形成面向东南亚和南亚市场的出口加工贸易产业集群。国际合作产业园的合作模式应根据国情不同、项目选址不同采取不同模式:跨境经济合作区适合以政府主导模式,港口经济区适合企业市场主导模式,边境经济特区适合政府政策引导、企业市场运作为主的模式,经济中心城市产业园区适合以企业为主导、政府扶持的模式,国际陆港适合政府规划、协会搭台、国际融资、企业主导的模式,等等。在园区产业选择上,边境口岸型经济合作区可以以贸易物流、加工出口、保税仓储等为重点;跨境经济合作区根据双方政府的产业政策和规划布局可以发展农业、旅游、会展、物流、出口加工等核心产业;港口经济合作区则以物流、农业、渔业、纺织、医药等工业为重点产业;经济中心城市产业园区以农业、旅游、科技、教育、贸易等为重点产业;国际陆港以贸易物流、跨境电子商务、保税仓储、跨境金融等综合产业为重点。鼓励国内企业和沿线内陆沿边地区依托现有开发区和高新技术园区,通过合作、合资等灵活方式,在境外合作建立产业园区、境外经贸合作区等各种类型的产业合作区。可选择有条件的边境重点地区,根据边境地区资源禀赋、区位优势、产业基础、生态条件以及与周边国家毗邻地区的互补性,建设能源资源加工产业基地、出口加工园区、区域性国际商贸物流中心,进一步健全市场体系,吸引资金、技术和人才等资源要素集聚,推进产业园区发展,打造一批国家级特色产业园区和基地。推动边境地区与内地合作共建产业园区,探索发展飞地经济。各产业园区开展国际合作,需要政府之间建立沟通协调机制,进一步为企业跨境合作提供良好的环境。积极推广云南省、广西壮族自治区建设沿边金融综合改革试验区的政策,按照市场化、可持续的原则,共同构建澜沧江—湄公河次区域国际融资新机制,发挥金融对产业园区合作的基础性支撑。在人力资源开发方面,应当开展专业性职业教育合作,满足企业高级职业经理人的需要并建立适应当地文化的技术性劳动力队伍。

(2)大力培育龙头企业。企业是激活跨境合作的市场主体,企业对于次区域经济开发活动的参与是次区域经济合作的关键环节。国际性公司促进了世界各地的相互联系,并成为国际分工的联络点。次区域经济合作虽然以沿边地区为重点,但我国具有对外投资能力的大型企业主要集中在东部地区。2016年,《国务院关于进一步促进广西经济社会发展的若干意见》中提出"鼓励大型企业集团联合重组,加快培育一批销售收入超百亿元的企业。鼓励中央企业参与地方企业联合重组，培育具有竞争力的大企业集团"。沿边地区应鼓励企业通过资产重组扩大企业规模，提高企业的综合竞争力。可以借助"一带一路"的利好形势，通过控股、参股、租赁等形式广泛吸引国际国内资本参与企业发展。还可通过地方合作建立企业间的战略联盟，形成面向次区域合作的大企业集团。要大力发展外向型优势制造业，因地制宜培育一批轻工、纺织服装、五金建材、装备制造、机电产品、电子信息、能源和原材料等产业基地，形成一批有竞争力的特色产业集群。实施边境地区"互联网＋"行动，推动互联网与创业创新、益民服务、高效物流、电子商务、便捷交通、绿色生态、文化旅游等结合，不断拓展融合领域。鼓励少数民族特需商品生产企业技术改造和大型商品市场转型升级，扶持民族特色手工艺品开发和生产。

（3）积极承接产业转移。近些年，在国家区域全面协调发展战略的推动下，中国内陆和沿边地区的基础设施进一步完善，已经具备了吸引外资企业从东部沿海地区向内陆沿边地区转移的条件。首先，落实在地区间采取差别化外贸政策和技术倾斜政策，以鼓励跨国公司技术溢出向内陆沿边地区企业转化和扩散。充分利用国际金融危机后全球产业新一轮大转移以及高新技术产业跨国公司进行新一轮价值链与供应链布局的新机遇，以增强外资的技术溢出效应为考量，鼓励外资企业投资内陆沿边地区的高新技术产业。对于技术含量高、技术溢出多，能够带动相关国内企业发展的外资项目给予政策倾斜。鼓励外资向内陆沿边地区投资，如适当放宽技术标准等。其次，鼓励东部沿海地区加工贸易产业向内陆沿边地区转移。加强中央政府对沿边地区尤其是丝绸之路经济带国内沿边重要节点地区在产业、资金、信贷政策方面的引导和支持，在鼓励东部沿海省市有序推进产业向内陆沿边地区转移的同时，也支持内陆沿边地区以现有工业园区和各类产业基地为依托，加强配套能力建设，进一步增强承接产业转移的能力。再次，积极鼓励内陆沿边企业加大对丝绸之路经济带沿线及周边国家的投资力度。深入了解"一带一路"沿线及周边国家和地区的外资政策，鼓励内陆沿边企业积极到这些国家和地区承包工程、设立加工厂、并购或建立技术研发机构以获取技术资源，到能源国家和地区开展资源开采和深加工业务，通过企业的沿线布局，进一步深化中国与"一带一路"沿线国家和地区之间在生产、加工、销售、研发等领域的合作。

（4）加强营销和服务网络建设。整合多方力量，构建面向"一带一路"的服务生态链。为推进"一带一路"建设，宏观上，中国需要充分发挥国内各地区比较优势，实行更加积极主动的开放战略，加强各地区互动合作，全面提升开放型经济水平；微观上，可整合行业、平台、通信、服务等力量，构建面向"一带一路"的服务生态链，到沿线国家设立自己的营销和服务网络，为沿线国家提供更精准、更有效、更全面的服务供给。鼓励中国企业建立完善的售后服务机构，如果上述"一锤子买卖"问题不能得到有效解决,随着时间的推移,沿线国家不但不再信赖中国产品,还会对中国制造产生抵触心理,进而影响"一带一路"国际产能合作的发展。相反,如果我们在相关沿线国家拥有完善的售后服务机构,沿线国家就会更加喜爱"走出去"的中国企业,中国企业的声誉也会越来越好。实施质量和品牌战略,实现产品价值链从低增值的加工制造环节向高增值的研发设计、营销服务环节延伸,提高服务质量,不断提升国际竞争力,推动相关国家的经济发展,提高当地人民的生活水平。

3. 抓住关键通道和重点工程,促进交通互联互通

基础设施互联互通是"一带一路"建设的优先领域。沿边地区综合运输大通道是我国综合交通网主骨架的组成部分,是全面向西开放的运输大动脉。主要包括以高速公路、国道为主体的干线公路,含客运专线在内的干线铁路,通道内各运输方式功能互补、布局协调,充分体现大运量、高效率、多样性和集约性特征。

(1)建设第三亚欧大陆桥。第三亚欧大陆桥东起粤港澳大湾区沿海港口群,由昆明经缅甸、孟加拉、印度、巴基斯坦、伊朗,从土耳其进入欧洲,最终抵达鹿特丹港,横贯亚欧非21个国家,全程约15000千米,比目前经东南沿海通过马六甲海峡进入印度洋的路程短3000千米左右。与第一、第二亚欧大陆桥相比,第三亚欧大陆桥沿线铁路网密集,从东到西,依次是我国长江中下游地区铁路网、中南半岛铁路网、南亚次大陆铁路网、西亚铁路网、欧洲铁路网,可大大缩短我国与东南亚、南亚乃至欧洲间的运输距离,构建起辐射中国南方及东南亚的大物流圈,亚欧大陆南部没有横向连接铁路的状况成为历史。珠三角以及西南地区的货物运输,除了传统的海运路线外,也可以通过第三亚欧大陆桥直达欧洲,我国南方的物流瓶颈大大缓解。

(2)建设南向出海大通道。中新互联互通南向通道是在中新(重庆)战略性互联互通示范项目框架下,以重庆为运营中心,以广西、贵州、甘肃为关键节点,中国西部相关省区市与新加坡等东盟国家通过区域联动、国际合作,共同打造的有机衔接"一带一路"的国际陆海贸易新通道。南向通道与"渝新欧"通道相衔接,向北连接丝绸之路经济带,向南经北部湾港出海连通21世纪海上丝绸之路和中南半岛,形成"一带一路"经西部地区的完整环线。中新互联互通示范项目是中国和新加坡两国间第三个政府间合作项目。南向通道是在该项目框架下,我国西部相关省区市与东盟国家合作打造的国际贸易物流通道,旨在实现"一带一路"的无缝衔接。前期重点打造南向铁海联运通道和南向跨境公路通道两条线路。

(3)加快沿边国际大通道建设。要抓住关键通道、关键节点和重点工程,优先打通缺失路段,畅通瓶颈路段,提升道路通达水平,构建联通内外、安全统筹的综合交通运输网络。

泛亚铁路。泛亚铁路西线在中国境内的路段,即从昆明出发,经楚雄、大理、保

山到瑞丽的线路早就在建设当中,其中昆明到大理的高铁已经通车,大理到瑞丽段也正在加紧施工。积极推进西线(昆明—密支那—仰光—曼谷—吉隆坡—新加坡)铁路建设,尽快取得公路大通道西线(昆明—瑞丽—曼德勒—皎漂)建设的重点突破。加快中线建设。泛亚铁路中线起自昆明,经中老边境口岸磨憨—磨丁到万象,然后进入泰国并抵达泰国首都曼谷,整条铁路分别在中国、老挝、泰国三国境内分别开工修建,其中中国境内部分(也就是昆明到磨憨)正在建设中。中线是中国—东盟自由贸易区基础设施互联互通的关键,也是大湄公河次区域经济合作(GMS)的重要交通枢纽。加快泛亚铁路中线(昆明—磨憨—琅勃拉邦—万象—曼谷—吉隆坡—新加坡)建设,重点加快玉溪至磨憨段建设。推进东线建设。往越南方向的国际大通道东线是中国—东盟自由贸易区基础设施互联互通的重要组成部分,应加快规划实施。同时,积极推进泛亚铁路中东线国外路段规划建设进度。

中越铁路。加紧制定老街—河内—海防标准轨铁路线路规划,积极推进中越南宁—东兴—下龙—河内高速公路越方境内云屯至芒街段建设。

中吉乌铁路。中吉乌国际铁路,位于中国西部边陲及中亚地区。起自中国新疆南疆铁路的终点喀什站,经中国与吉尔吉斯斯坦边境的伊尔克什坦叶尔尕特山口,再经吉尔吉斯斯坦的卡拉苏或贾拉尔拉巴德,至乌兹别克斯坦的安集延。中吉乌铁路修通后,从新疆喀什经新亚欧大陆桥南通道到伊朗首都的距离为 2850 千米,到土耳其首都的距离为 5050 千米,到以色列和埃及的距离约为 5350 千米。中吉乌铁路修通后,新疆的国际通道由原来的一条变为两条。这种变化必将对未来新疆经济和社会发展带来巨大影响。新疆日益成为西部乃至全国与中亚、西亚和欧洲联系的桥梁与枢纽,成为中国向西开放的最前沿。

中巴铁路。建设瓜达尔港至喀什的铁路具有极大的战略意义。它不仅是中国通往印度洋的出海口,也是中亚诸国通往印度洋的出海口,还是印度通往中亚的重要交通要道。这将使中国在参与整个地区的国际政治经济博弈时,处于十分有利的地位,对中国未来参与国际合作具有重要的意义,要积极推进这一项目的前期工作。

中缅铁路。中缅"人字型"铁路,起点是中国云南省,并延伸到曼德勒、仰光和若开邦。中缅"人字型"铁路建设的设想,充分考虑了缅方希望近期发展曼德勒至仰光沿线地区的诉求,也体现了中国扩大开放的决心。因为"人字型"中缅经济走廊的东线,即曼德勒到仰光一线附近地区,是缅甸经济最发达地区,中缅经济走廊建设对拉动经济增长的效果明显。2018 年 10 月,中缅经济走廊联合委员会举行了第一次会议,成立了发展规划、产能与投资、交通等 12 个重点合作领域专项工作组;11 月 22 日,中缅签署了木姐—曼德勒铁路项目可行性研究备忘录,双方表示要加快推进中缅铁路通道项目落地,并对"人字型"铁路通道进行一次规划、分步实施。中缅"人字型"铁路建设，对跨境产能合作和云南省经济社会发展以及中国的改革开放都具有重要意义。

中尼铁路。中国将青藏铁路支线拉日铁路的延长线日吉铁路，从日喀则延伸540千米，延伸到中尼边界的吉隆县的吉隆口岸。这项工程符合"一带一路"的交通发展战略，大大提高了尼泊尔的旅游经济水平，满足了中国游客的需求，游客可以通过川藏铁路和滇藏铁路、拉日铁路去尼泊尔。中尼铁路的建设将提升中尼贸易水平，将使尼泊尔人民共享"一带一路"建设成果。这条铁路是世界上海拔最高的铁路，大大加强了尼泊尔对外的联系，也将改变我国西部地区的经济格局，而使包括西藏在内的西南地区离海洋不再遥远，对西部大开发的作用大大提升，意义重大。

黑龙江沿边铁路。加快对黑龙江现有沿边铁路15段共1434千米的改造，优先对速度较慢的10段共1020千米分批改造提速，同时修建连通韩家园子—黑河、孙吴—乌伊岭、汤旺河—富锦、创业—东方红共1096千米的4段断头路，修建连通洛古河、嘉荫、连釜、吉祥、当壁镇、老黑山共408千米的6个口岸连接线，形成一条总长为2938千米，时速为120千米的完整沿边铁路。

澜沧江—湄公河航运通道。澜沧江发源于我国青藏高原，在西双版纳中缅边境243号界碑处出境后称湄公河，流经老挝、缅甸、柬埔寨、越南四国后汇入太平洋，全长4880千米。这条国际水运大通道正在成为中国与东南亚经济往来的"黄金水道"。随着中国—东盟自贸区的建立，次区域合作进一步深化，运量发展将进一步加快。要加快改善澜沧江—湄公河国际航运通道通航条件，提升航道运能。

中缅伊洛瓦底江航运通道。中国昆明—缅甸仰光陆路水路联运通道，即昆明—瑞丽—缅甸八莫港，经伊洛瓦底江—仰光出海，包括公路、口岸、中转港、水路、出海港在内的汽运与船运国际联合运输系统，构成了云南经缅甸伊洛瓦底江从仰光出海进入印度洋的运输通道。加快推进中缅伊洛瓦底江陆水联运通道建设，特别是瑞丽弄岛—缅甸八莫港公路建设，加大对伊洛瓦底江航道疏通、境外关键航段整修、改造、升级的援助力度，形成瑞丽至曼德勒并经伊洛瓦底江进入印度洋航道的水陆联运大通道。

中越红河国际航运通道。红河发源于云南巍山，从河口出境后，经越南河内、南定、大平等地，汇入北部湾，全长1200千米。要推进中越红河国际航运通道和港口建设，加快红河干线航道治理。

建设广西平陆运河。平陆运河起点于广西横县西津水电站库区平塘江口，跨平塘江与钦江支流小西江分水岭，经陆屋入钦江干流南下至钦江出海口处的沙井港，全长约133千米，实际需开挖约20千米。平陆运河是关系广西未来发展的长远大计，是深入推进"一带一路"建设、中新互联互通南向通道建设、北部湾经济区建设、中国—东盟自贸区升级版建设、西江黄金水道升级建设的重大举措,建设意义重大。平陆运河建成后,由南宁经平陆运河至钦州港出海里程仅为 291 千米,比经广东出海的距离缩短了 563 千米,大大缩短广西内河出海里程,使得上游地区出海经马六甲海峡航线里程缩短约 1600 千米,减少大西南地区出海里程约 2000 千米,整体改善西南地区与东盟开展经贸交流的连通条件,将成为广西及西南地区通往东盟最便捷的出海通道。平陆运河将贯通珠西江经济带和北部湾经济区发展轴带,充分发挥和利用钦州港的资源优势,促进北部湾港发展成为面向东盟的区域性国际航运中心。能够促进西南地区与东盟的物资贸易,拓展与西南中南地区合作,推动中国—东盟自由贸易区升级建设,促进区域经济发展。在最低限度影响区域内水资源功能的前提下,合理地对水资源进行跨流域调配,为沿线工农业生产补水、灌溉提供解决方案,促进工农业生产。

(4)国内交通建设。目前,我国与周边国家的铁路公路建设滞后,多数骨干通道存在缺失路段。不少公路通道等级低、路况差,通而不畅,安全隐患大;铁路运输周转环节多、时间长、效率低。

西南地区。广西加快建设与越南基础设施互联互通项目,重点是防城—东兴铁路、南宁—凭祥铁路、靖西—龙邦铁路、南昆铁路百色—威舍段增建二线等项目,力争"十三五"期间开工建设。加快推进百色—龙邦高速公路等重点口岸公路以及中越北仑河公路二桥、水口—驮隆公路二桥、峒中—横模公路大桥等跨境桥梁境内段建设。完善沿边市县公路网规划布局,实现县县通高速公路,二类口岸和互市贸易点通二级以上公路。继续实施沿边地区农村公路通达工程和通畅工程,实现村村通沥青水泥路。云南加快大瑞铁路、玉磨铁路、大临铁路、弥蒙铁路等项目建设;新开工师宗—文山—蒙自、临沧—孟定清水河、临沧—普洱、曲靖—师宗—弥勒、芒市—腾冲猴桥、保山—泸水等铁路项目建设。积极联合西藏共同加快推进滇藏铁路香格里拉—邦达段铁路开工建设;全力配合国家推进中老泰、印中孟缅、中越铁路通道境外段建设。建设蒙自—文山—砚山、云县—临沧、南涧—景东、建水(个旧)—元阳高速公路。新建腾冲—猴桥高速公路。建设那洒—广南、文山—马关、文山—麻栗坡、蒙自—屏边、思茅—澜沧、宁洱—景谷、景洪—勐海、临沧—清水河(含机场高速)、临翔—双江、保山—凤庆—云县、保山—施甸、云龙—兰坪、兰坪—维西高速公路。建设腾冲—陇川、芒市—孟连、勐醒—江城—绿春—元阳高速公路。改善澜沧江—湄公河国际航道、中越红河水运通道、中缅陆水联运出境通道。加快构筑"三出境"水运大通道。与内河、界河港口协同布局,提高港口利用效率。加快边境地区跨界河流域重点河段的整治工作,加强水利基础设施建设。建设澜沧江 244 号界碑—临沧港四级航道高等级航道,以及富宁港扩能工程和景洪港、临沧港建设等项目,积极推动伊洛瓦底江中缅陆水联运通道有关工作,加强怒江、澜沧江、南汀河等河流以及国际界河和重点地区中小河流治理工程建设。

西北地区。加快新疆北通道建设,主要是沿新亚欧大陆桥通道北线经额济纳旗至哈密铁路、京新高速至新疆后,经阿拉山口、巴克图、吉木乃等口岸出境至亚欧各国。该通道直接将阿拉山口、巴克图、吉木乃口岸与天津港、唐山港连接,是我国环渤海地区经新疆与中亚、欧洲国家之间的重要运输大通道,是新疆和京津冀城镇群、华北与东北及环渤海地区联系的捷径,也是国际航线经乌鲁木齐至欧洲、中亚等地区的航空运输通道。重点建设额济纳旗—哈密铁路、哈密—木垒—小黄山铁路、乌准铁路、奎北铁路、精河—阿拉山口铁路、克拉玛依—塔城铁路;公路主要建设京新高速公路、克拉玛依—塔城高速公路、精河—阿拉山口高速公路、国道335线等。加快中通道建设,重点建设兰新铁路第二双线、北疆铁路和精伊霍铁路等。南通道以和田、喀什为主要节点,向东经且末、若羌接青海、川渝及珠三角城镇群;向西经吐尔尕特口岸、伊尔克什坦口岸出境,至中亚、西亚等地区,重点建设库尔勒—格尔木、和田—若羌、喀什—和田、中吉乌铁路等;公路主要建设国道0612依吞布拉克—和田、国道3012喀什—和田、国道3013喀什—伊尔克什坦(吐尔尕特)高速公路。加快沿边开发开放通道建设,沿边通道是丝绸之路经济带北、中、南及中巴经济走廊通道沿边南北向的连接通道,通过支线可连接新疆境内中俄、中哈、中吉、中塔、中巴所有的国家一类陆路口岸,有助于保障国家战略安全,拓展国家战略空间,对于促进沿线国土资源的开发、全方位的向西开放和构筑新疆南北疆又一便捷通道具有重要意义和作用。该通道接远期规划建设的中俄吉克普林口岸,沿阿勒泰至吉克普林铁路和国道219线,经阿勒泰—克拉玛依至奎屯高速、阿勒泰—北屯至奎屯铁路,利用连霍高速、兰新线至伊宁,经伊宁至阿克苏铁路,国道219线、575线向南至阿克苏和喀什,接丝绸之路经济带南通道和中巴经济走廊通道。沿边通道也是疆内阿勒泰、伊宁、喀什等机场串飞、环飞航空运输通道,加快建设喀什枢纽,包括喀什国际机场、喀什铁路枢纽以及喀什公路运输枢纽。加快建设霍尔果斯—伊宁枢纽,主要由伊宁机场、霍尔果斯铁路口岸站、伊宁铁路枢纽以及霍尔果斯—伊宁公路运输枢纽组成。

东北地区。黑龙江省要加快对现有沿边铁路进行改造提速,打通缺失路段和断头路,修建连通口岸连接线,将黑龙江省沿边各市县和口岸连接起来,形成以哈尔滨为中心,以大(连)哈(尔滨)佳(木斯)同(江)、绥满、哈黑、沿边铁路四条干线和俄罗斯西伯利亚、贝阿铁路全面连通的"黑龙江通道"。吉林沿边铁路重点是对朝方向,建设中国甩弯子—朝鲜训戎里铁路改造项目,目前已完成规划选址、土地预审、环境评价、外事谈判等前期工作;圈河口岸—朝鲜罗津港高等级公路项目,目前已完成前期准备工作;珲春新华—板石—圈河口岸高等级公路、图们江出海复航项目、罗津港改造项目、圈河口岸跨境桥、沙坨子口岸跨境桥项目。对俄方面重点建设珲春西炮台—长岭子口岸高等级公路、中俄分水岭公路口岸项目、珲春—俄罗斯海参崴高等级公路、扎鲁比诺港改造项目和珲马铁路口岸查验设施项目。对内通道方面重点建设黑龙江东宁—吉林珲春铁路项目，珲春国际合作示范区通勤机场及航空产业园项目。

（5）机场建设。支持边境城市合理发展支线机场和通用机场，提升军民双向保障能力和客货机兼容能力，形成以区域国际机场为中心，区域性中心城市和口岸城市机场为骨干，通勤和通用机场为补充的基本格局。加快推进乌鲁木齐门户枢纽机场扩容建设，提高吞吐能力，完善服务功能，引导和鼓励国内航空公司开通经乌鲁木齐至中亚、西亚、南亚及欧洲等地区的国际航线。加快完善支线机场布局，完成石河子、富蕴机场续建任务，新建塔什库尔干、昭苏、于田、准东、和静、皮山、阿拉尔、北屯、38团、103团等支线机场，推进喀什、伊宁、阿勒泰、塔城、阿克苏等机场的扩容改建。加快推进通用航空发展，规划建设阿合奇、吉木乃、青河、38团、33团等26个通用机场。广西建设防城港—钦州、崇左、百色巴马机场。云南建设陇川、凤庆、兰坪、昌宁、永德、贡山、孟定、文山等通用机场。内蒙古建设盛乐国际机场、正蓝旗、林西—克什克腾、阿拉善左旗、东乌旗机场。吉林迁建延吉机场，研究迁建海拉尔机场。黑龙江建设抚远、五大连池、绥芬河、建三江、扎兰屯机场。合理布局通勤和通用机场，推进呼伦贝尔通用机场群建设。优化航线网络结构，加密俄罗斯及东北亚地区国际航线和航班，有序深化三江平原地区和呼伦贝尔低空空域管理改革。推进边境城市机场改扩建工程，提升既有机场容量；加强边境城市机场空管设施建设，完善和提高机场保障能力。支持开通"一带一路"沿线国际旅游城市间航线；支持开通和增加国内主要城市与沿边旅游目的地城市间的直飞航线航班或旅游包机。

（6）中欧班列。为适应日益增长的中欧班列沿线各国间国际联运货物运输需要，进一步提高运输质量和效益，打造"快捷准时、安全稳定、绿色环保"的铁路国际联运货物运输品牌，铁路部门按照"六统一"，即统一品牌标志、统一运输组织、统一全程价格、统一服务标准、统一经营团队、统一协调平台，强化机制和装备保障的原则，不断优化班列组织方案，在做好整列直达组织的基础上，逐步推进按成组集结、零散中转等运输组织方式的目标，不断深化中欧班列建设。加强中欧班列的运行组织，确保按图正点运行，努力提升中欧班列运行品质。优化完善中欧班列客户服务中心工作流程和制度办法，为客户提供良好的信息查询、信息定制及推送、投诉建议受理等服务。优化完善中欧班列单证中心工作流程和质量标准，努力为客户提供优质的国际联运单证预审、制单和打单等相关服务。全面敞开为各地政府和企业服务，逐步扩大中欧班列市场。在既有各地开行中欧班列的基础上，对有运输需求的地方，只要货源支撑，铁路部门将积极组织，不断拓展中欧班列的服务范围。

(7)物流枢纽。建设喀什国际性枢纽,主要以喀什为核心节点,涵盖疏附、疏勒、阿图什、阿克陶、乌恰等周边节点以及红其拉甫、卡拉苏、伊尔克什坦、吐尔尕特等重要口岸,充分利用内陆经济特区等政策优势,将其打造成为我国"一带一路"西向开放的国家级综合交通枢纽,重点强化我国与中亚、西亚国家以及印度洋方向的人员物资交往流通。建设霍尔果斯国际性枢纽。霍尔果斯位于亚欧大陆桥中国最西端,西承中亚五国,东接内陆省市,处于连霍高速公路最西端。霍尔果斯口岸是中国最早向西开放的口岸,曾是古丝绸之路北通道上的重要驿站。建议将霍尔果斯打造成为集公路、铁路、航空、管道"四位一体"的国际综合交通枢纽。建设内蒙古乌兰察布区域交通枢纽。乌兰察布位于蒙晋冀三省交界处,自古以来就是草原丝绸之路、欧亚茶驼之路的交通要冲,现在是连接华北、东北、西北三大经济区的交通枢纽。乌兰察布距中蒙最大陆路口岸二连浩特300千米,是中国通往蒙古国、俄罗斯和东欧的重要国际陆路通道。乌兰察布是内蒙古东进西出的"桥头堡"、北开南联的"交汇点"。境内6条铁路、5条高速公路、1条省际大通道纵横交错,高速公路总里程居内蒙古前列,特别是随着集宁机场投运、中欧班列节点城市成功获批、呼张高铁的建设,综合交通网络更加完善。依托区位优势,乌兰察布通过承接产业转移、构建综合物流体系等"组合拳",努力打造一个现代化区域性物流中心。建议在乌兰察布建设以国际物流和国际商贸为核心的产业园区,对内联动京津冀,对外面向蒙俄打造日用消费品、建材、五金机电、工程机械的国际商贸集聚区。建设牡丹江区域交通枢纽。牡丹江位于黑龙江省东南部,是黑龙江省省域副中心城市,也是东北东部地区重要的区域中心城市和黑龙江的重要开放门户。依托牡丹江国际物流中心,大力发展现代物流业,打造面向东北、辐射东北亚的国际物流基地、陆海联运大通道上的桥头堡和枢纽站。建设延边区域交通枢纽。吉林延边是国家实施"一带一路"倡议的重要支点,是建设中蒙经济走廊的重要区域,是中蒙大通道的重要出海通道。要进一步完善连接周边港口的公路、铁路、桥梁、口岸等基础设施,建设便捷、高效的立体交通网络,将延边打造成东北亚交通枢纽。在港口建设方面,加大与俄罗斯、朝鲜的合作力度,积极引进投资者,加快俄罗斯扎鲁比诺港、朝鲜罗津港和清津港的综合开发利用;进一步完善港口基础设施,提高港口运输能力,为打通中蒙大通道奠定基础。在陆海联运航线方面,加大航线扶持力度,积极培育珲春—扎鲁比诺—釜山航线,努力提高航线竞争力。建设内贸货物跨境运输航线,争取国家批准更多的复运进境港和进出境口岸,使航线成为南北物流黄金水道。在公路建设方面,积极谋划建设珲春—罗先、珲春—符拉迪沃斯托克高速公路;在铁路建设方面,积极开展图们—罗津铁路维修改造工程,争取项目尽快施工建设,保障中朝之间大宗货物的及时运输。

(8)加强口岸基础设施建设。支持沿边重点地区完善口岸功能,有序推动口岸对等设立与扩大开放,加快建设"一带一路"重要开放门户和跨境通道。支持在沿边国家级口岸建设多式联运物流监管中心,进一步加大资金投入力度,加强口岸查验设施建设,改善口岸通行条件。统筹使用援外资金,优先安排基础设施互联互通涉及的口岸基础设施、查验场地和设施建设。以共享共用为目标,整合现有监管设施资源,推动口岸监管设施、查验场地和转运设施集中建设。尽快制定口岸查验场地和设施建设标准,建立口岸通关便利化设施设备运行维护保障机制,支持国家级口岸检验检疫、边防检查、海关监管等查验设施升级改造,建立公安边防检查站口岸快速查验通关系统,开设进出边境管理区绿色通道。

(9)完善边境管控设施。着力提高质量等级和科技含量,推动实现由"人力控边"向"科技控边"转变。加强边境一线物防技防建设投入和项目安排,在边境地区重要通道、热点地区、敏感地段有针对性、分阶段修建高等级拦阻监控设施。加快边海防军警民联建联管共享信息平台建设,实现解放军边防部队、公安边防、海关、检验检疫等部门视频监控资源互联互通,提高边境管控信息化水平。争取将交通保障、拦阻报警、指挥监控、辅助配套等边海防基础设施建设项目纳入国家边海防建设规划,建成以反恐、缉私、缉毒、防偷渡为一体的多功能综合管控设施。大力开展"天网"建设,按照"运营商建设维护、政府租用、公安使用"的模式,在各边境市重点公共区域实现视频监控联网。按照"适度超前、保障重点、分步实施"的原则,建立和完善、更新边境监控系统,实现边检执勤现场、口岸限定区域和重点边境地段全覆盖,打造"智慧边境线"。

4. 加强投资贸易合作,大力拓展产业投资

目前,我国与周边国家产业合作仍处于初级阶段,存在着资源开发多、生产加工少,承包工程多、投资项目少,以及企业行为不够规范、政府服务不到位等问题。

(1)加强与周边国家的经贸合作。支持沿边重点地区开展加工贸易,扩大具有较高技术含量和较强市场竞争力的产品出口,创建出口商品质量安全示范区。对开展加工贸易涉及配额及进口许可证管理的资源类商品,在配额分配和有关许可证办理方面给予适当倾斜。对具有比较优势的粮食、棉花、果蔬、橡胶等加工贸易发展,对以边贸方式进口、符合国家《鼓励进口技术和产品目录》的资源性商品给予进口贴息支持。支持沿边重点地区发挥地缘优势,推广电子商务应用,发展跨境电子商务。在农业资源丰富、合作前景广阔的周边国家投资,推动农业走出去。鼓励轻工纺织、食品加工等行业企业,到劳动力资源丰富、靠近目标市场的国家投资办厂,扩大境外生产经营。引导钢铁、水泥、电解铝等行业企业,到资源富集、市场需求量大的国家建设生产基地,释放国内富余产能。实施"预检核销"、第三方检验结果采信等贸易监管制度,加快建设国际贸易"单一窗口",进一步缩短通关时间;积极探索与周边国家建立促进自由贸易的合作新模式,支持有条件的省(自治区)建设海外仓、境外展销中心、国际快件监管中心；探索建立双方共同建设、共同管理、共同受益的合作机制。加快境外经贸合作园区建设，以推动装备制造"走出去"，在"一带一路"沿线国家和地区布局建设境外装备工业园区。沿"一带"方向，重点推进境外装备工业园区建设。鼓励支持境外资源开发骨干企业在石油、天然气、煤炭、铁矿、木材、有色金属和非金属矿产品等资源领域进行联合开发，重点在俄罗斯、蒙古、中亚、东南亚以及非洲国家等建立稳定的资源保障基地，开辟资源回运渠道。支持企业通过"以工程换资源""以项目换资源"等多种方式开展合作。充分利用现有的各项优惠政策，包括使用国家外汇储备委托贷款在内的并购国外科技型企业的优惠政策和中关村境外并购外汇管理试点政策，鼓励和支持省内有实力的企业采取参股、收购等多种方式参与海外并购，实现以资本换技术，提高企业自主创新和市场开拓能力，形成企业国际化研发队伍，提升企业国际化程度，打造跨国企业集团。

（2）引导服务贸易加快发展。发挥财政资金的杠杆作用，引导社会资金加大投入，支持沿边重点地区做大做强旅游、运输、建筑等传统服务贸易。逐步扩大中医药、服务外包、文化创意、电子商务等新兴服务领域出口，培育特色服务贸易企业加快发展。推进沿边重点地区金融、教育、文化、医疗等服务业领域有序开放，有序放开育幼养老、建筑设计、会计审计、商贸物流、电子商务等服务业领域外资准入限制。外经贸发展专项资金安排向沿边重点地区服务业企业倾斜。支持沿边重点地区服务业企业参与投资、建设和管理境外经贸合作区。

（3）完善边民互市贸易。因地制宜设置边民互市市场，有序发展边境贸易，完善边贸政策，支持边境小额贸易向综合性多元化贸易转变，探索发展离岸贸易。建议建设沿边商贸市场集聚区。选择在沿边重点城市建设国际商贸集聚区，重点打造服装、日用消费品、建材、五金机电等国际商贸市场。同时在二连浩特、满洲里、黑河、绥芬河、东兴、瑞丽、霍尔果斯等口岸，依托对周边国家贸易形成的边境商贸市场基础，对市场进行整合提升。建设跨境电商基地，重点发展建设跨境贸易电子商务通关系统、跨境电商结算中心、物流中心和保税库，吸引海关、跨境电商企业、国际物流企业、银行入驻，实现跨境电商货物的快速通关、高效中转集散，形成澳洲、美洲、欧洲电商货物面向国内，国内电商货物辐射周边国家和欧洲的双向互动发展格局。建设国际商品展示交易中心，按照商贸流通业转型升级要求，与传统的现货商铺式交易市场形成错位发展、优势互补，引导高品质、高质量、知名品牌的国内出口商品和国外进口商品在沿边中心城市商业中心附近实现集中展示，提高国际商品展示交易中心的辐射能力、市场知名度和国际影响力。建设进境免税店，在沿边陆路口岸、航空口岸建设进境免税店，吸引国际奢侈品牌、化妆品、知名烟酒、高端食品、玩具等商品入驻免税购物中心，为国内外游客打造购物天堂，与周边的旅游设施形成配套,成为游客旅游购物体验中的重要一环。

5. 加强旅游合作交流,大力发展旅游业

我国边境地区旅游资源独具特色、十分丰富,发展旅游业具有得天独厚的条件。经过40余年的发展,特别是党的十八大以来,从中央各部门到沿边省、自治区各级党委政府,不断加大对边境旅游的支持力度,边境旅游呈现出繁荣的发展态势。在"一带一路"建设中,实现沿边地区文化资源向文化产业转化,应从以下几个方面着手实施:其一,发挥政府主导作用。政府管理的体制机制创新,对沿边地区文化产业化发展具有主导作用。在文化引领发展上,由于沿边文化建设中涉及国家安全、国家利益,只有国家行为直接参与,沿边文化建设和经济建设才能得到快速健康发展。这就必须实现政府的统一领导,如深入挖掘历史文化资源和民族传统文化资源,弘扬红色文化精神,带动旅游业大发展。其二,加大创意型人才队伍建设。沿边文化发展需要有好的项目,好的项目发展需要有优秀的创意型人才队伍来实现,要通过政策引导培养造就出一批知识型、具有使命感的创意型人才,实现沿边文化大发展。其三,利用沿边地区历史渊源进行文化产业项目开发和对外文化产业合作。从特定发展区域合作项目入手,以我国为主体吸引多方积极参与合作开发。如译制片厂、影视剧合作与开发、创办动漫产业、文体娱乐产业等更多的产业链形成与发展。重点实施一批对外合作产业集群项目建设。

(1)加快满洲里、防城港旅游试验区建设。满洲里试验区位于内蒙古呼伦贝尔大草原的西北部,北接俄罗斯,西邻蒙古国,是欧亚大陆桥重要战略节点,试验区具有融游牧文明、红色传统、异域风情为一体的独具特色文化体系,满洲里口岸年出入境人数居中俄沿边口岸之首,航空、铁路、公路立体旅游交通格局已经形成。满洲里试验区的主要任务有探索旅游扩大开放政策、构建产业发展政策体系、探索旅游产业促进新模式、探索完善旅游服务管理体系等四个方面,包括优化出入境管理制度、促进自驾车旅游往来便利化、推动团体旅游便利化、提高旅游投资便利化水平、探索实施旅游发展用地政策、创新旅游人才培养引进机制、构建产业融合发展格局、建立跨境旅游合作机制等13项具体任务。防城港旅游试验区位于北部湾畔,是我国西部第一大港,是中国与东盟海、陆、河相连的门户,内有十万大山、北仑河口、江山半岛、京岛等旅游资源,口岸年出入境人数居中越沿边口岸之首,试验区高速公路、高速铁路已与全国路网连接,与南宁吴圩国际机场形成1小时经济圈,与越南开通了"海上胡志明小道"高速客轮旅游航线。防城港试验区的主要任务是探索旅游便利通关新举措、探索全域旅游发展新路径、探索产业发展引导新机制、探索边境旅游转型升级新动能、探索扩大边境旅游合作新模式等五个方面,包括促进人员通关便利化、促进自驾车旅游往来便利化、完善边境旅游综合服务设施、构建旅游共建共享模式、创新旅游投融资模式、推动完善土地支持政策、开拓海上跨境旅游新市场、打造边境新型旅游产品、建立跨境旅游常态化联合执法机制、推动跨境旅游联合营销机制等15项具体任务。

（2）研究设立跨境旅游合作区。加快推动中越德天（板约）、云南猴桥、中蒙俄等跨境旅游合作区建设，在成立中越合作保护和开发德天（板约）瀑布旅游资源广西方协调委员会的基础上，加强与越南高平省沟通对接，推动双方尽快在两国省级政府间建立中越合作保护和开发德天（板约）瀑布旅游资源协调委员会。加强与越南就跨境旅游合作区内旅游资源整体规划、旅游产品开发、旅游服务标准推广、旅游市场监管等方面深化合作。完善现有的旅游线路，培育"广宁下龙湾—广西桂林"黄金旅游线路等新的旅游产品。完善出入境游客检疫查验、传染病监测及国际旅行卫生保健服务设施设备，研究制定跨境旅游合作区传染病联防联控和应急处置机制。加强中俄蒙跨境旅游合作，打造"万里茶道"、中俄蒙国际旅游节、冰雪节等特色旅游品牌。合作开发阿尔山—乔巴山—斡难河、呼和浩特—二连浩特—乌兰巴托—伊尔库茨克等旅游线路，推进海拉尔—赤塔—乔巴山国际旅游"金三角"发展，建设阿尔山—松贝尔、新巴尔虎左旗—哈拉哈苏木（诺门罕战争遗址）等中俄蒙跨境旅游合作区。双边多边相互参与举办重大旅游会展活动，探索合作举办蒙古族服装服饰艺术节、草原那达慕等具有民族特色的旅游节庆活动。开行内蒙古"草原之星"延伸到伊尔库茨克旅游专列。支持中蒙俄三方旅游企业组建跨国旅游集团。合作搞好民族工艺品等旅游产品、商品开发。建设喀什市辐射南亚、西亚、中亚的航空和陆路集散次中心。加快建设喀什市旅游集散中心及综合配套服务功能（旅游信息服务、旅游交通换乘、旅游商贸物流服务等），依托喀什特殊经济开发区建设和中巴经济走廊的发展机遇，集聚旅游发展要素，借助航空和陆路交通通道，推进喀什跨国旅游合作区建设，推出喀什—塔—吉—乌跨国旅游线、喀什—巴基斯坦跨国旅游线，建成旅游集散中心和国际商贸旅游集散次中心。建设伊宁市辐射中亚的陆路集散次中心，逐步完善霍尔果斯特殊经济区和伊宁市的旅游交通集散服务、旅游信息咨询服务、旅游商贸物流服务等功能，依托霍尔果斯经济区边境国际合作中心和霍尔果斯口岸欧亚大陆桥的政策区位优势，推进伊犁中哈跨国旅游合作区建设，联合开发中哈跨国旅游线路，培育面向中亚的国际旅游集散次中心。建设阿勒泰市辐射中俄蒙哈阿尔泰区域的陆路集散次中心。依托环阿尔泰山区域的世界遗产资源及山地综合自然景观打造国际旅游热点，推进中、俄、哈、蒙四国环阿尔泰山生态旅游合作区建设，协调完善四国阿尔泰山区域陆路交通网络体系，联合推出阿尔泰山跨国生态旅游热线，建设阿勒泰市旅游集散中心及综合配套服务功能，提升塔克什肯、吉木乃口岸旅游综合接待能力和服务水平，建成辐射中俄蒙哈阿尔泰区域的陆路集散中心。

（3）建设边境旅游试验区。在总结满洲里、防城港旅游试验区经验的基础上，研究设立广西凭祥、靖西,云南瑞丽、猴桥,西藏冈底斯,新疆喀什、阿尔泰,内蒙古阿尔山,黑龙江黑河,吉林龙井等边境旅游试验区,依托重点、沿边城市积极探索"全域旅游"发展模式。积极争取国家政策支持,为到边境旅游试验区的境外游客签发一年多次往返出入境证件。推行在有条件的边境口岸设立交通管理服务站点,便捷办理临时入境机动车牌证。鼓励发展特色旅游主题酒店和特色旅游餐饮,打造一批民族风情浓郁的少数民族特色村镇。积极发展旅游演艺,允许外资参股由中方控股的演出经纪机构。加强体育休闲运动、体育赛事旅游等体育旅游项目的对外交流合作。充分发挥体育产业发展引导资金作用,继续加大对体育旅游项目的引导扶持。

(4)建设无国界旅游试验区。推进中蒙俄三国"无国界旅游试验区"。创建万里茶道、和平之旅、"三湖"之旅(呼伦湖、贝加尔湖、库苏古尔湖)、"三山"之旅(长白山、阿尔山、肯特山)等品牌旅游线路;建设满洲里、二连浩特、乌兰察布重点旅游城市;创建满洲里—红石、二连浩特—扎门乌德、阿尔山—松布尔、额布都格—白音胡舒等旅游合作区和满洲里、二连浩特、达茂旗、阿尔山等边境旅游试验区。支持旅行社开发呼和浩特—乌兰巴托—乌兰乌德—伊尔库茨克跨中俄蒙三国旅游线路,开发从策克—二连浩特—满洲里出入境的两条中俄蒙自驾游大环线,开发室韦—黑山头、满洲里—阿日哈沙特、额布都格—阿尔山、满都拉—甘其毛都等区域自驾游小环线。支持满洲里口岸、二连浩特口岸、阿尔山口岸、额尔古纳黑山头口岸、阿日哈沙特口岸、恩珠嘎布达口岸、满都拉口岸、甘其毛都口岸、策克口岸等创建国际旅游合作示范区。推进西藏冈底斯国际旅游合作区建设。吉隆镇地处西藏西南部珠穆朗玛峰自然保护区,与尼泊尔首都加德满都的直线距离仅120千米左右。冈底斯国际旅游合作区主要为环喜马拉雅山脉相关区域,以阿里地区为主,其中普兰县作为核心区,日喀则市的亚东、樟木、吉隆、日屋等边境口岸为重要节点,国外以印度和尼泊尔等毗邻国家为主。逐步培育成以中缅印尼为核心的南亚和东南亚地区的旅游经济新高地和交流合作的新平台。同时加强沿吉隆、樟木口岸方向,支持尼泊尔建设公路、桥梁、边检站等基础设施,并与尼方探讨实施铁路、电网、通信等合作项目,促进中尼通道有效衔接。

(5)着力打造边境风光、民族风情和休闲度假旅游品牌。积极推动观光型旅游与休闲、康体、养生融合,促进旅游开发与边境城镇建设协同发展。加强沿边景区景点建设,打造和培育精品旅游线路和产品。建立境内外旅游合作协调机制,发展跨境旅游和特色旅游。积极争取放宽非边境地区居民参加边境旅游的条件,推动边境旅游团队灵活选择出入境口岸。鼓励沿边重点口岸积极创新管理方式,在游客出入境比较集中的口岸实施一站式通关模式,设置团队游客绿色通道。支持沿边地区利用特色资源打造文化产业亮点,着力扶持一批特色文化企业,建设边境特色文化产业群。加快文化交流步伐,积极与周边国家联合举办文化旅游推广和节庆活动,鼓励与邻近国家开展文化体育交流活动,支持举办文化周边行活动、周边国家文化周活动和次区域体育运动会。

(6)建设国家全域旅游示范区。重点在沿边重点城市开展全域旅游示范市创建工作,积极构建沿边地区全域旅游发展格局,实现区域资源有机整合、产业深度融合发展和社会共同参与,推动旅游产业向深度和广度空间拓展,全面推进"小旅游"格局向"大旅游"格局转变。促进全域旅游发展,支持建设一批主题鲜明、交通便利、服务配套、环境优美的国际化旅游中心城、区域性旅游门户城、特色旅游目的地城、特色景观旅游名镇、旅游名街、旅游名村。深入开展旅游精准扶贫。

(7)打造精品自驾旅游线路。深入挖掘沿边地区旅游资源,开发自驾车旅游产品,重点支持建设自驾车旅游精品线路。支持建设自驾车营地、旅游租赁服务中心。积极推进跨境自驾游。研究举办汽车拉力赛。支持旅游基础设施建设,提升旅游服务功能。支持建设一站式旅游服务中心、旅游观景平台、旅游厕所、标识标牌、野餐露营和徒步旅游设施等项目。

6.扩大人文合作领域,深化人文社会交流

近年来,沿边地区积极实施文化"走出去"战略,注重挖掘自己的民族文化资源,发挥独特地理区位优势,统筹推进文化交流、文化传播、文化贸易,开创文化产品和服务出口新优势,同时不断完善人文交流机制,创新人文交流方式,把人文交流作为一项长期性、基础性、战略性的工作来抓,与周边国家在跨国春晚、跨国影视、媒体互访、文化贸易等方面进行了积极探索,在学术研究、教育培训、人才交流等方面进行了深度合作,为沿边地区人文交流中心打下了良好的基础,积累了一定的经验。从全面合作内容的相互关系看,社会人文交流是内容,也是经济合作的条件,政治交往是保障。因此,应秉承"睦邻、安邻、富邻"的理念,丰富合作的内涵和外延,形成包括教育、卫生、科技、文化、生态在内的宽领域、多层次、广覆盖的人文社会交流新格局。

(1)教育方面。密切与国际组织的关系,积极参与区域教育合作交流,按区域、国别组建相应的大学联盟。如云南与南亚、东南亚国家政府间教育高层磋商对话、学校务实合作,支持省内高校与国外高校合作创办中外合作办学机构,推动非通用语种人才培养等。内蒙古拓展与俄罗斯、蒙古国的教育和人才培养合作。鼓励院校扩大联合办学和互派教师、留学生规模。利用"中国政府奖学金""内蒙古政府奖学金",依托中心城市和口岸城市,为俄蒙学生提供留学教育。与俄罗斯联邦卡尔梅克国立大学合作办好"孔子学院",推动在蒙古国高校或中小学设立"孔子学院"或"孔子课堂"。举办青少年夏令营、艺术表演、语言文化短期培训,开展与俄罗斯、蒙古等国青少年交流互访活动。

（2）文化体育方面。举办面向周边国家国际性文化艺术展、文化艺术论坛、国际艺术画廊以及拍卖会、文博会等，搭建更多沿边省、自治区和南亚、东南亚、中亚蒙俄文化贸易合作交流平台。鼓励文化企业大力发展对外文化贸易业务，开拓境外文化消费市场。通过举办文化周、文化日等大型文化交流活动，不断扩大与周边国家的文化交流。与周边国家在非物质文化遗产保护、地质遗迹保护、图书研究、文物考古等领域进行合作，推进沿线国家和地区联合申遗。积极参加周边国家中国文化中心活动。建议抓好以下项目：

建设好中俄文化大集。中俄文化大集以友好合作、文化交流活动为主要内容，以文化贸易为重点，以建设区域性、规模性、机制性中俄文化交流合作平台和品牌项目为目标，突出高层交流和民众参与相结合，重在打造具有突出文化魅力、经济效益和国内外影响力的大型中俄跨境文化贸易集市，以及文化艺术交流、艺术品展销、文化经济贸易集散地。为彰显地域文化、民俗文化的魅力，中俄文化大集精心策划了黑龙江"指尖芳华"——非物质文化遗产北方刺绣精品展、中国知名书画家作品展览、中俄文化产品展销、当代文学研讨暨中俄出版物版权交易会，与俄罗斯开展版权贸易，加大版权输出和推广，让有国际影响力的优秀图书走出国门，推动黑龙江和阿穆尔两省州地域特色文化走出国门、彼此交融，有效助推中俄两国文化贸易向官民并举发展，向公益化与产业化并重推进，成为黑龙江省对外文化交流的一大亮点。

建设东北亚文化交流平台。东北亚地区拥有较多的共同历史和文化记忆，中日韩朝四国有着很相似的文化渊源，有着共同的儒家文化基础，各国的传统文化甚至节日安排都有相同或相似之处。俄罗斯作为欧亚"大陆桥文化"，与东方文化的交融性也显而易见，尤其是东北地区，与俄罗斯远东地区有着非常密切的交往。因此，加强东北亚区域的文化研究，挖掘共同的文化记忆，是进行文化交流的基础工程。在沿边相关地区搞好文化交流与融合，举行文化节庆活动和搭建文化交流平台，以"文化交流"为载体，依托"长吉图"的辐射作用，将有效促进吉林省与朝韩两国的经济合作。

办好中朝经贸文化旅游博览会。丹东是中国对朝贸易最大的陆路口岸和商品集散地，我国对朝贸易中超过七成的货物要通过丹东口岸完成。中朝博览会集经贸、文化、旅游于一身，充分发挥丹东沿江、沿边、沿海和港口优势以及丹东与朝鲜的地缘、亲缘优势，致力于为中外企业创造商机、展示形象，搭建起一个中朝两国企业展示、交易的平台，未来中朝博览会必将成为丹东的新名片，成为中朝深化交流、合作、贸易的新载体。

建设面向南亚、东南亚的人文交流中心。重点是争取中央和国家相关部门的支持，承接更多国家面向南亚、东南亚人文交流项目；依托云南与南亚、东南亚独特的民族文化资源,策划开展媒体互访、学术研讨、文艺演出、影视拍摄、非遗传承、文博考古、节庆会展、文化贸易、文化旅游以及教育、科技、卫生、体育等方面的多层级人文交流活动;推进沿边人文口岸建设,打造一批示范工程,实施一批示范项目,推动沿边地区人文交流合作与文化贸易;坚持以企业为主体,以各类论坛、展会、国际论坛和民族节日为平台,以"互联网＋"为手段,推动人文产品和贸易创新。

建设中越边境文化长廊。广西陆上边境线全长1016千米,包括那坡、靖西、大新、龙州、凭祥、宁明、防城7个边境县(市)。边境文化长廊建设要体现"五个特色",即爱国主义传统和国防教育文化特色、军民共建文化特色、文物景点旅游文化特色、边关民族风情文化特色、边贸经济文化特色,在促进对外开放与周边国家的睦邻友好,发挥在全国万里文化长廊建设中的龙头作用。建设沿海文化长廊,在原来的防城、钦州、灵山、浦北四个县(市)共431千米的长廊基础上,再把上思县、防城港区、合浦县、北海市包括进去,全长760千米。这条长廊位于广西沿海开放地带,面向东南亚,是大西南最便捷的出海通道。它应具有开放区文化的特征,成为经贸文化、科技文化的示范带,展示海港文化、海滩文化和南珠文化的风情。

建设内蒙古"一带一路"对外文化交流合作平台。加强中蒙俄三国文化艺术交流的广度和深度,打造以"一带一路"为主题的国际文化节、博览会等国际交流合作平台。定期举办并完善内蒙古"文化那达慕"活动平台,组织文艺演出、文化论坛、非物质文化遗产展览、文化贸易等活动;积极参与、组织中蒙、中俄"文化年"活动,定期在蒙古国、俄罗斯举办文化周、文化日等大型文化交流活动,与蒙古国合作举办国际蒙古语戏曲节、国际蒙古族舞蹈艺术节。积极参与国家分别在俄罗斯和蒙古国举办的"欢乐春节"等大型活动,充分利用国家层面的高端平台,以展现和宣传内蒙古民族特色文化。积极鼓励内蒙古地区与俄罗斯、蒙古国边境毗邻的相关盟市、旗县文化机构与俄、蒙相关对口部门之间建立直接的联系,构建形式多样的合作交流平台。

(3)医疗卫生方面。建立与南亚、东南亚传统医药交流合作机制,建立面向南亚、东南亚传统医药交流中心。在开拓中药材和药品国际市场的同时,吸引"一带一路"沿线国家学生来滇留学,进一步搭建与南亚、东南亚的中医药交流与合作平台。依托内蒙古国际蒙医医院和沿边地区的中蒙医院为俄蒙来内蒙古就医人员提供医疗服务,推动在蒙古国建立医疗机构。同蒙古国共同研究、整理蒙医医学书籍、文献、著作,交流医学科研成果。组织医疗队、志愿者赴蒙古国开展义诊活动。积极与俄蒙开展传染病防治合作交流,建立疫情交换机制。提升中医药影响力,增强与周边国家在中医药领域的合作力度。

(4)科技方面。在推进智库交流方面,鼓励高校、社科研究机构等加强对外交流合作,并鼓励其选派优秀中青年学者到周边国家开展学术交流,支持相关国家学者来华开展学术交流。加强应对气候变化、生态系统与生物多样性保护、沙尘暴和荒漠化防治、水资源利用保护、污染防治、环境教育和防火等方面的交流合作。促进科研人员交流,共同开展重点科技攻关,共同建设一批国际技术转移中心、先进技术示范与推广基地。

7. 加强生态环境保护合作,共建绿色丝绸之路

我国与周边国家在生态环境保护、防灾减灾、应对气候变化等领域开展了一些合作,但是实质性合作项目仍然较少,缺乏统一的协调机制,对相关国家政策和深层次问题研究不够,共同应对区域性环境问题的能力较弱。要突出生态文明理念,加强生态环境和应对气候变化合作,共建绿色丝绸之路。

(1)筑牢国家生态安全屏障。加快实施以青藏高原生态屏障、黄土高原—川滇生态屏障、东北森林带、北方防沙带等为主体的生态安全战略。大力推进重大生态工程建设,加强重点区域、流域生态建设和环境保护,构筑以草原和天然林为主体、生态系统良性循环、人与自然和谐相处的国家生态安全屏障。加强国门生物安全体系建设,健全国门生物安全查验机制,严防动植物疫病疫情传入。

建设世界第三极国家公园群。"地球第三极"是西藏最强的优势、最亮的品牌。西藏是亚洲水塔也是全球生物资源最为丰富、生态环境最为独特的地域之一,有着从热带到寒带、从低山谷底到高原高山的不同风光,特别适合发展旅游业。同时,西藏的生态环境又十分脆弱,生态环境保护任务十分繁重。2017 年,国家开展了第二次青藏高原综合科学考察研究工作,通过对青藏高原资源环境及其变化和影响开展不同角度的考察研究后,为建设美丽的青藏高原和绿色丝绸之路以及西藏高质量发展提供重要的科技支撑。中科院和西藏自治区以院地合作方式组织第二次青藏科考,有 60 多个专题科考分队参与,开展了涉及五大综合考察区域的十大科考任务。第二次青藏科考提出,建立第三极国家公园群是青藏高原发展的重要举措。科学家们首先论证了色林错国家公园建设的详细方案。在色林错国家公园方案基础上,科学家们提出第三极国家公园群建设建议。在中国国家公园建设的时代背景下,以国家公园群建设为重要抓手的发展模式,有望为西藏找出一个兼顾生态资源有效保护、人民群众脱贫致富的发展之路;提出国家公园遴选的科学评价指标体系,从 44 个自然保护地中遴选出色林错、珠峰、雅鲁藏布大峡谷、扎达土林 4 个备选国家公园区域,建设国家公园群,带动西藏高端、精品、特色发展,打造美丽中国新的样板,让青藏高原各族群众生活更加幸福安康。

设立高黎贡山国家公园。高黎贡山北起西藏高原,南达缅甸境内,南北长 600 余千米,地处横断山区南段,相对高差达 4000 米以上,垂直气候带特征明显。总面积达 40.6 万公顷的云南高黎贡山国家级自然保护区不仅是云南最大的自然保护区,还因其丰富的生物多样性,被联合国教科文组织接纳为"世界生物圈保护区",

这里也是探险和科考的天堂。明代旅行家徐霞客曾长途跋涉翻越高黎贡山,考察植被地貌;20世纪初叶,有"植物猎人"之称的英国植物学家的福瑞斯特把高黎贡山特有的大树杜鹃标本运回了大英博物馆。这里也是500多种鸟类的最佳栖息地。每年数以万计的国内外观鸟者云集高黎贡山。高黎贡山的百花岭,被广大鸟友取名为"中国的五星级观鸟圣地"。将高黎贡山设为国家公园,完善保护体系建设,创新国家公园体制试点,打造高黎贡山创新样本,无疑具有重要意义。

设立怒江大峡谷国家公园。怒江大峡谷国家公园位于云南省怒江傈僳族自治州,总面积35.9万公顷,规模属于大型国家公园。范围涉及泸水、福贡、贡山3个县,西起缅甸联邦和保山市,北至西藏自治区的察隅县,南临保山市,东部边界分别与迪庆藏族自治州的德钦县、维西县相邻,怒江州的兰坪县与大理白族自治州的云龙县接壤。国家公园由怒江大峡谷西岸的高黎贡山和东岸的碧罗雪山两部分组成:高黎贡山部分位于北纬25°33′～28°09′,东经98°23′～98°52′之间,面积21.65万公顷;碧罗雪山位于北纬25°56′～28°13′,东经98°29′～99°01′之间,面积14.23万公顷。其核心资源有世界最长峡谷——怒江大峡谷,最负盛名的怒江金丝猴,最具国际代表性的常绿阔叶林生态系统,全球分布面积最大、最为原始的秃杉林和独具特色的峡谷文化。着力把怒江大峡谷国家公园打造成为世界知名旅游品牌,把怒江州建成国内一流的生态文化旅游目的地和面向南亚、东南亚的旅游集散地,把旅游产业培育成为全州脱贫攻坚的主导产业、带动贫困群众脱贫致富。

设立大兴安岭国家公园。大兴安岭是兴安岭的西部组成部分,由内蒙古大兴安岭地区和黑龙江大兴安岭地区组成。大兴安岭北起黑龙江畔,南至西拉木伦河上游谷地。大兴安岭原始森林茂密,主要树木有兴安落叶松、樟子松、红皮云杉、白桦、蒙古栎、山杨等。大兴安岭是我国集中连片面积最大的国有林区和国家重要的林业基地,有着"东北亚水塔"之称,是黑龙江和嫩江水系的发源地,对维护呼伦贝尔大草原和东北粮食主产区的生态安全具有不可替代的作用。其生态地位的重要性,生态系统的完整性、唯一性,文化厚重性是建立国家公园的良好基础。

(2)加强边境地区生态建设。沿边省、自治区要加强重点防护林体系建设,加强水土保持和农田生态保护,继续实施退耕还林还草、退牧还草、石漠化治理、天然林资源保护等工程。构建生态廊道和生物多样性保护网络,实施生物多样性保护行动计划,加大生物多样性保护和自然保护区建设力度。加强边境地区动植物疫病疫情防控,有效防范跨境传播风险。防范物种资源丧失和外来物种入侵。推进水质良好湖泊生态环境保护和生态修复工程。统筹考虑将符合条件的边境县优先纳入国家重点生态功能区。建立生态保护补偿机制。

设立西双版纳生物多样性保护廊道。通过改善廊道及核心区生物多样性保护的管理,促进区域可持续发展,恢复并维持西双版纳州内国家级自然保护区的生态完整性。西双版纳州目前的国家级自然保护区,包括尚勇子保护区、勐腊子保护区、勐仑子保护区、勐养子保护区、曼稿子保护区及纳板河子保护区。这些保护区在西双版纳孤立分布,并不相连。多年来,随着人口增长和经济发展的驱使,西双版纳大面积热带森林被砍伐转变为农业用地,保护区周边的森林不断被砍伐、蚕食,兴建高速公路也不可避免将部分森林切断,使得各保护区出现了片断化或岛屿化状态,不利于野生动植物的迁徙、扩散和种群的交流。扩大保护区面积或在各保护区之间建立生物廊道,通过走廊的形式把孤立的片状保护区连接起来,减少不利的"孤岛"效应,保持物种安全的迁移机会,有利于种群的持续繁衍和丰富生物多样性,这是当前西双版纳乃至东南亚地区濒危珍稀野生动植物保护的重要措施。西双版纳各保护区间的生物走廊建设,既能为物种和种群交流,尤其是为亚洲象等开辟通道,提供更多的栖息地;同时,走廊带的建设亦为不同生存环境中的种群提供基因交流机会,避免其种群质量的下降,也能减轻野生动物对当地民众生产生活的负面影响,又能为民众带来直接、间接的经济效益。

设立广西靖西—越南高平生物性多样性廊道。目前,广西与越南高平省自然资源与环境厅共同签署了《中国广西壮族自治区环境保护厅与越南高平省自然资源与环境厅生物多样性保护合作谅解备忘录》,这是中国与东南亚国家省级环境保护部门之间签署的首个双边环境保护合作谅解备忘录,是与周边国家探索共建绿色丝绸之路的一次有益尝试。广西邦亮长臂猿国家级自然保护区地处中国与越南交界处的桂西南重要的生物多样性区域,是中国具有国际意义的陆地生物多样性保护重要地区之一,是中国已知的唯一东部黑冠长臂猿栖息地,具有极高的保护价值。同时,该区域在生物多样性保护、国防安全维护、典型岩溶生态系统保护、科学研究、国际合作等方面也具有不可替代的价值。东黑冠长臂猿在《IUCN 物种红色名录》中被评定为极度濒危,并且被认为是全球最为濒危的 25 种灵长类之一。该物种唯一已知的种群仅有 24 个家庭群、129 余个体,分布于越南高平省重庆县和中国广西靖西市交界的喀斯特石灰岩森林地区,现有的栖息地面积约有 2200 公顷。多年来,经过中越各级政府主管野生动物的部门、非政府组织(NGO)、研究机构,特别是当地社区近十年的保护和研究,现有东黑冠长臂猿都处于保护区的管辖内。但目前适宜东黑冠长臂猿栖息的高质量森林十分有限,这对长臂猿未来的生存及种群扩张都将是一个巨大的挑战。为了更有效地保护东黑冠长臂猿,进一步争取全社会关注、重视和支持该物种的跨境保护工作,并将其打造成中越边境地区野生动物的保护示范区,在广西壮族自治区林业厅与越南高平省农业与农村发展厅的大力支持下,由 Arcus 基金会与世界自然保护联盟物种续存委员会(IUCN Species Survival Commission)资助,野生动植物保护国际(FFI)中国项目与越南项目共同编制了《东黑冠长臂猿中越跨境保护行动计划》,以此来科学系统地指导东黑冠长臂猿的跨境保护工作。

沿边重点生态工程。包括西北沿边地区草原荒漠化防治,以治理和恢复退化草地、防沙治沙为重点,不断加快内蒙古、新疆、甘肃等省区内的荒漠化治理,加强区域内沙区林草植被保护及牧区水利设施建设,在生态极度恶化的草地沙化地,全部实施退牧还草;青藏云南广西江河水源涵养区,以提高水源涵养能力为目的,以保护湿地、草地、湖泊、森林、生物多样性为主要内容,重点推进西藏、云南、广西沿边地区的综合治理,实行退耕还林任务倾斜政策;重要森林生态功能区,以保护生物物种、基因和生态系统的多样性及涵养水源为主要内容,重点推进云南、广西、西藏以及东北、内蒙古北部等森林综合保育区的保护,加强国家级自然保护区、天然林资源、野生动物植物和湿地保护。

推进边境地区环境污染治理。实行最严格的环境保护制度,形成政府、企业、公众共治的环境治理体系。对开发建设类规划,基于资源环境承载能力监测预警评价,依法开展环境影响评价工作,以生态环境质量改善为目标,严把环境准入关,优化区域发展布局与规模。推进多污染物综合防治和环境治理,实行联防联控和流域共治。深入实施大气污染防治行动计划,继续落实水污染防治行动计划和土壤污染防治行动计划,净化农产品产地和农村居民生活环境。加强城乡环境综合整治,普遍推行垃圾分类制度,全面推进农村垃圾治理。进一步强化边境地区环境监管能力建设。严格执行节能减排考核。

8. 强化中华民族意识教育,增强民族团结的向心力和凝聚力

强化中华民族意识教育,增强民族团结的向心力和凝聚力。中华民族是中国各民族的总称,在5000年的历史长河中,一个个民族在这里扎根,伴随着民族冲突和民族自强的博争,经历了无数次的分合聚散、艰辛坎坷,却绵亘传承不绝,最后都汇入中华民族的洪流之中,成为中华民族的新鲜血液,使得中华民族始终屹立于世界民族之林。中华民族极力倡导"天下大同,协和万邦""和谐共处,美美与共""以和为贵,和而不同"的理念,逐步形成了一个稳固的民族共同体,创造了以爱国主义为核心的团结统一、爱好和平、勤劳勇敢、自强不息的伟大民族精神,这种精神是中华民族赖以生存和蓬勃发展的精神支柱。

进一步强化民族认同感,引导民众树立科学的民族观,使各族人民认识到,中华民族这一称呼是建立在共同的历史回忆、利益共同体和命运共同体基础之上的必然结果,是中华各族人民的殷切期盼和共同选择。要防止片面大汉族主义和极端民族主义,任何一个公民,无论来自哪个民族,首先应是中华民族的一员,是中华人民共和国的一分子,各民族之间的关系应确立在平等、团结、互助的基础之上。

尊重少数民族的宗教信仰和生活习俗,认同差异、包容多样。既重视各民族的个体性,又强调中华民族的共同性;既提倡发扬各民族的优秀传统,又着力强调民

族间的交流与融合,缩小民族差距,努力构建平等、团结、互助、和谐的社会主义民族关系;要在政治、经济、文化活动中逐步淡化各个族际的边界,以各种方式促进族群之间的相互融合;坚持广泛深入地开展民族团结进步活动,集中力量解决少数民族群众的切身利益问题,真心实意地为少数民族群众和民族群居地方办实事、办好事,加强对城市少数民族流动人口的服务和管理,在劳动就业、子女入学、权益保护、法律援助等方面给予积极引导和切实帮助,营造加快少数民族各项事业发展、自觉维护民族团结的良好氛围,实现各民族共同发展繁荣。

弘扬丝绸之路精神,传承中华民族优秀先进文化。在社会变革过程中,社会经济成分、社会组织的多元化,以及各民族的发展进步,催生了文化的多元化,催生了文化价值、文化意识的多元化。文化多元化的共存互动构成了当代中国文化进步的动力和主线。用新时代社会主义多元文化思想弘扬爱国主义,既是保持文化的时代认同和民族认同,也是抵制民族分裂主义的强大思想武器。不管你有什么信仰、信奉什么宗教,都不能离开热爱祖国这个核心主旨。

要与时俱进传承中华民族先进文化,坚持弘扬先进文化。引导少数民族群众把爱国与爱党、爱社会主义结合起来,倡导一切有利于祖国统一、民族团结、社会和谐的思想文化,不断强化国家意识;引导各族群众认清中华民族文化是各民族共同创造的,是共有的宝贵精神财富,中华民族的文化具有共性和个性相辉映的鲜明特征,为维护世界文化的多样性做出了重要贡献;大力弘扬优秀传统文化,守护中华民族的精神家园,增强全民族的精神力量。引导少数民族群众从本质上认清分裂主义的危害,划清正常宗教活动和非法宗教活动的界限,正确认识本民族利益与中华民族整体利益的关系,不断强化中华民族共同利益高于一切的观念。引导各族群众向往、认同先进文化,摒弃落后文化,对于先进文化,不论是本民族的还是兄弟民族的,不论是本国的还是外国的,不论是历史的还是现实的,都要积极学习、吸取和接受;对于消极、愚昧甚至错误、反动的落后文化,同样不论是民族的还是地区的,不论传承了多少年,都要逐步、自觉地把它摒除掉。采取少数民族喜闻乐见、形象直观的艺术表现形式,宣传党的路线、方针政策,宣传国家和现代化建设的伟大成就,宣传科学进步的思想理论和健康文明的生活方式,揭露民族分裂分子的罪恶行径和险恶用心,不断增强宣传教育的感召力、吸引力和说服力,提高各族群众社会共识及凝聚力、向心力。

倡导和谐理念,建设和谐社会。和谐用象形字进行分解,就是人人有饭吃,人人有说话的权利,可见,中国古人很早就注重和谐的观念。"和谐"的理念蕴藏在中西方古老文化之中。中华文化推崇人际之和、天人之和、身心之和,西方的哥白尼通过古希腊的和谐对称原理大胆提出了"太阳中心说"的科学假设,掀起了近代科学的伟大革命。和谐是文化的最高境界,是促进社会进步的文化源泉。在和谐社会中也会有差异,成员之间和各类群体之间的差异、对立和矛盾仍然存在,但由于和谐社会具有统一性、包容性和调适性,因此可以大大减少产生对抗的可能性。倡导和谐理念,坚持以人为本,处理好人与自然、人与社会和人与人之间的关系,实现三者之间的辩证统一。通过人与自然的和谐,为人的发展提供良好的生态环境,使人们在资源永续利用、环境整洁美观、生态良性循环的优美环境中工作和生活;通过人与社会的和谐,为人的发展提供富有生机和活力、公平正义、诚实守信、安定有序的良好社会环境,使人们的创造活力竞相迸发,创造源泉充分涌流;通过人与人之间关系的和谐,为人的发展创造心情舒畅、平等友爱、融洽和睦的人际环境,在全社会形成团结互助、扶贫济困的良好风尚,从而有效地化解矛盾、疏导情绪、平衡利益,增强人与人之间的亲和力、向心力和凝聚力。

加大财政投入,加强公共文化设施建设。文化设施是开展文化活动的载体,是文化事业发展的重要条件。近年来,党中央高度重视西部地区的文化设施建设,投入资金修建"两馆一站"(图书馆、文化馆和乡文化站),在边远地区安装电视接收装置,增加广播电台基站,实施"广播电视到村"工程,广播电视网络基本覆盖到了所有地区。但由于受地理环境和社会经济发展水平的制约,沿边地区的公共文化设施建设仍然滞后,作用发挥不够明显,广播台、站数量少、功率低,电视语系不全,功能发挥不够。具有民族特色的文学艺术节目数量少,内容不够丰富,使得部分群众将兴趣转移到美、英、印等国的节目上,使党和政府的声音在这些地区受到削弱。要进一步加大沿边地区文化设施建设的投入,在财政资金投入、文化基础安排上加大扶持力度,在公共文化服务体系建设、公共文化基础设施建设、国家重点文化工程上给予倾斜。各地区要根据本地的特点和条件,采取政府主导、多方共建的形式,广泛发动社会力量,完善公共文化设施设备,大力发展图书文化市场,完善公共文化服务体系。继续加强西部地区广播电视网络建设,扩大覆盖范围,增加接收频道,丰富节目内容,满足多样化需求,把党中央、国务院的声音和科学文化知识传送到千家万户,不断丰富边疆、民族地区群众的精神文化生活。

制定优惠政策,大力发展西部文化产业。文化产业既有很大的市场空间,又有众多的消费群体,属于资源消耗少、环境污染小、经济效益高、社会功能强的朝阳产业,大力发展文化产业既是我国社会发展的需要,又是转变经济发展方式的需要。西部地区历史文化底蕴深厚,民族文化独具魅力,现代文化丰富多彩,是一座异彩纷呈的文化资源宝库,它不仅为研究文化人类学、宗教人类学、民族学、民俗学、生态文化学等学科提供了宝贵财富,也为文化产业的开发提供了丰富的资源。因此,要加大对西部文化资源的保护、开发、研究和利用力度,努力把文化资源优势变成文化发展的优势和经济发展的重要增长点。研究制定沿边地区文化产业发展优惠政策,加快文化市场的培育,扶持西部地区文化经营单位和活动,促进文化经纪机构的发展,推进文艺产品流通体制改革,倡导健康的文化产品和文化服务。鼓励民间文化产业发展,支持非政府行为的旅游业、民族文化生态村、民间工艺品的开发建设,在挖掘、抢救、弘扬特色文化的同时,形成文化产业规模,提高居民收入。发展艺术演出、美术品交易、民间工艺品生产、影视制作、音像书刊等产业,建立一批有一定规模的文化产业集团。依托各级图书馆、群艺馆、电影公司、演出公司等文化单位,发展文化信息产业,建立电影发行放映集团、文化演展和文化旅游集团,使西部地区逐步形成文化产业规模化、集约化的经营体制。扶持民族文化出版资源,发展民族教育事业。我国一些民族语言图书出版社具有深厚的历史沉淀和雄厚的人才力量。国家有关部门应统筹协调各民族文化出版单位力量,科学整合图书出版资源,成系统、成规模搞好民族文化出版,鼓励引导它们在市场竞争中练好内功,发挥自身优势,提高出版质量。同时动员社会力量开展文化对口支援,共同开发,取得社会、经济双效益。

9. 加强沿边地区中心城市和重点镇建设,加快培育沿边地区区域增长极

城市是形成带状经济区域和点轴经济系统的主要载体,在国际次区域合作网络构建中具有重要作用。我国城市规模和数量主要表现为由沿海地带和长江沿岸构成的 T 字形城镇空间分布格局,很多沿边地区存在成片的城镇空白区。据第六次全国人口普查资料,45 个边境地州市盟平均人口密度为 20.4 人/千米^2,远低于全国 140.4 人/千米^2 的平均水平。新疆每两座城市间平均距离约 1000 千米,相当于内地跨省的距离。城市规模偏小严重制约了沿边地区飞机、高铁等现代化交通工具的发展,严重影响与周边国家的互联互通。按现行费率测算,新疆每亿元国内生产总值运输成本是全国平均水平的 2 倍以上。由于城市规模小,沿边地区城市行政等级普遍偏低。特别是沿边地区缺乏高行政等级的城市,导致沿边地区城市网络松散,国际次区域经济合作发展缓慢。按照我国现行的经济事务决策权分配制度,省级以下的地方政府缺少对城市投资的自主权。比如,内蒙古满洲里作为中国最大的陆路口岸城市,是与俄罗斯、蒙古和中亚各国开展次区域合作的主要交通枢纽,但满洲里市人口规模小,只是内蒙古自治区直辖的一个县级市。由于行政级别低,满洲里市难以整合周边区域资源,无法充分发挥"一带一路"节点城市的作用。2017 年 6 月,国务院办公厅印发了《兴边富民行动"十三五"规划》提出"以沿边境乡镇为重点梯次推进",并首次提出"将边境市作为规划联动区,增强对边境地区建设发展的支撑保障能力,形成边境地区夯实前沿、以边带面、从线到片的空间格局"。沿边境乡镇处于边境地区,离中心城市比较远,受中心城市辐射弱,一般发展较滞后。但沿边境乡镇又具有地缘特殊性,既是我国边防的最前线,又是沿边开放的最前沿。抓住沿边境乡镇,兴边富民行动才能有效落地,才能使有限资源集中落到关键区域。近年来,通过城镇化战略推进区域战略已经成为一种新的区域发展手段。在国际次区域合作方面,以发展重点边境城镇和经济走廊节点城镇的形式促进次区域经济发展的思路已经越来越清晰。国家新型城镇化规划强调要"依托陆桥通道上的城市群和节点城市,构建丝绸之路经济带,推动形成与中亚乃至整个欧亚大陆的区域大合作"。

(1)培育区域中心城市和节点城市。我国边境地区多为经济欠发达地区,也是少数民族地区,生态环境较为脆弱,应选择一些重点地区,即一些区位条件好、有一定发展基础的重点边境城市和城镇,将其培育成为新的经济增长极,聚集产业和人口,带动周边地区的发展。目前,我国面向东南亚和南亚的次区域增长极主要依托昆明和南宁;面向中亚的次区域增长极主要依托乌鲁木齐;面向东北亚的次区域增长极主要依托呼和浩特、长春、哈尔滨等省会城市。这些城市具有成为区域性国际中心城市的潜力。很多边疆城市已经提出自己在"一带一路"建设和次区域合作中的定位以及试图建立区域性中心城市的期望。比如,广西钦州市提出要建设成为泛北部湾核心工业区、北部湾区域性中心城市。作为我国通往东南亚的交通枢纽,云南大理也在探讨区域中心城市的建设。新疆生产建设兵团正在通过"撤师设市"加快兵团城市的转型,近期目标是形成以 10 个城市及 10 个垦区中心城镇为骨干的城镇体系。

(2)培育面向东南亚、南亚的次区域增长极。依托昆明、南宁两个省会城市,不断增强其综合功能,尤其是要强化其在服务、金融、信息等方面的枢纽性作用,将其建设成为国际性区域中心城市。其中要发挥昆明在信息、文化、旅游、烟草、商贸物流、能源等方面的产业优势,进一步强化其在金融合作、文化合作、产业合作、政府合作中的枢纽性地位,发挥其在 GMS 中会展中心、商贸中心、金融中心、物流中心的核心作用,将其建成次区域合作的桥头堡。发挥南宁在信息交流、商贸物流、加工制造等方面的优势,积极推进其与东盟的深入合作,强化其在次区域合作中的装备制造基地、电子信息、科技教育和文化交流中心的作用,将其建成次区域合作的高地。

(3)培育面向中亚的次区域增长极。要发挥乌鲁木齐在信息、金融、商贸物流、加工制造等方面的优势,在加快完善乌鲁木齐服务业发展的同时,配合国家重大战略,不断推进相关基础设施建设,将乌鲁木齐建设成为面向中亚的重要国际区域性城市,中国西部对外开放的重要门户,新欧亚大陆桥中国西段的桥头堡。同时,不断强化乌鲁木齐的集散功能、产业基地功能和通道功能。要发挥乌鲁木齐在棉花、特色农产品等方面的集散功能区,打造以棉花等特色产品为主要内容的产品交易中心。依托乌鲁木齐的经济技术开发区和出口加工区,将乌鲁木齐打造成为面向中亚各国的出口加工贸易基地。依托新亚欧大陆桥,将乌鲁木齐打造成为新亚欧大陆桥中国段的西桥头堡。

(4)大力发展边境城市。大力发展口岸城市,促进口岸城市发展,给予口岸城市在贸易便利化、相互投资等方面更多的优惠,同时,按照兴边富民的要求,给予口岸城市比一般城市更多的优惠,增强其在次区域合作中的竞争力。《国务院关于支持沿边重点地区开发开放若干政策措施的意见》(国发〔2015〕72 号)文件,明确发展 28 个边境城市,即广西东兴市、凭祥市,云南景洪市、芒市、瑞丽市,新疆阿图什市、伊宁市、博乐市、塔城市、阿勒泰市、哈密市,内蒙古二连浩特市、阿尔山市、满洲里市、额尔古纳市,黑龙江黑河市、同江市、虎林市、密山市、穆棱市、绥芬河市,吉林珲春市、图们市、龙井市、和龙市、临江市、集安市,辽宁丹东市。边境城市是沿边地区经济社会发展的重要支撑,是确保边境和国土安全的重要屏障,正在成为实施"一带一路"的先手棋和排头兵,在全国改革发展大局中具有十分重要的地位。文件同时提出,支持沿边重点地区完善口岸功能,有序推动口岸对等设立与扩大开放,加快建设"一带一路"重要开放门户和跨境通道。

(5)培育跨境经济合作人口集聚区。立足区域自身优势,制定合理的产业发展政策,推进跨境经济合作区、经贸产业合作区建设。要充分利用两种资源,积极开拓两个市场。从重点跨境合作区的层面上,选择具备相应条件的市县作为重点建设地区;从产业合作层面上,选择合理地区建立能源、制造业、物流、文化旅游等领域的产业经济合作园区,形成与周边国家开发开放的重要合作支撑。加快推进中缅跨境经济合作区建设,积极发展"三头在外"(能源在外、资源在外、市场在外)产业发展。稳步推进面向东北亚的跨境经济合作区建设,加强与朝鲜的沟通交流,力争能够建立中朝跨境经济合作区。进一步完善面向中亚的跨境经济合作区,充分发挥喀什、霍尔果斯经济特区的政策优势,加强与中亚相关国家的合作。同时,积极探索"走出去"的新方式,通过合作、合资等灵活方式到毗邻国家或地区建立飞地性的开发区。

(6)研究给予沿边重点城市的发展政策。为推进国际次区域合作,国家应考虑给予支持发展区域性中心城市或节点城市的特殊政策,在城市规划和建设方面给予沿边地区指导和扶持,解决沿边地区城市人口规模偏小的问题,重点支持有区位条件的边境城市和有发展特色产业潜力、人口聚集条件的城市建设区域性国际中心城市,逐步建设以中等城市为主的专业化城市网络。充分发挥政府的作用,通过资源调配来优化城市发展空间格局。首先行政级别的提升可以在短时期内提高特定区域内的人口密度和经济密度,解决边疆地区县市人口规模偏小的问题。目前,新疆只有乌鲁木齐、克拉玛依、吐鲁番、哈密等 4 个地级市,"一带一路"的重要节点城市如喀什市、伊宁市、库尔勒市、霍尔果斯市均为县级市。2016 年全国两会期间部分新疆政协委员建议,作为丝绸之路经济带核心区的首府城市,乌鲁木齐有必要升格为副省级或计划单列市。目前,喀什也向自治区政府提交了《关于撤销喀什地区设立喀什地级市的请示》报告。国家新型城镇化规划确立了满洲里、东兴等 38

座面向东北亚、中亚、西亚、东南亚和南亚的重点建设陆路边境口岸城镇,"十三五"规划进一步提出引导北部湾、呼包鄂榆、滇中、天山北坡城市群发展,并促进以拉萨为中心、以喀什为中心的城市圈发展。对于这些在"一带一路"中具有重要战略位置的节点城市,都可考虑适当提升它们的行政地位,加快扩大城市规模,形成以区域性中心城市为依托的城市群。

10. 筑牢祖国边疆安全屏障,维护民族团结和边防稳固

沿边地区由于特殊的地缘环境和历史渊源,历来是国际敌对势力渗透、颠覆、破坏的重点地区,内忧外患并存,各种矛盾交织,始终是国家安全战略的重点地区。要增强忧患意识,全力以赴巩固好发展好民族团结、社会稳定、边疆安宁的良好局面,为维护国家政治安全、促进全国社会大局稳定做出应有贡献。一是时刻绷紧政治安全这根弦。始终把维护国家政治安全、制度安全放在第一位,切实扎紧篱笆,增强斗争精神,完善斗争策略,坚持打防并举、标本兼治,坚决守好祖国边境大门。二是深入做好意识形态工作和民族团结工作。深入开展民族团结进步、爱国主义、中华传统文化、社会主义核心价值观等教育,引导各族群众牢固树立正确的国家观、民族观,促进各民族像石榴籽一样紧紧抱在一起。三是扎实做好社会矛盾风险防范化解工作。准确把握社会矛盾风险新趋势新特点,抓好存量风险的排查化解,针对风险点制定整改方案,针对苗头隐患健全防控预案,努力把矛盾风险解决在基层、化解在萌芽状态;重点抓好社会稳定风险评估制度的全面落实,强化各级干部的风险意识和责任担当,不断夯实防范化解风险的工作基础。

(1)加强边境地区基层治理能力建设。贯彻落实全面从严治党要求,着力强化党的政治、思想、制度和作风引领,全面增强基层党组织战斗力,全面提升基层政权建设水平,提升乡镇(街道)服务能力与治理水平,推进基层治理体系和治理能力现代化。加强边境地区基层党组织建设,抓好以村级党组织为核心的村级组织建设,充分发挥基层政权阵地功能,提升基层党组织和党员维护稳定、推动发展、服务群众、凝聚人心、保护生态、促进和谐、巩固边防的能力和水平。加强城乡社区建设,建立健全党组织领导下的基层群众自治机制,实现政府治理和社会调节、居民自治良性互动。

(2)不断巩固和发展民族团结进步事业。深入开展爱国主义和民族团结宣传教育,牢固树立"三个离不开"思想,培育中华民族共同体意识和国家意识,不断增强对伟大祖国、中华民族、中华文化、中国共产党、中国特色社会主义的认同,树立正确的国家观、民族观、宗教观、历史观、文化观,不断增强维护民族团结和国家统一、反对民族分裂的自觉性、主动性、坚定性,传递民族团结的正能量。促进各民族交往交流交融,依法妥善处理涉及民族因素的问题,坚决依法打击破坏民族团结和分裂祖国的违法犯罪活动。广泛深入开展民族团结进步创建活动,扎实推进民族团结进步示范区(单位)建设。

(3)推进军民深度融合发展。在边境地区广泛开展爱国守边教育,大力宣传人民边防为人民、人民边防靠人民,筑牢人民边防的铜墙铁壁。在边境建设中贯彻国防巩固要求,同时合理兼顾民用需要。坚持军地资源优化配置、合理共享、平战结合、沿边沿线衔接,加强军地在基础设施和社会服务等领域的统筹发展。实施军民融合发展工程,增强基础设施军民共用的协调性。加强边防基础设施建设。巩固军政军民团结,党政军警民合力强边固防,提高边境综合防卫管控能力,维护边境地区安全稳定。

(4)通力共建和谐边疆。完善边境地区治理协调机制,制定边境地区突发事件应急预案,规范信息报告制度,加强跨部门、跨区域应急联动,提升联合处置能力。深化边防对外交往合作,及时协商处理边境事务,密切睦邻友好关系。推进边境地区治安防控体系建设,深入开展社会治安专项整治,严厉打击走私、贩毒、贩枪、偷越国(边)境、非法出入境等各类违法犯罪活动。扎实推进爱民固边模范村(社区)、乡镇、县市创建。支持边境地区公安机关与周边国家地方警务、边检(移民)、禁毒、边防等执法部门建立对口合作机制,共同维护边境地区安全稳定。加强文化执法合作,打击非法文化产品流入,构筑边境地区文化安全屏障。全面正确贯彻党的宗教工作基本方针,引导宗教界人士和信教群众为稳边固边和边境地区发展服务。继续开展和谐寺观教堂创建活动。

第十三章　加强跨境次区域经济合作的政策建议

新时期沿边地区的开发开放要认真贯彻党的十九大精神和"一带一路"规划要求，打造周边命运共同体，秉持"亲、诚、惠、容"的周边外交理念，坚持与邻为善、以邻为伴，坚持睦邻、安邻、富邻，深化同周边国家的互利合作和互联互通。要切实加强务实合作，积极推进"一带一路"建设，努力寻求同各方利益的汇合点，通过务实合作促进合作共赢。沿边开发开放要统筹规划，从长计议，高度开放，分步实施。

一、着力扶助沿边地区发展经济，改善基本生产生活条件

由于历史、自然等多方面的因素，沿边地区的经济社会发展仍较滞后，民族之间、地区之间发展不平衡的问题仍较突出。这种状况如果长期存在，将影响地区社会稳定和民族关系。近年来，党中央对沿边地区、民族地区的经济发展十分重视，实施了兴边富民行动，增强了对人口较少民族的扶持等，投入大量人力物力财力使得这些地区的基础设施建设得到了极大发展。但我们也应该看到，沿边地区、少数民族地区整体落后的局面没有得到根本改变，少数民族群众基本的生产生活条件仍需改善。因此，国家要继续加大投入，改善民族地区基础设施的同时，把重点放在关系到沿边地区各族群众民生民计的事情上来。

1.加大沿边地区精准扶贫开发力度

沿边地区要发挥自身优势，加快农牧业、农牧产品加工业、矿产业、旅游业等特色经济和优势产业的发展。支持开展草原科学研究，发展草原产业，扩大草原产业规模。积极承接新一轮国内外产业转移，引进外来资金，先进设备，经营管理理念方法和先进适用技术，在产业对接中提高本地产业的水平，调整产业结构，更好发挥资源与劳动力优势。大力发展民营企业，给予经济平等待遇，改善投资环境，创造宽松的政策和发展环境。增加沿边地区就业机会，提高收入，改善物质生活条件。充分利用沿边地区复杂的地理环境，丰富的生物资源和多姿多彩的民俗风情，积极发展民族民俗旅游、生态野趣旅游和红色文化旅游。在有条件的地方设立边境旅游试验区和跨境旅游合作区，打造特色旅游基地，促进旅游资源优势向产业优势、经济优势转化。

2. 支持沿边地区农业"走出去"

在传统的农耕文明时期,农产品贸易和农业交流是古代陆上、海上丝绸之路的主要内容,中国的茶叶、丝绸等产品因此而闻名于世。在新时期,推动建设"一带一路"将为中国对外农业合作提供难得的历史机遇。2017 年中央 1 号文件提出:加强农业对外合作,推动农业"走出去"。以"一带一路"沿线及周边国家和地区为重点,支持农业企业开展跨国经营,建立境外生产基地和加工、仓储物流设施,培育具有国际竞争力的大企业大集团。探讨利用沿线国家的农业资源和市场,将"走出去"和"引进来"有机结合,对提升中国与沿线国家的农业合作水平具有重要的现实意义。从我国周边看,中亚地区的农作物主要有小麦、棉花、大麦、水稻等。哈萨克斯坦是世界粮食出口大国,近年来每年粮食出口量都在 600 万吨以上,以小麦和面粉为主。哈萨克斯坦还是世界第五大产棉国、第二大出口国。中亚地区草场广阔,畜牧业占有重要地位。土库曼斯坦有世界闻名的汗血宝马(学名阿哈尔捷金马)。吉尔吉斯斯坦的羊毛产量居中亚国家之首。乌兹别克斯坦年产羔羊皮约 160 万张,居世界第二位。东南亚高温多雨,适宜多种农作物生产,除粮食生产之外,还有橡胶、棕榈油、蕉麻、咖啡等经济作物。泰国是世界上最大的稻米出口国,约占全球稻米出口的 40%。马来西亚、泰国、印尼的橡胶出口均居世界前列。印尼是世界棕榈油生产国和出口国。东南亚森林覆盖率较高,其中印尼是世界第三大热带森林国家。此外,东南亚的渔业资源也比较丰富。南亚地区农业历史悠久,在国民经济中占有重要地位,农业生产以种植粮食作物为主,另外还种植棉花、茶叶等经济作物,黄麻和茶叶产量占世界产量的一半。印度耕地面积达 1.2 亿公顷,居亚洲之首,它是世界第二大小麦和大米生产国,第四大粗粮生产国。巴基斯坦水果资源丰富,有东方"水果篮"之称,棉花出口是其外汇主要来源。近几年来,中国与"一带一路"沿线国家开展了全方位、多层次农业合作,"走出去"与"引进来"同步进行,为进一步扩大农业合作奠定了良好基础。中国为老挝、柬埔寨等国援助了多个农业技术示范中心,云南企业在老挝、柬埔寨等国建设的农业科技示范园,黑龙江农垦局在俄罗斯垦田等项目成为对外农业投资的典型实践。在"一带一路"倡议下开展对外农业合作是一项益民生、利长远的系统工程。农业生产具有投入大、周期长、效益低的特点,因此,推动农业"走出去"必须加大政策支持力度。一是重点突出,逐步推进。"一带一路"农业合作应将重点放在东南亚、中亚等地区,优先选择农业资源丰富,农业技术先进或农业进出口规模较大的国家,如俄罗斯、老挝、哈萨克斯坦、乌兹别克斯坦、印度等国。突出重点领域,可以着重考虑有利于中国粮食安全或综合效益较好的产业,如棉花、玉米、橡胶等作物种植加工,农产品物流和贸易,生态保护,等等。另外,在"一带一路"建设中需要统筹运用好援助、投资、贸易、技术引进等合作方式,充分与外方沟通协商,逐步推动实施。二是创新多边合作模式,开展对外农业投资和援助。重点考虑农业前期开发和公益项目,使用援外资金为受援国政府开展农业发展规划,派出顾问专家进行技术指导,设立示范性农场。鼓励投资和援助项目相结合,以援外项目为先导,带动农业投资进入当地市场。鼓励不同环节的农业企业联合出海,在国外开展上下游合作,构建作物种植、收购、加工、仓储物流、贸易等涉农产业链。支持农业龙头企业与跨国农业企业以合资、参股、收购等形式开展合作。三是对农业"走出去"可创新方式给予适当补贴,但由于世界贸易组织(WTO)原则的限制,给予境外农业投资大量补贴是不现实的。企业要在海外发展壮大,更多地需要金融机构的支持。这方面可以参照中非发展基金,根据中国农业企业在海外生产的特点,推动设立海外农业发展专项基金。要以农业促全面合作、促共同发展、促周边稳定。只有帮助外方真正实现农业发展,树立了中国农业的良好形象,才能使中国对外农业合作成为"有源之水"。

3. 支持沿边地区利用沙漠、戈壁、荒地开发新能源

西部地区荒漠面积广,光照资源丰富,可以开发太阳能,大力发展光伏发电。据测算,腾格里等六大沙漠沙地总面积合计 15.9 万平方千米,若将其 20% 的面积用于开发太阳能光伏发电,其年发电量将达到 47730 亿度,相当于 2006 年度全国发电量的 1.7 倍。西部沙漠地区风力较强,全年风速一般在 3.3～3.5 米/秒,风季平均风速在 4～6 米/秒,年起风日数为 200～300 天,具有得天独厚的风力资源,可考虑在沙漠边缘地区建设风力发电场,利用风能发电,不仅节能,而且能够缓解电力紧张的局面。目前,人类利用太阳能的主要途径是太阳能光伏发电和太阳能热发电。光伏发电是利用电子—空穴对产生电能,再制成太阳能电池板进行发电。太阳能热发电有两种利用方法:大型发电站利用光热转化为电能的方法主要依靠产生热蒸汽和汽能发电机;另一种方法是用固体热电材料直接把光能转化为热电能,即基于纳米材料将热能不经过昂贵的中间环节、无运动部件而直接转换为电能。这些方法优势在于,在普通太阳能热水管上面集成热电器件,直接把一部分热能转化为价值更高的电能,在利用热水的同时可以利用电能。可见,这或许是未来解决能源危机的一个新途径。随着全球气候的变化和低碳经济理念的普及,面对日益严峻的普遍能源短缺,作为朝阳产业的新能源产业受到各国的高度重视。因此,对于沿边地区来说,发展新能源产业是解决能源短缺,推进沿边地区经济发展的一个重要引擎。中国的光伏技术和光热技术处于世界领先水平,而周边国家太阳能、风能资源丰富,周边合作将有利于实现优势互补和可持续发展。沿边地区发展新能源产业,既是自身经济发展的需要,也是着眼于与区域合作可持续性发展的需要,因为光热电能等新能源是取之不尽、用之不竭的朝阳产业,具有可持续性。要加大力度支持沿边重点地区发展风电、光电等新能源产业,在风光电建设规模指标分配上给予倾斜,解决弃光、弃风严重问题。

二、打造广西北部湾经济区开发开放高地，建设中国—东盟合作特别经济区

首先，研究在广西北部湾经济区设立中国—东盟合作特别经济区。广西北部湾地区处于东部沿海地区与西部地区的交汇处，包括南宁市、北海市、钦州市、防城港市所辖区域范围，同时涵盖玉林市、崇左市的交通和物流，土地面积 4.3 万平方千米，海域总面积近 13 万平方千米，海岸线长 1595 千米，与南亚七国隔海相望，具有沿海、沿江、沿边三重叠加的独特优势，既是西部地区重要的出海通道和华南通向西南的战略要道，也是承接东部、带动西部，推动东中西共同合作发展的独特经济区域，具备发展成为继珠三角、长三角、环渤海之后，中国未来经济增长第四极的客观条件。北部湾地区拥有丰富的港口资源、旅游资源、海洋生物资源、矿产能源资源、动植物资源等，目前已形成了石化、钢铁、能源、林浆纸、电子信息等产业布局。可在该地区建立以口岸贸易为中心，集物流基地、商贸基地、加工制造基地为一体的北部湾经济特区，与东盟产业实现对接，将北部湾打造成为带动西部大开发的战略高地和开放高地。

其次，研究建设北部湾"互联网＋"现代易货贸易园区。中国目前正进行供给侧结构性改革，又在大力推进"一带一路"建设，加快建立易货贸易园区正当其时，将会促进现代易货贸易进入一个全新的历史发展阶段。通过园区建设，促进易货领域相关机制和模式的有益探索，实现标准化、规范化、法治化运作，推动多方资源的有效整合和共享共建，从而开创易货贸易发展的新里程碑，为"一带一路"做出更大的贡献。易货在国外非常普遍，"易货币"在国外已经可以自由兑换，美国 46 万家易货公司，世界五百强企业 80％ 都配备有易货部门。我国的易货贸易发展在一定程度上还处于封闭状态，易货贸易对很多企业经营者来说，还是一个"全新"概念。潜力巨大。易货贸易行业发展不论是对企业还是对社会，不论是对当前还是对未来都有着十分重要的意义。传统的易货贸易是商品换商品、商品换服务的点对点模式。而现代易货方式多种多样，包括技术易换、技能易换、资产易换、资源易换、股权易换、作品易换、信息易货等多种易货形式，还包括易货金融，如物品抵押、服务抵押、授信额度、借贷额度、提前消费、分期偿还、化解三角债，提倡节约消费、鼓励捐赠库存商品、发展循环经济等。现代易货方式，"点对多""多对多"等多边贸易模式也十分普遍。易货行业的发展正是对"互联网＋"经济理念的最好践行，依托互联网技术的电子商务平台，采用网上交易的虚拟货币和银行卡结算技术，现代易货突破了传统易货的局限性，极大地拓展了交易的对象，扩大了交易的空间范围，提高了交易的效率。建议加快在北部湾经济区建设易货贸易园区。一是对标

东盟自由贸易区,实现产业对接;二是大力发展一批易货贸易服务商,搭建一个通用的大信息平台,各行各业易货企业登上平台后,发布易出和易入信息,实现线上线下交易,建立一个庞大的易货贸易市场体系;三是大力发展一批有权威性的易货贸易中介机构(可以由地方消协、评估单位、媒体等单位组成)建立完善的易货管理制度,如制定易货标准,给商品定价,提供易后服务等,保证易货交易公开、公平、公正,解决易货贸易发展瓶颈;四是加强金融平台支持;五是加大人才队伍建设力度。

三、实行有差别的产业政策,加大招商引资力度

积极推动落实"中国制造2025"云南行动计划,优先把具有比较优势,对沿边地区发展带动作用强的项目纳入省重点项目库。支持沿边重点地区探索发展"三头在外"产业模式,优先布局天然气等进口能源加工转化利用项目和农副产品、海产品等进口资源深加工项目。支持沿边重点地区发展旅游文化、生物医药和大健康、装备制造、食品和消费品制造、现代物流、特色农业、电子信息等产业,发展外向型产业集群,形成各有侧重的对外开放基地。支持沿边地区积极承接产业转移,打造面向南亚、东南亚的国际产能合作园区。鼓励各类企业在沿边地区建设国际商贸物流基地,推进大型进口资源集散中心和出口商品专业市场建设;对物流园区、试验区工业园区、物流配送中心、大型第三方物流项目,按照规定降低有关土地使用税费,进出口果蔬冷库用电企业可积极参与电力市场交易,降低用电成本。加强用地保障力度,在边境城市试行将入境经商、稳定就业1年以上的外籍人员计入城镇流动人口,编制城市总体规划时按照人均建设用地指标合理预测新增建设用地。沿边重点地区年度新增建设用地计划指标实行单列,对符合国家产业政策的重大基础设施和产业项目,给予优先安排、重点保障。根据沿边重点地区情况,将2020年前建设的项目纳入土地利用总体规划调整完善,由有关州、市视情况分解下达耕地保有量和基本农田保护任务。沿边重点地区生态涵养用地,在农民补偿安置到位且当地政府做出不擅自改变土地用途、确能保留原地类承诺的前提下,暂试点不办理农用地转用手续,不占新增建设用地指标。

四、加大投入力度,创新沿边开发财税对策

科学而有效的财税制度是沿边开发必要的保障,是振兴发展沿边的关键举措。我们要从西部开发的区域性、特殊性和持久性现实出发,创新现行的财税制度,为沿边开发提供财力支持。

其一,加大沿边财政转移支付力度,完善转移支付制度。根据西部各地区情况

和人均 GDP,增加转移支付数额。重点提高一般性转移支付规模和比例,减少专项转移支付,用于保障贫困地区民生以及基础设施建设。逐步实现转移支付规范化、科学化、透明化,通过税收政策、财政体制,把这些资金直接划给地方。提高社会公共服务保障水平;中央政府各部门实行公共投资重点分配制度,考虑从国家财政收入的增量中,增加对沿边地区支持的力度,逐步取消重点项目或公共服务项目建设的地方配套资金;国家直接拨款或利用国债支持帮助沿边地区发展能源、交通、科技教育和有优势的特色产业;对到沿边地区投资的企业和个人提供补贴,可按其投资总额的一定比例或按其投资使劳动岗位增加的一定比例给予投资补贴;进一步提高财政用于教育和人才资源开发支出的增长比例。

其二,加快研究设立沿边重点地区产业发展(创业投资)基金。发行基础设施建设债券,加强基础设施建设,扶持沿边地区科技含量高、具有市场前瞻性的企业加快发育成长;降低准入门槛,加快落实支持沿边重点地区具备条件的民间资本依法发起设立民营银行,探索由符合条件的民间资本发起设立金融租赁公司等金融机构的政策,增加金融服务项目,提高服务质量和水平,为沿边开发提供资金支持。

其三,尝试沿边地区农村土地证券化。在不丧失土地产权的前提下,利用证券市场功能,将不可移动、难以分割、不适合小规模投资的土地转化成可以流动的金融资产,盘活沉淀在土地上的大量财富,以沿边地区广阔丰富的土地及各种资源,吸引更多的一般投资者投资于沿边地区的基础设施建设。

五、加大金融支持力度,创新和开发金融服务

一要优化金融机构布局。鼓励和引导各类金融机构在沿边地区设立分支机构,改善基础网点服务。在具备条件的沿边地区,依法组建村镇银行等新型农村金融机构、小额贷款公司、融资性担保公司。支持国家重点开发开放试验区和跨境经济合作区建设金融结算中心、期货交易中心和产权交易中心,允许符合条件的外资金融机构设立外资银行。鼓励各类金融机构将沿边地区列为业务发展重点区域,给予信贷倾斜支持。

二要完善金融服务功能。鼓励金融机构大力发展进出口信贷、国际结算、贸易融资、运输保险、出口信用保险等涉外金融业务,研究开展以应收账款、仓单、库存商品、知识产权等为担保的信贷业务。放宽沿边重点地区银行贷款授权授信比例。加快中小企业信用担保体系和服务体系建设,继续扶持沿边地区担保和再担保机构发展。

三要拓宽企业融资渠道。支持沿边地区符合条件的企业发行股票和债券,鼓励创业投资企业、私募股权投资基金加大对沿边地区的投入。加大对沿边地区支

农贷款、支小再贷款和再贴现力度,完善扶贫贴息贷款制度。

四要创新保险业务。鼓励保险机构创新服务产品,建立国外资产国内抵押制度。支持保险资金以债权、股权等形式投资边境城市旅游及加工物流基础设施建设。

五要加强国际金融合作。扩大人民币跨境贸易结算,推进人民币在周边地区的流通。加强与周边国家协商,推进互开账户合作、双边银行结算和人民币调运,在条件成熟的重点边境城市建立人民币兑周边国家货币和银行间市场区域交易制度,实现人民币与相关货币直接挂牌交易,扩大本外币现钞双向使用范围。允许边境重点地区开展个人本外币兑换特许业务,提高商业银行经营外汇业务的审核效率,推进境外直接投资人民币结算和个人人民币境外投资。支持境内银行在防范信贷风险的前提下,探索开展境外人民币贷款业务,鼓励金融机构协助周边国家开展支付结算系统建设。对符合条件的项目,采取境外分行和境内分行合作的方式跨境融资,探索人民币回流的使用监管办法。支持边境省、自治区与亚洲基础设施投资银行等国际金融组织合作,设立区域性合作基金。

六、加大人才培养力度,以最惠待遇吸引人才

对于一个时代来说,政治经济的变动,外部环境的冲突,不论如何有声有色,都不是决定的因素,决定的因素还在人身上。西部尽管有很多不利因素,但只要有高素质人才就能开创一片新天地。清朝时期比较偏远的平遥古城能成为全国金融中心,就是因为有了雷履泰等一批人才。甘肃定西十分贫困,开创的马铃薯品牌振兴了定西经济。西部开发过程中,要遵循人才流动的基本原则,既要拿出真金白银,又要创新制度和机制,靠项目和事业聚集高素质人才,使人才在西部地区有用武之地,引导各类人才主动向西部流动。要依靠优惠政策大量引进中小企业进驻沿边地区,培养和锻造综合管理人才;继续推进青年志愿者对西部各领域支援的力度,参照援疆援藏和东部引进人才的做法,制定完善援西援边人才计划、培训、留用、安置等政策,设立高层人才特殊津贴,以机制鼓励和保障高素质人才到西部、沿边地区建功立业。要面向待分配应届大学毕业生制订援西援边计划,明确工作时限、工资待遇和后续安置等政策标准,调动其到西部边境地区工作的积极性,缓解人才短缺的现状。要整体提高西部沿边人才待遇,提高工资水平,对于拔尖的高科技人才和高层次管理人才,可在中央转移支付、地方财力以及企业赢利中各拿一部分实施经济补贴,援西援边人才实行户口不迁、身份保留,户口迁入西部的提供一次性安置费用等措施,以最佳优惠条件吸引人才。对一些急缺岗位人才可返聘或延长退休年龄,对外籍援西援边高科技和高层次管理人才提供出入境便利,给沿边开发退

休人员以特殊的优扶政策,确保他们能够安心为沿边地区建设发挥作用。针对沿边地区多民族聚居地区的现实,稳定边境人口,把民族人才建设提到重要地位,坚持多层次人才队伍与民族人才队伍建设并举,不断提高民族人才队伍的能力素质。

七、加强边境稳定力量建设,维护沿边地区安全

国防和军队是国家发展和稳定的基石。沿边地区是国际敌对势力渗透、颠覆、破坏的重点地区,其军事斗争准备任务不会随着国家战略方向的改变而减弱,沿边地区始终是国家安全战略的重要环节,在国家安全战略全局中占有特殊的地位,这里的安全维护工作具有长期性、复杂性、艰巨性的特点。因此,建设一支强大的军事和公安国际合作专业队伍,对于维护国家的长治久安和西部地区的社会稳定具有十分重要的意义。

首先,要加强反恐处突力量建设。按照编成精干、训练有素、装备精良、反应快速的要求,抓好四支力量建设。一是抓好处置恐怖突发事件的骨干力量建设。要在加强部队全面建设的基础上,突出抓好指挥系统训练和反恐怖演练,随时完成反恐怖斗争任务。二是抓好处置恐怖突发事件的应急力量建设。要按照特殊编组、特殊装备、特殊训练、特殊保障的原则抓好建设,使之成为突击力量。三是抓好处置生物化学、核磁辐射、爆炸、信息恐怖袭击事件的专业力量建设,抓好针对性训练和演练,提高紧急和特殊情况下的处突能力。四是抓好民兵预备役队伍建设,民兵是协助公安、武警处置恐怖突发事件、维护社会秩序的一线力量,主要担负配合公安、武警先机控制恐怖事件现场的任务。

其次,要加强应急救援力量建设。积极构建完善应急救援力量体系。根据西部各省及自治区不同特点,抓好应急救援专业力量建设。如在反恐形势比较严峻的地区,应指定反恐专业应急力量;在震灾较多的西北、西南等地,建设抗震救援专业应急力量。抓好重点地区相关专业民兵预备役应急分队建设。进一步完善应急救援预警机制,建立健全军地一体的联合行动机制,强化应急救援训练,搞好物资储备和相关配套保障,确保遇有情况,能够快速到位、取得胜利。

再次,要加强新疆生产建设兵团建设。新疆生产建设兵团是党和国家为适应和解决稳定与发展、屯垦与戍边、御外与稳内、实边与固边、兴边与强边的需要,在借鉴历朝历代屯垦戍边历史经验的基础上,组建的一支劳武结合、平战一体的力量。它履行的是融政治、经济、军事、文化于一体的综合性屯垦戍边任务。在半个多世纪的屯垦戍边岁月中,为稳定边疆、保卫边疆、开发边疆、建设边疆、巩固国防,做出了巨大的贡献,发挥了极其独特而重要的作用。新的历史时期,要进一步发挥新疆生产建设兵团在经济建设和维护边疆稳定中的突出作用,加大政策扶持,在财

税、金融、土地、招商引资等方面给予倾斜,增加科技含量,调整产业结构,形成特色优势产业,使之成为促进边疆经济社会发展的生力军。要确立兵团现代农业的地位,把农业产业化经营作为兵团农牧团场经济组织创新的有效形式,积极探索龙头企业＋农户、龙头企业＋基地＋农户、专业市场＋农户、合作经济组织＋农户等多种产业化经营形式,通过建立农业合作经济组织,依托上市公司推动兵团农业产业化进程;加快经济结构调整步伐,解决制约经济发展的结构性矛盾和体制性障碍,以市场为导向,加快产业结构、所有制结构和企业组织结构调整,扩大工业所占比重,走新型工业化道路;完善职工福利待遇,落实职工增收减负政策,拓展增设渠道,创造拴心留人的良好环境。

最后,要大力弘扬以"热爱祖国、无私奉献、艰苦创业、开拓进取"为主要内涵的兵团精神,正确处理屯垦与戍边的关系、特殊管理体制和市场机制的关系、兵团和地方的关系,坚持国家的利益高于一切、新疆各族人民的利益高于一切,积极探索新的历史条件下兵团建设和发展的规律,逐步建立起适应社会主义市场经济要求、具有兵团特点的体制机制,更好地发挥兵团在推动改革发展、促进社会进步的建设大军作用,增进民族团结、确保社会稳定的中流砥柱作用,巩固西北边防、维护祖国统一的铜墙铁壁作用。

八、设立次区域协调机构,完善国际次区域经济合作协调机制

我国开展国际次区域经济合作面临的问题,一方面来自地方间的横向竞争,地方政府以"一带一路"为导向的投资冲动和短视行为对战略的实施造成了负面影响。另一方面我国开展国际次区域经济合作还面临中央部委和地方政府间纵向关系的协调难题。与国内地方间的区域合作不同,跨境经济合作涉及海关监管、外交、国家主权等敏感问题,很多合作事项地方政府无能为力。从大湄公河次区域合作看,柬埔寨、老挝、缅甸、越南、泰国的全部国土都被大湄公河流域覆盖,因此他们都以国家的身份参加次区域合作,但中国直接参与大湄公河次区域合作的主要是云南和广西。这就出现了在次区域范围内云南、广西在省级层面参与而其他国家从国家层面参与合作的外交权力不对称局面,从而导致一些地方政府受制于自身职权的较大限制,制约了双边和多边跨境运输合作项目的推进。要进一步完善区域合作机制调整,适应"一带一路"建设区域产业领域合作的要求,促进新的次区域合作机制的构建,以搭建更为广阔的合作平台。要完善利益协调机制,随着次区域经济合作进入全面推进阶段,相互间的协调难度有所加大,需要本着互利共赢的原则,加强各界、各层次的沟通与交流。同时,政府、社会组织、企业等各界,应加强机构能力建设,提高协调能力。要进一步完善边境管理协调制度。在打击违法犯罪

等方面,推进交流与合作,全力维护边境地区稳定。

　　为促进国际次区域经济合作,建议在国家发改委建立国内区域合作机制协调机构,同时,将国内区域合作与国际次区域合作有机结合起来,利用目前成熟的国内合作机制协调地方在次区域合作中的关系,同时也可利用次区域经济合作机制推动国内的区域合作,在此基础上共同搭建国际次区域经济合作的大平台。要利用国内现有的区域合作组织进行协调。我国目前已经形成了"泛珠三角行政首长联席会议""长三角城市联席会议""环渤海地方行政首长联席会议""西南六省市七方经济协调会"等区域合作组织,这些组织涵盖了国内大部分省份,拥有协调省际关系的丰富经验,可以承担推进次区域合作的职能,比如引导地方企业的投资,平衡地方之间的利益关系,调整地方的产业规划和布局,等等。要调整中央与地方关系。次区域经济合作的一个特点是合作的形式和空间范围比较灵活,可以是整个国家,也可以是国家的部分地区参与。但云南、广西与次区域内主权国家的合作不具有同等的法律地位。亚洲开发银行在评估大湄公河次区域合作的绩效时也指出次区域项目的复杂性和大湄公河次区域国家在协调、谈判和实施这些项目的政府机构权力及能力有限,减缓了一些领域的合作进程。因此,地方政府参与次区域经济合作需要中央政府在一定程度上对次中央政府(即对外区域交流的地方政府)进行主权让渡。但我国地方政府次中央外交功能长期以来未受到重视。目前,地方参与次区域经济合作的权力仍然来自中央的政策性授权。"一带一路"建设提出以来,很多边疆地方政府都在呼吁获得更多的中央授权,以便与周边国家就区域贸易便利化、经济合作机制化问题进行磋商和谈判。我们认为,在不危害国家利益的前提下,应适度扩大边疆省级地方政府在对外事务方面的权限,通过建立国家开发开放试验区等形式扩大省级以下地方政府的投资和贸易审批权限。另一个解决途径是从国家层面考虑调整和提升地方政府参与次区域经济合作的地位,比如在国家发改委设立次区域经济合作委员会,统筹解决各种合作问题,这一涉外合作机制以及相应的从属机构中应有云南、广西等相关部门领导成员参加,以此来提高地方政府的实际决策权力。

主要参考资料

包明齐. 中蒙次区域经济合作存在的问题与对策[J]. 经济纵横,2015(9):117-120.

曹大明. 云南省与湄公河次区域五国经济技术合作项目现状及分析[J]. 云南科技管理,2004(3):54-57.

曹宏苓. 从亚太次区域经济合作看 APEC 合作前景[J]. 国际观察,2003(6):54-59.

陈才. 图们江地区国际合作开发的新形势与对策[J]. 东北亚论坛,2001(1):5-7.

陈宁. 东盟增长三角经济合作进展缓慢的原因[J]. 亚非纵横,1997(1):32-33,48.

陈琪,管传靖. 中国周边外交的政策调整与新理念[J]. 当代亚太,2014(3):4-26.

代炎森. 中俄跨境经济合作研究[D]. 延吉:延边大学,2012.

丁斗. 东亚地区的次区域经济合作[M]. 北京:北京大学出版社,2001.

董锐. 国际次区域经济合作的概念演进及理论研究综述[J]. 呼伦贝尔学院学报,2009,17(5):21-26.

杜兰. "一带一路"建设背景下中国与缅甸的合作[J]. 东南亚纵横,2017(1):25-35.

冯彦,何大明,甘淑. 澜沧江水资源系统变化与大湄公河次区域合作的关联分析[J]. 世界地理研究,2005,14(4):49-56.

龚婷. "一带一路":国际舆论反应初探及应对建议[J]. 对外传播,2015(3):22-26.

国家发展改革委,外交部,商务部. 推动共建丝绸之路经济带和 21 世纪海上丝绸之路的愿景与行动[J]. 交通财会,2015(4):82-87.

何胜,李霞. 大湄公河次区域经济合作态势及面临问题[J]. 亚非纵横,2008(3):43-48,62.

贺圣达. 大湄公河次区域合作:复杂的合作机制和中国的参与[J]. 南洋问题

研究,2005(1):10-18,49.

胡欣.图们江次区域经济合作新形势探析[D].长春:吉林大学,2013.

胡志丁,骆华松,夏显芳,阳茂庆.次区域合作及其发展的成因——一个跨学科视角的分析[J].世界地理研究,2010,19(2):34-41.

胡志丁,骆华松,熊理然,张伟.次区域合作研究方向的变迁及其重新审视[J].人文地理,2011(1):61-65.

胡志丁.次区域合作与边境安全及边界效应调控研究[M].北京:人民出版社,2014.

黄燕.泛北部湾次区域经济合作研究[D].成都:西南财经大学,2009.

郎平.发展中国家区域经济一体化框架下的政治合作[J].世界经济与政治,2012(8):129-148.

黎尔平.大湄公河次区域经济合作政治信任度研究[J].东南亚研究,2006(5):38-42.

李柏文.国际区域旅游一体化理论与实践探析——以澜沧江—湄公河次区域为例[D].昆明:云南大学,2003.

李光辉.中越经济合作区:背景、意义与构想[J].国际经济合作,2009(4):47-49.

李红,韦永贵,徐全龙.基于中国视角的地缘经济合作研究进展——以中国—东盟合作研究为例[J].热带地理,2015,35(5):115-125.

李红.中国—东盟自由贸易区下中越边境区位优势再造[J].世界地理研究,2005,14(2):14-19.

李靖宇,赵伟.关于上海合作组织框架下区域经济合作问题探讨[J].新疆财经,2017(1):24-28.

李罗力.关于东北亚区域经济合作机制的若干思考[C]//产业集群与区域发展国际学术研讨会,2011.

李青燕.南亚局势新动向对"一带一路"在南亚推进的影响[J].国际论坛,2018,20(3):10-15.

李天籽.跨境次区域合作与中国沿边产业空间分布[M].北京:社会科学文献出版社,2015.

李铁立.边界效应与跨边界次区域经济合作研究[M].北京:中国金融出版社,2005.

李莹莹.关于中越跨境经济合作区的实证分析研究[D].上海:华东政法大学,2011.

梁明,李光辉.东北亚区域经济合作影响因素实证研究[J].国际经济合作,

2009(10):34-38.

梁双陆. 边界效应与我国跨境经济合作区发展[J]. 天府新论,2015(1):136-143.

梁文恬,朱洪兴. 论次区域经济合作中边界效应的动力机制[J]. 商场现代化,2007(6):10.

刘冬. 孟中印缅经济走廊贸易便利化研究[D]. 昆明:云南财经大学,2016.

刘建文,雷小华. 广西中越跨境经济合作区的前景、问题和对策[J]. 东南亚纵横,2010(6):34-37.

刘鹏. 孟中印缅次区域合作的国际机制建设[J]. 南亚研究,2014(4):47-66.

柳建文. "一带一路"背景下我国国际次区域合作问题研究[J]. 国际论坛,2017(3):3-9,81.

马博. 中国跨境经济合作区发展研究[J]. 云南民族大学学报(哲学社会科学版),2010(7):119-123.

马燕冰,张学刚. 湄公河次区域合作中的大国竞争及影响[J]. 国际资料信息,2008(4):15-20.

朴键一,李志斐. 水合作管理:澜沧江—湄公河区域关系构建新议题[J]. 东南亚研究,2013(5):27-35.

全毅,尹竹. 中国—东盟区域、次区域合作机制与合作模式创新[J]. 东南亚研究,2017(6):19-40,156-157.

冉凌旭. 中越河口—老街跨境经济合作可行性研究——基于新经济地理学的视角[D]. 昆明:云南财经大学,2012.

任娜,郭延军. 大湄公河次区域合作机制:问题与对策[J]. 战略决策研究,2012,3(2):61-66.

任清雨. 中巴经济走廊的经济效应和潜力研究[D]. 昆明:云南财经大学,2016.

沈铭辉. 大湄公河次区域经济合作:复杂的合作机制与中国的角色[J]. 亚太经济,2012(3):13-18.

施本值. 澜沧江—湄公河次区域合作与中国东盟自由贸易区建设[M]. 北京:中国商务出版社,2005.

苏长和. 中国地方政府与次区域合作:动力、行为及机制[J]. 世界经济与政治,2010(5):4-24.

孙韶华. 中国—东盟自贸区升级版正式签署[N]. 经济参考报,2015-11-23(4).

汤建中,张宾,陈瑛. 边界效应与跨国界经济合作的地域模式——以东亚地区为例[J]. 人文地理,2002,17(1):8-12.

万新鲲. 次区域经济合作:生产要素的跨边界流动[J]. 经济与管理,2008(2):36-37.

王谷成,黎鹏. GMS框架下此区域经济走廊功能的演变机制研究[J]. 东南亚纵横,2009(8):52-55.

王娟. 中越构建东兴—芒街(跨国)经济合作区的设想与思考[J]. 广西大学学报(哲学社会科学版),2008,30(3):30-34.

王庆忠. 大湄公河次区域合作:域外大国介入及中国的战略应对[J]. 太平洋学报,2011,19(11):40-49.

王胜今. 蒙古国经济发展与东北亚国际区域合作[M]. 长春:长春出版社,2009.

魏燕慎. 亚洲增长三角经济合作区研究[M]. 北京:中国物价出版社,1998.

吴琼,金铃. 中国—东盟自由贸易区次区域经济合作研究[J]. 商场现代化,2012(33):54-55.

吴世韶. 从"次区域经济合作"到"次区域合作":概念辨析[J]. 社会主义研究,2011(1):131-135.

吴世韶. 中国—东盟次区域经济合作机制的现状与展望[J]. 社会主义研究,2011,199(5):127-133.

西仁塔娜. 中蒙俄经济走廊建设探析:一种跨境次区域合作视角[J]. 俄罗斯东欧中亚研究,2017(2):87-99,161.

肖洋. 跨境次区域合作与丝绸之路经济带——基于地缘经济学的视角[M]. 和平与发展,2014(4):22-32.

徐霄天. 合作区在跨国经济合作中的地位和作用[J]. 黑河学刊,1994(Z1):80-81.

徐小梅. 图们江次区域经济合作现状、问题及对策研究[D]. 成都:西南财经大学,2013.

杨小兵,曹忠祥. 我国国际次区域经济合作研究[M]. 北京:经济科学出版社,2015.

于倩,王雁芸. 中国西北五省(区)与中亚五国次区域经济合作的边界效应r——基于2010—2015年相关数据与引力模型分析[J]. 全球化,2017(9):85-99.

于文生. 韩国学者谈东北亚次区域经济合作的三种模式[J]. 东北亚论坛,1993(1):73-75.

余炳雕. 战后日本新型企业家的形成[J]. 世界经济,1981(9):52-57.

袁晓慧,徐紫光. 跨境经济合作区:提升沿边开放新模式——以中国红河—越南老街跨境经济合作区为例[J]. 国际经济合作,2009(9):44-49.

袁晓慧. 跨境经济合作:区域经济一体化的重要形式[J]. 国际经济合作,2010(11):44-46.

张建伦,赵明. 大湄公河次区域农业合作研究综述[J]. 世界农业,2011(6):21-27.

张洁. 海上通道安全与中国战略支点的构建——兼谈21世纪海上丝绸之路建设的安全考量[J]. 国际安全研究,2015(2):100-118.

张鑫. 中国—东盟跨境次区域商贸流通一体化研究[J]. 商业经济研究,2017(7):156-159.

赵波. 西部大开发中的中小企业发展战略[J]. 企业经济,2002(4):70-72.

赵畅. 长吉图地区的经贸发展及其次区域经济合作现状[J]. 赤峰学院学报(自然科学版),2016(15):97-98.

赵春明,张怿. APEC与东亚次区域经济合作的并存与发展——东亚与美国的博弈分析[J]. 亚太经济,2005(6):8-11.

赵洪. 面向21世纪的澜沧江—湄公河次区域经济合作[J]. 南洋问题研究,2002(4):10-16,98.

赵姝岚,王国平. 大湄公河次区域合作的制约因素分析——以昆曼通道为例[J]. 亚太安全与海洋研究,2014(5):57-67.

赵亚婷. 中国参与大湄公河次区域经济合作研究[D]. 北京:外交学院,2007.

赵永利,鲁晓东. 中国与周边国家的次区域经济合作[J]. 国际经济合作,2004(1):51-54.